預定。

七、本書所集散文，皆近四十年來的作品。歲月遷移，搜集不易。幸賴謝世錚、丘民獻兩先生之協助，乃得完成出版。藉此並向兩先生表示謝忱！

一九八九年七月二十六日　王覺源於臺北觀園

近代中國人物漫譚 目錄

第一高齡元首　蔣公中正

上壽元首史僅四人

書云：「元首明哉，股肱良哉，庶事康哉。」所謂「元首」，乃指國家最高的政治領袖而言。君主時代，是帝王；民權時代，就是總統。中國歷代元首的壽齡，歷史告訴我們，如以六十歲作標準來說，絕大多數是短祚的，幾佔百分之八十以上。得享大年，登上壽者，確是寥若晨星。根據司馬遷史記本紀所述：黃帝一百一十歲；顓頊九十八歲；帝嚳一百零五歲；帝堯一百十七歲；帝舜一百歲；夏禹一百歲；成湯一百歲。我們相信：古代人類，由於生活樸素，多接近自然，先天精力強盛，後天運用思想的時候少，運用本能時候多的種種關係，已有較多致壽之徵。一般年齡，要高過今人，理屬當然；但古代史料殘缺，太史公之言，又不能令人無疑。此亦無從考證之事，姑且置之不論。

惟炎漢以後的歷代，其政治面目與宮闈內幕，歷史雖不免有失實的記載，但所紀元首的年祚，大體是信而可徵。由西漢開國至今，約二千一百餘年，歷代二百餘元首中，享年四十以下者，約為百分之五十。六十至七十以上者，亦不過二十餘人。而春秋鼎盛，超過八十者，也不過四人而已：一為梁武帝八十五歲；一為宋高宗八十歲；一為清高宗八十八歲。另一人則為中華民國首行憲政（民國三十七年），膺選第一任總統的 蔣公中正。連續五任，以迄民國六十四年，享年八十有九。壽數之高，猶高於清高宗乾隆，成為中國歷代四位高齡元首第一人。或亦世界各國所罕見的大年元首。

人為戕賊違反自然

二千餘年來，歷代元首，何以高齡的少而嶄短的多？究其原因，甚為複雜。先就短祚而言，大抵可以別為兩種：一為政治失調，爭奪權位，死於篡臣逆子之手；或時移勢易，環境逼迫而自殺者；幾乎無代無之，歷史二百餘元首中，就有三分之一是死於此一因素的。此皆人為之戕賊，而非天賦之壽命使然。我們不必加以研究。次為自然壽齡，在生活方面而自為慢性的自殺，如慾欲無度，或迷信服食等，因而促短其生命者，尤比比皆是。除此之外，還有其他的因素：第一、根據優生學的證明，人類壽命的修短，與其先代體質有密切的關係。歷代元首，由於多慾的原因，直接固影響其本身壽命，間接則遺傳於其後裔，多先天性的衰弱，其後嗣多不昌盛，亦自然之理。第二、人類皆有天賦本能，本能活動得多，則後天的精力強，壽命長。歷代元首和其子嗣，多養尊處優，終日深宮逸豫，少作本能的活動。其天賦的本能，即日趨退化。由是心力俱憊，生趣索然，天年自損。第三，人類雖貴爲天子，仍爲自然動物之一種。人類生活，能順乎自然，則心身發育平衡，而抵抗力亦自強。反之，則精神體力衰微，抵抗力自弱。歷代元首，深伏簡出，長與自然隔絕，終年埋沒於其不合理的人爲世界之中，一切生活方式，都反乎自然理則。壽命難永，即非偶然。

活力充沛發揮創造

反觀歷代能獲高齡的元首，一切生活方式，則多異乎是。他們不但能靜心寡慾，尠事或根本遠離仙佛、道引、辟穀、迷信服食之道。而得天獨厚的元首，又多爲一代開國之君、或中興之主。他們或披荊斬棘，發揮創造；或兢業守成，進益求進。在其堅苦卓絕的奮鬪過程中，充分發揮其本能活力。孟子說：「天將降大任於是人也，必先苦其心志，勞其筋骨，餓其體膚，空乏其身，行拂亂其所爲，增益其所不能。」於是，斯人之精神與體力，得到平衡的發展。乃有過恒人的精力、氣勢、智慧、體魄、經驗，以充沛其生命，增益其壽齡。如武功最盛的漢武帝，中興漢室的光武，開國之君如唐之高祖、元之世祖、明之太祖，都是年逾六十或七十的元首。再看四位春秋極盛，齡超八十的元首，便益可信而非虛。

兢業守成進益求進

梁武帝蕭衍，八十五歲。爲南北朝梁朝開國的元首。負隅江左，對抗北朝，睥睨中原，近半個世紀之久。他承周、齊凋敝之後，銳意圖治。初政重儒立學、頒律令、設謗木、斷貢獻。民得生養，境內以安。且博學能文，編著極富，提倡文事，尤匪遺餘力。南朝文風，於斯更盛。故天監之治，亦稱中興。生性孝慈恭儉。衣不紋錦。日止一食，膳無鮮腴，惟豆羹糲飯而已。愛物戒殺，不以生類爲藥，郊廟獻牲，代之以麵。非祭祀大典，更不作樂。於政事，孜孜不息。尤能摒除慾欲，三十年不與女人同室而寢。其自然年歲之高，卽緣於此，而非係其仙佛之信仰也。

宋高宗趙構年逾八十，爲梁武帝五百餘年後最高齡的元首，亦宋室南渡後中興的元首。歷史所載，高宗英斷非凡，兼富膂力，能挽弓至一石五斗，其體力之強可知。金人不容其偏安於江左，自不得不發揮奮鬭以抗暴。初政以李綱爲相，宗澤守汴，力圖恢復，頗具朝氣。當戎馬倥偬之際，意氣閒暇如平日，深沈鎭定，亦非凡人所能企及。侍者進內府珠玉二囊，投之汴水曰：「吾欲以息盜耳。」故其精力之充沛，生活之節儉，宅心之仁惠，也是無可否認的。惟惜光復中原之意志雖堅，而撥亂反正之智謀不足，聽信秦檜的讒言，不能使岳飛竟其才志。否則，不僅其碩德高齡堪美，而不世之功業，當亦不下於少康、光武。

清高宗乾隆享年之富（八十八歲），爲過去歷代元首之冠，亦爲有清一代守成而兼開闢之君。本身文學修養既深，武藝亦有相當造詣，經文緯武，蔚爲盛世，上比貞觀，下並康熙。在武功方面，平定西南諸蕃，平回部，討平準噶爾，平金川、臺灣、安南，征服廓爾喀的叛亂，征伐殆無虛歲。聲威播於四塞，勵興文治，宏獎士林。凡會典、一統志、四庫全書、各省通志，皆爲當時勅撰之書，至今傳爲盛業。六度下江南，不僅名山勝跡，題詠殆遍，常與大自然合抱，實尤有裨於其心身。一生精力，盡瘁於文武功業，精神有所託附，對於慾欲享樂之事，亦自然減少。

踔厲風發緯武經文

說到先總統　蔣公中正，生於民前二十五年（一八八七、光緒十三年），壽終於民國六十四年（一九七五）。乃中國二千餘年來第四位齡超八十的元首，亦爲得天特厚、勳業空前的元首。秉性忠孝，氣質剛毅，幼學壯行，堅貞如一。由其忠孝之德，發爲仁愛之懷，繼承　國父孫中山先生的遺志，踔厲風發，緯武經文，領導中國國民革命。外與列強帝國主義鬥爭，內與割據軍閥、封建勢力、共產黨人鬥爭。終於完成北伐，統一全國。對日抗戰，使中國國際地位，一躍而爲世界四強之一。反共抗俄，使臺灣成爲世界民主自由的燈塔。實行三民主義，對於國家政治、經濟、文化、社會等的建設，尤具宏規，揚名四海。他不但已爲中華民族復興建國的偉大領袖，亦已隱爲今日世界兩大集團鬬爭中的民主重心。他在六十年來的戎馬征戰和政治生活中，經歷了千萬艱苦，再接再厲，終不移其心，變其志，向著救人救世的目標，無休息的邁進！孟子說：「居天下之廣居，立天下之正位，行天下之大道，得志與民由之，不得志獨行其道。富貴不能淫，貧賤不能移，威武不能屈，此之謂大丈夫。」總統不但是孟子這理想中的大人物，且是這理想實際體現的大丈夫。在他過去的歲月中，治身治學，既非常嚴謹精敏；治事、治軍、治國，尤爲公誠。精神生活，則以中國的傳統哲學，爲修身養氣養志與對人處世接物的張本。物質生活，則以近代科學原理原則，作爲起居飲食遊樂的標準，沒有曠時廢事與博奕之行，更無煙、酒、聲、色之好。因之，其規模氣象，皆有大過於歷代元首之處。眞所謂天授之聖，藉其充沛的氣勢、深沈的智慧、豐富的經驗、健康的體魄，以領袖羣倫，行天下之大道。

中共的始作俑者陳獨秀

除夕歌與青年偶像

「傳記文學」雜誌發行人劉紹唐先生，爲保存與闡揚民國史料與人物事蹟，編輯每月人物專題。來函邀我參加「陳獨秀先生」的座談會。使我幾乎遺忘了三十年的陳獨秀（原名乾生，字仲甫，安徽懷寧人）印象又復活了。馬上記起了他當年風傳一時的「除夕歌」：「除夕歌，歌除夕，幾人嘻笑幾人泣！滿地干戈血肉飛，孤兒寡婦無人恤！富人樂洋洋，吃肉穿綢不費力；窮人晝夜忙，屋漏被破無衣食……」描寫當年中國軍閥混戰所造成的災情，詞可歌而情實可泣。如果把今日中國大陸的情景，與今日臺灣作一對照，苦難與幸福，固有地獄與天堂之別。即將過去中國大陸與今日大陸比較，亦不啻小病與沈疴之殊。不過今日中國大陸共產黨之始作俑者，原來就是陳獨秀。中國大陸弄得今日之暗無天日，災情慘重，陳獨秀個人，應不應負責？又該當何罪？世人早已有了不同的判決。這次座談會，可惜我沒有參加，自然沒有聽到在座諸位先生的高論。

同時，由於個人對陳先生的瞭解不深，對他亦不敢妄提評價。僅就個人早年所認識的陳先生，作一點介紹，提供「傳記文學」補白。

民國十年前後，陳獨秀先生與胡適之先生，同爲一般青年學生心目中的偶像。兩位先生，當五四運動的時候，提出中國文學革命的口號，一唱一和，有聲有色，對於中國後來文學改革的推展，實有極大的貢獻。今日兩先生，皆已先後作古，而世人對兩位先生的觀感，仍不無差別。倘陳先生不中途改絃易轍，去搞什麼政黨活動，仍本其初衷去努力的話，其學術上的成就，與其身後的尊榮，當不亞於胡適之先生，至少也是胡、陳並稱。不會弄到於今有「欲說還休」的地步。

閒遊法界偶然識荊

中國在五四運動的時候，是思想最爲龐雜的時代。「新青年」、「勞動界」等刊物，就是一些搞文化運動、社會運動和政治運動者的言論機關。陳獨秀先生的文章，經常佔有很重要的地位與很多篇幅，一經出版發行，讀者爭先搶購，實與今日一般書刊生意的冷落情況迥異。學生青年之受其影響者，也實在太多，余即其中之一。我對陳獨秀先生的仰慕，即從讀其文章開始，私衷雖欲一見其人，還覺爲不可能的事。因爲他在上海，我在湖南，地濶天遙，又談何容易！民國八年，我以從事長沙學生運動，受了行動拘束以後，意頗消極！父親要我改換環境，另謀新的出路，乃介紹我到上海去找楊樸園先生（此公來臺後，曾任農林公司董事長，未久病歿），謀一半工半讀之處安身。次年，得表叔黃滌塵先生赴粵之便，同輪赴滬。不意氣運欠佳，適楊先生因事入川，余之此行，便全落了空。而表叔又急於赴粵，遂將我託於李少陵先生，待機結伴返湘。李少陵先生（抗戰時，任甘肅省政府秘書長，在臺去世），長我五、六歲，時正就學於上海中華職業學校，亦半工半讀性質，對於無政府主義，具有濃厚的興趣。我住在廣泰來客棧，他住在陸家濱，相距很遠。他時常來看我，大家也很談得來。他是一個窮學生，我的行囊亦不充裕，不敢常去遊樂場所，只好經常以壓馬路消遣。一日，沿著法界霞飛路閒蕩，經過漁洋里口「外國語文補習學校」門前。他說：「我們進去看看好嗎？」我說：「不太好吧！」他說：「不要緊，我常常來的。」我只好跟隨他進去。所謂學校，既沒看到一個學生，也沒什麼教室設備，只有幾張粗木桌椅，擱在牆邊（後來才知道是晚間上課，此處也是中國共產黨的初設機關）。有三個半老貌復不揚的人，正在談得興高彩烈，見了我們，隨隨便便的打個招呼。少陵也未著意的介紹，僅說我是湖南「新民學會」的會員，是來上海就學的。我正惶惑李少陵為何如此介紹（我不是新民學會的），他又轉介紹某為陳獨秀先生、某為楊明齋先生、某為俞秀松先生。余心頓為一驚，注視了陳獨秀先生一眼，算是識荊了，也始覺數年來心目中的偶像，原來就是這樣的一個人。見面不如聞名，當時對他的估價，心裏就不免打了一個折扣。楊明齋，後來我在廣州又會過幾次；楊和俞秀松再後在莫斯科中山大學，且都成了我同期同學，初談往事，他們還誤會我是中共的同志。

溝通國際為黨鋪路

這時，我雖已十九歲，然世故不深，仍只算是一個初出茅廬的小子。陳獨秀先生聽說我是剛從湖南來，對於湖南的情形，垂詢較多。我亦所知必答，其不能作答者，少陵輒多方代我掩飾。陳先生或以我年齡學識關係，談到有關社會主義問題時，所談的內容，都極平淡膚淺，不足爲奇。因爲關於這方面的書籍，我已閱讀了一些，當時頗有點懷疑：所謂社會主義者，僅此而已嗎？心裏雖存疑義，由於對他的偶像心理，尙未破除，也只好聽了算了，而不敢有所質詢。我們告別時，他還檢贈了一些書刊，有「新青年」、「勞動界」、「共產黨宣言」、「階級鬬爭淺說」、「共產主義初步」等。還說：「如果不够，可以多帶一點去。」察其意或欲我代作其義務宣傳，因而我也就多拿了幾本。這些飽載而還的書刊，其中有些我雖早已看過，後來也都把它帶回了長沙。這些書刊，日後如眞發生過什麼流毒的話，也自應歸陳獨秀先生負責。因爲我當時尙年輕識淺，還沒有遠見及此的能力。在此以前，我所看的書刊，都是自己花錢去買的。何以他們不要錢、白送呢？少陵的解釋：他們正在搞「中國馬克思主義研究會」（中國共產黨的前身），從第三國際代表維辛斯基那裏，每月領到幾千美金的用費。這些書刊，都是他們溝通共產國際，為製造中國共產黨舖路的宣傳品(在此以前，我很少聽過這些名詞和如此的作法)，用來作釣魚的引餌的。我也終於明白了：這原是為第三國際張目，替蘇俄共產主義跨到中國來架橋樑，打基礎的搞法。

家長制度造成分裂

我當時所見到的陳獨秀先生，穿著一身白色短褂長褲。天氣並不太熱，拿著一把大摺扇，時而放下，時而揮著，貌不甚揚，不類一個學者模樣，且有些老學究的形態，神氣卻蠻足的。他或許認為我是個青年小子，倚老賣老，擺著呆板嚴肅的面孔，談話很少笑容，像是一個不易接近的人物。據說：原來毛澤東也頂不滿意他這種態度。毛澤東在上海流浪時，他對毛常不假以詞色，動輒辱罵壓制，毛澤東懷恨在心，也成了後來倒陳原因之一。由上海到莫斯科中山大學去的共產份子，多半都是與陳獨秀先生有關係的，如沈澤民、張聞天(洛甫)、俞秀松輩，與他還很密切。當十六年國內共產黨「打倒陳獨秀家長制度」的運動發生時，馬上就反映到了莫斯科，也一陣風似的要「打倒陳獨秀的家長制度」。所謂「家長制度」，如中國舊式家庭的家長，專橫跋扈、統治家人；家人不服，遂手足不睦，造成分裂。中共初期，由於陳氏早以共產黨的家長自居，就可想到與陳獨秀平日的態度、作風、倨傲、專橫有關。所指陳獨秀領導中共革命失敗(應由第三國際負責），原不過是「倒陳」的藉口而已。可見陳獨秀先生平日之爲人處事，是有點乖情理、失眾望的。第三國際對他個人的領導作風，原來也是不滿的。故「倒陳」之風一吹，遍地草動，與陳有關係甚至親密的分子，也無一不見風轉舵，集眾矢於其一身的。當時張聞天告訴我：「獨秀個性很強，很固執，有時尤急躁不講理，驕橫自大。以無產階級的領導者自居，實無處不表現了小資產階級的習氣。不是一個玩政治的人物。」俞秀松則謂：「以獨秀的個性與態度，閉戶讀書修文，或大學講講課，其成就必較搞政治爲優。」以我個人親歷所見，參以張聞天、俞秀松的見解，平心而論：陳先生只能作一個文學家，因爲他的文章，寫得還生動入理；而不適宜作一個政治家，因爲他的器量風度都不够。沒有平易近人的態度，沒有濶達涵融的器量，往往是招致怨尤，脫離羣眾的主要原因。後來毛澤東等實力派之脫離家長門下而獨樹一幟，與陳獨秀自己於民國十六年以後之一蹶不振，原因固然很多，而他個人的因素，也不能說少。

廣州重逢另眼相看

民國九年九月以後，陳獨秀先生已積極展開其活動，企圖將馬克思主義研究會，變爲中國共產黨。而我則先兩月，找到回湘之伴，泛輪到了長沙。次年七月，並聞他在俄人維辛斯基與馬林資助慫慂之下，在上海法界蒲柏路，終於成立了中國共產黨。出版了一種「嚮導」刊物，在長沙偶然間也能看到。言論雖較以前更激進，總覺書生論政，不過紙上談兵而已，不會有什麼出息。上海一別的陳獨秀先生，與我沒有通過一點消息。直到民國十三年，我隨譚畏公（延闓）的軍隊到了廣州。在第二軍官學校讀書。才正式讀過三民主義，親聆 國父孫先生幾次演講。思想有了定型，才成了國民黨的黨員（我民國九年入黨，這時才拿到黨證）。其時政府已實施了「聯俄容共」的政策，共黨份子，亦多成了跨黨份子。國共人士交往，亦毫無禁忌。一個星期日的下午，李富春、方維夏（皆跨黨份子）與我（被共黨列爲國民黨左派份子）偕往廣州東山訪問陳延年（獨秀先生之子，負廣州共黨責任），時陳獨秀、譚平山、張太雷亦在座。曾聽說，陳獨秀先生擔任中共總書記以後，行踪非常秘密，公開場合，更不露面，高高在上，原非等閑之輩可以見到的。一別六年的我，今日能得重逢一見，自然是沾了李富春、方維夏的光。心目中頗有不同的感想，他地位聲勢，雖已超過當年，而冷若冰霜的態度，卻仍舊未改。他對李富春、方維夏，自然是早都認得的。對我似乎是沒有印象了。經自我介紹，說出曾在上海晤面之事以後，或許見我穿了一身軍校制服（當時軍校學生很吃香），忙著說：「不錯，不錯。」又或許因了李、方二人的關係，我才得到他另眼相看的待遇，與我周旋起來。當時所聊的，都不過是我近年來的工作情形，和生活狀況。從此以後，我也沒有再見過他了，因爲不久，我就去了莫斯科。

內外受制有黨無權

陳獨秀先生，在上海做了幾年共產黨的皇帝。實際上，他外受第三國際與鮑羅廷的控制；內有驕臣悍將（實力派）的掣肘；有力組織共產黨，無權支配共產黨。爲所欲爲，已非易事。他坐在寶座上，寫文章、談政治，固然頭頭是道。一旦面臨紛繁複雜的政治實際環境，則又無所措手足。尤其時當十六年以後政局大波動之際，第三國際以自己陰謀未逞，則嫁罪於他的無能；黨內平日痛惡陳獨秀獨斷專行的份子，則指其領導錯誤。在內外夾攻，「打倒陳獨秀家長制」的口號之下，陳獨秀先生的寶座，便一推即垮。共黨具有實力的份子，如毛澤東、瞿秋白、李立三等，則採取行動，進行湖南、江西各地暴動。陳見大勢如此，只好親去蘇俄求援（有人說他見過托洛斯基。在史達林嚴密監視之下，似不可能）。結果，不但碰了史達林一鼻子灰回國，反而被戴上一頂「托派」的帽子。陳獨秀完全成了孤家寡人一個，當時莫斯科共產黨旅莫部，曾流傳一首打油詩，末兩句有道：「稱孤道寡事蘇俄，垮無一個是嘍囉。」確是陳獨秀先生當時的寫照。此時的第三國際，由史達林主持，亦有意乘機分裂中國共產黨，從派系中支持國際派出頭奪權。一方承認毛澤東、瞿秋白等實力派的領導，進行暴動政策；一方復派國際派的陳紹禹與秦邦憲，先後接收中共中央，代替陳獨秀先生的位置（中共在上海不能立足後，才逃赴江西依附於毛澤東）。從此共黨內爭不休，終使毛澤東掌握了共產黨的大權。這段共黨內部長期鬪爭史，暫且不談。

中國托派國際祭品

至於陳獨秀的家長制，前面我已經道及過，不過是「倒陳」的藉口而已。至替陳獨秀先生戴上「托派」的帽子，卻實在有點寃枉——終身洗不清的寃枉。他生前有口難言，從來也沒有人替他洗雪過。當時作者正在莫斯科，對國內實際環境，雖不免有些隔膜，但對蘇俄共產黨的內爭，卻瞭如指掌。蘇俄史達林（右派）、托洛斯基（左派）、布哈林（中派）的鬪爭，已有很長的歷史。因中國共產革命失敗以後，其鬪爭則日趨激烈。左、中兩派，頗有聯合的趨勢。都把中共在中國的失敗責任，都歸咎於史達林領導的錯誤。其實三派的主張，都是不合中國革命的實際情勢與要求的。史達林企圖「黨成一石，權歸一人」，尤不容許托洛斯基這個厲害腳色的存在。托洛斯基的主張，原是「不斷革命論」。這正是當時毛澤東、瞿秋白、李立三輩，所採取的不斷的暴亂行動。原不是陳獨秀先生所主張的。陳獨秀先生的主張，一貫比較溫和。或許因為他多讀了一些中國古書，還有一點舊道德觀念，更不忍自己人殺自己人。故當寧漢分裂之際，猶企圖與汪精衞聯合，維持國共合作關係，挽回殘局。故「托派」的主張，正是毛澤東等所幹的勾當，而不是陳獨秀的所欲所爲的。史達林排除任何異己者時，不分青紅皂白，都一律冠以「托派」的頭銜。史達林在自己所統治的國家裏，絕不容托派存在。相反的，對外國共產黨，則極力推動資助不斷暴亂的托派思想和行動。瞿秋白與毛澤東輩，在發展暴亂中，正少不了國際的援助，爲討好史達林，投其所好，乃強調打擊「中國托派」。於是寃負「中國托派」聲名的陳獨秀，便作了共產國際的祭品。陳獨秀樹倒猢猻散，自己又逃亡之不暇，怎會去搞所謂「中國托派」！已成落水狗的陳獨秀先生，雖無任何利用價值可言，卻作了毛澤東後來翻身騰空的資本。獨秀先生寃魂有知，當亦死不瞑目。

悔禍有心為時已晚

陳獨秀先生垮臺以後，孤掌難鳴，在國內不能安居，乃四處遷移隱藏。既畏國民政府的通緝拘拿；又怕共黨仇視份子的暗算。不幸得很，他雖多方逃遁，終於民國二十一年，被共黨反陳份子發覺，向政府告密，在上海租界被捕，繫於南京監獄。陳以謀叛未成，死不值得。一方深有悔禍之心；一方則託某些要人爲之脫罪。後來國民政府亦以陳獨秀雖有爲禍之心，罪惡尙未昭彰，原有其近數年來已具悔禍之誠；十六年後，完全脫離了中共關係，乃秉寬大爲懷之旨，僅加監禁，未予重刑。對日抗戰發生以後，陳先生被釋出獄。此時他的思想，已大起變化；但其遲來的覺悟，已使國家民族的命脈，大受斲喪。當其赴渝，道經武漢時，周恩來、董必武等，猶力勸他重回共產陣營，他不僅當卽予以拒絕，在他寫的「最後的見解」中，並坦白的指出：「我之參加共產黨，是當時知識份子愛國的狂熱衝動，是迷失的錯誤。共產黨落在毛澤東手裏，是時代與歷史的悲劇。」從這幾句簡單的話裏，亦可看出陳獨秀先生的衷心和遠識。他搞共產黨，原是出發於其愛國心理。今日中國大陸之慘罹共產禍害，或眞爲他始料所未及。故陳獨秀先生，固罪有應得之處，似亦有可以原有之處。

文學貢獻未可盡沒

抗戰初期，政府放棄東南各省，當局爲防止共產黨對陳先生的暗算與被日人所利用，對陳亦特加保護，遷他到四川江津，與其後妻張玉清和幼子存眞，同居一室。天倫有樂，生活自由舒適，算是他一生中最安享的時期。直到三十一年五月，才病逝於江津，六十四歲。依古俗所傳，仍算是壽終正寢，非如歷史上之大奸巨寇，難得善終可比耳。罪不及於枯骨，乃從來仁者的觀念。可是中國大陸陷共以後，毛澤東對陳先生仍然舊恨未消，像湖南農民掘發毛家的祖墳一樣，命江津共黨負責人（據說爲鄧小平），舉行清算鬪爭陳獨秀大會，終於宣佈陳先生的罪狀，毀其墓，暴其屍，任人侮辱踐踏。他的妻和子，原是無辜的，亦皆被拘捕囚禁，不知所終。毛雖惡陳至深，其實毛之發跡，乃陳一手所提拔出來的。毛澤東不是無知的農民，倒陳已經洩恨，怨猶下及枯骨，憤及其妻孥。毛澤東和共產黨徒之無情無義，觀此更沒有話說了。

單從某方面看，陳獨秀先生固有可議之處。從另面看，他對中國文學改革的貢獻，又不可沒。當五四運動之際，他與胡適之先生，先後發表「文學改革芻議」和「文學革命論」，主張把高深古奧的文學，改爲通俗淺顯的文字，使能深入普遍於大眾。胡、陳兩先生，登高一呼，應者四起，卽形成爲一種運動。陳先生的文章，雖是繼胡先生的文章而作的，他的主張，卻較胡先生尤爲激進。如謂：「推倒雕琢的、阿諛的貴族文學；建設平易的、抒情的國民文學。推倒陳腐的、舖張的古典文學；建設新鮮的、至誠的寫實文學。推倒迂腐的、艱澀的山林文學；建設明瞭的、通俗的社會文學。」都是明白、具體而切實的主張，將當時的中國青年，從死的文學中，領到活的文學境地。爲中國文學革命，開創新的基礎。當日國內有名的報刊，隨卽採取了實際行動，如「新青年」（胡適之、陳獨秀）、「星期評論」（羅家倫、傅斯年）、「每週評論」（胡適之）、「建設雜誌」（朱執信）、及「北京晨報」、「上海時事新報」、「上海國民日報副刊」（邵力子），不但都採用了語體文，文章內容風格，亦多所改革。到了民國九年以後，則成了報刊普遍的現象。就這一點說，如不以成敗論人，胡適之先生固然有功，也不能把陳獨秀先生完全抹殺了！

西安事變中的人與事

近代史一大轉捩點

民國二十五年十二月十二日，西安事變，張學良與楊虎城勾結中共，刼持　蔣委員長介公（以下簡稱　蔣公）於陝西西安華清池行館。晴天霹靂，舉國震驚！這不但是民國史上一件重大事件，亦卽中國現代史的一大轉捩點。關係國家民族之命運，至深且鉅！影響所及：第一、西安事變之前，日本軍閥陳兵東北，固早有進侵中國之企圖，祇是進侵日程，或許尚有待於準備佈署充分完成之後。在西安事變過程中，日本軍閥，已盡窺見　蔣公終必抗日的隱衷，並瞭解蘇俄的陰謀計劃。因知時不可待，謀我侵我益急。故事變未逾一年，盧溝橋侵略事件爆發。第二、西安事變之前，　蔣公雖已決定了抗日大計方針，實尚在積極準備的階段。乃有部分國民，不瞭解現代戰爭的本質，未能體會到　蔣公的謀略，仍多懷疑、携貳與不合作的心理態度。經過西安事變的考驗，舉國上下，才眞正徹底認識了　蔣公謀國之忠誠，志節之堅毅、博大；與其運籌準備之苦心孤詣！因而更促成全國空前未有之團結統一，終於獲得對日抗戰偉大的勝利！第三、西安事變之前，中共殘部，困處陝北延安東方保安四個山區小縣，勢窮力蹇。卽將趨於完全消滅（蔣公估計二週約一月）！不意中共竟乘西安事變的機會，勾結張、楊叛徒，得以復甦。一方利用蘇俄作背景；一方與政府僞裝合作；因之日益坐大，終於叛國作亂，造成中國歷史千古未有之奇變！此一奇變，關鍵實皆繫於西安事變。今雖事逾四十三年，已成歷史陳跡；然痛定思痛，其痛愈深者，卽共黨叛國作亂所造成我大陸人民之慘重災情！

關於西安事變的經過與事理之分析，蔣公於脫險後，著有「西安半月記」；蔣夫人有「西安事變回憶錄」；日本產經新聞有「蔣總統秘錄」；與事變有關人士，亦有數種單行著作；當年的報章雜誌，尤多詳細記述；皆可資爲探究。玆篇所述，則僅檢取舊篋所藏當年見聞雜記擇要刊佈，用與上列諸作對照，俾爲歷史作證，藉供關心史實者的參考！

張楊叛變乖謬主張

張（學良）楊（虎城）受中共煽惑，發動西安事變，企圖自非一日。故於民國二十五年十二月十二日清晨，刼持　蔣公時，卽已發出準備好了的所謂（丑文）通電主張，亦卽他們所謂「兵諫書」。措詞謊謬，不堪一讀。略謂：「……東北淪亡，時逾五載，國權凌夷。……乃前方之守士將士，浴血殺敵，後方之外交當局，仍力謀妥協。……學良等涕泣進諫，屢遭重斥，不忍坐視，因對介公作最後之諍諫，保其安全，促其反省。」並提出所謂國是主張八項：

1. 改組南京政府，容納各黨各派，負責救國（按：爲組織所謂聯合政府）。

2. 停止一切內戰（按：卽停止剿共）。

3. 立卽釋放上海被捕之愛國領袖（按：係向上海被捕的所謂七君子示好，博取更多同情共黨的分子）。

4. 釋放全國一切政治犯（按：卽釋放被捕的共產黨徒及其同路人）。

5. 開放民眾愛國運動（按：俾共產黨走羣眾路線，利用羣眾、掌握羣眾）。

6. 保障人民集會結社一切政治之自由（按：俾共產黨能公開與秘密活動）。

7. 確實遵行孫總理遺囑（按：係聯俄、容共）。

8. 立卽召開救國會議（按：爲組織所謂聯合政府舖路）。

這通電之列名者爲十九人，張學良、楊虎城領首，以及于學忠、何柱國、王以哲等東北及陝軍將領。此外，擅將在西安被軟禁的中央政府高級官員姓名，也列入其中。事變之發生，張學良原以「促蔣公抗日」爲號召；但這八項所謂國是主張中，卻無一涉及抗日要求。實乃中共在抗戰前後所一貫叫囂的口號。作者按項分析（見上按語），張、楊實明被共黨所利用，祇是爲中共謀生存，替共黨開闢政治路線而已。爲虎作倀，自毀前途，猶無所覺，實至可悲！不過張、楊文日通電中，尚有對蔣公「作最後之諍諫，保其安全，促其反省」之語；張學良所致孔副院長（祥熙）震（十二）電，亦有「弟愛護介公，八年如一日，今日不敢因私害公，暫請介公留駐西安，促其反省，決不加以危害」等詞。從張、楊，文、震兩電揣之，蔣公安危，雖在渠輩掌握之中，實大有「挾天子以令諸侯」的要挾勒索企圖，似尚有轉圜的地步。即明欲以談判協商方式，屈服 蔣公與中央，以遂其叛變的目的！

中央應變決策經過

中央以事關國家民族之存亡與領袖之安全，乃於十二日晚及十三日晨，召集中樞緊急會議，共商對策。當時與會人士，以事起倉卒，猜測不一，如何應變決策？持見紛紜。有謂：此事關係重大，決策萬一差誤，即將淪國家民族於萬劫不復。加以時間與事態之迫切，又不容許從長計議。必須迅速圖之！有謂：目前情況，於我似尚有利。對於叛逆，如果逼迫太急，誠恐叛逆不擇手段，走向極端。如果稍事遷延，又恐事久多變。總以事策萬全為宜！有謂：制裁叛逆，自為國法之當然，惟 蔣公一身繫國家民族之安危，如何能保護 蔣公安全脫險？乃是目前最大前題。一時意見雖多，歸納言之，約可分為兩說：

「甲說：謂張楊此舉，必有背景，且必有助力。其背景與助力：在內為不盡悅服 蔣公之疆吏與將領，如山東之韓復榘，廣西之李濟琛，甚至如河北之宋哲元，四川之劉湘，皆可引爲同路；在外爲垂竭待盡之共產黨徒，甚至如第三國際之蘇聯，皆可暗中聯絡。張楊既藉此背景助力，出以刼持統帥，則必以　蔣公之生死爲政治上之要挾。中央既不能曲從其狂悖，陷國家於淪胥；尤不能過於瞻顧　蔣公之安全，置國家綱紀於不顧。昔項羽囚太公，漢高不屈，而太公卒還；淸廷囚鄭父，成功不屈，而鄭父竟死。此中關鍵，固需審愼，然千秋後世，終必贊果斷而貶屈服。故中央對策，宜持以堅定。況　蔣公安全尙不可知，示張、楊以力，　蔣公倘在，或尙可安全；示張、楊以弱，　蔣公雖在，或竟不能安返。此說，辭旨嚴正，考試院長戴季陶先生實主之。（作者按：十三日晨，　蔣公安全虛實，尙未明確。）

「乙說：對於甲說之揣測，雖不否認；但不信張學良等之通電，將發生若何之效力。且謂蔣公抗日，早具決心，凡在帷幄，均所熟知。張、楊此舉，如眞衹以抗日爲範圍，則在國策上，只有時間上之出入，而非性質上之柄鑿，此中已饒有說服餘地。況張氏旣有保證　蔣公安全之電報，自須先探　蔣公之虛實，再定萬全之策。如卽張撻伐，無論內戰蔓延，輿情先背，而坐弱國力，益以外患，國將不國，遑論紀綱。」

兩說意見，自各具有理由，簡明言之，前者主張：示張、楊以力，卽張撻伐；後者主張：先探　蔣公安全虛實，說服張、楊。討論結果，決採後說，定爲應變對策。會議一方決定在　蔣公未返京以前，推孔副院長祥熙，兼代行政院長，主持政治；賦軍政部何部長應欽以統帥權，執掌軍事。一方彰明法紀，決議將張學良先行褫奪本兼各職，交軍事委員會處分。當日即由國民政府頒發明令：

據報張學良十二日通電叛國，殊堪痛恨！查該員奉職無狀，原在中央曲予矜全，冀圖後效之中。當此外侮緊急，勦匪將竣之際，竟劫持統帥，妄作主張，該員以身負剿匪重責之人，行同匪寇，以身爲軍人，竟冒犯長官，實屬違法蕩紀。張學良應先褫奪本兼各職，交軍事委員會嚴辦，所部軍隊歸軍事委員會直接指揮，凜遵毋違，切切此令。

軍政外交各種運用

張、楊「文」、「震」兩電，明有挾持　蔣公，企圖談判的要求！中央對於張、楊，亦決先採說服之策。中央在政治、軍事、外交以及談判說服各方面，策略上如何運用？皆爲成敗所關，尤不能不顧慮周詳。多方考慮，認爲：

一、政治方面：張、楊所謂救國八項主張，既以通電出之，是必對於各省疆吏與民間團體之反感，或有預期。我方對策，卽宜首對此點入手，將中央決策要旨，昭示全國，以孤張、楊之勢。

二、外交方面：張、楊通電，雖以抗日爲理由，而八項之救國主張，則未有一項涉及抗日。

至其所謂容納各黨各派，停止內戰，開放愛國運動等，皆已走入共產黨之路線。究竟其與中共之關係如何？與蘇聯之關係又如何？皆必須先究其內幕。其時日蘇關係杌陧不安，究竟日政府對此事件將有何種反應？亦須設法探明。故我方對策，卽宜向駐京各有關使節，加以警告，並密電我駐外使館，向各該國政府探詢趨向。

三、情感方面：張、楊既於通電之外，復對孔代院長及中央諸同志各有私電，是明予吾人以談判的機會。如出以談判之方式，不特可明其背景，且可進一步而加以說服。其時黨國元老及各省疆吏中，亦尙有夙爲張、楊所敬重或張、楊認爲可同情者。如我能先占一着，爭取協助，並卽由此類人士出而斡旋，於事必更有濟。

四、軍事方面：張、楊軍力微薄，遠非中央之敵；但如曠日持久，則易滋其他糾紛。楊部馮欽哉之第十七師，方駐同州，是否可與東北軍合作到底？是否完全盲從張、楊？似有下手餘地。而西北軍隊，是否對於張、楊不無疑忌？亦宜設法統籌。

中央本此分析考慮，多面運用，迅速進行。當日（十三）卽由行政院通電全國各省市，本既定國策，共策國家安全。一方密電安撫徬徨中的疆吏與將領，曉以大義，辨明是非。一方挽請黨國元老及各省富聲望的大吏，出面斡旋，勸導張、楊。一方外交上注意國際反應，特別是日、蘇兩國的意向態度，予以適當的警告；一方計劃派遣適當人員，俟機前赴西安，與張、楊會商。行政院致各省市通電云：

（銜略）祥熙備位中樞，忝佐政院，月前因病，在滬治療，醫囑原須靜養，不意西安事變，突然發生。中央以蔣院長暫時不能行使職權，決議委負院務。職責所在，星夜來京，獲讀西安少數將領通電，對於中央意旨，頗有誤會之處。查中央同人，對於抗敵禦侮，素具決心。深信當此內憂外患交迫之際，救國之策，必須力謀主權之完整；而欲達此目的，首須國內完成統一，集中力量，庶足以鞏固國家之地位。蔣院長赤忱報國，主政中樞，秉此主張，堅苦奮鬪，努力邁進，成效顯然。詎料綏邊前線，血戰方殷，而西安後方，忽生變化，當此國家存亡絕續之際，乃竟有此糾紛，關係我中國國家之前途，至深且鉅！深信我全國民眾，素明大義，愛國心長，必能一致擁護中央既定之國策，完成國家之統一。各地方長官翊贊中樞，忠誠夙著，當亦必能益勵忠勇，一本中央之意旨，為一致之進行。祥熙及我政院同人，值此危時，自當力肩重任，宏濟艱難，一切政務，照常進行，遵照蔣院長既定方針，以最大之努力，與全國上下共策國家之安全，此則祥熙等之所自誓而願我全國官民之相與共勉者也。特電奉聞。孔祥熙元印。

各省疆吏將領反應

當國民政府明令褫奪張學良本兼各職，行政院通電各省市後。全國上下，人心激昂，馬上掀起一股聲討張、楊的巨潮。各省疆吏將領、輿論界、學術界、民間團體、學校等，多發通電、宣言、社評、文告，憤慨萬端，擁護中央，並要求中央爲國家爲領袖，嚴伸紀綱、懲罰叛逆！資料太多，茲先將各省疆吏來電，擇要節略述之於後：

1.山西閻錫山電：「西安變起非常，我輩自當協力共維大局。……藎籌極佩，已囑次辰（徐永昌）赴京，商承一切。」

2.河北宋哲元電：「西安駐軍叛變，委座被困，遽聽之下，至深驚駭。當此國家多故之秋，乃遭此非常之變，眞國家之不幸。諒張學良被赤色包圍，鑄成大錯，除嚴加防範外，尙祈賜示詳盡爲禱」。

3.廣東余漢謀電：「陝變突出意表，委座以一身繫全國安危，亟望早日脫險，以安國本，而固全民。至漢卿悍然不顧，必有其他背景，國事至此，隱憂何極。惟竭誠擁護中央，本鎭靜態度，安撫地方士民，盼隨時賜示，俾知率循。」

4.陝軍馮欽哉電：「吾兄愛黨憂國，溢於言表，欽哉何人？寧敢落後，祇希惠我南針，當即勉效馳驅。」按馮係楊虎城部師長，爲楊部之主力，十四日聲明不受僞命（十五日電）。

5.廣西李宗仁、白崇禧、黃旭初電：「漢卿痛心鄉邦，一時激於情感，發生軌外行動，使委座蒙難西安。全國震驚，弟尤痛惜。承示中央對內對外，已決定整個辦法，決不因一時事變，稍涉張皇，老成謀國，敬佩無已！此間一切安定如常，請釋念。」按張、楊於發表文電後，另電促白崇禧赴陝，共商一切。李、白未復。十四日發此電。

6.寧夏馬鴻逵電：「職意此次事變，張學良少不更事，素無一定主張。楊虎城梟獍成性，險惡毒狠，思想謬妄，此次實爲主謀。且文日事變之前二日，楊虎城曾派人專機來寧，促職赴陝。職以未奉委座電令，辭未往。來人竟謂此行關係重大，無庸請示。回憶此情，楊欲將職亦困西安，以遂一網打盡之妄想；且楊之爲人及歷史，久邀洞詧，故關於進行處置，對楊逆務特別注意！如向張著手，曉以利害，責以大義，或尙於事有濟；若從楊著手，則依其賦性毒辣，反滋糾紛。」按西安事變前二日，楊虎城深慮馬鴻逵乘機襲擊其後，故特派人邀馬入陝，馬雖拒之，此電卻遲至十九日始發。

7.山東韓復榘電：「西安事變，舉世惶惑，值玆外患方殷，羣情危懼之日，委座爲全國領袖，以一身繫天下之安危。惟盼鈞座與中央諸公，從速運籌決策，俾得其早脫險地，則此後一切問題，均可從容處理。」按韓復榘此電，雖發於十四日，仍實存有貳心。

8.四川劉湘以勸張、楊電轉呈中央電：「頃遵囑致漢卿一電，文曰：介公被留，迄今尙無適當解決辦法，勢將釀成內戰，自招分裂。使同仇抗敵之軍，化爲戮力致死之敵。親痛仇快，國亡無日，良用痛心！推原兄之初意，無非欲促成抗敵救國之偉業，以求我國家民族之生存。今以羈留介公之故，將使救國初心，得亡國之惡果，寧不可痛可惜！現值千鈞一髮之時，尙可作亡羊補牢之計。敢貢鄙忱，務望採納：(一)內戰必致亡國，無待贅言，必須避免軍事接觸，速求政治解決，庶能保全國脈於萬一。弟對中央諸公及各省軍政同人，亦貢此辭。(二) 羈留介公，無論出於任何愛國舉動，對於國際國內之印象過劣，卽對於國家前途之危險太大。介公久留西安，更足促成內戰，加速覆亡，務請立卽恢復介公自由。(三) 國家民族安危，在吾兄一念之轉移。吾人為國，一切均可犧牲，更無固執成見之理，如兄在政治上有所主張，弟當居間進言，以求解決，如認為尙有商榷者，尊處派員來蓉，或弟派員到陝均可。國家繫於呼吸，所陳各端，亟宜速決，免誤國事。掬誠奉達，竚候電復等語。特達。以後應如何進行？盼隨時電示！」按劉湘此電，遲至十九日始發，仍係經過劉航琛的勸說始成，跡仍近乎敷衍。

9.福建陳儀等七十五人十三日電：「張逆學良，荒淫狂悖，誤國殃民，罪狀昭彰，無煩列舉。我政府曲予優容，不咎既往，授以專職，命其專征，迺頻年師老無功，致殘寇久稽顯戮，猶復不知愧奮，竟敢倒行逆施，背叛黨國，勾結共匪，刼持委座，於文日在陝作亂，實屬令人髮指！儀等或膺疆寄，或綰軍符，擁護中央，夙具血誠。值玆邊陲多事，國步艱難之際，決不與出賣民族犯上作亂之張逆並立，誓當服從中樞命令，簡率師旅，共申天討，一面力維治安，嚴防奸宄，以肅綱紀，而安國本。」

以上諸疆吏將領擁護中央之電，無論其為自動自發，或經勸導解說；或發於事變之初，或發於事變多日之後；或陽表擁護，陰通逆謀；實皆足以代表一方物望，維繫人心，給叛逆者以精神上之打擊。總之，當西安事變發生之前，全國政治局勢，表面雖已統一，精神則仍多分離。故事變發生之後，若干疆吏將領，以變生倉卒，或不免於惶惑；但經中央通電說明眞象之後，卽多主張討伐叛逆，維護國紀。原與中央不甚融洽者，坐待情勢發展，徘徊觀望者有之。一方通電擁護中央；一方聯絡西安，或表同情，或願爲後盾者有之。甚至有圖落井下石，不擇手段，傷害領袖者。如山東的韓復榘，卽有密電致張學良，願效前驅。四川的劉湘，對張、楊派往四川的代表宋某表示：川陝唇齒相依，願爲後盾。且與毛酋澤東同調，主對領袖採取斷然處置。韓、劉的態度如此，自然也盲從了張、楊文電的主張。其他，在張、楊叛亂勢力範圍以外，明目張膽，響應張、楊主張，不主討伐叛逆者，似僅爲李濟琛一人而已。

李濟琛的盲從態度

李任潮（濟琛，後投降於中共）屢膺中央重寄，祇以不明蔣公明達公正的態度，常懷異志，與中央之政策主張相左。當西安事變之際，李在蒼梧，暗與張、楊通氣，隱爲叛逆張目。其致中央刪、巧兩電，亦足見其盲從態度，電云：

「1.林子超、馮煥章、孔庸之、于右任、張靜江、居覺生、孫哲生、朱益之、程頌雲、李協和、唐孟瀟、邵元冲、何敬之、陳紹寬諸先生勛鑒：頃聞陝變，震愕莫名！諸公國家柱石，定能處置裕如。惟際茲強寇壓境，危亡卽在目前，至盼號召全國所有力量，一致對外，方足以挽救危亡，若再另起糾紛，豆箕相煎，是眞使國家民族陷於萬刼不復之境矣。心所謂危，敬貢區區。伏維詳察！李濟琛叩刪。

2. 林子超先生、馮煥章先生、孔庸之先生（餘銜略）勛鑒：陝變事起，曾於刪日通電主張，集中全國所有力量，一致對外，以免引起糾紛。不圖討伐令忽然而下，値茲強鄰壓境，國家民族，危在旦夕，方謀解救之不暇，何忍再爲箕豆之煎。況漢卿通電各項主張，多爲國人所同情者，屢陳不納，迫以兵諫，絕不宜以叛逆目之。而政府遽加討伐，寧不顧國人責以勇於對內、怯於對外耶？且國家所有軍隊，應用以保衞疆土，尤不應供私人圖報復也。務望顧念大局，收回成命，國家民族，實利賴之！事關存亡，直言無隱。臨電不勝迫切之至。李濟琛叩巧印。」

關於李之刪電，主張「號召全國，集中力量，一致對外」。實不外要求實現張、楊文電的主張。中央當以「統一力量，不稍分散，既定國策，不受動搖」之電復之，勸其同此主張。迨中央於十六日明令討伐張、楊，李復以巧電表示反對，竟指討逆爲報復，剿匪爲分散，要求收回成命。既爲叛逆張目，復爲共黨挽命。不但爲中央所拒絕，亦深爲國人所輕鄙！

三、青年將領鐵的誓言

黃埔、全國青年將領，大都係蔣公十餘年中親手所培育而成的革命幹部。散佈全國各地，統率陸、海、空革命部隊，爲中國國民革命大業，効命馳驅。他們平日親受蔣公薰陶，許身黨國，爲三民主義之實現而奮鬪！其擁護領袖之忠誠，尤能犧牲身家性命而不顧。西安事變，促聞張、楊叛徒刼持領袖，陷國家民族於存亡關頭，自然憤慨塡膺，誓必不顧一切，與逆勢不兩立。當時二百七十五將領的聯名通電，直卽百萬大軍枕戈待命的表示。實足以振發士氣，奮勵民心，而寒張、楊之膽！其原電云：

「委員長爲我國唯一之領袖，亦我國家生存所托命，此爲國內國外一致所共認。執事冒犯尊嚴，敢行脅迫，聞訊之餘，幾難置信。委座平日所以愛護執事厚待執事者何如，乃竟出此駭人聽聞之異舉，對黨國爲違法亂紀，在個人爲喪心害理。無論此舉出於執事一時心志之失常，或別有乖謬離奇之策動，於公於私，均不可恕。同人等悲憤驚痛，尤不可言語形容，執事自受　委座薰陶，亦嘗矢言竭忠，願以救國自効。當國家對外甫有出路，全國一致急起救亡之時，忽爾刼持統帥，使不得行使職權，執行國策，安內攘外事，遭受頓挫，卽此倒行逆施之一端，已爲舉國民意所不容。執事須知，　委座數年來堅苦卓絕，已使全國人民與其革命精神融鑄爲一體。　委座之身體自由或受一時之刼持，　委座之革命意志及其精神，久已普及於全國愛國同胞之腦筋，尤深刻灌於吾軍校同學每一個人及全體將士之血液，此決非任何惡勢力所得而刼持。吾人早已將整個生命，交付於　領袖，交付於國家，交付於　領袖所致力之事業。頭顱熱血準備隨時隨地爲保障黨國，實行主義，完成革命，掃除障礙而揮灑，執事自審地位力量究有幾何？卽執事受人蠱惑，亦誠一估量執事所欲憑藉以倡亂叛國之力量與全國愛國同胞及革命將士之總力相挈較，又爲如何？順逆成敗，寧非灼然！可知關於執事背叛黨國之舉動，中央執行，已有命令，同人無俟贅言；惟念執事春秋方富，一時失足，應未全泯，心理當感徬徨，茲請以吾全體同學之意志，忠告執事，望執事內省天理，外忧公憤，及早悔禍，泥首請罪於 委座之前，俾 委座即復自由，出而繼續領導復興救國之大業。則中央與 委座對執事如何曲予矜貸，自一聽中央與 委座之裁處。萬一執迷不悟，使 委座稍有差池，則吾全體同學誓必不顧一切，悉力以赴，決不與執事及與執事有關之任何個人共戴天日於此世。海枯石爛，此志不渝。特此迫切之意爲執事少陳情理與利害，以期執事之覺悟與反省。抑憤陳詞，唯熟察之。」

學術界胡適等呼聲

全國學術文化界，識見深遠，最瞭解國內外大勢，深明中央國策方針，服膺 蔣公賢明領導的人士，當西安事變發生之初，即紛紛批判張、楊，主張制裁叛逆！如胡適先生，係全國學術界的領袖，亦國際知名的學者。回國未久，即逢此變。當即發表「張學良叛國」一文，說明國際與國內情勢，剖陳情理與利害，娓娓而談，繪聲繪色，詞嚴義正，浩氣懍然，尤足以代表全國學術人士的呼聲！文云：

「我剛從海外回來。我在國外，眼看見美國的輿論對中國的態度在最近幾個月之中逐漸好轉。到十月以後國家的統一形態更顯明了，對強鄰的態度更嚴正了。十一月九日美聯社的社長何華德先生（Roy Howard）從馬尼拉發出一個長電，對新興的中國表示驚異的贊歎。他說：『對這個更生的，統一的中國，歐美人的評判必須改變修正了。向來外國人認爲不可能的統一，今天已是一件無疑的事實了。』

我自己也抱着這樣的樂觀回家，萬不料回國剛剛十二天，就遇着了張學良在西安叛變刼持統帥的惡消息！我個人精神上的大打擊自不消說；全世界的震驚，我們的國家民族在國際的地位驟然低落，只有我們剛從國外回來的人才能充分感覺到。我們又要許多時不能抬頭見人，不能開口說響話了！

張學良和他的部下這一次的舉動是背叛國家，是破壞統一，是毀壞國家民族的力量，是妨害國家民族的進步，——這是毫無疑義的。最奇怪的是今日還有一部分的青年人表同情於張學良，那些人不是居心危害國家，必是無知無識。居心危害國家的人，唯恐國家不亂，因爲只有紛亂的狀態之下他們可以在混水裏摸魚，達到他們危害國家的目的。那種人我們可以撇開不談，因爲他們的頭腦早已硬化了，什麼話都聽不進去。至於知識幼稚的青年，他們本是抱着愛國熱誠的，只因爲情緒太興奮，忍耐心太薄弱，不明瞭事實，總感覺到政府對外太軟弱，總疑心到政府的領袖有對不住國家的心思。這種錯誤的感覺到現在應該可以消除了。五年的忍辱不戰，所求的是一個統一的國家，齊整的步伐，充實的力量。性急的青年雖然看不到這一點，我們的強鄰可早就明白了。去年九月二十四日出現的所謂『多田宣言』就很明白的說：『要之，蔣介石及其一黨與日本帝國之關係，帝國屈伏乎？抑帝國打倒彼輩乎？』

我們的青年人應該仔細想想這幾句話的涵義。我們的強鄰早已認清蔣介石先生領導之下的政府是最可怕的力量，所以他們處心積慮要打倒那個力量。所以凡危害那個力量的行為，都是自壞我們國家民族的抗拒力量。都是危害我們自己的國家，戕賊我們自己的民族，——都是叛國禍國。

特別是在這個綏遠前防已開始作戰的時期！全國的人民應該明白：這回綏遠的作戰是第一次由統一的中央政府主持領導的戰爭。中央的部隊已到了前線，軍政部次長陳誠，已受命指揮綏東國軍各部隊了。這回作戰的第一步計畫當然包括三個子目：第一是綏北綏東的肅清，第二是察北察東的收復，第三是冀東的收復。正在這第一個子目還沒有做完的時候，正在陳誠次長受命指揮的第二天，張學良忽然造反了，把一個關係全國安危的領袖蔣院長拘留了，把前一天受命指揮綏東國軍的陳誠次長和別的幾位重要官吏與將領也拘留了！說這是為的要『抗日』，這豈不是把天下人都當作瞎子傻瓜！

這回的西安事變，是叛國禍國，毫無可疑。一個政府有戡平叛亂的當然責任，也毫無可疑。政府得到西安叛變的確報之夜（十二夜），立刻舉行中央常務委員會和中央政治委員會的聯席會議，議決行政院由孔副院長負責，軍事委員會由馮副委員長及常務委員負責，指揮調動軍隊由軍政部長何應欽負責，並褫奪張學良本兼各職，交軍事委員會嚴辦。張學良免職嚴辦的國府命令是十二夜下的，到十六日國府才下討伐張學良的命令。政府的討伐令所以遲到四天之後才下，大概是因為 蔣院長等被困在西安，政府不能不存『投鼠忌器』的疑慮。現在討伐令已毅然發表了，我們當然贊成政府的處置。十二夜政府的決議是健全政府本身在非常時期的組織；十六日的討伐令是全國的要求，我們都認為很正當，很得體的處置。我們現在只希望政府堅持這個立場，不遲疑的，迅速的進兵，在戡定叛亂的工作之中做到營救蔣陳諸先生的目的。這不是不顧蔣陳諸先生的安全。我們要徹底明白，凡奸人劫質綁票，正是要人『投鼠忌器』，只有堅持不受要挾不贖票的決心，方才可以使他們所挾持劫質的全歸無用。一切遲疑顧忌，都正是奸人所期望的！

蔣介石先生在今日的重要，真是如傅斯年先生說的『無可比擬的重要』。西安叛變的突然發生，使全國愛護國家的人們格外感覺到這個領袖的重要。在這幾天之中，我見着了至少兩三百個來客，有的是白髮的學者，有的是青年的學生，有些是平日愛護 蔣先生的，有些是時常批評他的，——但在這個時候，這些人都是異口同聲的關切 蔣先生的安全，都是愁苦焦急的到處探聽可靠的消息。一切政見的異同都丟在腦後了，大家祇感覺這一個有能力有辦法的領袖是一身繫國家的安危的，我看見一個北大一年級的學生在十三日的早晨真是焦急的要發瘋；我知道兩個十一、二歲的小孩子真急的大哭。這種現象，在這個最不崇拜英雄的民族裏，眞是最難得的奇蹟。

這樣愛護的熱心，不是宣傳的力量造成的，也不是武力威權招致的，是最近兩三年堅忍苦幹的事實逐漸得國人明瞭認識的自然效果。在他患難之中，全國人對他表示的敬愛與關懷，那才是最眞誠的表示，是利祿與威權買不來的好意。

我們在此刻所能確信的消息是端納（Donald）先生曾飛到西安，親見蔣先生平安無恙。我們祝他平安出險。我們深信他平安出險是毫無疑問的。

最後，我們要談談最近一年來共產黨高唱的所謂『聯合戰線』。西安的叛變最明白的告示我們，這個聯合戰線是絕對不可能的，此番的事變至少證明了這幾點：第一、向來抱着國際主義的共產黨是絕對不能一變就成爲愛國主義者的，他們近來高唱民族主義戰線，只是他們在武裝叛亂失敗時的一種策略。第二、他們談的抗日作戰，只是一種無恥的欺騙，因爲決沒有眞正抗日的人們願意刼持危害那主持國防建設並且正開始抗敵戰爭的最高領袖的。打倒蔣介石而擁戴張學良，這是抗日作戰的方略嗎？第三、他們的行爲沒有蘇聯的同情，也決不能得着蘇聯的援助，這是近日莫斯科的言論早已明白表示的。如果蘇俄願意在遠東得這一個有力的幫手，他決不會拋棄了整個中國民族的同情和統一的力量而戀愛一羣殘破無力的土匪和腐敗無戰鬬力的張學良部隊。——這三點都是最近西安事變昭告我們的鐵的事實。從今以後，我們應該更覺悟了，欺騙的口號應該再哄不動有常識的人們了罷？」

此文發表以後，不但爲有識人士所深許，亦應使愚頑之輩，知所警悟！同時，胡適復有私電致張學良，其中有：「吾兄此舉，將使中國倒退五十年」之語。聞張逆閱後，甚爲感動，默然良久。

輿論界大公報社評

西安事變發生後，全國報紙雜誌，輿論沸騰，口誅筆伐，齊指張、楊。如大公報，是全國最有歷史，最富權威，最著聲望的大報。當時發表：「給西安軍界的公開信」的社評，卽可作爲全國輿論界的代表。勸導張學良及東北軍將士，自然也包括楊虎城的西北軍在內，早圖悔悟！動之以感情，曉之以理智。謂若輩主觀上或可說是爲國、愛國；但客觀上卻無一不是誤國、禍國。以刼持蔣公作要挾，「錯誤的要亡國家、亡自己」；「充其量，要斷送祖國的命運，而你們沒有一點出路。」眞是語語精警，字字血淚。其社評云：

「陝變不是一個人的事，張學良也是主動，也是被動，西安市充塞了乖戾糼穉不平的空氣，蘊釀着，鼓勵着，差不多一年多的時間纔形成這種陰謀。現在千鈞一髮之時，要釜底抽薪，必須向東北軍在西安的將士們，剴切勸說。我們在這裏，謹以至誠，給他們說幾句話：

主動及附和此次事變的人們聽著！你們完全錯誤了。錯誤的要亡國家，亡自己。現在所幸尚可挽回，全國同胞，這幾天都悲憤着焦燥着，祈禱你們悔禍。

東北軍的境遇，大家都特別同情，因爲是東北失後在國內所餘惟一的軍團，也就是九一八國難以來關於東北惟一的活紀念。你們在西北很辛苦，大概都帶着家眷，從西安到蘭州之各城市都住着東北軍眷屬，而且眷屬之外，還有許多東北流亡同胞來依附你們。全國悲痛國難，你們還加上亡家的苦痛。所以你們的焦燥煩悶，格外加甚，這些情形，是國民同情的。

蔣委員長明知你們空氣不穩，而一再到西安，對你們始終信賴，毫不防備，也就是因爲特別同情你們之故。

你們大概聽了許多惡意的幼稚的煽動，竟做下這種大錯，你們心裏或者還以爲自己是愛國，那知道危害國家，再沒有這樣狠毒嚴重的了。你們把全國政治外交的重心，全軍的統帥，覊禁了，還講甚麼救國！你們不聽見綏遠前線將士們，突聞陝變，都在內蒙荒原中痛哭嗎？你們不知道嗎？自十二日之後，全國各大學，各學術團體，以及全國工商實業各界，誰不悲憤？誰不可惜你們？你們一定妄信煽動，以爲有人同情，請你們看看這幾天全國的表示，誰不是痛罵！就使誠心反政府想政權的人，在全國無黨無派的大多數愛國同胞之前，斷沒有一人能附和你們的。因爲事實最雄辯　蔣先生正以全副精神，領導救國，國家纔有轉機，你們下此辣手。你們再看看全世界震動的情形！凡是同情中國的國家，沒有不嚴重關心的。全世界的輿論，認定你們是禍國，是便利外患的侵略！因爲這是必然的事實。蔣先生不是全智全能，自然也會招致不平反對的事，但是，他熱誠爲國的精神，與其領導全軍的能力，實際上成了中國領袖。全世界國家，都以他爲對華外交的重心。這樣人才與資望，再找不出來，也沒有機會再培植。你們製造陰謀之日，一定能預料到至少中央直屬的幾十萬軍隊，要同你們拼命，那麼你們怎樣還說要求停止內戰？你們大概以爲把　蔣先生刼持著，中央不肯打你，現在討伐令下了。多少軍隊，在全國悲憤焦慮的空氣中，正往陝西開。你們抗拒，是和全國愛國同胞抗拒。你們當中，有不少眞正愛國者，乃旣拼了命而禍了國，値與不値？

所幸者，現在尙有機會，有辦法，辦法且極容易，在西安城內，就立刻可以解決。你們要從心坎裏悲悔認錯！要知道全國公論不容你們！要知道你們的舉動，充其量，要斷送祖國的運命，而你們沒有一點出路。最要緊的，你們要信仰　蔣先生是你們的救星，只有他能救這個危機，只有他能了解能原諒你們！你們趕緊去見　蔣先生謝罪罷！你們大家應當互相擁抱，大家同哭一場！這一哭，是中華民族的辛酸淚！是哭祖國的積弱、哭東北、哭冀察、哭綏遠！哭多少年來在內憂外患中犧牲生命的同胞！你們要發誓，從此更精誠團結，一致的擁護祖國。你們如果這樣悲悔了，　蔣先生的淚一定更多，因爲他爲國事受的辛酸，比你們更多幾十倍。我們看他這幾年在國難中常常有進步，但進步還不够。此次之後，他看見全國民這樣悲憂，全世界這樣繫念，而眼前看見他所領導指揮的可愛的軍隊大眾，要這樣犧牲，而又受你們的感動，他的心境，一定是自責自奮，絕對不怪你們，從此之後，一定更要努力集思廣益，負責執行民族復興的大業。那麼，這一場事變，就立刻逢凶化吉轉禍爲福了。你們記住幾點：（一）現在不是勸你們送　蔣先生出來，是你們自己應當快求　蔣先生出來。（二）　蔣先生若能自由執行職務，在西安就立刻可以執行。你們一個通電，蔣先生一個命令就解決了。（三）切莫要索保證要條件。蔣先生的人格，全國的輿論，就是保證。你們有甚麼意見，待蔣先生執行職務後，儘可以去貢獻，只要與國家民族有利，他一定能採納，一定比從前更要認眞去研究。（四）蔣先生是中央的一員，現在中央命令討伐，是國家執行紀律。但我們相信　蔣先生一定能向中央代你們懇求，一定能愛護你們到底。

我們是靠賣報吃飯的，誰看報，也是一元法幣一月，所以我們無私心。我們只是愛中國、愛中國人，只是悲憂目前的危機，馨香禱告逢凶化吉！求大家成功，不要大家失敗。今天的事情，關係國家幾十年乃至一百年的命運，現在尚儘有大家成功的機會，所以不得不以血淚之辭貢獻給張學良先生與各將士。我想中國民族，只有徹底的同胞愛與至誠能挽救。我盼望飛機把我們這　封公開的信快帶到西安，請西安大家看看，快快化乖戾之氣而爲祥和。同時請西安的耆老紳士學生青年，都快去求他們照這樣做。這是中國的生路，各軍隊的生路，也就是西安二十萬市民的生路。全世界全中國，這幾天都以殷憂的目光，望著西安陰鬱的天空。趕緊大放光明罷！萬萬不要使華清池西安等地，在中國歷史上成了永久的最大的不祥紀念！我們期待三天以內就要有喜訊，立等著給全國同胞報喜。」

文中一則說：蔣公熱誠爲國的精神，與其領導全軍的能力，實際上成了中國領袖，全世界國家，都以他爲對華外交的重心。這樣人才與資望，再找不出來，也沒有機會再培植。再則說：你

們要信仰　蔣先生是你們的救星，祇有他能了解能原諒你們！三則說：你們如果這樣悲悔了，蔣先生的淚一定更多，因爲他爲國事受的辛酸，比你們更多幾十倍。四則說：現在不是勸你們送蔣先生出來，是你們自己應當快求　蔣先生出來。五則說：切莫要索保證條件。　蔣先生的人格，全國的輿論，就是保證，血淚濡筆，眞情洋溢，無一不是輿論的至理名言。

日本政軍兩方態度

西安事變以前，日本軍閥，正圖積極侵華；蘇俄與第三國際，則陰圖扶持中國共黨，遠東的國際關係，顯極微妙；日本則恐中國容共，造成中蘇聯合以抗日；蘇俄則恐因共黨關係，刺激中日聯合以反蘇。事變發生以後在國際間，固引起極大注意，而英、美兩國，則極具善意，並協助中央穩定金融。日本新聞界，預想到中國的分裂，乃大事報導：「這個事件是在蘇聯共產黨和張學良勾結之下所發動。」蘇聯新聞界則說：「是日帝國主義所炮製。」日蘇兩國的態度實堪疑慮！故對該兩國的外交，尤關重要。經我外交當局與駐日大使許世英、駐蘇大使蔣廷黻分途勸導兩國：權衡利害，深思熟慮之後，兩國皆能對我表示同情，維持事變前的友誼關係。駐日許大使先後數電云：

「1.日首相、海相、外相、陸相，今日（十六）協議，以西安事變中之日本動向，將使中國全局有重大影響，歐美將極深注意，故有暫時靜觀形勢進展之必要。出巡官憲，應嚴戒輕舉妄動。業於本午由海、陸、外及首相，發出通電。

2.昨日(十六)外、陸、海各局長會議結果，對西安事變，嚴重監視其演變，萬一日僑生命財產有危險之虞時，決定採臨機適當之措置。……社大黨昨日聲明，謂西安事變為中國之不幸，如由此惹起軍閥對立之爭，決非如淺見者所稱之可喜現象。倘中國由此而更採容共政策，則日本受害匪淺。日本應清算過去對華政策，對中國民族統一，國家建設，當採援助之方針。

3.本日(十九)有由(外相)約談，首稱蔣鼎文携帶張學良所提條件到京，中央政府是否與張妥協？……中央如在抗日容共之條件下與張妥協，日本決強硬反對。……中國政府應付難局，不勝同情。

4.廣田(首相)本日(二十三)在樞密院會議報告，對西安事變，決採不干涉方針。倘國府與張學良以容共為妥協條件，日本則予斷然排擊。

5.日本……以為對華壓迫，不啻為淵驅魚，促成中國赤化，應即改變基本政策。海軍對此主張甚力，陸軍亦已同意，業經迭命嚴誡，並令各線全行中止。綏遠戰爭，純係田中隆吉等特務機關所為，日本政府未經同意，亦命即時中止。」

許大使數電所陳日本對西安事變的態度。當時日本駐華大使川越茂，亦有相同表示。許電所謂日本「改變基本態度……可望實行親善提攜」。如係指日本將放棄對華侵略政策，固不可置信。但日本未乘蔣公被刼之機，製造事件，進圖軍事擾亂，而採取靜觀態度，嚴戒輕舉妄動。使我們實減少許多顧慮！

蘇俄顧忌不敢袒逆

西安事變之前，張、楊勾結共黨，雖有很多跡象可尋；但尚未十分積極。迨張、楊文日通電達到保安之後，毛澤東以機不可失，主張「人民公審」、「弒蔣抗日」。應張、楊之邀，派遣周恩來、秦邦憲、葉劍英三人飛抵西安，策劃進行其陰謀活動。不料蘇俄此時的政策，正與毛酋同床異夢；毛則欲藉抗日之名，急圖奪權竊國；蘇俄則本其私利，企圖阻陷日本。十四日卽迅速電中共：「採取聯蔣抗日政策，限十日內釋放蔣公」。中共雖不得不屈從主子，然周恩來奉令與張、楊周旋時，則儼然成了事變的主角。倘非張學良能及時悔禍，則西安叛亂的領導權，亦早落入共黨的掌握。歷史的寫法，自然也就不同了。蘇俄當時的態度與決策，根據蔣大使數次電告中央，卽可明其端倪：

1.本日（十五日）眞理報關於西安事變著社論，略云：南京政府方團結國內一切力量，向抗日之途徑進行，乃反動派頑強阻遏此種運動，張學良所部叛變之原因，應於此中覓其解釋。張學良固曾有抵抗日本之一切機會，乃彼抱不抵抗主義，不戰而將東北各省拱手讓於日本，現乃轉以反日爲號召，此乃投機，事實上將促成國家之分裂，淪中國爲外國侵略之犧牲品，前廣東軍閥亦嘗以反日運動爲護符，實際上乃爲日本軍閥之帝國主義作倀。……日本軍人認蔣氏統一中國之進展，對於日本奴化中國之計畫，有致命危險，故教唆中國將領，反對南京政府，必要時且不惜假借反日口號，日本報紙意欲嫁禍於人，素習造謠挑撥，謂張學良政府已與蘇聯締結軍事同盟，此等虛構杜撰之謠言，實自暴其醜。蘇聯嚴格不干涉他國內政，與慣於造成傀儡之政策絕不相同。中國人民當不致爲日本挑撥者及賣身之漢奸所欺。

2.本日（十四日）消息報關於西安事變之社論云：張學良向南京政府提出要求，包括對日宣戰及聯共等項。此類要求，僅屬發動之烟幕，實際上爲中國人民陣線之打擊，及中國對外抵禦之破壞。自蔣氏執政以來。中國已逐漸集中力量，顯足表示其領導國防之準備與能力。張學良之反動，足以破壞中國反日力量之團結，不獨爲南京政府之危險，抑且威脅全中國，雖假借反日口號，適以便利日本帝國主義。夫反日人民陣線，仍係與南京合作之陣線，毛澤東於其發表密勒週報之文字中已直言其事。張學良之舉動，其最近影響，卽新的內戰之爆發，亦卽日本所急欲利用機會以作更深侵略之舉者。無怪前此日方消息，首謂南京擬將張氏撤職，此次則謂張與蘇聯締結攻守同盟。此類挑撥，最好答以『此事究竟對誰有利？』但中國人民當能洞燭日本帝國主義者之奸秘。

3.職近於兩日內（十六、十七兩日）見李委員長（李維諾夫）斯副委員長及鮑大使，與談西安事變，彼輩均認爲不幸，對我極表同情，並盼事變之早日解決。我政府對日交涉之趨強硬，及在綏遠之抵抗，彼輩均引爲幸事。職問李維諾夫，能否於此事變除在其機關報發表有利於我之言論外，更進一步予我以協助？李卽直說，自張學良離東北之後，蘇聯與其毫無關係，愛莫能助。

4. 李維諾夫見面卽言：余願趁此機會向君抗議。中國政府禁止報紙登載眞理報、消息報及塔斯社否認日本謠言（參見前節）之聲明，表示中國政府疑慮蘇聯與張學良有關，此種猜疑，實不友誼。余前已告君，自張學良讓出東北後，蘇俄與彼卽無關係。在莫斯科雖有中國共產黨如王明（卽陳紹禹）等，然蘇聯政府不與彼輩發生關係云云。職答以我政府禁止登載社評，本人尚無所知，惟張學良與中國共產黨有關，而共產黨與第三國際有關，此乃顯明事實。李維諾夫卽言：第三國際與蘇聯政府無關。職答此乃蘇聯一貫之立場，但世人皆不之信。李云：蘇聯將始終維持其立場，無論世人之信與不信。職告以張逆叛變，影響甚大，如不設法制止，勢將演成西班牙式戰爭，諒非蘇聯政府之所願。故頗望蘇聯能協助解決此事。李云：唯一協助方法，在使中國共產黨知道蘇聯政府態度。今中國政府反而禁止登載，我無他法，並將向南京政府提出嚴重抗議。」

蘇俄的眞理報與消息報，皆蘇俄政府御用的機關報紙。所爲社評輿論，卽是蘇俄政府宣傳政策的代言人。其對西安事變的態度立言，自然是受了蘇俄政府的指示，才敢表示的。蘇聯政府之所以採取如此態度，實因蘇俄當時的戰略計畫，正圖西向發展，爲消除其東來的威脅，則在「阻遏日本」。既陰圖鼓勵中國抗日（指示中共），又不敢明結張楊，而引致日本的誤會。蘇俄此種陰謀計畫，雖可略證蘇俄與張楊沒有合謀之可能；但亦決非有厚於我。雖非有厚於我；但於我對西安事變的解決，亦自減少了一些困難。至於對中共匪黨的支持，雖經蘇俄政府一再虛偽掩飾；然事實勝於雄辯，當年與以後的事實，皆可資爲佐證。

中央明令討伐張楊

西安事變之次日（十三日），中央僅令先褫張學良本兼各職，交軍事委員會處分。其未申討伐者原冀其速圖悔悟。十四日，中央卽派　蔣公顧問澳人端納（曾係張學良顧問），飛往西安，探詢　蔣公安全。中央並認在以武力討伐西安之前，應先盡力於和平解決。端納探知　蔣公無恙，而張對護送　蔣公出陝，則無表示。不但尚無覺悟悔過之意，反將軍隊集中西安，似擬採取行動。中央原望予以曲全，至此已萬難容忍，乃於十六日，明令討伐叛逆，並派何應欽爲討逆軍總司令。國府令：

張學良背叛黨國，刼持統帥，業經褫奪本兼各職，交軍事委員會嚴辦。乃猶不自悔悟，束身待罪，反將所部軍隊集中西安，負嵎抗命，希圖遂其逆謀，擾害大局，全國人民，同深憤慨，政府爲整飭紀綱起見，不得不明令討伐，著由討逆總司令何應欽迅速指揮國軍，掃蕩叛逆，以靖兇氛，而維國本，此令。

當時中央軍駐於洛陽、潼關、華陰等地者，不下數十萬人，空軍偵察機與轟炸機亦數百架。請纓討逆，咸矢先登；但以投鼠忌器，未便發動。何總司令奉令後，用兵神速，大軍進駐潼關，指戈西安。空軍轟炸，敵尤惶恐萬端。西安情勢，至此乃有急轉直下之趨勢。

張學良改圖的原因

西安事變，經過十三天的情勢發展，張學良顯知情況於己日益不利，乃翻然改圖，於民國二十五年十二月二十五日下午四時，恭送 蔣公飛赴洛陽轉京，自己亦請飛京待罪。張學良何以會翻然改圖？約有下列諸種因素：

1. 西安事變之當日，張學良晉謁委座，卽懾於 蔣公的威望與正氣；卽折服於 蔣公詞嚴義正之理，對委座所示兩條道路：一是弑殺領袖；一是送領袖回京，決不接受任何條件要求之不屈不撓的精神，當已感到自己刼持之錯誤，心膽頓寒，莫知所從。

2. 全國疆吏將領、輿論界、學術界以及民間團體，一致要求整飭紀綱，爲國家、爲領袖，制裁叛逆，而靡有同情於張、楊妄擧者。

3. 張、楊於事變前所串通勾結的某些疆吏將領，於事發後，始終徘徊觀望，旣沒有實際行動的支援，反漸次表示態度，擁護中央。僅有李濟琛，應聲附和，終於孤掌難鳴，而被國人所唾棄。

4.在國際間，張、楊原冀日本製造事端，牽掣中央；勾結共黨，原盼獲得蘇俄支持援助。結果，日本則同情中央，靜觀不動；蘇俄則明白表示，不同情於張、楊；美、英諸國，尤予中央若干協助。

5.張學良的東北軍，客駐陝西，與楊虎城的西北軍，主客之間，原不協和。楊固早有排張之意念，事變發生之後，互相猜忌則愈深，意見很難一致。

6.西安事變，原係張、楊發動，迨中共派周恩來等人參加後，便有所謂「三位一體」（東北軍、西北軍、共產黨）之說。所謂三位一體的結合，勾心鬪角，矛盾叢生，領導權力，已漸次落於共黨掌握，張已失去駕馭能力（委座離陝後，二次西安事變情況，可以見之）。

7.陝民厭亂，望治心切！東北與西北部隊，皆軍心離散，全無鬪志。如馮欽哉爲楊之主力，首先表示拒受僞命。其他十七路軍官兵，亦多不直楊之叛逆。東北軍如楊隆源、劉多荃、唐軍堯等，則與中央軍暗通聲氣，張、楊勢窮力蹇，已很顯然。

8.胡適所說：「吾兄此舉，將使中國倒退五十年」；張季鸞所謂：「你們把全國政治外交重心，全軍的統帥羈禁了，還講什麼救國？」以及蔣夫人、宋子文、于右任等之苦口勸導：許多肺腑之言，都使張學良深受了精神上的打擊。

9.中央軍隊，環伺陝西，潼關集中的大軍與空軍，在中央限期之中，已待命進攻。一旦攻勢發動，西安一城，實不難夷爲平地。張、楊祇有死路，不降何待？

根據以上諸種因素估計，張學良外遭軍事壓迫；政治孤立，輿論責難，民心仇逆、國際無援。內則張、楊異夢，共黨挾制，陝民望治，眾叛親離。張學良的內心，則理智失據，情感盡損。雖處騎虎難下之勢，尚有臨崖勒馬之機。揣其考慮；騎虎，則永無生路，且貽禍國家民族於無窮；下虎，個人罪固難綰，或可死裏偷生，國家人民更可免去這次慘重災難。權衡結果，乃決定了後一考慮，有護送 蔣公返京之舉。

蔣公脫險全國歡騰

張學良改悔之後，卽於二十五日下午，親自護送 蔣公赴洛陽，停留一宿，於二十六日中午安然抵京。當「蔣公脫險」的消息傳到全國各地，全國軍民人等，多喜極而淚，自動自發的慶祝歡呼，響徹雲霄；大街小巷，塞滿著手持「蔣委員長萬歲」、「中華民國萬歲！」旗幟的人民、彩龍、獅子，若干民間遊藝，一齊出動，鑼鼓鞭炮之聲，徹夜不絕於耳。全國民心，擁戴 蔣公之熱忱，卽此可以卜見。 蔣公之能安然脫險，以中央處置運籌之正確，全國人心之歸向、輿論之仗義執言，固為一因。而 蔣公本身之謀國忠、愛民仁、處事智、臨難勇、對人誠，正氣凜然，見危授命，使叛逆終於不敢加害，亦不忍於加害，尤為主因。其於離陝前對張、楊之訓話，尤千古不磨之文獻，讀之不但益見 蔣公人格之偉大，更可作為吾人今後立身處世、治國的寶訓。其訓話云：

「此次西安事變，實爲中國五千年歷史絕續之所關，亦爲中華民國存亡極大之關鍵，與中華民族人格高下之分野。今日爾等既以國家大局爲重，決心送余回京，亦不再強勉我有任何簽字與下令之非分舉動，亦並無何等特殊之要求，此不僅我中華民國轉危爲安之良機，亦爲中華民族人格與文化高尚之表現，中國自來以知過必改爲君子，此次事變得此結果，實由爾等勇於改過，足爲我民族前途增進無限之光明，以爾等之人格與精神，能受余此次精誠之感召，不愧爲我之部下，爾等所受感應，尙能如此迅速，則其他之人更可知矣。

爾等過去受反動派之煽惑，以爲余待人不公，或對革命不誠，現在余一年以來之日記，約有六萬餘言，兩月來之公私文電及手擬稿件，亦不下四五萬言，此外各種救國計畫，及內政外交軍事財政教育等各種政策與方案，總共不下十餘萬言，爾等均已寓目，在此十萬餘言中，爾等必已詳細檢閱，此中是否有一言一字不爲國家而爲自私，是否有一絲一毫不誠不實自欺欺人之事。

余自與學帶兵以來，對部下與學生訓話時，常以二話教人，爾等亦必聞之，此二語者，卽(一)余如有絲毫自私自利，有不爲國家與民族之心，則無論何人可視爲國家之罪人，卽人人可得而殺我。(二)如余之言行稍有不誠不實，虛僞欺妄，而不爲革命與主義著想，則任何部下皆可視我爲敵人，卽無論何時可以殺余。此二語爲余平時所以教部下者，今余之日記及文電等，均在爾等手中，是否其中覓取一言一字，足爲余革命之罪狀者，如果有之，則余此刻尙在西安，爾等仍舊可以照余所訓示之言將余槍決，余於今益信平日之所敎人者，自己能實踐篤行，無論對上對下覺無絲毫愧怍也。

以言此次事變之責任，當然爾等二人應負其責，但論究其原因，余自己亦應當負責，余平日一心爲國，一心以爲精誠與敎令，可以貫徹於部下，絕不重視個人之安全，防範太不周密，起居行動太簡單，太輕便，太疏忽，遂以引起反動派煽動軍隊乘機構害之禍心。天下事一切均有造因，此次事變之造因，卽由我自己之疏忽而起，以致發生如此毀法蕩紀之事，使中樞憂勞，人民不安，國家受其損失，余撫躬自問，實無以對黨國，無以對人民，不能不向中央與國民引咎請罪。須知國家不能無法律與綱紀，爾等二人，是直接帶兵之將官，當然應負責任，應聽中央之裁處，但余已明瞭爾等係中反動派之宣傳，錯以余之誠意爲惡意，而作此非常之變亂，爾等在事變之始，卽已自認爲鹵莽滅裂貽禍國家之舉動，深表懺悔，現在爾等已自知受反動派之宣傳，知我對爾等不僅無惡意，而且時加愛護，業已確實覺悟，而願送余回京，余平日敎訓部隊，常謂：部下不好，卽係上官不好，要罰部下，應先罰長官，余身爲統帥，敎育不良，使部下有蔑法壞紀之事，余當然應先負責向中央引咎請罪，並以爾等悔悟之意，告於中央，爾等此次覺悟尙早，事變得免延長擴大，中央當能逾格寬大也。

爾等對於部下應告以此次事變受反動派煽惑之經過，以及余只知有國，不知其他之態度，切實安慰彼等，使彼等不因中央處置而有所恐慌，余平日敎人以明禮義，知廉恥，負責任，守紀律四語，上官對於部下，教率無方，即應負責，故此次事變，余願以上官資格負責，爾等應聽中央之裁處，而爾等之部下，則不必恐慌也。吾人無論何時，應視國家之生存高於一切，應認定國家必須生存，個人不足計較，尤須知人格必須保全，民族乃有基礎，故吾人之生命可以犧牲，而國家之法律綱紀，不能遷就，身體可以受束縛而精神、自由，絕不能受束縛，余對中央與國家之責任，余一息尚存，決不致絲毫推諉或放棄，爾等屢次要求余簽字或下令，余始終拒絕，以人格事大，生死事小也。余之言行，不僅要留垂於後世，且欲以事實示爾等，使爾等亦知人格之重要，甚於一切，余當時屢言如余在西安允許爾等簽署隻字於爾等之要求，則國家等於滅亡，蓋余爲代表中華民國四萬萬人之人格，這余爲部下威力所屈，臨難求免，則余之人格掃地，而等於中華民族人格掃地以盡，無論個人與國家民族如人格喪失，則雖生猶死，雖存必亡，余平時既以明禮義、知廉恥、負責任、守紀律之四語宣告國民，視爲救國唯一要道，當然應不惜犧牲，而維持人格，與發揚正氣，斷不能行不顧言，使我部下與民眾無所適從，以陷國家於滅亡，自經此次事變，爾等得到一確實之敎訓，爾等必須知人格重於一切，國家利益重於一切，錯誤應坦白承認，過失應切實悔改，責任應明白擔負，並應以此意告知部下也。

總理昔日訓示吾人，必須恢復民族道德，方可以挽回民族，所謂信義和平，均係民族至要道德，余十餘年所致力者，全爲團結精神，統一國家以救國，而尤重於信義，余向來所自勉者，即言必信，行必果二語，凡國家民族有利益者，余決不有絲毫自私之心，且無不可以採納者，亦無不可實行者，中央數年之施政方針，亦唯在和平統一，培養國力，團結人心，不忍毀損民族力量，故此次事變，爾等將余留在西安，則引起戰事之責任，卽應由爾等毀壞綱紀之舉動負之，現在爾等既表示悔悟，則余可請求中央，中央必仍本愛惜國力之精神，自有妥善之處置，以挽救國家危機也。

總之，現在國家形勢及余救國苦心，爾等均已明瞭，余生平作事，惟以國家之存亡與革命之成敗爲前提，決不計及個人之恩怨。更無任何生死利害得失之心，且余覺受　總理寬大仁恕之教訓，全以親愛精誠爲處世之道，絕不爲過分之追求，此次爾等悔過之速，足見尚知以國家爲重，如此卽應服從中央之命令，一切唯以中央之決定是從，而共同挽救我垂危之國運，此誠所謂轉禍爲福之道也。」

張雖請罪中共坐大

張學良抱著徹底悔過與請罪的心情，於二十六日護送　蔣公安然抵京之後，隨卽親作一函，呈送　蔣公，表示來京待罪之意。原函云：

介公委座鈞鑒，學良生性魯莽粗野，而造成此次違犯紀律不敬事件之大罪，茲靦顏隨節來京，是以至誠願領受鈞座之責罰，處以應得之罪，振紀綱，警將來，凡有利於吾國者，學良萬死不辭，乞鈞座不必念及私情有所顧慮也，學良不文，不能盡意，區區愚忱，俯乞鑒察，專肅敬叩鈞安，張學良謹肅。二十六日

根據國民政府十三日令：「張學良應先褫奪本兼各職，交軍事委員會嚴辦。」三十一日，軍事委員會軍法會審，判處：張學良徒刑十年，褫奪公權五年。已是法外施恩，極輕的處置。但蔣公念其悔過之誠，復請寬宥！故四天之後，二十六年元月四日，又蒙政府明令特赦，交軍事委員會嚴加管束。此亦足見 蔣公仁慈寬厚之德，實爲歷史上政治領袖之所罕見。張學良雖獲特赦，而幸免於罪；但共產黨所製造的西安第二次事變，則仍延至兩月後，才得完全解決。 蔣公原來估計二週或一月內可以肅清的共產餘孽，終於從中獲得漁利不少。因爲在西安事變之初，共產黨所竊據的地帶，僅盤踞在延安東方約七十公里的保安等四個山區小縣而已；但當張學良的東北軍，爲戒備中央軍的進攻，而調動南下之後。共產黨便乘機躡攝其後，一舉而將其控制區域，擴大了四倍之多，並包括陝北重鎮延安在內。西安事變解決後，一面提出所謂四項保證，僞裝與政府合作，詐取政府的軍械糧餉，從事擴軍，一面僞裝抗日，與日軍勾結，消滅國軍，擴大地盤，加以蘇俄的積極支援，其勢乃日益坐大，成爲叛國作亂的禍源，而延安則始終爲其根據地。罪魁禍首，自然咎在西安事變的叛徒。張學良一念之差，鑄成歷史大錯，令人浩嘆。

西安事變發生之前。筆者供職西安，已逾三載。事變之際，仍在城中，爲諸多陷身危難者之一，西安事變之造成，有關政治與軍事上的遠因和近因，政論學者，言之已多。茲僅就個人親歷

見聞與所感者，略而言之。西安事變的發生，當時一般人，都認爲是偶然的，意料以外的事。但據我個人的觀察，這事既不偶然，也不意外，在事變之前數月中，已有事變的蛛絲馬跡可尋。若再追溯歷史上的關係，雖不敢斷言領袖蒙難之必可免，而張學良與楊虎城之各有異志，則爲勢所必然。

張學良兵圍省黨部

在西安事變之前三個月——大約是九月底左右——曾發生一次張學良派兵包圍抄查陝西省黨部的事。這件事當時雖經過省主席邵力子，敷衍巧飾的解決了；但這事總是孟浪的、違法的。當事者亦奉命秘而不宣，所以外面也很少人知道。但是張學良對於中央的態度如何？這時就已完全暴露出來了。張學良之包圍抄查省黨部，是藉口省黨部逮捕了一位東北軍的軍官。其實黨部機關，那會有權有力逮捕一個人？又何况是一個國家的軍官！他午夜派了幾卡車的東北軍，包圍黨部，來勢洶洶，如臨大敵。將黨部內居住的二十多位職員，幽禁於一室。將黨部一切文件，包括私人的重要財物，蓆捲而去。這是什麼意思？很明顯的是張學良對中央發生懷疑！懷疑生暗鬼，以爲黨部對他和東北軍，一定有很多秘密的文件——反東北軍和不利於張學良的設計籌劃；但是經過他們將一切文件查閱的結果，在這許多文件當中，不但找不出反東北軍和攻擊張學良的文字，當然更沒有什麼謀陷他們的計畫，反多推重或鼓勵他們的記載。因之，張學良固不免心有愧咎，復經過邵力子從中周旋，慰問一番被幽禁的工作同志後，於是一場風波，就不了了之。而眞倒霉的，還是黨部的工作同志。受了一夜天寒衣薄（都是從被窩中拖出來的，且不准穿衣）的罪。解禁後，大家去找衣穿，卻都沒有了。掉了很多東西，還不敢張聲，是怕刺激了張學良。不過從此以後，兩方面雖都不覺得有什麼尷尬，而張學良的態度，倒是更不可捉摸了。西北一般青年思想之複雜，行動之囂張，也就愈鬧愈兇了。許多不滿意中央——簡直是反中央——的報紙、雜誌，公開發行，毫無顧忌，向學生民眾大肆宣傳。甚至上流社會的人士，在對話當中，都畫著明顯的界限。中央未作處理，張學良與楊虎城，不但不設法制止，反多助長此種風氣的舉動，這分明就是西安事變的前奏曲。而在西安能代中央施行權力的當局，竟老是一貫寬容政策，尤疏未雨綢繆之防範，使領袖蒙難，不能不認爲是一種遺憾！

楊虎城的地域偏見

就歷史關係上來說：陝西地處偏陲，當時人民知識水準，大都比較低落。而守舊的封建的思想，尤爲濃厚。西安事變主角之一的楊虎城，出身行伍，不學無術，頭腦簡單，尤陰毒險狠成性。稱王於關中，已歷多年。迨二十二年，共黨西竄，蔓延到了陝西。楊虎城陰圖保全勢力，不予截擊，僅藉口無力抗禦，請示中央！中央卽以邵力子主持陝政，本與楊虎城心願相違。他在無可奈何情形之下，雖讓出了省主席的寶座，一方面仍指使一部份頑固的紳耆，反對「外人治陝」。由他們平時的談話中，亦常可以聽到「陝西亡省」的話。這雖是很幼稚不明事理之言，不可認眞。但是其中究竟是有他們的思想——封建思想。最初雖只見於少數人，而影響所及，卽一部份平時被目爲高明有識之士，也漸漸被這種胡言妄語所蒙蔽了。楊虎城究竟是一個粗魯莽夫，初以主席寶座讓給邵力子，原非心甘情願。漸覺自己權勢分割，無法獨斷專行，便無中生有的發生了中央對他監視壓迫的疑忌。他在酒酣耳熱之餘，常常會說：「邵力子嗎？他的主席是我給他的。」他這話，當然是含有目空一切，渺視中央，輕視邵力子的意思。於是一般舊官僚政客，利用楊虎城頭腦簡單與其心理弱點，從中火上加油，挑撥離間，也就是西安事變發生的起因之一。

東北軍的心理狀況

張學良的東北軍，自東北淪陷以後，東北軍已是無家可歸的了。客寄陝西，又常受到楊虎城西北軍的歧視。加以連年在西北剿匪作戰，受了損失，就不無心灰意冷的情緒。於是「思鄉」之情，就成了當時東北軍中的普遍心理。物必先腐，而後蟲生，就給了共產黨一個乘虛而入的利用機會，煽惑挑撥，發出「中國人不打中國人」的謬論。影響東北軍對於剿匪的戰事，多無形的怠工了。雖經領袖一再剴切的指示，張學良亦一再藉口「東北軍將不能統率」一詞來搪塞。中央爲貫徹攘外必先安內的主張起見，蔣公乃再度赴陝，召見東北將領，聽取意見。爲協助東北軍，早日達成任務，並計畫增調大軍入陝，幫同剿匪。不料這計畫尙未實現，復假共產黨以煽動挑撥機會，以危言悚詞說：「中央調大軍來陝，將對東北軍有所處置」。而東北軍一般幼稚之輩，不免更動搖起來。由於左傾分子的活動益烈，影響卽日益擴大，鼓動學生胡作非爲，卒發生了「一二九」彈壓學生運動的事件。「一二九」事件，就成了西安事變的導火線。總之，西安事變的造成，不外下列數因：一是張學良與楊虎城，對中央始終懷疑未釋，恐懼難安；二、地方與鄉土觀念，重於國家民族的觀念；三、張、楊及部份軍人，頭腦簡單，被失意的官僚政客所蒙蔽左右；四、被共產黨分子鼓動、挑撥、離間。張、楊沒有自己正確的政治主張，徒拾共黨餘唾，被共黨所利用。事變的發生，雖出意料之外，而其由來，則非一朝一夕之故。張、楊兩人雖共同發難，實則兩人同床異夢。從中投機取巧，而獲得實際利益者，還是共黨。

事變前夕西安陰影

西安事變之前，西北一般靑年的思想很複雜，行動很囂張。許多報紙雜誌的言論很荒謬。所謂「文化週刊」，便是他們當時最出色的宣傳工具。所謂「聯合戰線派」的分子，公開與秘密活動，最爲積極，組織所謂「全國各界聯合救國會」與「全國學生救國聯合會」。這時活動的先鋒隊，就是青年學生。而當時領導學生運動的，便是左傾的流氓文人張語還。他藉著紀念「一二九」（陝西光復紀念日）的機會，發動學生開會遊行，並向總部（西北剿匪總部）綏署（陝西綏靖公署）省府、省黨部請願，要求「停止剿共，發動抗日」。這時 蔣公正蒞西安，駐節臨潼。請願學生，並企圖赴行轅請願，當被警察婉言勸阻。而領導學運的份子，則有意擴大或造成流血事件。唆使學生與警察鬪爭，公然奪槍打鬪。警察不得已，乃朝空鳴槍示威，意在驅散學生。一時秩序大亂。學生便藉此擴大風潮，誣指警察屠殺學生。乃一擁而出中正門，沿隴海鐵路向臨潼前進。時張學良正在臨潼，聞訊而返，阻止學生前進，一方允許懲辦肇事的警察；一方允代學生向委座陳言；學生乃全數返城。因之，有人就說：這是張學良的計畫和故意做作。其實這羣學生中，以小學生居大半。臨潼距城數十里，步行當然不易達到。而且這些天眞無邪的小學生，又那知道爲首者的陰謀？這明明是被強迫利用，事實當然無可掩飾。但此一風波，又經過邵力子調解後，也就大事化小，小事化無了。可是未出三日，而驚天動地的事變就發生了。因爲「一二九」事件，表面雖已解決，而一般挑撥離間專家，仍藉此事件擴大宣傳鼓動。張學良未明左傾分子的野心企圖，便愈受欺騙蒙蔽，而自誤用其聰明——「一生誤我是聰明（張學良語）」——了。不意適逢其會，增調大軍入陝剿共的計畫，正在進行。與煽動者之言，似極吻合。張學良幾次向委座進言，又遭到委座的斥責，私人更是不安！這時，東北軍將領咸在西安（等待委座召見而來），張郎在其私宅，連日會議。對於發動西安事變，似乎卽有了決策。十一日，張、楊並在新城（總部與綏署所在地）大樓，設宴款待中央蒞陝要員，仍然賓主盡歡始散。孰料是晚，卽爆發了歷史空前的西安事變。昨日座上客，今成階下囚了。而一般認爲事出意外者，恐怕也就是因有此類煙幕的關係。事變前三日，有迷信者言：「西安將不安了」，信不信由你。事情是這樣的：西安事變前三日——「一二九」，爲陝西光復紀念日，先於革命公園廣場舉行大會。當大會舉行升旗禮時，國旗上升及半，忽然繩斷旗墜。一時與會人士，皆爲大驚失色。多說不是好預兆。旗落與事變，有無關聯？迷信者之言，雖不足憑；但旗升而落，卻是事實。

事變當日倉皇混亂

筆者在西安時的住宅，位置在新城附近，房子是兩進品字形的大屋。同屋而居的，有楊虎城部屬上中級軍官三家。他們對於外省人，向來有點歧視態度。因之，平時接近的機會很少。十一日黃昏時，這幾位軍官的家裏，人來人往特別多，大都穿了軍服，並且將步槍及彈藥整綑整箱的運至家中（自然是怪事）。不久，又搬運出去，鬧了四五小時未停。我總覺得情形有點不對勁。九時左右，乃前往省府，將情形告知邵力子主席。邵謂是防止學生鬧事，我說明情況如何特異之後，他猶說「無妨」。毫未警覺將有其他事變發生。及余返時，已經全城提早戒嚴，不能通行。

最後由邵派車護送，才得回家就寢。直至天將破曉之際，夢中驚醒，聽到不斷的槍聲與炸彈聲，猶以爲是「一二九」事件的餘波，共黨利用學生，發動暴動。不在其位，不謀其政，也就沒有管他，聽其自然了。

發動西安事變的部署，可說是很倉皇混亂的。最先發動的，大約是十二日晨一時左右，由張學良的衞隊與劉多荃（張部師長）部，包圍臨潼華清池委座行館，與委座衞隊抵抗數小時。委座卽步至驪山虎畔石避難，隨被刼持等情形。我所聽到的與委座在其「西安半月記」中所說的，無甚出入。惟當日在城內，直到五時左右，才開始發動。首先包圍憲兵營、公安局及中央各有武裝的機關，兵士員警繳械被槍殺，死傷無算。至七時左右，槍聲漸稀，街上始有部份居民，出門窺探消息。繼有荷槍士兵，沿家叫喚：要老百姓不要驚慌，各事所業。至九時左右，街上始有寥落的行人與汽車來往。重要地區，卻仍不准通行。筆者一時好奇心動，總想探明事件的眞象。乃循小巷而行，從路旁牆壁上所張貼的所謂「兵諫書」中，才發覺委座蒙難的事，爲之驚駭木立不能動者久之，嗣思旣屬政治性的舉動，委座旣被刼持在城，或許不會有妨礙他人的道理。仍沿大街繼行，經省府及省黨部前，則見牆門多毀，遍地瓦礫，景物大非。經憲兵營、公安局之前，則見枕屍狼藉，心殊惻然！不忍卒睹，乃匆匆而過。正午時，忽有中央飛機三十餘架，低飛掃屋而過，其聲震耳欲聾。人心惶惶，莫知所措。全市商店，完全關門，市物一不可得。中央各機關及外省人的住宅，則多被搶刼抄沒，人心更是惴惴不可終日。

就在這一天的晚上，有一位在綏署任秘書的雷季楫君來訪，告筆者許多消息：謂其同事之中，多謂張、楊行動荒謬，前途極為暗淡。委座氣憤萬分，終日未食未飲。張學良低聲下氣陳言，委座始終未露一言。最後僅說：「你如視我為敵，儘可即時槍斃我；如視我為你們的領袖，當即送我回京；其他皆無可言。」隨知中央來陝要員，全被拘禁。邵元冲先生殉難於西京招待所。錢大鈞先生受傷。傅學文（邵力子夫人）跌斷了腿（實傷未斷）。楊震亞被活埋（太太也被捕，後來楊被掘出時，還有一西裝少年同埋著不知是何人？）。公安局長馬志超裝扮黃包車伕逃出了城。傳聞還要捕拿彭某、周某等若干人。這些消息傳來，眞使人聞之有點不寒而慄！雷季楫且邀筆者赴其家暫避一時。我雖答應他考慮明日再說；但不料一時因循，十三日晨，余家即被楊部衞隊連包圍，財物搜刼一空，余亦被拘押到衞隊第三連連部。所幸有些重要文件，先晚已收藏於壁紙之內，未被搜去。次年三月，再返西安時取出，還完整無恙。

叛軍刼掠大發橫財

西安事變，既是倉皇混亂中發難，因之叛軍一切行動，都是毫無法紀的（東北軍比較好），特別是楊虎城的部隊。衞隊連的紀律尤壞，拘捕中央要員、公務員與外省人之際，大肆刼掠，皆係衞隊連的傑作。他們都認為這是發橫財的機會，對於濫捕惡刼的工作，都非常積極。筆者即是蒙難與被刼者之一。當十三日晨，筆者本擬暫時趨避雷秘書家，不料住宅前後，全被叛軍包圍。隨破門而入，（同屋相約，非熟人不開門）將一切衣服財物，席捲一空。並指筆者係中央秘密工作人員，多方威脅，勒繳巨款，充作抗日軍餉。筆者無法應其勒索，卽被押解到端履門，禁閉於衞隊第三連，連長袁鑑吾（時又高陞爲營長）是一個痲面人，施展很多威脅手段，亦無奈我何！卒經第三者（也就是他們的人）說好說歹的調解，勒索贖款五百大頭，始允放我出門。當余戚將贖款送來時，渠輩又笑面迎人，假意安慰一番，才獲自由而出。否則，他們很可能老羞成怒，殺一以示眾。因爲衞隊連門前地下，還躺著一具屍體。故筆者個人，並刼掠所失，約在五千以上。啞子吃黃蓮，眞是有苦說不出。當筆者被拘禁時，在同一室中，前後被拘來的男女，凡二十餘人，亦各有勒索價錢開出：政治部易某兩人，要繳勒款千元；某師長夫人，（在西北飯店被捕）勒繳壹萬元；某處長（不知什麼處）勒繳四千元。總之，此二十餘人，各有勒索數目，數目大小，則視其人的身份地位而定。對筆者之能輕易放過，或因眞身份未露，胸前且懸有宗教研究社的證章（臨時佩帶的），以爲我眞是老百姓的緣故。余十三日被捕的當晚，馬車又裝來不少的箱籠和包袱，廣濶的庭院中堆積如山。鬧了一通晚。還有十幾個男女，用繩子縛著連在一塊，齊集在走廊上，有兵看守。自然都是被綁架而來的肉票，已沒有房子關禁了。這一筆橫財，又必然是大有可觀的。筆者繳了贖款後，十四日中午，才脫了險境。其他許多被難的同志，下文如何？則不得而知，也無從而知了。

當筆者將獲得自由的時候，那位袁廠子連長，還說了很多口蜜腹劍的話：「你是中央的重要人物，上面拘捕你的命令說：是要把你就地槍斃的。」「……我看你還是個好人，又認繳納軍餉。所以對你特別開恩，給你一條生路。……你必須趕快離開西安。否則，一定還要捉你，那就再沒有生路了。」我聽他的話，只是暗自好笑。分明是土匪、強盜，分明是綁票、發横財。誰不明白？還有什麼可說。這是最令人不能忘懷的事。

被叛軍所刼，損失之最大者，當然要算西安車站附近一帶的倉庫。中央所儲存的軍械、器材、糧食和一切軍需用品；商人運出運進的貨物；都洗刼無餘。車站和鐵軌車廂，多被破壞。行人衣著較好的，多被剝去；老百姓出城逃難者，行李則全被扣留。中央或與中央有關的機關職員的住宅，無有幸免於刼者，亦無有幸免被捕者。西安巍峨宏偉的鐘樓和鼓樓，以及各城門的城樓，（西安城牆修得最好最堅）都成了臨時的監牢，被拘囚禁的人員，至少亦有四五千。每日飲食供給，僅大餅一小塊和一些鹽水（作者被拘，連水都沒有喝）。有的人還加上腳鐐手銬的刑具；被槍殺的也不少；眞是慘無人道已極。這些被拘禁的人，聽說有許多直待兩月後，中央軍進了城，才恢復了自由。這或許是因爲無能繳納所謂軍餉的結果。

事變後的前幾天當中，叛軍藉著清查戶口爲名，實際就是淸查老百姓的財物，勸募軍餉。因之更弄得滿城風雨，沒有人能够安居樂業。以後經張學良嚴令禁止，叛軍雖稍形歛跡，然暗中摸索，仍時有所聞。最後縱槍斃了幾個不法的叛兵，也不十分安然。一般居民，已成驚弓之鳥，未晚即嚴謹門戶。熟識親友，亦相約屆晚不相往還。少數商店，白日僅是半開門；多數商號，則始終未開。昔日繁華熱鬧的西安城，此時則成了蕭條冷落之市矣。

加官晉爵三位一體

當西安事變發生之後，張學良曾向叛軍將士與西安紳者表示：「不爭政權，只求政見的貫徹」！故當時改組各機關，實際上是另起爐灶。省府和省屬機關的大小人員，全由楊虎城的部屬充任之。於是主席、委員、廳長、秘書長、公安局長、警備司令，以及各機關的職員，都是淸一色的陝西人。爲擴充軍隊，西北軍的軍官，雖統軍如舊，官銜職級，則節節高陞。公教人員，亦多跳高一級或數級。這可算是楊虎城部屬，官運最亨通的時期。最滑稽的事，就是十三日成立所謂「抗日聯軍軍事委員會」，推出很多委員，公推張學良爲委員長，楊虎城爲副委員長。十四日各大報復大登更正爲正副主任委員。出爾反爾，似覺自有愧咎，不敢與蔣委員長之「委員長」，並列齊稱。斯亦小人之謀，終不免有所忌憚耳。所謂「抗日聯軍軍事委員會」，共黨稱爲「三位一體」(東北軍、西北軍、共軍）的組織，爲事變時最高決策指揮的機關。委派了很多空頭的軍長、師長、以及很多參議、顧問，官官擠擠，盛極一時。但發號施令，每多隨出隨改，而且多不能下達，如陝軍馮欽哉，東北軍于學忠，即不接受僞命，就是證明。張、楊原屬同床異夢，至此，意見則愈趨紛歧。張、楊各自爲政，而其部屬，亦各自爲謀，終有劉多荃、何柱國等，暗與中央軍溝通聲氣。其事變目的，不在政見，而在分肥自飽，已極顯明。省政機構，爲地方權力與經濟來源最實際之所在，張學良並非愚者，當然是知道的；但張對省政機構，絲毫不去染指。張對楊將不繼續合作，事態亦已擺得明明白白。事變前途之暗淡，事變之初，即已斷定。

製造集會拉人參加

利用民衆來推動某種運動到高潮，這是共產黨慣用的伎倆。西安事變，在所謂「三位一體」的領導之下，共產黨徒，自然仍要採用這套把戲，舉行所謂「市民大會」。這時西安民運，在所謂「全國各界救國聯合會」與「全國學生救國聯合會」，控制領導之下，張語還是最出風頭的人物。十六日，在西安革命公園舉行的「市民大會」，參加的人，大都是軍人和學生隊伍，眞正的老百姓固然有，實際並不太多。這些去參加的市民，也還是公安局出動大批警察和小學生們，挨家挨戶去呼召，強迫拉來的。筆者閒著無聊，甚想一探究竟，也自動混入市民羣眾之中，前往參加。會場四週，都有大兵把守。祇准人進，不准人出，首先使人即有不自由的感覺，還疑慮將會發生什麼事？這日天色很陰暗，有一架飛機，來回飛著，散發宣傳品。參加的市民，沈重的心情，始終放不下來！想要逃走，都被守兵攔阻。大家無可奈何，祇好東跑西奔，鬧得全場秩序大亂。開會時，張、楊相繼出面講話，下面卻一點都聽不到。祇聽到張學良上臺，東北軍的隊伍拍掌；楊虎城上臺，西北軍的隊伍拍掌；界限截然，弄得民眾更莫名其妙。到了張語還說話時，已近開會尾聲。會場秩序，更是亂得一團糟。也有些什麼提案通過，如「槍斃×××」、「通電……」、「慰勞……」等，似乎沒有什麼結果，就出發遊街示威去了。

出發遊街，市民混夾在隊伍中，擁擠而出。剛出大門，民眾卽蜂擁而散。縱有軍警的彈壓，大勢已去，壓也沒有用了。於是遊行的行列中，就祇剩下穿草黃色衣服的軍隊，和一部份穿青藍衣服的學生隊伍。原定的遊行路線，是很廣的，似乎還沒走到三分之一的路程，軍隊和學生隊伍，也都不宣而散了。花了很多人力和物力，想來利用民眾，而「民不可欺」的信念，在這次所謂市民大會中，完全可以看得出來。這是我生平第一次見到的最糟的民眾大會。在事變的半月中，也再未見到有民眾大會的舉行。

全城都在苦悶恐慌

西安多季的天象，經常是陰暗暗的。事變發生後，接連很多天，更是烏雲壓天，日色無光。格外現得死氣沈沈。加以朔風怒號，刺肌入骨。餓犬饑吠，爭屍逐臭；烏鴉亂飛，哇哇如泣（西安野狗烏鴉特多）。在恐慌中過生活的民心，受著此情此景的影響，就更感覺得非常苦悶！恐慌與苦悶結作一團，愈恐慌，就愈苦悶；愈苦悶，就愈恐慌；似乎成了一個不易解開的死結。因之，對於不論好的或壞的消息，總是想去探聽；無論是死是活，似乎都想早點吃下一顆定心丸！

事變發生後，西安一般人民，對於外界，特別是中央的消息，是一點都聽不到的。各家報紙，都不准刊載外埠的消息。私家的無線電收音機（實際非常的少），被查到的，都被沒收。因此一般人民所聽到的，祇是當地的一些虛僞宣傳，特別是鼓勵「抗日」、「備戰」、「對付反革命進攻」的宣傳。究竟有沒有大禍臨頭？大家都是茫然不知的。就此形成了恐慌和苦悶空氣，與惶惶不可終日的景象。報紙上有時故弄玄虛；時而說閻錫山先生來了；時而說胡宗南將軍等，響應張、楊通電了；時而說中央飛機轟炸渭南了；時而說赤水被中央軍佔住了；時而說宋子文先生來了；外國顧問端納和蔣夫人來了。有時說于右任先生將來陝主政，有些人卻表示很冷淡。總之，當時困處在西安的人民，唯一的希望是「和平」，不要戰爭。認爲中央大員能來西安，必是和平露了曙光！而西安報紙所刊載的，卻偏偏是一些鼓勵「備戰」、「團結對外」（指中央）的宣傳。可是許多宣傳文字，非常幼稚，很多矛盾，弄得民眾更摸不著頭腦，恐慌與苦悶，也就越來越深了。

筆者於脫險自由以後，得友人劉楨先生的照顧，託病住進了西安陸軍醫院。院中住有張、楊不少上中級軍官，卻常能聽到一些正確的消息。關於張、楊晉見委座的情形，後來與「西安半月記」對照，當時所聞，大都不爽。當時使張、楊感到最頭痛的事，就是眾叛親離，第一是馮欽哉拒受僞命；第二是于學忠、何柱國等不同情張、楊的行動；壞消息哄傳全城，張、楊也怕起來了！尤其是糧食發生恐慌。幾天之內，物價連連上漲到一倍或數倍。老百姓有錢買不到糧食，物價高漲不已；戰爭威脅越來越大，都有「長安那會安」的恐懼！都想設法逃出長安城。但是交通工具，都被軍隊和公安局統制了。馬車、騾車、人力車，既貴得不可言狀，而且不易僱到。許多所謂達人安命的人，就祇好聽其自然；心存迷信的男女，就往城隍廟或開元寺去燒香問卦。在這情形之下，忽然聽到何應欽任總司令，統率大軍前來討伐的消息，大家又面露喜色，以爲叛軍必將屈服於中央的威力，陝民就可幸免於難。當時中央和全國人民，所最擔心的，就是「委座安全」的問題。其實西安老百姓的擔心，更有勝焉！認爲委座如果被害了，中央軍皆委座的子弟兵，必會踏平西安。那西安人民的生命財產，都必蕩然無存。委座如始終安然無恙，化干戈爲玉帛，總是有希望的！張、楊不能，也不敢出此下策，也多少是顧慮到自己的身家性命和老百姓的安危。西安人民這種恐慌和苦悶，一直延長到委座離陝以後，才比較開朗。

委座脫險返京實況

當宋子文先生，第二次飛到西安時，很多人都相信事變解決的辦法，必已有了頭緒。二十四日下午，由綏署傳出來的秘密消息，說：「張、楊已決定明日送委員長回南京。」很多人仍是將信將疑，認爲事太奇怪！這是老百姓半月來最大的希望！消息一經傳出，秘密也就成公開的好消息。據聞委座飛機，是定在二十五日上午，直遲到中午時刻，卻還沒見到委座起駕。祇見許多學生列隊，趕赴機場，說是歡迎綏遠主席傅作義。機場四週，軍警戒備森嚴。學生則列隊於警戒線之外，翹首雲天，正盼飛機早點降落！約二時左右，忽見委座與張學良、楊虎城，均乘汽車蒞場。學生忽然見到委座，深覺驚異！交頭接耳，議論紛紛。軍警人員卽加干涉，猶恐發生事端。但委座一見這許多學生，詢之張、楊。答稱：係歡送委員長的。委座當時猶欲向這些可愛的學生訓話。卒被張學良以「時間不早了，請委員長上飛機！」卻之。於是委座乃登機東飛，張學良亦急促跨上飛機同行。後來聽說：護送委座回京之事，楊虎城直至是日午刻，才予同意的，張之隨機護送，楊虎城在事前亦不知道，不管怎樣？委座脫了險，總算是國家民族之福！卽無怪西安人民，皆欣然有喜色！互相走告，因爲戰爭的威脅已沒有了。

委座東飛以後，當日的下午，西安的景象，就大不同了。閉戶將近半月的商店，全部開門做生意了；在事變時各處隱匿的中央公務員與外省人，也都拋頭露面了。街上的行人，徒然大增，商店的生意，既應接不暇，尤其是酒樓飯館，全都爆滿，燈火通明，喧擾不休，似乎都有大難不死，非來慶祝一番不可的神氣。說老實話，這種情形，我生平也是第一次才碰到見到的。第二次就是對日抗戰勝利消息，傳來重慶時的情景。

委座離陝以後，在西安被監禁的中央要員，也全恢復了自由。二十六日，開始陸續乘機回京。在他們未走之前，楊虎城還在新城大樓，舉行一次大宴會，表示惜別！大家仍盡歡而散，似乎把過去的不愉快，一杯酒洗清了。二十七日晚，並備專車一列，專送委座留在西安的衞隊、侍從人員和中央官員；但此舉，事前亦極為秘密，意在防止節外生枝，另生事故。因之，其他許多要東還的人，也全不知道。作者雖已獲得消息；但遲了一步，時間趕不及，還是多留了三天。

東歸路上感人情景

以一般常情推測：委座既已東歸，一切主要問題，自都獲得解決，不會再有問題發生了。但事實上，民眾那種興高彩烈的熱情，未及三日，仍然轉趨沈悶！時因各報消息，仍未開放。張學良到京以後，更有許多不利的傳說。街頭戒嚴，岡警撤而復設。商店又多關門歇業。各種謠言，滿城飛散，驚心動魄，不異事變發生之時。許多欲歸未行的人士，宛如熱鍋上的螞蟻，亂衝亂闖，打聽鐵路行車消息。因為公路沒有通，乘飛機根本不可能，直至三十日晨，確悉隴海路將有專車東開。作者携眷，抛去行李，乃捷足先登上車。未久，人潮湧至，把七八節鐵皮車廂，塞得滿滿的。大家或由於同情心的激發，互助合作的精神與事實，表現也特別多，誰都為之感動，上了車以後，大家都擠得不能動，站的人不能坐，坐的人站不起來。悶塞一堆，不殊貨物。大小便既是沒法解決（很多人以衣服包塞便處），腹饑口渴，小孩大哭大叫，也終無法對付。加以氣候嚴寒，車廂裏也結了冰，手足凍得痲木不能動作。由清晨上車，直到下午六時左右，才見車身漸漸移動。一顆跳動半個多月的心，也才覺得安靜了一點！同車的，可說都是難友，不管認不認識，此刻祇是互相一視，會心的一笑而已。因爲車雖行了，仍不敢絕對樂觀，不敢高聲說話，爲的是還沒有脫出叛軍的勢力範圍。又傳說前站還要停車檢查，形跡稍有可疑的人，仍要扣留不放。公路上的大小車輛，就被扣留不少。大家剛剛稍得安慰的心，又都緊張起來了。幸而還好，一路並無停車檢查的事發生。一直等車過了渭南（中央軍地界），大家才眞正放了心；還有人高呼：我們到家了！

車廂中，一時呼聲鼎沸，也絕沒有如平時乘車，令人討厭的心理。有的放言被難的經過；有的報導所見的災情慘狀；有的大罵張學良，有的述說楊虎城當土匪的故事。有的唱歌；有的唱京戲；一切景象，都比上車的時候，迥然不同。口渴的，不以爲渴；肚餓的，也不覺得餓。車到了潼關，老百姓送茶水的、送大餅饅頭的，紛紛來到車廂兩側。大家爭先購取，老百姓卻一文不取。眞大有「簞食壺漿以迎王師」之概！

三十一日上時十一時左右，車到了洛陽。洛陽的機關與民眾團體，爲了招待這批被難的同胞，準備很多豐富的飯菜，列席於祠堂廟宇中。派人持著安慰難胞的標語旗幟，分赴各車廂，邀請大家下車進餐！於是大家下車，都飽餐一頓，覺得分外香甜有味。隨後人來得很多，飯菜準備的不够，許多老百姓又幫同來切的切、煮的煮。大家看到，都覺得非常感動。

在洛陽進餐時，又傳來一驚人消息說：當我們這列火車，剛開出站，被西安所謂聯合戰線的分子知道了，一方面要求楊虎城下令，將此列車扣留；一方面率領學生羣眾，擁向西安車站阻止開車。大家又覺得這是險中之幸，虎口的餘生！午後六時，車抵鄭州，一列車的被難同胞，才分道揚鑣，各奔前程去了。有許多要往京、滬的同胞，必須轉車。查票時，交不出車票來，祇須說一句：「西安來的」，查票員也就含笑的放行了。其中不祇含有很多的人情味，實尤隱存著無限的民族愛！四十三年前的往事，刻骨銘心。回憶起來，猶歷歷在目，更不禁心絃鼓動難已！筆之於此，以供治述現代史學者之考正。

中國論壇怪傑張季鸞

立言方正論事透闢

我國對日抗戰以前，天津大公報爲中國北方第一大報，以輿論權威，蜚聲於海內外；報紙銷路亦遠及滬、漢南方諸省。其所以能致此者，經營得法固其一端；而張季鸞所作社論之影響，實有最大的關係。因爲當年的報紙和讀者所最重視而斤斤計較者，第一著眼點，就是每日報上的社論。

張季鸞時任大公報第一主筆，所有社論，即多出於其筆下；立言方正，論事透闢。王陸一（陝西人，曾任監察院于右任院長的秘書長）甚至說：「季鸞社評，有金石聲。」新聞界則公認他：執輿論界之牛耳；而千萬心儀他的讀者，傳聞其日常生活與寫文章的種種怪癖，則稱之爲論壇怪傑。

罵袁世凱坐牢三月

張季鸞名熾章，不過其名早爲字號所掩，知者甚尠。他是陝西榆林人，生於清光緒十二年，歿於民國三十一年（一八八六—一九四二），祇有五十七歲。早失怙恃，少年雖在孤苦環境中，始終不輟讀書。曾留學於日本，得與很多革命志士相結識。回國後，矢志投身於新聞界，參加過于右任先生所主辦的民立報；參加過胡政之先生所主辦的大共和報；參加過上海新聞報；自己在上海也主辦過中華新報。以主筆政工作爲多，所至皆有美譽，這就是他做報人的資本。他雖富有革命思想，卻未參加過革命的實際行動，但不幸民初因言論觸犯了袁世凱，卻坐過三個月監牢，吃了不少苦頭。這算是他一生最倒霉的時期。

他恢復自由以後，雖仍未脫離報紙生涯，但工作地點總是飄蕩不定，時平津，時上海，精神便難專注。直至民國十五年天津大公報因原辦理人經營不善，已瀕破產邊緣；他乃與胡政之（名霖，曾在上海辦大共和報）、吳達銓（鼎昌，浙江紹興人，久在銀行界，曾任貴州省主席、總統府秘書長）合作，三人聯合起來，接辦了天津大公報，才算有了固定的努力目標和創業基礎。時吳達銓正主持天津鹽業銀行，負對外籌募報館的股款責任，任社長；胡政之任經理，負報館事務諸責；季鸞則專主筆政。三人同心協力，各盡所能，不數年間，終使大公報蒸蒸日上，聲譽鵲起，風行海內；季鸞論評，更是一言九鼎了。

別有一套文人怪癖

朋輩之心儀張季鸞者，實多其人。祇惜我與他始終緣慳一面。抗戰以前，余旅食長安，郭英夫（西京中央日報社長）、路禾父（曾任山陝軍總司令）、屈武（于右老女婿，于楞之夫）、楊大乾（立法委員）、王友直（陝西省黨部委員）諸先生曾為余言季鸞之事特詳。大體都認：季鸞一生恬淡；態度謙沖；胸懷闊達；見事透徹；文筆委婉，深入情理；這些自然都是他方正的一面。祇是有點恃才使氣；有點玩世不恭的態度，喜歡徵逐酒食聲色；且與阿芙蓉（鴉片）結了不解緣。不過他們又都承認這都是張季鸞的怪癖，張季鸞如果沒有這種怪癖，也就不能成其為張季鸞了，可謂的評。

在我經驗上的感覺，好文章的寫作，大都寓於靈感；而靈感與癖好，又是分不開的。通常每個文人似乎都有一種癖好，這癖好便是靈感的泉源。古今中外文人們的癖好，多半是很怪異、很有趣味的。如唐代的王勃，作文時，初不精思，先磨墨數升，然後飲少許酒，即臥床蒙被大睡；醒來靈感來臨，即執筆而書，不加點改，時人稱之腹中有稿。宋代文人由浩，寫文章時，必先藏身於蔓草叢生之中，出而揮毫，其文立就。據說：盧騷必太陽曬在頭頂熱烘烘之際，就是他文路展開的時候。德國哲人席勒，每聞蘋果香味，卽文思大發。

還有些文人，喜歡在恬靜的地方深思，或藉助刺激物品以疏通思路。如薛道衡寫文章，必先隱坐空室或面壁而臥；法國文豪大仲馬，寫詩歌、小說、散文，要用個別固定顏色的紙張；匈牙利小說家周開，一定要用紫墨水，才能寫出文章。最有趣的：有些人在寫作時，脫下鞋襪，一手寫、一手弄著腳趾（或云係章太炎）；有些人爲文時，要握弄女人的小腳（或云係辜鴻銘）；等而下之，據說：鴛鴦蝴蝶派某作家，每作文必摸索女人的屁股，便妙文橫生，時有「屁股文學」之譏。張季鸞是一個純粹的文人，寫文時有其癖好，又何足怪？

最喜徵逐煙酒美色

張季鸞寫文章與阿芙蓉結了不解之緣，實非虛語。王陸一亦曾說：「季鸞社評，都是鴉片煙膏煉成的。」因爲每日社評之作，都是選擇當天頭條新聞下筆的。所以多半必待至夜間，新聞大小、輕重，才能有所選擇。而排字工人罔識輕重，及晚，便頻頻催稿。張大主筆皆置若未聞。一俟烟癮過足，精神振作，便一揮而就，很少加以修改。三數小時後，卽翌日清晨，新的社論卽傳揚於讀者之口。

通常吃鴉片的人，也是最喜徵逐酒食之人，季鸞亦不例外。他於天津、北平兩地，乃其經常往返之地（每自津來平，軍閥們的偵緝隊，常派人跟踪，察其行動）。每至京，必先邀約二、三好友，依時聚於某酒樓，如「東來順」、「沙鍋居」等，皆京師多年有名的飯莊。季鸞這一個小食團，便是其老顧主。掌櫃的知道他們的底細，不但不敢稍有簡慢，且常以特製或時鮮之饌，送請品嚐。張於痛飲之後，則羣趨花叢，另尋樂道。

酒與色相連，季鸞於微醉之後，一定要涉足於其平日所最欣賞之韓家潭老七的香巢。老七（不詳其名）爲一雛妓，雖非名花絕色，但楚楚依人，季鸞甚嬖愛之。張大主筆有黑膏助興，紅袖添香，精神充沛，思路油然，即於老七處，伏案揮毫撰寫社論。他通常於社論脫稿編排之後，似乎是了卻一件事故，心神也得到解放！於是高談闊論，無所不及，非近曉不休，亦非過午不起。這是他的癖好，是他作文靈感的泉源，也成了他的日常生活習慣。

談吐詼諧玩世不恭

張季鸞不僅愛談，談吐尤詼諧百出。識其人者多目爲放蕩不羈東方朔之流，聽者常樂而忘倦。張雖詼諧成性；但所作社論，詞嚴義正，又實不似其人之生活行爲。故不明其人者，則多猜測他爲一恂恂儒者，不苟言笑的道學先生。他詞鋒所及，於當代政要名流、學者軍閥之秘聞軼事，繪形繪色，娓娓而談，毫無所謂忌諱。國民革命軍北伐以前，尤不滿於當時之所謂將軍者流。常謂：「當今無大將，祇有『大醬』無數缸。」他似乎最能把握座客心理，措詞亦無所選擇。座客始終神采飛揚，不知東方將白；而張之談鋒，亦愈晚而愈健。如在韓家潭老七家，老七則常如牛之聽琴，倚張手臂，昏然入睡，免不了或許還要勞張抱她上床。

父之過的下聯最謔

張凡遇其所不屑之人，或不愜之事，尤舌如利刄，尖刻入骨。北伐成功，南北統一之後，彼於新政府當局，除讚揚一、二領袖，默許部分政要外，其他均極少好評。而且出語之幽默，更是令人捧腹不已。如談某福將怕太太有季常癖之餘，則謂：「中央軍之有『峙』者，猶人身之有『痔』也。」中日「何梅協定」成立後，國內外輿論譁然；張固明知其為策略措施，而不敢洩其秘。卻藉此以取笑於人曰：此約而成，又何敬之有？人謂季鸞「恃才使氣，玩世不恭」，便不能謂為無因。

一日，丁春膏（貴州人，時任華北烟酒稅總局局長）以同鄉之誼邀宴何應欽將軍、王伯羣先生，及好友張季鸞，於北平西城太平橋礪園私寓，當時北京三大名旦程豔秋、尙小雲、荀慧生亦來同席。席間，張以丁（丁寶禎宮保的曾孫）為世家子弟，謂：「世家子弟有三型：惡少型、報應型、書香型。」前二者，季鸞稱之為「害羣之馬」。笑曰：「宮保後人，以為如何？」丁起遜謝曰：「輿論權威，一語破的，從來批評紈袴子弟，未有痛快若是者。當浮一大白。」滿座皆歡。因丁素以節操自勵，激濁揚清，朋輩多重之，故季鸞乃敢言而無忌。

中國古書兒童通俗著作：如「三字經」、「百家姓」、「千字文」等，乃家喻戶曉，亦昔時兒童必讀之書。清末民初，北方的多烘學究猶視爲至寶。季鸞雖多讀古籍，然於這些至寶，厭惡特甚。見某報有標題「養不教父之過」，以評紈袴子弟之不法者，不禁慨然！顧其座客曰，讀此標題，使我偶得一聯，「父之過」，君能對下聯否？客曰：「子不語。」季鸞說：不妥、不工。最恰當莫如「媽的×」。其爲謔也，每多類此。

揭櫫報人四不主義

國民革命，尙未統一中國之前，北方軍閥混戰，政出多門。當軍閥、官僚、政客相互勾結爲惡之際，欲求一家眞正獨立不阿的民間報紙，眞是難上加難。天津大公報自張季鸞等三巨頭接辦以後，辦報方針才漸漸朝著這方向走。爲欲如此，三巨頭在開創之初，卽互約「三人誰也不得擔任與政治有關的公職。」並曾以「不黨、不賣、不私、不盲」的「四不主義」，宣示於國人。本此原則而行，故大公報在季鸞有生之世，亦始終維持著它「民間報紙」的色彩。到王芸生手裏，才把它變色出賣了。

大公報三巨頭的「互約」與對國人的「宣示」，對季鸞來說，大體能信守和做到了。他對當時的官場現形，認識得最爲透徹。他認爲除政治因素外，要做當日的官，必須通達十大竅門，曾編有做官十訣，以供笑談，云：「一筆好字，二撇小鬍，三斤酒量，四季衣裳，五官並用，六親不認，七竅不通，八面玲瓏，九尾仙狐，十寸面皮。」這就是說，做官要以熟習李宗吾的「厚黑學」爲張本。張季鸞說自己：「除能喝半斤四兩之外，絕不是這類材料。」所以他一生不敢也沒有做過官，任過公職。湘人劉梵如（曾任陝西省政府秘書近二十年）分析他的「四不主義」曾說季鸞：「不黨，他僅同情於國民黨，也沒有入黨。不賣，他從不與軍閥、官僚、政客打交道，便斷絕了買賣之途。不私，他因胸懷闊達、恬淡，自能公誠而廉潔。不盲，他才能見事透明，作文不離情、理、法。」都恰如其人，並非虛語。

歷來有人指出：文學人士的通病，大都愛寫書、刻書，藏之名山，傳諸後世，或出版賣錢，抽取版稅。張季鸞寫作近四十年，文章守城一堆，卻始終沒有落入一般文士的窠臼，爲自己印書出版作過打算。這固然是他謙沖態度與不私心理的表現；也或有其「蒙正文章不值錢」的想法。他原來就常常說：「咱們寫的文章，有什麼價値？早晨還有人看，下午就被人包花生米了。」（這也就是報紙的末路）眞是慨乎其能言之，入木三分，智者信之。其實這現象，並不是因爲他的文章；他的文章是可讀的。也不是他個人有此感覺，乃是大多數人所共識共感的，全是由於文風日墮所形成的結果。季鸞生世，本人雖沒有出過一本書；但至他死後，民國三十四年，坊間卻出現過「季鸞文存」，此乃大公報同人爲紀念季鸞之故，由其好友胡政之等，彙集其遺文所成；季鸞地下有知，或不會過拂好友之心意。

鑄大錯提拔王芸生

既說到張季鸞，一個與張極有關係的人物——王芸生，卻不能略而不言。王芸生，原名德鵬（一九〇一——一九八〇），河北靜海人，比張季鸞小十五、六歲。無論在年齡或資歷上，張屬師長，他祇算是晚輩。年二十餘，即已參加到新聞界行列。民國十六年，受知於胡政之，介紹他進大公報任編輯，從此一帆風順，漸次遷升到主筆、總編輯的地位，在新聞界的知名度，也就水漲船高了。抗戰發生，大公報遷武漢而重慶，王芸生也一直追隨，沒有一日離開過；及三十一年，張季鸞死，大公報的言論即多由王芸生主持，不但他十餘年來喧賓奪主之企圖如願以償，也全與張的主張背道而馳。直到抗戰勝利後，也始終利用大公報作其政治活動的工具；三十八年，終於投靠中共；六十九年，才去世於北平。

王芸生之爲人，小有才氣，陰險而狂妄，人多不願與之接近。文章流利刻薄，具爆炸性，故終不似張季鸞之有爐火純青的境界。初見重於胡政之，胡又揚之於吳達銓與張季鸞，因得與大公報結下了不解之緣。他初事張極謹，張亦以學生子姪視之；不過自得了主筆、總編輯之資格以後，便一反過去的態度，目空一切。他對報館的事務經理等，皆非所志，惟於爭取思想言論的領導（十足的中共作風），則頗有龐逢殺師，喧賓奪主的陰謀與態勢。積之稍久，因與張季鸞幾有水火難容之勢。

認王芸生有勇無謀

張季鸞雖早已瞭然王芸生的企圖目的，仍始終本其謙沖闊達之懷，成全晚輩之意，不露聲色，與之周旋。於私固不滿其為人；於公仍極重之愛之；他常對座客表示其對王如此的態度，總冀其為光明前途，有所自覺！王則無動於衷，更不自度德量力，常向張在文字上直接挑戰。王盛氣凌人，而無技可恃，每戰氣雖勝，而技則慘敗了。張因以謂人曰：

「王之可貴，在其好戰、敢戰、耐戰；惟覺荊軻氣太重耳。」張季鸞此言的含義實指王芸生「有勇無謀」。

根據當時輿論公平的說法：吃筆墨飯的人，尤其要供千萬讀者閱讀的文章，必須是鏜鏜響的，王芸生雖以健筆馳名論壇，但薑還是老的辣，較張則終略遜一籌。

這一差遜，正如民初洪憲籌安六君子之一的楊皙子之論政，終不若梁任公（啟超）之響亮有力一樣。張為豁達大度之人，在新聞界聲望之隆，早已遠非量狹陰險之王芸生所能企及的。在朋輩之中，故愛張者多；愛芸生者少。大公報以有張季鸞而發達；王芸生則倚大公報而攀登。兩人不但薰蕕有別，根本出處殊途，又何能相提並論！

小說家張恨水的趣事

寫小說副業變職業

中國對日全面抗戰發生，平津地區首當其衝。北方各大報，紛紛南下，經由武漢轉遷重慶，報業人員亦多輾轉來渝。時重慶新民報，有三大「張」主筆，張恨水即其中之一，外二人則爲張友鸞與張慧劍，皆以文筆雄健，馳譽於時。三位主筆（三張皆安徽人。友鸞字悠然，還有一弟名友鶴），與余皆有數面之緣；但不常過從；與恨水接觸的機會則比較多，但都不是正派場合。他與張季鸞（陝西人）亦極相契。余前在中外雜誌所作有關張季鸞的文章，取材自恨水閒聊中者亦較多；現在且來談談張恨水。

先替他的畫像作一道輪廓。張恨水，原名心遠，筆名則隨時興而命定，不下二、三十個之多。他大概是李後主的崇拜者，選擇「恨水」作其統一的名號，即是取自李詞「人生長恨水長東」的用意。他是安徽潛山人，生於清光緒二十年（一八九四）。離開學校以後，即側身於新聞界，任蕪湖皖江日報編輯時，年僅二十四歲。以後與北京益世報、上海申報、世界晚報、晨報、朝報、晶報、立報、南京人報，先後都有過關係，寫過稿。來到重慶新民報，已是抗戰的大時代了。他原以新聞爲職業，寫小說爲副業；到後來，竟然背道而馳，以新聞爲副業，寫小說爲職業。利用副業發展其職業，出版小說書籍一百餘種，包括幾部大部頭的作品。名小說家的「名」就是這樣創出來的。

不幸的是大陸淪陷後。他因貪戀其名與財物，滯留北平，不忍離去，終於爲德不卒，投靠中共，替中共作了十多年的文史研究工作；於五十二年（一九六三）病在北平去世。他七十四年的人生，在文壇上浮游至少也有五十年。

安徽人氏北京氣派

張恨水在中國五四文化運動時代，以思想新穎、行動奇異，在新聞界卽已漸露頭角，長寓北京。以一個安徽人，所具之「北京氣派」，似較一個土生土長的北京人尤爲濃厚；所瞭解的北京各階層社會狀況，也常較眞北京人爲深刻豐富。他所作「春明外史」等小說，能說得曲折細密、頭頭是道；「啼笑姻緣」等小說，能透徹瞭然社會羣相，繪聲繪色；就因爲他是一個「老北京」。蓋非老北京，亦不能描畫北京官場、社會的萬般景象也。且所作小說亦頗具相當的影響力。

風流文采引鳳投虎

有蘇州女子吳冰者，肄業蘇州粹英女中。讀張恨水所著「武林虎嘯」，一名「虎賁萬歲」，心儀書中主角「虎賁部隊」（五十七師之代名）師長余程萬中將，一縷芳心，非君不嫁。「虎賁萬歲」小說之作，即恨水任重慶新民報主編時，訪問抗戰英雄余程萬「常德會戰」之資料，撰寫而成。這事蹟自然是感人的；出之恨水筆下，當更生動了，引起吳冰的戀情亦非偶然。她在雲南，竟償夙願與余結了婚。時雲南監察使張維翰且有聯賀之：「激烈壯懷傳虎嘯，風流文采引鳳來」。大陸變色，余亦解甲九龍，偕吳住屏山鳳輝臺。四十四年八月，余遇狙華園，吳亦頓成寡鵠孤鸞，落而爲尼。這未始不是「虎賁萬歲」所造成，張恨水實責無旁貸。

花街柳巷漫遊無忌

恨水文才卓越，寫稿多如夙就。與張季鸞同時蜚聲於新聞界。性情開朗豪放，與恃才使氣，玩世不恭的態度，亦與季鸞氣味相投。所不同者，季鸞迷上鴉片，恨水僅偶然一口；恨水死愛麻將，張季鸞僅一二圈即罷。雙方最難忘情者，就是互相譏誚，取笑對方。更有歧異者，季鸞長寫社評，自與政治有些牽連；恨水專寫小說，似無政治色彩與政治偏向，因之，季鸞行動，常被北京當局派人跟踪；恨水則花街柳巷，任何角落，漫遊無忌。

最是讚賞老殘遊記

恨水寫小說以在報上副刊長篇連載者爲多。所作連載小說（以後再出版專集），爲當時報上最受歡迎的讀物。其「春明外史」、「金粉世家」、「啼笑姻緣」等成部小說，以及短篇小說、小品文字、隨筆雜記等彙集成册者，不下百數十種，有的還拍攝成電影，多爲雅俗共賞之作；讀者如雲，風行於大江南北。他不僅是個多產作家，而且產品都有相當份量。他的小說——尤其是大部頭的——之所以能爲世重，據說完全是得力於晚清幾部佔重要地位小說的助益，如「官場現形記」、「二十年目睹的怪現象」、「孽海花」及「老殘遊記」，都可說是晚淸小說的代表作。在文藝上都有相當價值，相當成功，能反映出清末的社會眞相；劉鶚的「老殘遊記」尤其中之佼佼者。

張恨水對以上幾部小說名著，平時研讀都鍥而不捨。最讚賞不已者，也就是「老殘遊記」。他曾說：「在文學上，最引人注目的，是描寫的技術。老殘遊記描寫：王冕畫荷、董河敵冰、王小玉唱大鼓、大明湖遊記，都是有聲有色的。無論寫人寫景，都不肯用套語爛調，總想鎔鑄新詞作實地描寫，這一點上，可說前無古人了。」這不是故意的吹噓，而是很正確的評論，也與胡適之先生所見大體相同。恨水能見到老殘遊記優良而正確的一面，在其自己寫作時，自然也就會去吸收其長處，學習其技術。

最不滿意禮拜六派

他最不滿意的就是王鈍根等在上海所辦的「禮拜六」雜誌；這些人被稱爲「禮拜六派」。恨水認爲禮拜六雜誌，「以迎合社會不良風氣與低級趣味，發表一些柔性與墮落性的文章，當時致有新文藝絆腳石之譏。如周瘦鵑其人，對中國文藝界之貢獻，不敢說他毫無點滴之功；但其過去作品的靡靡味道，影響於社會者，則不敢言其一無瑕疵。抗戰期中據說他在上海發表的作品，已多改變了門調。余猶慮其餘氣尚未盡脫，實不願取焉。」恨水所論，實亦未出當年批評禮拜六派者的範圍。其實小說文章，有時何嘗不與「禮拜六派」同科或近似；恨水立詞，或未之深思耳。

非驢非馬頭大聲洪

張恨水的面像與常人特異。因爲他的頭大如斗，聲如洪鐘；朋輩見此異相，常以「張大頭」

或「屠格涅夫」（世界巨腦人之一）呼之，而好謔之徒，更多方設喻取譬以譏辱之。恨水雖泰然處之，不以爲侮，卻常引經據典來作一番解說。他說：「人之不同，各如其面。中國古代名人像貌特異者，史不絕書。如荀卿所說：『仲尼面如蒙倛，周公身如斷菑，臯陶色如削瓜，閎夭面無見膚，傅說身如植鰭，伊尹面無鬚眉。』余何人斯？天雖給我奇顏異像，自不敢與諸聖大賢高攀並列。」又說：「諸葛瑾之面似驢，歐陽洵之面似猴，斛律光之面似馬，朱元璋之面似豬。余非驢非馬，不與猴子分王，不與豬公爭帝，頭大聲洪，恰與諸人平分秋色。天橋相者張鐵嘴，許余碩喉胖腦乃屬福相。有福就有祿有壽，余又何樂而不居！」恨水曠達，多面求證來解說其異相，也未免是多此一舉。

張季鸞最爲率直，亦常戲謂恨水曰：「君身後，當以頭骨指贈博物館；令人類學家，核計君腦之容量。縱不流芳，亦可遺臭。」座客聞之，無不捧腹大笑。管翼賢則以恨水的大頭，比美羅志希（家倫）的大鼻子。

迷戀雀戰桌邊撰稿

張季鸞最迷戀的癖好是呑雲吐霧；恨水最懷念的癖好是竹林方城。恨水雀戰，常晝夜相繼；每於戰興正濃時，不識趣的報社派專人來索稿，謂檢字房工人坐以待排。恨水被迫得無可奈何時，只好立即找個臨時土工挑土（代替作戰之人），自己則在牌桌旁的几茶上一面操筆寫稿，一面指揮作戰。一二千字的文稿，立刻而就。同桌戰友戲之，謂爲「痲雀文章」。似亦非有特殊天才者，莫克臻此。

某日，恨水與張季鸞二人，偕一日本人走訪已漢化多時的美國人開福森醫生。入門，已有西人男女多人在座；他們恐煩主不便，傾談片刻即出。恨水顧季鸞曰：「盍往訪老七乎（北京韓家潭妓女）！此輩西方佳麗，見之徒增『西望長安』之感！僅其『玉鈎斜』，差強人意耳。」相與大笑。日人不解其故，再三向恨水請教「西望長安」、「玉鈎斜」的意義；恨水笑謂之曰：「必在老七處，今晚作一花頭，始能洩露天機。」「花頭」者，即設宴開雀戰於娼家，抽取頭錢（水子錢）約二三十元，賞給娼家之謂。此日人不擅雀戰，終以三十元領教了「西望長安」不見「家」（佳、家同音）也。「玉鈎斜」者，曲線美也。即此亦可想見恨水牌癮之大，更不惜敲竹槓而爲之。「敲竹槓」即教人破費之意，亦恨水諸人習以爲常之事。

風流成性妻莫奈何

恨水另一契友爲管翼賢，管爲北京「小實報」社長。小實報銷路之廣爲北方各報之冠，且遍及滬、寧等地；而北京城內，亦幾無人不知有管翼賢其人。他與季鸞、恨水三人通常是結伴而行。一日在韓家潭老七處，鄰室有嗚嗚之聲傳至；恨水靈機偶動出一謎題，要管翼賢猜，謎語云：「嘴兒親，舌兒伸，雙手尖尖摟抱身，按著竅兒通口氣，嗚嗚咽咽作嬌聲。」翼賢總向猥褻方面運思，久之，終未射中。恨水漫聲曰：豈未聞鄰女正在戲弄消（音同簫）遣乎？謎底為「弄簫」，別無所指。

管翼賢與二張常作韓家潭之遊，其妻邵挹芬深明應酬之義，以管之事業為重，雖明知管的秘密行為，亦不斤斤計較其「戶外活動」。恨水雖早已結婚，其畫眉之樂，亦早為同僚所許；但以玩世不恭，浪漫成性，外渡之夕，每多於室家琴瑟之好，只是沒有固定巢穴，其夫人明知之，亦不以為意，且以「儘管風流莫下流」勸之。這也應屬於賢妻的一型。惟張季鸞家在天津，老七野營在北京，天高皇帝遠，夫人要管也管不到。有人說：季鸞對採花折柳之事，性極淡漠，乃「目中有妓，心中無妓」，小程夫子之流亞耳，此或與其迷上鴉片有關。亦其夫人所以能稍寬懷安枕之故。

新聞界稱活躍份子

張恨水在新聞界，素有活躍份子之稱。在北洋政府時代，誰對無冕王——記者都要退避三舍，卽如日本特務頭子土肥原也要來巴結（自然另有作用）；而記者們所畏懼的僅為軍閥，尤其是「大醬」（張季鸞對軍閥的專門名詞）。本來秀才遇了兵，有理講不清；大醬就是絕不講理，先槍斃了再說。名記者如邵飄萍、黃遠庸等就是這樣白送了命的。恨水之有活躍份子之稱，自然是因其交遊廣、人頭熟、富機智、有辦法、活動方面吃得開。李筱帆曾負馮玉祥特務方面之責，乃一個可怕的人物，造孽極多。馮失勢後，他蟄居故都，無牙之虎，卻猶有餘威；這原是張恨水幫了他的大忙。李筱帆解除權力之後，他深知特務令人怕。記者同樣令人可怕，因極力挽求恨水，結納新聞界朋友作護符。曾與小實報的管翼賢、新北京報某、京報社長湯修慧（邵飄萍之妻）等結爲好友，撐持顏面。他的仇人，因怕記者烏屋所關，亦不敢攖其鋒。而恨水則不免有養奸護惡之嫌。

胡鼎銘，貴州人、行八，人多以「胡八爺」稱之。狂狷耿介，不拘小節，豪於飲，醉則大吐狂歌；好臧否顯要，於清流輩則常以幽默出之。某日，張恨水由上海、南京返平，朋輩約飲清談，且探消息。胡忽顧張曰：「君有大筆如椽，名山鉅著，固今日之班馬也，奈何甘爲金漆馬桶蓋耶？」胡之此言，蓋以張之言論，已少往時火氣，對國策新猷，亦不加評說。恨水達人，毫不介意，聞之大笑曰：「胡八爺眞知我者也。」自是恨水在知友集會中，亦常以「金漆馬桶蓋」自諷取樂。

高桂滋爲陸軍宿將，常以儒將自命；好附庸風雅，輒以詩文示人。張恨水見之戲謂張季鸞曰：「今日華北文壇，眞乃秦幟高張矣。」所謂高張，卽指高桂滋與張季鸞，兩人皆秦人也。季鑾亦只好默爾而息，因高正同在座耳。季鑾隨因對日抗戰時，宋哲元（明軒，華北王）的二十九軍的大刀隊克敵致勝，名傳全國。遂以「大刀宋明軒」，向恨水徵對，聲明要切時事。恨水卽隨口應對二則：一爲「膽小萬福麟」；一爲「長腿商啟予」，前者指日軍迫承德時，萬坐馬上，正集全軍官兵於平原上訓話，適日本偵察機凌空低飛而至，萬心膽俱裂，落馬墜地之事。後者指商震，當中日冷口衝突時，商之善逃善遁，不亞於萬福麟。足見恨水不但爲人活躍，且有急智。

易實甫與易君左父子

各領文壇一個時代

清末民初，樊樊山（增祥）與易實甫同稱近代詩壇兩雄；豪情盛慨，綺麗絕倫。易實甫天挺奇慧，世稱龍陽（漢壽縣舊名）才子。其父佩紳（笏山），幼孤家貧；稍長，學習裁縫（製衣工人），刻苦讀書，博通經史，工詩文，鄉試中舉人。值太平天國之亂，懷定國安邦之志，乃入湘撫駱秉章幕，爲清咸、同年間一位有名的儒將，以文名更得曾文正公（國藩）的激賞。易實甫之子君左（原名家鉞）家學淵博，才高勤學，文筆暢達，萬言文章頃刻可就，爲民國以來文壇健將之一。

易實甫上有賢父開其來，下有肖子繼其志，三代一脈相承，各領中國文壇一個時代，享譽之隆，實爲近代所罕見。若實甫父子者，尚不愧爲文學世家。

風流自賞龍陽才子

易實甫，名順鼎，字仲碩，別號很多，晚號哭庵，署懺綺齋。生於清咸豐八年（一八五八），湖南漢壽縣人。幼聰慧，三歲能背誦三字經，有神童之目，蒙古番王格林沁譽爲奇兒。少隨其父笏山遊京師。乃父應酬文墨，卽多係其代筆。一日，爲父擬約友人修禊書，頃刻而就，函首有云：「天將啼鳥留春，人與斷雲爭路。」一個青年小子，竟爾出口不凡，實甫之名，一時便爭傳於都下。

實甫十四歲補諸生，十七歲中舉人。後應會試六次，不遇；遂淡然科舉之途，從王湘綺（闓運）遊，治駢文及詩歌。尋師張之洞，友樊樊山，交遊既廣，文名益噪。

當其應會試北上時，曾特取道江南，遍訪金陵六朝遺蹟，成金陵什詠二十首。中有「地下女郎多豔鬼，江南天子半才人」之句，深爲師友所激賞，「龍陽才子」之名，卽始傳於此；自以名士自命，風流自賞，亦自此始。

民族意識特別濃厚

實甫以不得志於北京會試，乃循清制慣例，納粟跨進官場，宦海角逐，雖無可紀述之處，唯其民族意識，於時是極可欽可敬的。

甲午（光緒二十年）中日宣戰，實甫憤甚，不揣冒昧，曾數次向滿清政府呈情獻策，皆不得報。及馬關條約簽立，喪權辱國，舉國憤慨！實甫時在江南總督劉坤一幕中，再冒死上書論國事，痛劾李鴻章誤國；朝野雖佩其高節雄文，但疏上，終不獲省。實甫乃自請投筆從戎，泣語於總督劉坤一曰：「願隻身入虎口，幸則爲弦高之犒師，不則爲魯連之蹈海。」劉坤一壯其志，秉贐其行。及至福建厦門，唐景崧已棄職微服出走。實甫又乞援師於張之洞、譚鍾麟等，張、譚諸之。實甫復轉赴臺灣臺南，至則大勢已去，無力挽回。

實甫從軍報國之志，雖未得酬，而其民族意識之濃厚，也是值得一書的。

訛傳殉難白唁一場

當實甫進駐臺灣，爲劉永福策劃軍機時，抗日大勢雖去，挽救維艱；但他總希望或有奇蹟出現，能使局勢轉危爲安。職是之故，卽流連不忍離開臺灣；於是內地親朋之間，一時曾訛傳實甫已殉臺難。不明眞相的詩朋文友，且紛紛以詩文哀悼其殉國忠魂。王夢湘有長聯二首：

（其一）揮不返魯陽日，補不盡女媧天，入夜海門潮，白馬素車，穿脅靈胥同一痛。

（其二）生無負左徒鄉，死無慚延平國，思君廬山月，靑楓赤葉，讀書狂客好重來。

（其二）一萬里倉皇風鶴，偏乞援師，此志竟無成，晞髮咸池，去矣排空訴閶闔。

二十年追逐雲龍，頓悲隔世，吾生亦何樂，側身天地，淒其隕淚看神州。

噩耗雖傳，實甫實未死難。政壇人士廉得其情，如張之洞，卽數電促返；好友陳三立亦勸其速歸。實甫亦知臺局不可爲，乃離臺返厦門。哀悼忠魂活人還，也是甲午戰爭中文壇一趣事。

書生談兵名士畫餅

實甫返自臺灣，適丁母憂，乃轉赴九江守制。光緒二十一年，實甫服闋期滿，劉坤一乃奏請於朝，以實甫性情忠篤，學識閎達，請破格錄用，因得入兩湖督撫幕，應兩湖書院之聘。旋復專摺奏保，召對，簡任廣西右江道；既抵任，復無展布，又被兩廣總督岑春煊以「名士畫餅」彈劾罷職，實甫遂以不振。據故老所傳：實甫此次被岑劾去官，咎實由於自取，好事招攬而來。因實甫或許是受了乃父易笏山（儒將）的影響，素愛談兵。甲午戰爭，請纓抗日，及爲劉永福作參謀，卽其一事；此次蒞廣西之任未久，適有匪警，實甫故態復萌，既好自用，復力保分發來桂之候補縣曾憲勛與南岳峻兩人可用。岑春煊乃以實甫爲統領，曾、南兩人爲管帶，依其計畫進剿。詎一觸卽潰；岑怒，便奏將實甫革職。奏中有云：「易某自矜爲名士，名士畫餅，於國何用？」這事理亦極顯明：一個恃才書生，喜談兵事，碰上一個狂妄自大，較實甫更好自用的總督。試問：勝則誰居其功？敗則誰尸其咎？實甫自命一個才子，意見不及此，非自取其咎而何？

實甫罷還，回九江省親；不久，丁父憂，守制廬山草堂。服滿入京，自呈「被岑春煊所劾，實爲寃屈。」時京城官場顯貴多不滿岑之驕矜盛氣，反多同情於實甫，而予以支持。奉旨飭粤督（時岑已他調）查復；得實，開復原官。先後授雲南臨安開廣道、廣東欽廉道、廣肇羅陽道、高雷道。實甫官運亨通，財源亦茂，已具作遺老之資格矣。及宣統三年，聞武漢革命起義，乃經香港歸上海，作名士終老之計。

放浪形骸妄稱遺老

實甫蟄居年餘，仍不甘於寂寞。民國二年，以與袁世凱次子袁寒雲有舊，當朝名士與遜朝名士惺惺相惜；因得被薦做了幾年「民國官」。及民國五年項城暴斃，洪憲坍臺，袁寒雲南下，實甫便無所依恃；乃以遺老名士自命，放浪形骸，風流自賞，與樊樊山等遊，寄情於山水詩酒。實甫名噪詩壇，正是此時。

一般人意識中之所謂遺老，不是如明亡之後，一般遺賢高蹈，領導復明之志士；便如清室既覆之王公貴族，與愚忠守節之文武人物；義之所在，恥食周粟。但民國以來之所謂遺老名士，或爲自命，或爲人戲贈，滿坑滿谷，實有魚龍混雜之感！像易實甫者，既受滿清恩典；民國成立後，又夤緣得官（任印鑄局參事，後署印鑄局局長），終以袁世凱之死，失去靠山，不得已乃以遺老名士自命，活躍於時。從志節上說來，卻不免稍有虧損。名士、貳臣或可，遺老則未必也。

生平作詩將近萬首

一般之談易實甫者，必不可少的，就是說他的詩。這固是詩詞家所樂聞樂道的；不過言之過多，又輒不爲讀者所重。時人稱：「實甫生平詩將萬首，與樊樊山布政稱兩雄。」詩庫充盈，談亦無從談起，茲僅就與「名士畫餅」有關者，略及一二。

當實甫出守廣西右江道時，詩有句云：「已辦腰刀思殺賊，未留鬚戟爲謀姬。」又云：「新詩欲和賀梅子，他日應呼易柳州。」論之者，亦答以詩云：「詩成濡印錦溪砂，得意籠銅鼓破衙，殺賊卻充名士餅，謀姬應媿美人廊。」這第三句，卽岑參摺內所指者，第四句是因樊樊山贈詩內有「好收側貳作蠻姬」句，實甫亦曾依韻和之。其詩固已露實甫之奇才天挺，但自矜名士，則反爲名士所誤。

實甫於民國九年卒，時年六十三歲。遺著甚多，有四魂集、詩集、詞集，經史雜著，盾鼻拾遺等書數十種。民國十九年，余因事赴滬，遇父執汪翰林詒書前輩，曾云：舊都名妓青青的香窟中，懸有易實甫所贈一聯，文曰：「清斯濯纓，何取於水」；「倩兮巧笑，旁若無人。」所嵌青青兩字，可謂極構思之巧矣。汪詒書前輩記憶固強，余亦至今不忘。當時在座者，尚有周吾山、劉伯倫，都是愛說故話舊的文學之士。主人陳護簧（嘉祐，革命元老，曾任湖南省主席）說：從來頌壽誄墓之詩聯，最難著筆；而壽妻妾子姪之詩聯，更難立詞。樊樊山有壽子五十聯云：「我亦癡翁，願再撫汝五十年，壽汝乎，抑自壽也；身為大邑，豈獨有民十萬戶，愛民者，斯天保之。」（按樊山之子，時為某邑宰）早已膾炙人口。而無獨有偶，尤不易得者，即易實甫之妾，四十壽時，實甫以聯祝之。云：「佳人才子總情痴，女愛男歡，願生女皆佳人，生男皆才子；花好月圓無量壽，天長地久，看地上花常好，天上月常圓。」眞是情文並茂，無以復加。兩款最難立詞之詩聯，竟似信手拈來，實不愧為近代詩壇兩雄。

靈秀之氣獨鍾君左

故老相傳：易實甫兄弟皆才華萬丈。惟所生諸子姪，則皆與豚犬相似，甚至有不能計數滿百者。靈秀之氣，獨鍾實甫之子易君左一人，故其家人皆愛之、重之，實甫尤視之為千里駒。當實甫任「民國官」之初，君左年方十三、四歲，亦偕之隨侍在京。這時君左正就讀於中學，亦接受官場、文壇與社會磨練的開始。他原名家鉞，中年後，以字「君左」行，號意園、敬齋，以及其他諸多筆名，都不及「君左」受知之普遍。生於民前十二年（一八九八），畢業於北京大學與日本早稻田大學。

君左家學淵源，才氣縱橫，個性豪爽，生活澹泊。秉賦若此，所以不宜於在功名富貴之途求發展。而文人通病，恃才使氣，性情怪僻而又浪漫。他又未能盡免，故任何一途，亦難順遂。他在五四時代，就盛有文名，成名早，享名亦久。由五四經過革命北伐、剿共、抗戰、戡亂，直至反共抗俄，他都沒有做過大官或改變過行業。一直以文化教育工作終其生。飽經世變，千錘百煉，也才有其文學上輝煌的成就，在中國文壇享譽五十餘年。老當益壯，窮且益堅。「愛國詩人」、「散文大家」之尊榮，晚年更喧騰於臺、日、港、澳、南洋一帶。

父子思想分道揚鑣

君左中年以後思想大變，已全異於青少年時代，對於儒、釋、道、耶各教教義深入作貫通的研究；同時，亦極講究修心養性之道。常謂：「我老來還能够一直保持相當水準的健康，可能在心靈修養上得到一些幫助！」朋輩亦方冀其能享大年，能在學術上，尤其文學上多盡一分力量。不幸於民國六十一年病逝於臺北，享年七十四歲。所著詩文，重要者計六十餘種。其一生言行的經歷程序，從他所作「六十年滄桑」與「海角天涯」兩書中，大體都可見之。

君左出身於封建社會的舊家庭，生活思想，並未受陳腐觀念所桎梏。十九歲時（民國七年春）即與曾慕韓（琦，青年黨領袖之一）等創辦華瀛通訊社、救國日報，爲反日而呼號。繼與李大釗（中共領袖之一）等組織「少年中國學會」，與文明戲作家陳大悲等搞過戲劇運動，思想開始左傾，致力各種社會運動。凡左派社團與文藝學術團體無不加入活動。五四運動時代，君左正肄業北京大學，思想愈爲前進，爲「新潮社」健將之一，與羅志希（家倫）、段書詒（錫朋）等齊名，風頭也相當足。惟生性怪僻、浪漫、淡泊名利。五四時代與他同道的活躍人物，大都側身宦海，名利雙收；君左「斯人獨憔悴」，一直未能展眉，便不能謂爲無因。

閒話揚州遭到非議

君左參加新文化運動，少年氣盛，相當積極，有若後來被馬列份子所煽動者然。首即大義滅親，攻擊其父（實甫）之詩文，爲「狗屁不通」；但其父易實甫之詩，與樊樊山、陳三立之詩，當時同爲文壇人士所極推崇的對象。君左乳臭未乾，竟佛頭著糞，其狂妄可知。實甫或舐犢情深，未予計較。但君左御風飄絮，不久復以「嗚呼蘇梅」一文侮辱了女性。爸爸可以寬恕兒子，但「少年中國學會」盡是一班血氣方剛之徒，無法寬容，於是羣起而攻之，君左卒被開除會籍。所謂「蘇梅」者，即綠天之作者綠漪女士，亦即來臺後，任臺灣大學教授的蘇雪林女士耳。不料禍不單行，十餘年之後，周佛海（後附汪逆精衞）出任江蘇省教育廳長，邀君左擔任該廳編審主任（任職六年）時，二十三年三月君左又闖下了一滔天大禍，出版了「閒話揚州」一書，鬧得江浙一帶滿城風雨。君左之名雖因此而益噪；但其文品，亦漸遭到各方非議。

易實甫以遺老名士自命，風流自賞，縱情聲色，文人無行，亦屬常情；但他燕居無事，則專以捧女伶娼妓自娛，甚至索取女伶之內衣褲，而不爲怪。君左對其父之「文人無行」，則大不以爲然，曾在「少年中國雜誌」發表「這也應該學父親嗎？」一文，咸覺時代變了，大爲轟動。中國大陸變色前後，家庭革命，父子兄弟相仇，原不足怪；但在五四時代，文人公開高叫打倒父親者，則應自君左始。五四時代思想之錯亂龐雜，從此亦可想見了。

思想觀念由左而正

君左的思想觀念，受過「嗚呼蘇梅」、「閒話揚州」之打擊，復覺倫理道德之敗壞，自己亦漸覺今是而昨非。其由左傾而趨溫和，而歸復到中國正統路線之轉變，大約是在革命軍北伐的時期。抗戰以後，他在中國文壇似又起了相當的領導作用，言論中所表現者，亦不復如五四當年之吠月狂犬。其批評過去文明戲作家陳大悲，易與陳原來是一氣的，說：「陳大悲昔在北平，原爲戲劇運動領導人物之一。後來從事話劇運動之新人，不乏由其一手提拔而起者，以資望言，不失爲老牌子；然其人思想陳腐，生活糜爛。民國十六、七年以後，外間批評卽漸惡。陳對新話劇運動，以自身已失去參加之資格，乃反轉而採取仇視之態度。民國十九年，陳大悲遂完全被摒於文藝界，恢復其演文明戲之本來面目；除賺錢外，別無主義，下三爛之電影亦可導演，欺騙婦孺之江湖魔術「紅綠眼鏡」，亦可公然出而主持。陳大悲之大名，與顧無爲儼然兄弟，民國十五、六年以前，大悲在北平努力劇運之歷史（君左亦參加的）粉碎無遺了！君左言此，乃因南京汪僞政府，成立所謂「中國作家聯誼會」，陳大悲亦列名其間。又說：「今之成爲文化漢奸，就其近年所走之路線觀之，實不足異。大悲過去曾於余前罵歐陽予倩。南通時代之歐陽予倩，雖招致社會惡評，然後來十年之予倩，固以純正之態度，始終把握其在戲劇界之地位，未嘗如大悲之墮落也。」

今是昨非正氣凜然

君左論歷史上之文化漢奸時，則說：「……古人既遠，試論當世。鄭孝胥稍擅舊學，周作人可稱名家，竟乃背棄民族，先後去順效逆，相繼降附敵寇。汪精衞喪心病狂，賣身而又鬻國；周佛海擅於幻變，狺狺爭骨僞廷；江亢虎廉恥全無，竟曰『餓死事大』。有文無行，五賊爲尤。至若文場小丑，輯編僞報、僞刊，諛頌『天皇聖明』、諂諛『皇軍仁義』，已成職業；歌謳『王道樂土』，狂吠『防共和平』，乃爲本務；眞可謂厚顏千重，奴態百出，性靈泯沒，恬不知恥者矣。」

這兩段文章，猶覺鏗鏘有聲，不但正氣凜然，文章實在優美。至其播遷時期的思想，對故國河山之關懷，已抱定漢賊不兩立之志。他在「海角天涯十八年」中，自己不但已有明確的交代，且已多今是昨非之自覺紀錄，爲節篇幅，皆不爲之轉述。

記憶中的毛澤東

毛澤東綽號湘潭漂

毛澤東的出生和幼年，始終是一個謎，很少人能道其詳。他的家族，世居在湖南湘潭易俗河附近的韶山沖（有人說龍山沖，不對）。長我約十歲左右。我在長沙認識他的時候，他已二十六、七。因為他會說大話，我們同學暗地裏常叫他「湘潭漂」（本是湖南俗話，指湘潭人會吹會拍），時日久了，湘潭漂便成了毛澤東的綽號。他有一個別號叫「潤之」，他並不愛用。據其自道：不用，仍留著以紀念他的祖父。什麼意思？外人卻不知道。其家世以耕讀為業。他的父親毛仁生，開雜貨店，又以刻薄起家，算是一個小地主兼小商人。按照共產黨的階級區分來說，毛澤東自然是一個小資產階級兼剝削階級的分子。他在鄉間由私塾讀到小學。畢業後，已經十四、五歲了。他父親為他娶了一個比他大五、六歲的老婆（姓氏不傳）。老妻配少夫的風俗，在湖南原不很多，因此其鄉人常流傳著兩句歌謠：「毛家有個小兒郎，討個老娘共一床。」據說：還有一個不可告人的秘密。其鄉人亦有兩種傳說：一說這女孩，相當風騷，婚前曾與人有染。一說毛父以毛澤東年幼無能，竟然父代子職，湘人稱爲「扒灰」。眞氣得毛澤東頭頂冒煙。娶個老婆娘，他已經不甘心了；又碰上一個人面獸心的父親，火上加油，就怪不得毛澤東憤激之餘，要離家出走，痛恨乃父入骨！此後，毛澤東亦始終諱言此一婚事。所以毛澤東一生之「刻薄寡恩」，與鄙視「道德觀念」，始作俑者，或許是因其家庭刻薄傳統與其禽獸父親所予之刺激。他後來之膽大妄爲，無惡不作，似卽種根於此。湖南馬日事變之時，其鄉人或爲避免牽連之災，則另有一種傳說：指毛澤東小時，卽不務正業，好吃懶做，尤不願下田操作，日與鄉里頑童地痞，爲非作歹，早被乃父逐出家門，脫離了鄉里親故關係。這一傳說，不論其是爲曲隱毛家醜事，或避牽連；而毛澤東之少年無行，離家出走，無論任何原因，總是不光彩的。這都不過是人云亦云的傳說，當然不能認眞。

逃離家庭流浪長沙

毛澤東逃離家庭以後，轉徙百里到了長沙。無親無故可投，亦無事可幹，終日流浪街頭，生活幾瀕絕境。據他自己後來說：想去當兵，部隊以其年齡太小，文弱不能耐苦；想當商店學徒或到工廠作工，又無門徑可通；想要繼續讀書，吃飯已成問題，那能繳得起學雜費？他在長沙鬼混了幾年，全靠一些流浪朋友來分潤接濟。雖得免於饑寒之苦，實已形同乞丐。也由於流浪朋友的指示和幫助，後來終於考進了湖南第四師範學校。當時湖南的各級學校，都極重視國文一門，尤其是師範學校。毛澤東在鄉間私塾和小學，讀過一些古書，作文也寫得通順，這就成了他能夠考上學校的資本。加以師範學校，不收學費，正合了他窮困生活的要求。民國三年，第四師範學校（校長方維夏，後亦共產黨人），歸併第一師範，順理成章，他就成了第一師範的學生。他在第一師範，原不是個好學生，更鄙視呆板的功課，愛搞無聊的活動。所以毛澤東學問上的本事，僅在國文方面能寫幾句文章做幾句詩詞，對於其他科學知識，則大都茫然無知。而且個性風流浪漫，時常衣衫不整，放浪形骸，許多老師和同學，都討厭他。當時一師校長易培基先生，後來也說過類此的話。段麟郊（與毛一師同學，抗戰時任行政院專員）先生曾告訴我一個故事：「毛澤東經常逃學不上課，偷出校門，手挾彈弓，以紙團作彈子。遇見女孩子，則向之射彈。迨女孩上前來理論時，彼則笑謂：我打『刮刮叫』（湘語漂亮之意）。當時湖南男女學生交往風氣，尚未開放。女孩子見他笑說『她漂亮』，亦心中竊喜，臉紅而退。毛澤東則洋洋得意，向同學大吹牛皮。」其次毛澤東能說好辯，詭計很多，善於揑造謊言坑人。有一次與同學閒談：「福湘（女中）很多女學生，已來本校，現正分散在各處參觀。同學們聞其言，便蜂擁前去看女生。終於一個都沒有找著，轉來問毛澤東，毛則大笑不已。」毛澤東少年無行，謊言欺世，設阱陷人，大都類此，其乖頑暴戾，實亦今日太保流氓之流耳。

師範學校出身的學生，如果不求深造進優級師範，照例可以擔任小學教職。毛澤東一師畢業以後（民國七年），卻另思有所作爲，未去擔任小學教員，仍在長沙流浪過日。這時，他行年已經二十六、七。作者此時，已在舊制中學畢業，學歷可說正與毛澤東相等，只是年齡差他約十歲，毛澤東本其流浪多年的經驗教訓，人情世故，隨年俱長的關係，比之不才如我者，就練達多了。他一師畢業未久，終於結合一師幾個同學與其他流浪朋友，組織了一個團體，叫「新民學會」；出版一種刊物，叫「湘江評論」（毛主編）；大肆展開社會活動。我所能憶及者，最初參加新民學會的有：何叔衡、夏曦、郭亮、李維漢、易禮容、蔡和森、毛澤東、陳昌、周以栗、蔣先雲、楊福濤、劉東邦等人。後來且都成了共產份子。清黨時，夏曦、郭亮都正法了。到五四運動以後，該會的會員，已增至百餘人，也發生過影響作用；但毛澤東尚未形成爲一個頭子。表面上看來，何叔衡比較能符眾望。何貌似老學究，不會說話，看來很誠實熱情的樣子，與人容易接近。共黨在上海成立時，他與毛澤東同爲湖南代表，出席參加。

投靠陳獨秀李大釗

五四運動的時代，是中國思想界最紛繁龐雜的時代，有些學生、青年，想從思想中找出路；但極多數的學生青年，則激於愛國熱忱；互爲因果，糾纏不分，於是乃有「湖南學生聯合會」出現。會中分子的思想，雖不純一，因愛國而反日，反軍閥的目的則一。驅逐湖南督軍張敬堯，便是湖南學生當時最直接的對象。因爲自民國以來，北洋軍閥湯薌銘、傅良佐、張敬堯前後督湘，搜刮屠殺，已弄得湖南百姓，困苦顚連，怨聲載道，故「倒張」運動發生以後，馬上形成爲一種激潮。張敬堯則大施鎭壓手段，横蠻的壓制五四運動，極力摧毀各種鬧事的社團。湖南學生聯合會（作者亦負責人之一），即首被限制，週刊一種亦禁發行。繼之毛澤東等的新民學會，既無法繼續活動；湘江評論，亦被禁封。毛澤東自己說：他此時在長沙，不但不能活動，且無藏身之處（張敬堯要拿人）。適湖南學生聯合會，秘密舉行會議，擬派代表分赴北京、上海請願：「驅逐張敬堯」。毛澤東夤緣得了學生代表資格的機會，乃於民國八年假公濟私，離開長沙，到北京去找陳獨秀李大釗等，乞爲聲援！適陳獨秀已遷往上海。李大釗對「倒張」之事，實際亦無法相助。不過毛澤東的目的，並不在此。迨李大釗明其另一企圖後，乃介紹毛澤東到北大圖書館工作，任一館員，以安其身。毛以志不屑此，未久，復轉上海，始得與陳獨秀相晤，表示願意投身旗下。當時陳獨秀對毛澤東的印象，並不甚好。惟思自己門下，尚少湘籍同路人士（此時湘人與陳發生關係者，毛爲第一人），將來或有可以利用的價值，乃勉強收他爲「中國馬克思主義研究會」（中國共產黨前身）的會員。自此，陳之對毛，視同家奴，常不假以詞色，動輒以家長資格的態度，予以斥責辱駡。毛以在滬生活潦倒，寄人籬下只得忍氣呑聲。而毛澤東對陳獨秀的懷恨，以及後來積極倒陳的「家長制度」、加陳以「托派」罪名、掘墓暴屍並奴役其妻子，似無一不是報其當年一箭之仇。

毛澤東在上海這段時期，生活潦倒，態度浪漫，不修邊幅，仍和他在長沙街頭流浪，窮極無聊時是一樣。或許還要過之，因爲他此時已失去當年流浪朋友的接濟了。後來有「紅色舞臺」（李昂著）一書，其中描述毛澤東在上海時的情形說：「他（指毛）的頭髮，長得像洪秀全部下的老戰士（淸人稱長毛賊），面孔似乎從沒有洗過，至少是從沒有洗乾淨過。從他的頭頸上，從他全身皮膚上，至少可以削下一斤以上的泥土。我於驚詫之下，嘆惜中國人不是個個像他一樣，否則，外國的肥田粉在中國，一定沒有銷路。我很怕他靠近我，因爲從他身上散佈出來的氣味，足以使我在辛亥革命以前，吃下去的東西，都要吐出來。但是世界上居然有人愛他，眞是咄咄怪事。」紅色舞臺的作者大約是基於反共反毛的心理，形容或未免過火。但毛澤東的邋遢（汙濁），原是有名的，不愛洗澡理髮，更滌衣服，卻是事實。這或許是因爲太窮；但民國九年以後，他的生活費用，已有上海方面來接濟；也仍是經常不修儀容，不潔衣履。

奉命回湘大肆活動

大約是民國九年左右，毛澤東受了陳獨秀之命，由滬返湘，組織所謂「中國馬克思主義研究會湖南分會」。原來要捉拿他的張敬堯，也已經被逐離湘。毛澤東無所畏忌，手裏又有陳獨秀每月給他的活動費。不久，所謂「中國馬克思主義研究會湖南分會」，正式成立。參加的分了，多係原來新民學會的班底。我當時的思想，原未定型，對於各派主義學說，都還抱著懷疑的態度。道不同，不相爲謀。明知他們搞的是什麼名堂，卽不便和他們太過接近。但他們爲擴大開會的聲勢，四處拉人參加，卽不是同道思想的人，也都來者不拒。我和幾個舊同學，也被徐特立（第一高小的老師）的牽引，去湊熱鬧。在這一機會下，我與毛澤東才多談了幾句話，以後也常常見了面。當時覺得毛澤東還頂不錯，不如陳獨秀之故意矜持，人靄和藹，說話不慍不火。又誰能料到他竟是一個口蜜腹劍，心狠手辣之徒呢？此後，我因自己的工作，離開了長沙。直到四年以後，民國十三年，在廣州，才與毛澤東再度會見。

「中國馬克思主義研究會湖南分會」成立以後，並由毛澤東設計與會員所領導者，尚有三個附屬組織：一是何叔衡在長沙所搞的「自修大學」。這所謂大學，亦如後來共產黨所搞的「延安大學」，沒有一般大學的設備與課程。講的都是共產主義那一套東西。以滿足青年人的好奇心理，引誘青年人入彀，加入該會爲目的。當時湖南的青年，雖多嚮往新思想、尋找新出路的趨向；但一般學生家長，聽了「萬惡孝爲首百善暴爲先」無人性之說；聽了「共妻共產」，尤其是共妻——之說，都爲之駭然，指他們是「禽獸」，不讓自己的子弟，踏進這所學校。故幾個月之後，這所「自修大學」，就自動關門了。二是夏曦所搞的「青年俱樂部」。這並非如今日一般的俱樂部，是爲青年消閒嬉樂之所。對外亦不公開，實爲他們吸收訓練共產黨員的機關。毛澤東透過這所俱樂部，後來也的確抓到了不少嘍囉小卒，爲他搖旗吶喊。三是易禮容與楊開慧（此時與毛已結婚）所搞的「文化書報社」，藉售各種書報文具爲名，專以推銷共產主義的書刊爲實。外埠的如新青年、星期評論、每週評論、京滬日報等，在長沙也只該社有售。生意不惡，賺錢不少。而流毒於湖南青年者，亦復很深。有傳易禮容與楊開慧有染者（傳說，不可太信），亦始於此時。因他倆共同經營該社，楊管內，易對外，關係實太密切。易禮容又是一個風流色狼，日久生情，自是不免，何況他們已倡「共妻」邪說，便非「事出有因，查無實據」。文化書報社，經營了七、八年，直到長沙馬日反共事變發生，許克祥才把它封閉了。楊開慧、易禮容均逃之夭夭，逍遙法外。至對日抗戰時，易禮容又復公開活動。當毛澤東於三十四年奉　蔣委員長之召來重慶，共商國是時，易曾與之一晤。隨之又投入共產黨去了。我所親歷的事：重慶較場口的事件，就是易禮容指揮湯湘傑輩所搗的，而罪過則由朱學範（中國勞動協會理事長）完全承擔了。易禮容之能重返共產陣營，戴罪立功，這自是原因之一。

標準小人使才弄鬼

我與毛澤東，在長沙馬克思主義研究會分別之後，直到民國十三年，才與他重逢於廣州。余於十二年，隨湘軍入粵，原在部隊擔任文職工作。十三年，才轉入第二軍官學校肄業。本校係選送湘軍優秀幹部所組成。督辦係譚延闓先生（湘軍總司令），校長陳嘉祐（湘軍第五軍軍長）。所有教職學員，皆清一色的湖南人。其時所謂「聯俄容共」，已在實行。湘軍領袖和幹部人物，與共產分子（全係跨黨分子）公開交往，概無禁忌。機關學校、部隊容納跨黨分子工作者，亦爲極普遍的現象。湘籍著名的共產黨人，如李富春、方維夏、毛澤東、李六如、謝晉等，皆屬該軍校的政治教官。毛澤東時任廣東農民講習所的所長。在該校則擔任農民問題課程的講授。毛澤東出身的學歷，雖次於我；但他長我十歲，我又實際聽他講課，我也只好把他當作老師。他來上課時，仍著長衫，或中山裝，卻未見他穿過西裝。但其儀容與衣著，卻比在長沙時已乾淨得多，沒有過去那種邋遢相。上課時沒有課本或講義，也很少寫黑板，完全採用講演方式。他平時說話，原是慢條斯理，笑時亦顯得有氣無力。在此以前，我沒有聽過他系統的講話。他上課時，初則細聲細語，娓娓而談，繼而聲漸揚濶，終則激昂慷慨，旁若無人。他似心能二用，一面開會說話；一面在報紙空白之處，撰寫文章。會議完畢，文章也寫好了。文稿則交給方陶去謄錄。方陶是一個極聰明可愛的女孩。或因乃父方竹雅的關係，早加入了共產主義青年團（方與平江李肖丹先生之子李琳結婚，回國後，都退出共黨）。後來與我同輪由廣州經海參威赴莫斯科。當我詢及何以能識別毛澤東那種鬼畫符似的蠅頭小字？她說：「我爲他經常擔任義務書記，摸熟了，就沒什麼難了。」每次會議結束，毛澤東照例要作一個結論。他並未因寫文章而分散了心，還是綜合各方的發言意見，巨細無遺，或贊成，或否定，更或批評補充，頗能恰到好處。毛澤東小有鬼才，這是不可否認的。俗語說：「女子無才便是德，小人有才便爲惡。」孔子並說過：「惟女子與小人爲難養也。」毛澤東恃才使氣，使才弄鬼，也就是「近之則不遜，遠之則怨」的標準小人。前者如他之對付劉少奇和林彪等；後者如他之對付陳獨秀和陳紹禹等；都可作爲印證。

負笈留俄幾被阻擋

我承認自己的思想，在民國十二年以前，還是游移不定的。什麼無政府主義、基爾特社會主義、工團主義、共產主義等形形色色的思想學說，充滿著一腦子，始終觀望，不知如何取捨？自到廣州革命基地，親聆 國父孫先生幾次演講，和眞正讀過三民主義以後，不但非常尊崇 國父的偉大；且認三民主義，才是我們國家環境所眞正需要的革命思想，幾經困學窮究之後，我的思想，才算定了型。其他龐雜的思想，才由腦子裏面完全剔去。這時毛澤東輩，雖目我爲國民黨的左派，而我對毛澤東輩的思想行爲，卻完全存了否定的心理。他們要介紹我加入共產黨，我亦常常藉詞推託。因之，毛常語於方維夏，批評我「頑固」，類左而實右。方又私以告我，意在誘我澈底左傾前進。余亦明白告方；革命就是革命，革命思想和行動，取決於革命的實際環境，那有什麼左右之分，當時我與方維夏、謝晉兩位好好先生，關係較好（方似另有用心）。這或許是兩位先生，中國古書讀得多一點，我亦舊觀念仍然根深蒂固，成爲我們較爲接近的原因。可是事情弄到後來愈糟。這是我經中國國民黨中央考選留俄發榜以後，方維夏在其寓所，款宴我和其女兒方陶。毛澤東等都在座，在毛大吃辣椒、大喝酒之餘，公開表示，有意阻我赴俄行程。方維夏則贊我仍有可為。

毛澤東的用意，我心中自然有數的。默察方意，則在使方陶有一個照顧的好同伴。當時我想這不過只是毛澤東說說而已，並沒有把他放在心上。不意後來，我留俄之行，竟然發生了問題。余卽拜訪方、謝兩位，請為我成全。始知為毛澤東說於陳延年（延年為留法學生，陳獨秀之子，時負廣州共黨責任）、張太雷（鮑羅廷的翻譯）所阻，翌年謝晉到莫斯科，與我閒談時，才說出眞象。我託人將情形報告校長陳嘉祐先生，並轉託俄國顧問鮑羅廷及其夫人協助，旁門打通，我才得成行。對毛澤東之無好感，為公為私，都從此更深。

民國十四年冬，余離國赴俄以後，與毛澤東的一點點關係，亦從此永絕了。迨我由俄返國時，他已推倒陳獨秀，戰勝瞿秋白、李立三坐鎮井崗山，立案稱雄了。其時，國軍正在江西剿共，以朱（德）毛並稱，有人諧其音為「猪毛」。中央就懸賞十萬，活捉朱、毛兩人。時人便有「今年猪毛價錢好，大家努力拔朱毛」之謠。這是我初抵國門，所聽到有關毛澤東的故事。

毛澤東家鄉的新貌

毛澤東出生的地方

自中共竊據中國大陸以後，來臺人士，誰都沒有去過湖南湘潭。毛澤東的家鄉，一處鄉野村莊，以前那有什麼名氣？後來因爲出了一個殺人魔王毛澤東沾了人血（傑）地靈的腥味，知名度就比較高了；但又以訛傳訛，弄出許多名字來了。

我寫過一篇「記憶中的毛澤東」，寫的全是記錄半世紀以前的事，當時並沒有任何文獻可供參考。現在看別人寫的，聽別人說的，比較的多。換句話說：前文主觀意識重，本文則客觀比較多。在「記憶中的毛澤東」那文中，毛澤東的家鄉我寫的是：「他的家族，世居湖南湘潭易俗河附近的韶山沖。有人說龍山沖，是不對的。」香港一個佚名的作家，有一本「大陸遊踪」說：毛澤東是長沙附近湘潭潭市的農家子弟，也是不對的。因爲湖南湘鄉才有一地名「潭市」，是一個大鎮。我另看過一篇文章，指「毛澤東出生於湘潭縣昭潭的昭山沖」，更是離經叛道了。因爲

「昭潭」是湘潭縣的別名，縣北昭山之下，湘水之中的最深處亦曰昭潭。俗謂「昭潭無底」，那會有村落人家？而且昭山也不能與韶山混爲一山。此亦盡信書不如無書之一例耳。

在臺灣曾看到陳綏民在報上一篇「一代惡魔毛澤東的末日」的文章說：「毛澤東出生地的湘潭，位居湘省的中部」，「韶山沖這一地帶的風水，是一個沖字起落」。新加坡南洋商報，曾載過一篇署名芝青「青年時代的我與毛澤東」的文章說：「韶山沖座落在湖南湘潭縣上七都的清溪鄉」。這位作者，與毛似很接近，其言或有所本。如是觀之，毛澤東的家鄉，是在「湖南湘潭韶山沖」。不需另求旁證，大概是不錯的了。

如果要去這地方的話，交通方面，有三條路線：一是到長沙經由公路車到湘潭縣轉車。二、公路未通以前，大半是循湘江水道。現有小火輪通行，到湘潭轉公路車。三、由株萍鐵路（江西萍鄉之煤，必由此經湘水入洞庭湖，以達長江）到株州（現爲粵漢、湘黔鐵路的交會點）轉公路車，可以直達。此線多爲外省或海外觀光客的捷徑。據說中共在此及湘潭縣都設有接待站。

湖南湘潭地理環境

湖南的山和水，都比較奇特，處處高峯突出；湘、資、沅、澧四江，水亦多急流。湘潭居湘省之中部，位於湘江之濱，地勢比較平坦。距離湖南省會長沙之南，約九十華里。當湘、漣二水之會，水量形勢，利於泊舟。故水陸交通，皆稱方便。雖開埠較晚，卻是一個有名的商埠，商業相當發達。最主要的原因：湘潭在商業地位上，向爲全國藥材貿易集散的中心，全國產地藥材，咸運集到湘潭；京、津、滬、漢等通都大邑的藥號，又分別選購，販運而去。向有一個慣例，每年藥材開包，必待京滬等地的大藥商如：北京同仁堂、杭州胡慶餘堂，代表到埠以後，定下日期，才能開包。首輪由各大藥號去挑選，再由次級、三級藥商依次選購。似已成了習慣法，諸商亦無異議。不過價格經由公議，也有等級之殊。首輪所選購的藥材，如黨參、甘草等，都粗如小兒手臂。到了末腳貨時，或僅如筷子粗細。每屆集散之期，萬商雲集，生意之興隆，常把一個小小的湘潭縣，弄得天翻地覆。這是全國任何市場所罕見的現象。湘潭能名噪全國，自不爲無因，過此時期，商場雖比較平靜，亦未嘗落於附近鄰縣之後。

湘潭沿江設市，形成一條長龍，長達數里。分爲若干總（等於區），冠以次第，以八總九總最爲熱鬧。湘潭雖屬湖南一大縣治，並無城廓建築。名勝古蹟頗多，其著者，有明代初期形成的兩湖，後來改建爲兩處公園。公園之內，有「鳳林禪寺」、「西湖烟柳」、「平湖晚眺」等景觀；古蹟如「望衡亭」、東晉時任湘州刺史的「陶侃墓」、抗清名將「何騰蛟墓」等。以往遊人很少，近以交通既便，又因毛澤東這點關係，也成了旅行湘潭者必去觀光之地。

文學藝事湘潭四怪

湖南人才輩出，文風之盛，向負美名。文學藝事兩端，湘潭所出，尤稱出眾。而以清末民初大文豪王闓運（湘綺、壬秋）爲之領袖。他的四個門弟子——黃寄禪、張正颺、齊白石、曾招吉亦皆以文藝鳴於世，終以詩、畫、樸學，享譽遐邇，流傳至今。湘人則稱之爲「湘潭四怪」。因之，清代咸、同之後，湘潭文學藝事，益爲世重。王湘綺的大名與其文學造詣之深，自爲學術界人士所共知共仰。茲姑置而不談，僅就其門下四怪，略而言之：

齊白石，名璜，家境清苦，幼隨家人耕種。後拜師習木匠，頗有工藝雕刻之才。工餘愛作圖畫，習詩文。常隨身攜有王湘綺詩集，置於工具箱內，暇則取而讀之。一日，在某舉人家作工，適湘綺應邀作客，見而詢其工藝、讀詩與作詩之事，稱譽不已。隨經某舉人介紹，乃拜湘綺爲師。後隨師遊京師，常得周旋於金石書畫名流之間，文藝大進，其名愈噪。所作詩畫，皆非凡響。日人尤愛收藏其作品。對日抗戰時卒，享年九十。

黃寄禪，先世業農，極貧苦。少時出家爲僧，斷二指供佛，因又名八指頭陀。年十二，父母俱喪，孤苦無依。爲人牧牛或爲傭工或學工藝，都難以自活。而向學之心又甚切。某塾師愛而憐之，乃留讀於其塾中，兼司洒掃炊爨之役，始遂其願。不久，塾師卒，乃離去。流浪村野、饑苦益甚。頓蒙出塵之念，初投湘陰某寺爲僧；復受南嶽之戒，苦修有成。因具宿慧，強記憶，凡唐詩百家之書，輒過目不忘。但不善作字，常以畫形代字。作詩自然飄逸，饒有禪意。拜湘綺之門後，常與楊晳子等名流唱和尤多。時賢咸以詩僧目之。民國初年卒，約三十餘歲。積詩十餘卷，湘綺序之，並集資刊行於世。

張正颺，名壽登，因居烏石山下，遂號烏石先生。幼以家貧，入鐵匠店爲徒。暇則讀書自修，喜吟哦，間作小詩。欲拜同邑陳鼎先生爲師，陳讀烏石之詩，以其甚似孟郊，自覺難爲其師。時王湘綺正主講昭潭書院，乃介之入門。湘綺讀其詩，不禁叫絕。謂：「吾邑果有此人才乎？」乃整衣出迎於大門之前。烏石乃棄所業，從湘綺爲詩文之學，卓然有成，晚年更致力考證，於周禮一書，尤多闡發。

曾招吉，亦湘綺弟子。其生平與文藝之事，作者不能憶其詳，僅知其幼拜某銅匠爲師，後來作詩爲文，皆爲世重。總之，王湘綺門下這四個弟子，有一共同之點，卽幼皆家境貧寒，出身微末。既非高門貴族書香之家的子弟，自然連童蒙之學，亦缺乏了。木匠、鐵匠、銅匠與一個和尙，皆竟能享大名於三湘乃至全國文壇之上，卽無怪湘人要以四怪目之、仰之。中共搞文化大革命之前，中共有些文學打手，以毛澤東出身於鄉野農家，既擅詩詞文學，復以竊得主席之尊，豈非怪事！妄欲將毛與齊白石等四子，等量齊觀，併稱湘潭五怪，那就未免佛頭著糞，白圭之玷，有汙前賢了。如毛澤東者，國人向以「妖魔鬼怪」稱之，實已恰如其分。

韶山一沖沖國沖家

韶山沖一帶的地理形勢，崗巒起伏，綿延近十華里。部份山崗，草木青葱；部份山地，則黃土堆堆，寸草不生，已視爲荒山廢土，無人敢去利用它。崗巒匯集山泉雨水，自成一條小溪。有人在文中稱爲「清溪」，其實水並不清，混濁帶淺黃色，不是好的飲料，必設法使之澄清後，方可飲用。溪之兩岸，疏疏落落住了一些人家。其中以李姓、孫姓、毛姓、郭姓人較多，也自然形成一個村落。

這裏的人，究竟居住了若干年代？則無人去考究它；但都是以務農爲業，有的做點日用雜貨生意。比中共所謂大革命前的情形如何？也無人敢去計算。

這座村莊，原來就叫做韶山沖。以韶山得名，「沖」字的由來，似與這條清溪有相當關聯，因爲湖南長沙和湘潭一帶的鄉間，對於崗巒出水之山谷地帶，常以「沖」字與人或物之名連繫起來。如其地爲彭姓或文姓所居，則名爲彭家沖或文家沖；其地爲茶山或蔴園，則名茶山沖或蔴園沖，並無別的意義。韶山沖之命名，正是如此。自毛澤東嘯聚同類禍國，何芸樵（鍵）先生主湘政的時候，據長沙一個周神仙——也是風水家——的觀察，認爲韶山沖這塊地帶的風水，是一個「沖」字起落。附近易俗河的水倒流，它沖破一切，沖倒一切，也沖毀一切。一如湖南湘、資、沅、澧四水，沖入洞庭湖以後，泛濫成災一樣。毛澤東的歪風煞氣，也沖毀了所有湘潭的經濟文化；沖破了湘人樸實的風習；漸次必將沖及於全國。周神仙曾向何芸樵先生建議，必破壞韶山沖的風水，才能挽救此浩刼。據說：何先生的部屬，亦多迷信者流，受了周神仙的煽惑，確曾派人掘過毛家的祖墳。這本是人謀不臧的事，俗語說：「人不爭氣怪屋場」；但韶山沖的氣運，當日並未因此倒霉下來。

牽強附會之說，雖沒有破毀著韶山沖的風水。但中共竊據中國大陸後，因爲出了一個毛主席的緣故，似乎覺得也不好再「沖」，或爲附庸風雅的關係，中共韶山紀念館的管理機構，即決定正名爲「韶山」，眞把下面「沖」字沖掉了。

由華國鋒一手經營

韶山被中共「風雅化」了，「革命化」了，便大事宣傳，號召觀光。爲配合觀光條件，並在這座山村裏，建立了毛主席的革命紀念館。除大大小小八個紀念館之外（每館祇是一大間房子），毛主席的故居，也化妝了一番。狹窄的泥土路，改建爲寬濶的馬路。青溪之上，也架起了堅實的橋樑，並建築了好幾棟現代化的洋樓。這些洋樓，多半是用來接待外國貴賓、華僑和無產階級貴族的。其豪華的程度，亦不下於港、澳的觀光飯店。

韶山的開拓建設，據說都是當年華國鋒在湖南一手經營的精心傑作。他最大的作爲，並不在修路、造橋和造一些房子，而是把易俗河倒灌的水，與漣水溝通起來，擋住了那股沖勁，把青溪的水流緩和下來，減少了混濁，也把青溪整理得美化多了。華國鋒也因此得了毛澤東的青睞。

韶山這座小山村，雖經過塗脂抹粉的加工，但因限於天然環境，今日的情形，仍然是冷落不堪。因爲所謂開拓建設，祇是增添了一些人工的不倫不類的建物，除了遠山含翠之外，近處沒有一點自然的優美風景來陪襯。一些無法消去的黃土堆，光山光嶺，反而刺目難忍。加以親朋乏交往，鷄犬之聲不聞，鄉村樂趣，無處可尋，由於引不起觀光客的興趣，所以經常來參觀的人，並不太多。除間有一些遠道被宣傳欺騙，慕名而來的洋人和海外華僑，爲好奇的驅使，結隊組團而來光顧外，其餘大多數就是一些被迫的學校學生、工廠的勞工、軍中的士兵。這些結成團體而來的人，雖慶倖得曠課、曠工、曠操的半日閒，但得不到一點快樂情緒，因爲他們是被規定而來，也規定挨次去瞻仰「毛主席」的故居和紀念館，沒有行動的自由。匆匆而來，匆匆而去。由於費用負擔不起，淒涼不好忍受，故絕少在此逗留過夜的。沒有名勝古蹟和玩樂消遣之處，就更不値得留戀了。這樣雖使這小小村落，突然熱鬧一番；不一刻工夫，馬上就冷火愁烟了，冷落得不殊荒山古寺。

被迫觀光敗興而還

近數年來，我爲探親，曾四次旅行南洋，每次都有兩個月或半年以上的逗留，會晤過很多曾回過中國大陸的華僑人士。「君自故鄉來，應知故鄉事」，我也樂得與他們周旋，探聽一些故鄉消息（這是本文資料主要來源）。這是因爲中共自文化大革命以後，元氣大傷，企圖攫取一點外匯來補償，於是巧立名目，用種種詐欺宣傳手法，引誘號召海外華僑回國觀光與貿易。華僑們有的懷念故鄉親友故舊，有的則抱著好奇遊玩心理，在旅行社敦勸組織之下，於是回國觀光，一時成爲風氣。但結果無不乘興而往，敗興而還，甚或被所謂「挽留」爲祖國服務，而實予「扣留」，不得返回其僑居地。已返者，多謂得不償失，後悔不已；被留者，則消息渺然。吉隆坡華僑劉德元先生和他幾個同夥，原想找點什麼生意做做，觀光祇是附帶的事，結果，生意做不成，不敢做，反被迫誘深入內地，眞正去觀光。他們在韶山沖的招待所，也住了一晚。

韶山招待所分爲兩種：特級是獨立的別墅式的花園洋房，規定是招待國際貴賓與其黨政頭頭的。住的吃的都好，反而不用花錢。門外還有警衞站岡，外人非得許可，是不准跨進去的。普通級的，規模比較大，分爲平房與樓房兩棟。前棟平房，極爲寬敞，有大會議室、客廳、餐廳、辦公室，並有出售紀念品的商店。洋人和華僑，最愛購買的是毛主席故居的畫片，有彩色的、黑白的、立體形的，更有織錦的，價錢比較貴。後棟是三層樓的宿舍，房間內設備相當完備，像普通觀光飯店一樣。有統間、單人、雙人、貴賓間，食宿都要花錢，價錢雖不太高，約由十至五十美元，貴賓間便要一百美元。這都不是大陸一般人的收入，所能問津的，除洋人華僑之外，大家都祇有參觀的分。因爲這些客房，一月之中，總難得有一兩天住客。這從床上的綉花被、枕頭（湘綉是全國有名的）、床單等，都像新的一樣，就可以揣測得出來。

不去住宿的旅客，到了時候，飯總是要吃的。招待所的飯菜，大約是爲廣招徠的，都比市場上的食店，要好要便宜。一般人在外面不易（限制）吃到的鷄、鴨、魚、肉，在此地就可儘量享受；但一般人民卻無能力一嚐此盛味。如要麵食、甜品、粥類以及各式包子、點心、水果，都可以隨心所欲。據劉君說：大餐廳內，當日下午六時左右，除他們旅行團二十二人外，卻沒有一個大陸同胞在這裏進膳的。是否進食時間有差池？那就不得而知。

毛家故居破屋改建

韶山毛澤東的故居，距離招待所不太遠。隔著清溪，座落在招待所對岸的一片黃土山坡上，凡來旅行的觀光客，都很盼望著去「瞻仰」的，這裏大體是保存著原形舊樣。劉君說：我們旅行團去看過之後，覺得既不太光，更無可觀，反而有點失望之感。毛澤東的故居，原是一棟三開間的平房，還是兩戶人家合建合住的，兩家分住左右各一間，正堂是共用的客廳，並各供奉著祖先的神位。後來，毛澤東的父親經濟狀況比較好轉，也因爲家中丁口增加了，於是在他所住右側房屋之旁，先後添建了很多間現在的形式，共有臥房四間、厨房、穀倉、豬牛房和其他雜屋。還有許多農作工具和農村生活必備的東西。正堂屋後，厨房之外，建有一座大鍋灶，原是煮豬食用的。據說：毛家以前經常養著幾頭豬，現已沒有了。不過這些房子，原始都是稻草搭蓋的，現在卻全改成了瓦屋。

距屋側約二十碼的高坡上，有一塊平地，是毛家的晒穀場，也是夏夜納涼的地方。場下有一口小水塘，水帶黃色。在鄉村類此之蓄水池，多半是兒童們戲水的樂園。領導我們參觀的人員，則謂爲「毛主席幼年練習游泳的水塘」。聽來也很覺有趣。過去不知那年，曾由中國大陸傳出消息說：毛澤東在武漢游泳，打破了「橫渡長江」的紀錄，這自不外是好事記者的吹拍作風而已。總之，一個凡人不論是用什麼手段，一旦翻身變成了英雄似的人物之後，無知之輩，對其一切事物和經歷的觀感，都會隨之而美化、神化起來。

毛澤東故居這些房屋，大體還維持著本來面目。屋內是泥土地，屋外門口，也沒有石階。下雨時，泥濘遍地，舉步維艱。牆壁都是用自己土造的泥磚砌成的。鄉間造屋施工和取材，都是這樣的做法。但毛家所製造的土磚，卻是紅黃色的，這是由於此地是一座黃土山。房內各種設備，床舖桌椅等傢具，都是木造和竹製的，式樣古老粗陋，沒有現代沙發式的東西。被褥門帘，都是藍印花布的，蚊帳亦爲藍夏布或藍底白花的，這在現代都是很難見到的古董。毛自己和父母及兩個兄弟的臥室中，都懸掛著各本人的照片。毛的照片，大家是常見到的。他的父母和兄弟，知道看到的人卻很少。毛澤東臥室，有兩張照片，一張是他年輕時，身著長衫，手拿雨傘，還相當英俊；一張似乎是晚年照的，衣著寬散，像一個農夫。這兩張照片，外面都很少流傳。毛澤東自搞革命以後，自命爲無產階級農民的代表，如以其故居原樣來估計，說他是小資產階級則可，還列不進馬克思所謂無產階級之林。

禍國殃民的「紀念館」

毛澤東的革命紀念館，當地人通稱爲「毛主席紀念館」，距其故居約有半華里，是同一個方向建造的，黑瓦白牆，頗堂皇講究。從外形遠望之，很像中國鄉間古老的家廟祠堂，比其土里土氣的故居，卻開濶時髦得多。紀念館附近，還設立有小學和工藝班、補習班等，是專供當地公社生產大隊（中共的公社制度）的兒童和成人就學的。

紀念館的設備佈置，分爲八大館，每一紀念館，代表著毛澤東「革命」的每一階段。其實所謂「館」，祇是一個大房間，參觀的人，依著次序去看，可以看到毛澤東一生經歷的過程。雖有許多虛構誇張，不足徵信，總算把他生平禍國殃民的活動，在時間上是湊足塡滿了。從幼年時代到求學時代，形容他是一個聰明絕頂，多才多藝的神童人物；參加「革命」，從事共產活動，說他機智應變，簡直是中國的列寧。在江西井崗山立寨稱王，和二萬五千里「長征」到延安，重建「革命」基地，艱難困苦比俄國革命還要過之。如何陽與日本抗戰，陰與國民黨和國軍鬪爭；如何倒向俄共、利用英美，取得最後勝利，建立偽人民政府，都說得他智勇雙全，神奇莫測。把一代魔王毛澤東，高捧得超過秦皇、漢武、宋祖、唐宗為舉世無匹的人物。

導遊人員對於毛澤東這些講解全部都是紙上談兵，都是利用照片（外國人有馬、恩、列、史，中國人很多，獨不見陳獨秀、張國燾等人正式的照片）、圖表、統計及文字說明來組成的。聽了之後，都索然寡味。有一個紀念館內則陳列了各形各式的旗幟和武器。武器有長矛槍、大刀、匕首、木棍等原始東西，似皆為鄉村農民打游擊時所持用的武器。現代式的長短槍械彈藥，中、日、俄、美所製造的都有，不過現在大都生銹破爛了。旗幟和刀柄上繫著的紅纓，也變成紫黑色。真的名副其實，開口閉口、左瞧右看，都是「革命」。八間紀念館，令人實在難以產生藝術美感來。

毛澤東的家族羣像

共產黨是反對封建保守，反對倫理道德的。不止在文字口頭上作宣傳，且限令民眾必須實踐毀滅中國固有文化道德；但是那些無產階級的貴族與高幹，則多不在此限制之內。故毛澤東紀念館中，所顯露的封建色彩，即特別濃厚。如各紀念館所懸掛的照片中，除中外共產「英雄」頭子和所謂工、農、兵、烈士之外，最多的就是毛澤東家族的照片。俗謂「一人成佛、鷄犬升天」，毛家既未能免俗，還假公濟私的把紀念館（公立的）視爲毛氏宗祠。所有其他共產英雄、頭子、烈士，全作了毛祠的配享人。這種封建色彩，自然更是特別刺眼。

毛澤東的遠房旁系家族，且不必談。最親的如他的父母，兩個兄弟和堂兄弟姐妹，以及妻、妾和兒子們的照片，無不儘量陳列。毛澤東的父親毛仁生，是瘦長面孔，留著鬍鬚。毛母的臉面圓圓胖胖，頗與毛澤東晚年的照相，有點相似。毛仁生原是務農的，在鄉村兼開一家小雜貨店，實一個小商人兼小地主。毛母倒是一副老實忠厚相。兩個兄弟——毛澤民和毛澤覃，因參加「革命」，都先後犧牲了，面孔模型，也與毛澤東有點相近。說到毛澤東的妻妾（雖無妾名，實居妾位），他曾有過四度結婚的紀錄。十四五歲時，父母爲他娶某姓女爲妻，比他大幾歲，毛不喜歡，似更有說不出的苦衷，他對外亦極力諱言，終被遺棄。第二任妻子楊開慧，是書香之家楊昌濟（懷中）的女兒，長沙許克祥發動馬日事變時被殺。第三任是江西永興女子賀子珍，毛以半軟半硬的手段，娶作井崗山的壓寨夫人，生了五個兒女。到延安後，毛澤東爲與江青談戀愛，也被遺棄，藉口學習深造，將她送往莫斯科。連她的兒女，亦爲毛所厭惡。賀子珍一個妹妹，則作了毛澤覃的老婆。賀既離毛，江青乃乘虛而入，作了毛的第四任塡房婦。江青名李維芬，原是上海影劇界二三流的明星。毛澤東死後，中共四人幫時代，被華國鋒打入牢籠。毛澤東這四個妻妾，是可考的。其他在一杯水主義之下，被引誘迫害的，便難計算了。

在紀念館，毛澤東家族羣像中，和毛能並肩排列在一塊的女性，僅楊開慧一人而已，其他不管是妻是妾，卻連一張照片都沒有看到。這不但是封建意識的表徵，亦足見毛澤東的心目中，是以楊開慧為正妻了。正妻是要母儀一家一族的，楊開慧的照相，穿著白衣黑裙，純屬當年長沙女學生的打扮，尚端莊秀麗，有大家風度，形象是一個相當可愛的女性，無怪毛澤東一生，都念念難忘。楊開慧的父親楊懷中，是毛澤東在湖南第一師範的老師。後來毛的起家發展，始作俑者，也就是楊懷中當時向中共李大釗推介出山開始的。馬日事變，楊開慧被殺，罪名是共產黨。事後有人說：「她不是」。或因無端慘死，才會被毛澤東特別留念的。不過毛澤東兩個弟弟，兩個兒子、一堂妹、一姪兒的犧牲，自然都是染了共產毒素，被毛澤東害死的。他們雖作了不切時宜的共產烈士，增添了毛氏家族一點虛榮，參觀的人，卻絕感覺不出一點萬古凛冽存的正氣，終究是寃枉不值的。

毛澤東的墳墓何在

不明眞相的海外華僑，到了韶山毛澤東的故居，常常會探問毛澤東的屍體葬在那裏？很想去實地「觀光」一番。那些領導參觀的人員，又不得不加以解說，以釋羣疑。

作者現在也弦外之音來彈彈（談談）。原來毛澤東不是死在家鄉，而是在北平落氣的。那時中共文化大革命正起勁，四人幫正得勢，毛澤東的骸骨，沒有運回家鄉，卽安葬在北平天安門外，大家稱之爲「毛陵」。這個深具帝王封建色彩的名字，後來中共認爲不適合，有封建意味，便改爲「毛澤東紀念堂」。中共爲紀念其他頭目和所謂開國元勛，如周恩來、朱德等，在北平天安門廣場中央，也蓋了紀念堂。這些紀念堂，就是他們埋骨的地方。毛澤東紀念堂的形式，是仿照俄國列寧墓（在莫斯科紅場，以克里姆林宮爲背景）建築的，佔地不廣，外表也樸素。

中國人的傳統，歷代帝王元首逝世之後，都安葬在山陵地帶。如中華民國國父孫中山先生，也是葬在南京郊外的鍾山。外國如英、法、德、意諸國元首、勛臣、名將、文豪、詩人、學者的墓園，有的依宗教習俗，安葬在教堂的地下室；有的則葬在出生故鄉的家族墓地。中國人最講究的是「落葉歸根」、「歸正首邱」。毛澤東墓在何處？自不怪有滿腦子中國固有文化思想的海外華僑，來到韶山觀光，好奇的提出問題與甚想去一看究竟。

洪憲六人幫的楊度

文場政海兩頭落空

讀中外雜誌有關楊雲史的文章既畢，觸類引發楊哲子其人。二楊生前有無直接關係？暫無可考。不過哲子在近代文壇上也算略具地位。更巧的，他和楊雲史是同年生，卻早雲史十年而死。其身世與經歷，有些地方亦大體相似。祇是哲子的文學名氣，被他的政治活動所掩，所以他的文學，終於略遜雲史一籌；他的政事，以無一貫主張，亦尠建樹。此亦因在思想方面，雲史比較單純，乃能專一；哲子相當複雜，道出多途。

這不是我一家之見，論者亦多若是說詞。尤其在洪憲時期，舉國輿論以哲子逆流而趨，替袁項城捧場，太不值得。有人則直主拿辦正法，他亦弄得如楊重子所說的：「文場政海兩頭空」，以文壇敗類，帝制餘孽而終其生。

才氣橫溢吐屬不凡

楊度字皙子（一八七五—一九三一），晚年別署雅號特多，如虎公、虎頭陀、虎禪師；但多不為人所悉。三別號皆虎其頭，更不知何義。他是湖南湘潭人，出生於小康家庭，不幸早歲喪父。賴母賢明，嚴課有方；家務則賴伯父瑞生（曾任清代武將）的支持，他兄弟乃得完成其基礎學業，隨後肄業於衡山東洲書院。與其胞弟重子（鈞）、胞妹少姬（莊）同師事於大儒王湘綺（闓運），皆才氣橫溢，有楊氏一門三才子之譽。

皙子風流倜儻，負不羈之才。二十二歲卽中光緒丁酉舉人，仍從湘綺學。對經、史、子、集無所不窺，且見解深邃，湘綺更為刮目。壬寅東渡赴日本，入東京弘文速成師範學校（數次往返日本，最後於辛亥前返國），課餘從事新文化介紹，頗多貢獻。時與國父孫中山先生相遇，論析時事，皆極中肯。嘗作「湖南少年歌」，中有警句說：「中國若如古希臘，湖南當如斯巴達；若要中華國滅亡，除非湖南人盡死。」慷慨激昂，吐屬不凡。國父奇其才，欲吸收入黨（時正醞釀組織中國同盟會）。皙子以政見未能盡合，而婉拒之，轉介黃克強（興）先生以自代。

權利縈懷竟違師訓

哲子於辛亥前不久回國，即投袁項城之門。時康、梁圖謀，頗不利於袁，袁即利而用之，賓主相遇頗歡。一九一一年，清室內閣成立，由袁項城之推薦，楊因得任統計局長。及辛亥革命爆發，南北糾纏不清，哲子因與革命黨領袖孫文、黃興諸公，以及能左右清室之袁項城，都有密切關係，他長袖善舞，居間操縱，頗見其功。雖益爲袁氏所重，然以財神（梁士詒）當道，哲子終於無法握得實權，以致長留於虛官副職地位。這也就是楊、梁始終矛盾的主要原因。

項城決意改變國體稱帝之前，以王湘綺繫海內一時隆望，爲增強帝制陣營，擴大影響，乃命哲子勸駕，敦聘湘綺爲國史館館長。湘綺至京，僅留半年，見事不可爲，遂託詞告歸，而以國史館印信，移交於副館長楊哲子，代攝館務。離京之日，哲子叩請湘綺以酬應之方，湘綺脫口答曰：「多見客，少說話。」實言簡而意賅。蓋當時國家局勢，在地方則軍閥割據之局面已成；在中央則官僚政客腐惡之習氣已深，已如病入膏肓，無可救藥。而民心傾向革命，政局動盪無已。在此情勢之下，「多見客」，可以寡怨尤；「少說話」，可以絕禍患。哲子是一個聰明人，應宜能喻老師愛顧之切。卒以權利薰心，違背師訓，領銜勸進，見惡於國人。

六人幫派的聚與散

民國四年八月，晢子爲迎合項城帝制心理，結合安徽孫毓筠（字少侯，孫家鼐之侄，曾任安徽督軍，北洋政府教育總長，袁氏約法會議議長）、湘人胡瑛（字經武，曾任山東督軍）、湘人李燮和（字柱中，曾任滬軍都督）、江蘇劉師培（字申叔，北大教授）、福建嚴復（字幾道，一字又陵，清賜進士出身，京師大學堂堂長），組織六人幫（自稱洪憲六君子）的籌安會。晢子自任理事長，孫副之，其他四人爲理事。楊鼓吹帝制，曾發表「君憲救國論」一文，袁氏認爲「深合孤意」，特頒親題「曠代逸才」四字匾額一方給楊。劉師培急欲自見，乃著「君政復古論」，以明勸進。晢子躊躇滿志，不可一世，常以新朝首輔自居。

袁氏帝制失敗，民國五年六月憂憤暴卒。晢子深玷污名，進退失據。黎元洪下令通緝拿辦洪憲始禍諸人（十三太保），六人幫的楊度卽居其首。他不得已乃避居青島，匿跡消聲。迨張宗昌督魯，楊復追隨有年。流落之中，還作「避難行」、「東洲行」等詩以自慨。十六年，當中共把持武漢政府造成寧漢分裂時，左派份子猶欲利用楊度，極力造謠說：「奉系與南京政府，將以犧牲張宗昌而謀妥協。」暗中煽動晢子，慫恿張宗昌傾向武漢政府。不論事實眞象如何，總之張宗昌失敗以後（被鄭繼成所殺），晢子亦遁去。

晚年落拓處境堪憐

六人幫的通緝令，直到民國七年七月，北洋政府始下令赦免，從此晳子的行動，始得自由。偶往上海旅行，猶膽小如鼠，未敢公開活動。民國九年前後，欲與陳獨秀勾搭；十六年思與左派串合，皆無成就。十一、二年間，復受國父孫先生之命，暗効馳驅，常往來於北平上海道上。時國民黨人士，雖多非議者，但某公卻說：「晳子是爲履行其一九〇五年的諾言。」民國十五年移居於北京，有人說他仍暗負有秘密政治任務。其表面則爲從師齊白石學畫，且誦經禮佛，修心養性。至十七年北伐成功，始遷上海。

上海自非晳子適宜生存之地，不過有一技在身，求活的路道總比較容易。他除賣字畫（買者無幾）消遣以維生之外，則依上海聞人杜月笙先生作食客，繼續禮佛和撰作佛文，其含禪性之別號，即始用於此。一個四十年來的風雲人物，晚年竟窮愁潦倒若此，處境亦實堪憐。加以肺病纏身，久治難脫，終於二十年九月，逝世於上海，時年僅五十七歲。蓋棺論定，綜晳子一生的政治生涯，沒有一貫的理想與主張。時而革命，時而立憲，時而君主，晚年又傾向於革命；不時復與左派份子勾搭。直言之，即其思想路線錯雜，時左時右，時而標榜中間。結果，行出多途，自難有成。

自視甚高狂妄誇大

哲子由於盡瘁心力於政治活動，以致原具之文學天才與深厚的國學基礎，蔽於政治，不能發揚光大。加以自視甚高，好特立獨行，不謙虛，無氣節；由於湘綺的特加青睞，與留日對新知識的獲得，則更助長了他的野心壯志，狂妄誇大和一意孤行的性格。

中國同盟會一九〇五年成立於東京時，國父孫先生甚欲邀哲子加入同盟，他率直表示，願各行其是，且說：「吾主張君主立憲，吾事成，願先生助我；先生號召國民革命，先生成功，度當盡棄其主張，以助先生。努力國事，期在後日，勿相妨也。」其言似早已胸有成竹，豈僅狂妄誇大而已。

哲子當時的政敵或政治伙伴，皆一時之赫赫名流，祇緣他孤芳自賞，與誰都很難合作。與革命派矛盾；與康梁立憲派鬪爭；與實力派梁士詒爭權，僅由這幾種關係的擴大，幾乎可說是天下皆濁，我獨清。當時風雲人物，除極少數如孫（中山）、黃（克強）諸公而外，他如王揖堂、熊希齡、張耀曾、蔣方震、林長民、章士釗等，在他言論書札中所顯示的，似乎都祇算是他夾袋中的人物（其族兄楊儒安說的），以致弄到晚年「親朋不相問，老病寄人籬」的地步。

當袁氏帝制積極進行，六人幫籌安會組成之初，京城一般落魄失業的文乞與政客，多奔走於哲子之門；楊爲顯露風光，亦欲見好於若輩，爲之安插位置。及後來者日眾，沒有千萬間廣廈，勢難延攬，亦心厭之。乃親書便條，張貼於會客室示意，詞云：「待新君踐祚，僕任內閣總理，再爲諸君謀噉飯地也。」他的狂妄態度，亦誠罕見。

湘人蔡松坡（鍔）與唐繼堯起義，護國討袁時，項城處境已大不利；罪魁哲子亦備受各方責難，他不得已，見風轉舵，乃向袁皇帝請辭參政院參政（時籌安會已不存在），辭文中猶有「流言恐懼，自比於周公」的語意。已至政途末路，猶孤高自若，不知悔過！因其孤高驕傲過甚，反覆無常，不明是非。騾子性格的湘人，卽有主剷其湘籍者。護國軍興，甚有主張殺楊度以謝湘人者。

感懷身世見其交情

項城憂憤既死，哲子亦逃遁青島；當其潦倒無聊之際，適湘綺老人亦後項城半年病逝湘潭。哲子輓之以聯云：「曠代聖人才，能以逍遙通世法；平生帝王學，只今顛沛愧師承。」既頌湘綺才學與爲人爲世所重；亦慨自己抱負，以及晚年處境，盡納於寥寥二十八字之中，情文並茂，可見才氣確是不惡，讀之令人亦不免感慨繫之。聯之首句「曠代聖人才」，卽師取項城親頒匾額「曠代逸才」之語意，自視頗有難師難弟的味道。及哲子去世，齊白石輓之以聯，則云：「出處悉殊途，畫稿詩篇，共全晚節。功言兩未就，人間地下，同愧師承。」蓋白石與哲子同列湘綺之門，一爲文藝巨匠；一落政治流轉，自是出處殊途。至謂功言兩未就，亦卽楊重子「兩頭空」的說法。哲子聯云：「只今顚沛愧師承」，則被白石襲之以輓哲子，亦可謂巧合。

梁任公（啟超）主張君主立憲之初，極欲結好哲子，終以主張互異未果。這或可說是哲子喜獨樹一幟之個性使然；亦或可說是他一種投機取巧的行爲表現。及保皇黨失敗，梁氏潛居日本，認保皇黨的失敗，並非中國憲政運動的終止；乃與徐勤、湯覺頓、蔣智由、陳景仁、徐佛蘇等成立「政聞社」，而摒哲子於政聞社之外。後來，徐佛蘇指哲子「由於太驕傲，以致兩面不討好，怨悔集於一身，處境十分冷落。」可謂是的評，與弟楊重子之言如出一轍。十七年，梁任公去世於上海，其門人故舊，舉行設祭追悼，輓詞對聯數百幅，惟哲子一聯，最受人注目，聯云：「世事亦何常，成固欣然，敗亦可喜；文章久零落，人皆欲殺，我獨憐才。」似猶有隱痛感懷，存乎不言之中。

兄弟異趣態度各殊

哲子與楊重子爲同胞兄弟，兩人性格迥異，生活態度亦絕不相同。重子心懷淡泊，不慕榮利，在文學上的成就，似較其兄爲大。重子幼時，卽愛臨摹勾勒，技藝相當精巧，能在一粒芝麻上，書寫「天下太平」四字。他與兄、妹—楊少姬（莊）三人，同列湘綺之門。他除工書法、擅詩文之外，於金石山水，亦多致力。年十三始用心學書，每日必臨碑帖一通，以迄晚年，雖忙亦未嘗稍間。所謂專心致志者，事無不成；重子之成就，即得力於專。壯年受哲子的影響赴日留學，湘綺老人第四子文育，亦因少姬的鼓勵，結伴偕往。最後少姬亦作了湘綺之媳，與文育結成夫婦。

重子留學東京時，據說與先烈蔡松坡同居一室。不但與辛亥開國諸元勳，多所交往；對於革命大義，尤很瞭然。但他由日歸國後，並不如乃兄之熱衷仕進，專事執教著文，且絕口不談政治。當哲子代湘綺老人長國史館時，曾屢電邀重子赴京共襄國事。重子似有先見之明，以書覆之，略謂：「兄弟異趣，允宜分道揚鑣，以免同歸於盡。」在濁流洶洶時代，非有高瞻遠矚者，莫能言此；更非甘於淡泊者，莫能無動於衷。這與趾高氣揚，目空一切如哲子者，實不可同日而語。先叔谷生公當任長沙縣長時，曾為余言：何芸樵（鍵）主湘政時，極仰楊重子的人格，欲聘之為省府高等顧問，挽某公前往敦勸。重子婉言謝之，並賦七律一章以見其意，詩云：「錯認山人抱逆鱗，嗣京龍性本難馴；十年無夢求生地，盡日偷閒當死身。車馬驛喧疑有禍，庭階初掃愈生塵；葛中染遍黃泥色，不稱權門作上賓。」這與其覆兄書共讀之，都顯見不是矯情作態。

此固為其「不慕榮利」的生性使然；但其平時的生活態度，亦多不易為人所能及。他晚年寄居於長沙城，都市生活極為平淡，對顯要紳者之造訪者，處之自然，不迎不送，僅點首示意而已，去亦如此。對親戚故舊以及門生晚輩之來謁者，則殷殷探詢生活情況，備極親切。凡有問難或請託之事，無不樂爲之助。客出門且必躬送至大門外，猶斤斤囑以珍重再會。其最爲難能可貴者，能一貫保持這種本色，至老不變。二十七年，戰事蔓延及湘，長沙大火，乃避居湘潭原籍。至二十九年，無疾而終，年約六十。著有白心詩集、草堂之靈等書行世。

文人無行亦所不免

屈悔翁云：「才子多貪色，神仙不好名。」哲子既自許才子風流，這種劣根性當亦不免。光緒末年（一九〇八），哲子充任「憲政公會」北京本部常務委員長。時梁任公所組織之政聞社，已被禁止活動，哲子以獨據立憲之利，便積極展開活動，故其言論亦極爲海內外注意。是年五月，以箱篋充盈，乃花二千元私購一雛妓爲妾。事洩於眾，大遭各方攻擊。指他假倡立憲伸張民權之名，盡行破壞立憲，迫害民權之實。言不顧行，行不及義，實不宜作憲政、民權運動的領導，以打擊憲政公會。楊初尚知愛惜羽毛，不欲聲名太過狼藉，乃向眾申言：「哲子素性從善如流，此女已經轉贈朋友。」實則已另築金屋暗藏之矣。

哲子風流，始終未改。越七年，又故態復萌。當其組織籌安會爲洪憲打開場時，曾由項城長子克定，籌鉅金給之，供其活動費用。楊擁厚資，生活奢靡。在天津遇揚州女子花雲仙，兩情相悅，遂秘密同居。僅逾年餘，因籌安會解體，袁氏敗亡，哲子床頭金盡，雲仙亦蟬曳殘聲過別枝了。

枉製龍袍首相新裝

當洪憲帝制進行密鑼緊鼓之際，軍人派主張用快刀斬亂麻手段。洪憲十三太保（後稱十三帝制禍首）之一的段芝貴（香巖，袁氏曾封爲一等公），急遣人到上海，訂製龍袍，價值五百金，密備袁氏登基閱兵時，仿行陳橋故事。及大典籌備處成立，袁克定以滬製太寒酸，擬棄置不用，另花四十萬元在北京另製龍袍一襲。迨帝制取消，此龍袍之金珠寶石等都被拆卸變賣，袍則不明下落了。在滬所製者，則由某坤伶再三懇求段芝貴，謂此物既廢置不用，深爲可惜，不如送與劉鴻聲，修改穿用，足爲大帥永留紀念。段慨然贈之。洪憲龍袍之結果，乃入於伶工粉墨登場之用，洵非始料所及。此事世人知者已多，自不算一手資料。

無獨有偶，另一故事則鮮爲人所悉：當袁氏籌備帝制之初，楊哲子自信開創之功，將使新朝首輔非他莫屬。當籌備處爲新君製龍袍時，哲子也產生了濃厚興趣，遠向法國巴黎訂製首相新裝，但新裝尚未製就，洪憲皇帝迅速夭折，宰輔流落他鄉，首相裝存在巴黎。哲子慚而棄之，後亦無問津者。

文采風流袁寒雲

韻人韻事說寒雲

薄皇子而不爲，洪憲八旬成一夢。
甘詞人以終老，寒雲兩字亦千秋。

讀了詩詞名家璜父輓袁寒雲這首對聯，對於袁寒雲之爲人處世，便可思過半矣。臺灣有關記述袁寒雲的文章很少，很少。

我總覺得袁寒雲不但是近世公認的文壇俊傑，尤其他那種風流倜儻，才氣橫溢，超然物外，不染塵氛的風姿，值得健羨。溯其生平，以貴公子而爲眞名士，清末雖做過小小的京官——法部員外郞；民國初年做過清史館的纂修；他淡泊名利，卽早非仕宦中人。晚年，未涉足政治，亦絕口不談政治。但其詩文造詣，均極精邃，足以俯視羣流；其韻人韻事，世所傳者，亦復不尠。茲就見聞所知，試談其略，以享讀者。

翩翩濁世佳公子

袁寒雲，名克文，字抱岑。平時所用別署筆名，至少在十個以上。其上海居所，則標「龜庵」。其父項城，在河南故居，築養壽園。園中有池，名曰「圭塘」。袁並刻有「圭塘唱和集」。時有好事者，竊笑不已，諧其音有「大龜小龜滿袁門」之謔。籍隸河南項城。清光緒十六年（一八九〇）生於朝鮮漢城。係袁世凱（項城）次子。幼聰慧，長習文章詩賦，甚有志學，為項城諸子之特出，世有才子之稱。於古今文物瀏覽極富。又工書善畫，篆、隸、行、草靡所不精。早為藝林所稱道。

寒雲以擅長文字書畫，初最為項城所喜。洹上養壽園中的聯匾，即多出於寒雲手筆。畫以松最善。陳弢庵七十壽時，徵百松圖，以資紀念。寒雲所繪者，蒼老遒潤。據說：較之鄭太夷、曾農髯諸公作品，猶勝一籌。惜不常作，宇內鮮有知者。十七年，余在滬於汪詒書（清翰林）前輩座上，曾見其一幀，確是遒勁可愛。

民元項城任正式大總統後，寒雲在京，似漠不關心。常寄情戲曲、流連山水。喜結名流，常闢觴政於北海，從者頗眾。與易順鼎（哭厂，易君左之父）、何震彝（鬯威）、閔爾昌（葆之）、步章五（林屋）、梁鴻志（眾異）、黃濬（秋岳）、羅惇融（癭公）等，結詩社於所居之南海流水音，時人以「寒廬七子」稱之。不談梁鴻志與黃秋岳之晚節如何？在當時，寒雲洵翩翩濁世佳公子也。「寒廬七子」與漢末建安中孔融、陳琳、王粲、徐幹、阮瑀、應瑒、劉楨等七人，同時以文學齊名，號「建安七子」者，流風遺韻，千載而下，異代同輝。時魏文帝曹丕之弟曹植號子建，稱陳思王。其身世與處境，實與寒雲略同。寒雲逝世時，楊哲子（後寒雲半年亦去世）曾以聯輓之曰：「上儗陳思王，文采風流，豈止聲名超七子。近追樊山老，人才凋謝，懸知姓氏亦千秋。」兩人生前，對洪憲政見，原不相侔，而驕狂傲慢的哲子，對寒雲也不能不低頭拜服。

五年六月，項城暴卒。因葬地問題，與克定衝突，避走天津，喪禮亦未參與。十一月，生母病故後，轉赴上海，賣字畫維生。從此寒雲俯仰家國，深懷慼感，因益潦倒無俚，以優孟衣冠自娛，醇酒婦人自晦。

始作俑者為紅顏

寒雲週旋於家人親族間，始終自覺有格格難投之感，而常自外於人。或謂：這無甚關於個人的性格，仍係中國倫理思想，難於化解之故。在封建或半封建社會中，嫡、庶不並位關係之嚴謹，爲牢不易破。不但能左右家人上下與戚族的觀念，且能影響及於後代子孫。寒雲生母金氏，既爲庶側，且係外國人；在一般人的眼中，自屬異樣，在寒雲心中，總難免於自卑之祟。或謂：寒雲生性曠逸達觀，又心志另有所鍾，當不至長爲此舊觀念所蔽，而深耿於懷也。然否？皆不必談。此原非余所欲探究的問題。

按寒雲生母金氏；據袁克文小傳說：「生母金氏，乃韓國貴族」；劉成禺洪憲紀事詩本事注：「母朝鮮世家女，世凱駐韓時所納。」措詞皆極巧飾。金氏民國五年十一月，病逝於天津。洪憲紀元猶贈「第一宮妃」；項城之納金氏，據龔二盦爲余所言，頗爲詳細，且牽涉到外交問題，錄之於此，藉補以上兩說之略。他說：寒雲係項城韓籍妾所出，妾爲朝鮮閔妃之妹，項城納之，不徒煞費苦心，且與中國近代外交有關，亦甲午中日戰爭之始作俑者。其言曰：「袁世凱駐韓時，愛閔妃之妹貌美，欲娶之。時日本公使大島，同有此念，因與袁氏陰事爭奪。閔妃意雖傾於淸而鄙日，然以袁氏之位卑職小（時袁爲駐韓商務總辦），嫌之。袁氏因此欲藉端以自重，會朝鮮東學黨之亂起，袁氏乃一面力促韓國向中國請兵；一面則虛張以自高聲價，閔妹卒歸於袁。蓋朝鮮之向中國請兵，原非所願；日本之發動甲午戰爭，亦由日使情場失敗之所挑使。貽害於國家民族，固尚有其他特殊之因，又何莫非袁氏一念之差所致！」（見拙作忘機隨筆第三集）二盦之言，雖少見他籍記載，然據梁任公(啟超)所言，亦不無蛛絲馬跡可尋，梁云：「……當未發兵之先也，袁世凱屢電稱亂黨猖獗，韓廷決不能自平。其後韓王乞救之咨文，亦袁所指使。……論者謂袁世凱欲藉端以邀戰功，故張大其詞，生此波瀾，而不料日本之躡其後也。」稽此二說，不惟與袁氏父子有關；與中國外交有關；而始作俑者卻是爲一紅顏。

兄弟鬩牆的故事

中國舊式家庭，尤其是富貴之家，問題叢生，乃通常之事。如上文所談到的袁家嫡庶問題，風波演變，幾釀成鬩牆之禍。項城長子克定，字雲臺，爲嫡配于氏所生。克文則爲庶室金氏所出，嫡庶成見夾雜著政治問題，更成了清官難斷之事了。

克定與其父相若，富有政治野心。慫恿項城稱帝，正是投父所好，因遂爲所重。另方面，乃父爲帝，自己順理成章，將來亦可繼承皇位。克文擅長文學，初頗爲項城所喜，及感遇詩受了克定的挑撥，寒雲則反被幽禁起來，不許自由活動。

籌安會成立，鼓吹帝制，克定最爲起勁。克文則與之意見相左；其作「莫到瓊樓最上層」詩之意，實不外諷諫。及帝制大典籌備處成立，克定頗疑寒雲有謀建儲的陰謀；寒雲爲避免猜忌，造成煮豆燃萁的悲劇，乃稱疾不出。爲表明志趣，進仿滿清舊制，請行册皇子例。項城許之，乃授寒雲爲「皇二子」。寒雲並將「皇二子」刻鑄圖章，所有字畫及凡須用圖書之件，即以此章印之。克定之疑，從此亦稍釋。

克定、克文果爭立儲的話，就外貌來說：克定矮胖若小冬瓜，頗似其父，又跛足不良於行，望之不似人君；克文風流瀟灑，有玉樹臨風之概，或肖其母。加以多才多藝，尤得人和，不如克定之盛氣凌人。建儲之謠，自爲克定所不能容。幸寒雲機警，早明心跡，否則，後果是很難想像的。克定之不良於行，是民國元年，奉母于氏自故鄉洹上北遷，墜馬傷左腿，從此病跛。由於自卑的關係，心境亦轉惡劣。家人固多諱之而不敢言；而克文、克良則常竊笑不已，每爲克定所覺，則大怒斥責諸弟。克文默爾無言，克良則說：「汝眞以儲君威權凌辱羣弟耶？世界上豈有跛皇帝聾皇后者？」這所謂聾皇后，是指克定之妻吳氏（吳大澂長女），兩耳重聽，克良故譏之。從此手足失和，勢成水火。劉成禺歌詠其事，則有「宮內嘲談竟閱牆」之句。

莫到瓊樓詩賈禍

袁寒雲於其父兄同謀竊國之日，心所謂危，賦諷詩示幾諫之意。後竟以感遇詩賈禍，幾興家庭文字之獄。詩云：

乍著微棉強自勝，陰晴向晚未分明。南來寒雁掩孤月，西去驕風動九城。
駒隙留身爭一瞬，蛩聲吹夢欲三更；絕憐高處多風雨，莫到瓊樓更上層。

這首詩，當年是流行很廣的。他雖見惡項城，而袁寒雲之名聲，因此益響遍海內。不過大多數人所知者，僅此七律一章而已，但寒雲作此詩之初，原是七律二章，題爲「分明」，而不是

「感遇」。原詩之前，還有一小段敍說：「乙卯秋，偕雪姬遊頤和園，泛舟昆明，循御溝出，夕止玉泉精社。」這雪姬或爲小桃紅的別字。其原詩云：

乍著微棉強自勝，古臺荒檻一憑陵。波飛太液心無住，雲起魔崖夢欲騰。
偶向深林聞遠笛，獨臨靈室轉明燈；絕憐高處多風雨，莫到瓊樓最上層。
小院西風送晚晴，囂囂恩怨未分明。南迴寒雁掩孤月，東去驕風黯九城。
駒隙去留爭一瞬，蛩聲吹夢欲三更；山泉繞屋知深淺，微念滄波感不平。

二律對於當時的內憂外患，傷感之懷，婉轉道出。故世人多比他爲曹子建。

這七律二章，據沈綠說，後來經過易哭庵(順鼎)刪改，把兩章併爲一章，才發表問世的。故世所通傳者，僅爲前一章。又據沈云：「寒雲於哭庵所刪，殊未滿意，曾錄原作示余。茲刊於後，以存其眞。」這卽是說，此七律二章之作，是以後沈綠所傳出來的。不論其爲一章或二章，都無關宏旨，惟「莫到瓊樓」兩警句，則二者共存未改。

初，寒雲逐日開觴政於北海，詩詞名流以及戲劇票友，從者日眾。克定對渠未敢寬懷，陰遣嶺南某詩人，窺探寒雲動靜，某乃以感遇詩末二句「絕憐高處多風雨，莫到瓊樓最上層。」向克定檢舉，指爲反對帝制。克定讒之於項城，假傳父旨，幽寒雲於北海雁翅樓，禁其出入，並斷與名流往還唱和。吟詠唱和，原屬風雅之事，亦墨客騷人，最清高的消遣辦法，不料寒雲以莫到瓊樓詩賈禍。

寒雲日記得幸存

寒雲被幽禁於北海，形同與世隔絕。經常消磨歲月之方，一爲考據典籍及古董，故後來收藏宋槧古籍、古印、古錢甚多。一爲寫作日記，由民國五年丙辰正月起，至十五年丙寅，十年無間。據袁克文小傳所載：「十三年歲次甲子，手書日記，止於十九年庚午，凡七年，各一册。今僅存丙寅（十五年）丁卯（十六年）兩册。」此則與余過去所知者，頗有出入。又謂：「今僅存丙寅、丁卯兩册」則其餘各册，似又全部喪失。卽現存丙寅、丁卯兩册，當時亦不存藏於寒雲手中，似經流散之後，又流落到嘉興劉秉義之手；劉爲珍惜寒雲志學與作品，復爲影印刊行。此所以寒雲日記丙寅、丁卯兩册，尚能存在人間之故。

劉秉義爲影印寒雲日記，且作跋說明其經過和感想。其跋曰：「余與寒雲公子，雖無一面緣，讀其『絕憐高處多風雨，莫到瓊樓最上層』句未嘗不悲其身世遭家多難，悒悒窮困以終也。袁氏諸子，寒雲最有志學，喜結名流，故於書法詞章旁及金石考訂之屬，卓然有獨到處。無他著作，僅日記十餘册，詳載起居交遊遺聞政治，唱酬考訂，逐日無間。洪憲後，記政事者絕尠，蓋不欲評判人，而供人評判也。余得其丙寅、丁卯兩年日記，筆法勁秀，首尾完備；所記皆碑版泉幣考訂之學，間及友朋贈詠。中載圖百餘幅，又蘭亭縮拓十餘種最名貴。述政治身世者，只憶小桃紅詞，感洪憲時之樂事；弔林白水詞，哀復辟後之喪亂二條而已，餘册喪失殆盡。早年所記政聞二册，又爲張漢卿携往遼瀋，毀於兵燹。今可見者，唯余家所獲丙、丁兩册。嗟呼，使袁氏帝制不爲，寒雲以貴公子盡其所學，必能名世。當國破家亡之後，天復不假以年，求長此落拓江湖亦不得。所遺留者，又僅此二册日記，豈非命歟？余憫其志，悲其人，影印百板，願事表傳。丙子嘉興劉秉義跋。」

這篇跋詞，情文並茂，實可補寒雲小傳之不足。所言有無以揣度作實際之處？則仍有待於識者來探究！不過「秉義」亦可說是「名副其實」的有心人也。寒雲死後，劉以聯輓之，聯云：「東山逸興，北海金樽，想見一代風流，恨我未親謦欬。洹上歸雲，津門噩耗，悲聞三千世界，知君早證佛天。」也應算是文壇佳話。

幾可算票戲世家

袁項城，愛好戲曲。這是唐紹儀（少川，七七事變後，在滬被暗殺）經常說的：「項城初來天津，最喜二黃，唱不絕口」即毋怪其然。寒雲兄弟，以家室淵源，父子皆樂此不疲。民國四年張勳入京，辮帥多資，曾集都下名角於江西會館，演戲三日。寒雲亦粉墨登場，彩串千忠戮崑曲一齣。一時詩人名士咸揣摩風氣，爭代梅蘭芳等譜曲。被之管絃，著於歌詠。定北海爲教壇，奉寒雲與克良兄弟爲傳頭。袍笏演奏殆無虛日。項城家人男婦，亦常列座欣賞。此乃都下金臺崑曲最盛之時期。現在老一輩的人物或猶有能憶及之者。

寒雲平生，除擅詩詞之外，尤精音律，喜唱崑曲。當項城極盛之時，家中卽延名曲家趙子敬長住流水音，從而習之。趙亦能皮黃，且工丑角，嘗與荀慧生、程繼仙，演「刺湯」及蔣幹「盜書」諸劇。風度瀟灑，舉止文雅，絕非胸無點墨之輩，所能望其項背。內行中人，亦多禮重其藝。

民國六年春，寒雲以家鄉災情慘重，思爲賑濟，乃假北京山西會館演戲，以助籌款。寒雲與韓世昌合演長生殿「驚變」，事被當時代大總統馮華甫（國璋）偵知。馮係項城舊屬，常以父執之輩自居。雅不欲其粉墨登場，恐有辱其身份。乃急遣副官延之入府，實欲阻之。當副官請於寒雲曰：「二爺，總統請你到府裏去！」寒雲頗不耐馮之干預其行動，不屑的對副官說：「他請我幹什麼？我唱我的戲，他管得著嗎？」副官無如之何，祇好唯唯而退。寒雲雖不算票戲世家，然相距亦不遠矣。

菊壇票戲的同好

有汪笑儂者，原名德克津，字舜人，旗籍。與寒雲爲票友，極相得。笑儂原爲光緒戊子舉人，已分發知縣，聽鼓山東。嗣以票戲被劾、罷官。他爲自適其趣，乃正式下海唱戲，以演劉諶哭祖廟，胡廸罵閻羅，見稱於時。與寒雲過從甚密，二人常拍劇照，曾以合演「盜宗卷」一照片，刊載於上海某書局出版之「戲考」，尤爲其親朋所注目。

民國七年秋冬之交，笑儂客死於上海，寒雲感傷之餘，曾以聯輓之，聯曰：「本來是七品命官，革職原爲唱捉放；此次有三堂會審，看君能否罵閻羅。」既切劇情，亦頗風趣。

據說另一旗人溥侗，號紅豆館主，亦愛粉墨登場。某日，寒雲在北京宣武門外江西會館彩唱崑腔「狀元鑽狗洞」，溥侗則唱亂彈（亂彈，曲調名，擁有高腔，又吸收黃皮，故曰亂彈——作者），連營寨帶哭靈牌。有好事者，戲成一聯曰：「公子寒雲，煞脚（土語，末路之意）無聊鑽狗洞；將軍紅豆，傷心亡國哭靈牌。」這自是票戲的笑話，寒雲聞之大笑，毫不以爲忤。

才華橫溢又狂放

寒雲與上海小說家畢倚虹，相交有年，而且情誼甚篤，後病逝於滬濱，寒雲悲感頗深。當以詩聯輓之，情溢乎詞，更見非泛泛之交。聯云：

地獄人間，孰能賡述，論當世才名，自有文章不朽。

桃花潭水，君獨情深，念西風夜驛，空教涕淚長揮。

其自註則云：「上聯指畢所作人間地獄小說。下聯謂余前歲北來，君送別東驛，欲伴余渡江，再三謝阻始罷。」詩云：

放眼人間皆地獄，幾回嘔血泣哀絃，可憐初結鴛鴦侶，一霄東風夢不圓。芳燒百折古難全，慧業匆匆感逝煙，一語江都眞悟徹，不才乃得永天年。江南此日腸眞斷，湖上當年夢有詞，絕代文章傳小說，彌天淚雨幾人知。小別三年一彈指，人生終古念音容，低吟一句銷魂語，忍檢遺書悵篋中。

其中所指，有些是不難知道，有些不敢臆測；但其心情之沉重，則可想耳。

寒雲於北洋政府時期，蒿目時艱，以詩文金石自娛。落拓江湖，不問世事慣了，僦居上海後，益疏狂放蕩，細行不檢，任意而爲。曾戀一妓，値娼家鴇母五十生日，作聯稱壽，上款竟書「岳母大人」，見者竊笑，他卻毫不爲異。其日記中亦多寫徵逐冶遊之作。有蝶戀花一闋云：

啼鳥流鶯催未已，人近珠簾半隔盈盈水。便欲窺時簾不起，飛花飛絮都無計。盼到黃昏闌乍倚，煙水東牆一抹深深地，儘有相思和夢寄，多情祇是添顚頦。

其狂放之態，豈眞文人本色耶？

平湖一段孽姻緣

浙江平湖城內，有一小水果店，店主唐姓，膝下子女數人，皆賴維生。長女志君，小字明明，畢業於平湖女校。體態苗條，姿色不惡，鄉里譽爲水果西施；活潑伶俐，且有交際花之稱，程度雖不甚高，卻有音樂天才。常倩鄰人萬某，教之樂曲，輒能琅琅上口。因係小家碧玉，尙不被人注意。萬某善唱崑曲，早爲寒雲所習知，惺惺相惜，乃引爲同好；賢主淸客，意甚相投。時寒雲心已超然物外，惟以聲色自娛，阿芙蓉癖甚深；恰萬某亦臭味相投。當榻橫陳，魂銷魄散之際，萬某則極口誇言明明色藝。寒雲心動，亦無可無不可，乃量珠納之於室。

名士與交際花結合，各得其所，自然情愛日篤，形影不離。時寒雲在周瘦鵑所辦的半月雜誌，經常發表其作品，間用「唐志君」或「志君」之名；而志君之名，亦漸漸蜚聲於上海文壇。志君偶動鄉思，或爲炫耀其富貴，乃極言平湖景色之美，邀寒雲偕往故鄉作客。寒雲本愛遊覽，比雇一極大帆船，用汽輪拖帶，直駛平湖。唐老闆聞訊，爲之驚喜交集；又覺店屋簡陋狹小，不堪招待貴賓，乃託人商之於城中大富沈氏，臨時借賃巨厦，略事舖張。並懇請沈氏戚串陸某，擔任籌劃接待事宜。

及船抵平湖，停泊於東湖之濱，寒雲煙癮大發，竟公開吞雲吐霧起來。當時地方政府及禁煙機關，仍爲「皇二子」之餘腥所懾，僅側目而視，不敢生事。而唐老闆的家人，頓時皆衣履一新，迎接新貴人入巨厦，殷勤款待，曲盡逢迎。有些閒雜之輩，想藉此爲進身之階，更獻娛樂添趣；夜間並在其住宅附近，大放煙火，以示歡迎！當卽轟動遠近，咸來觀賞熱鬧。此固爲唐老闆一生最大的榮幸，而更得意的，還是志君，或眞以爲「富貴歸故鄉」！

寒雲在平湖，曾有七絕兩首，發表於上海小報。其一、註謂：遊平湖懷杏卿（朱杏卿平湖人，善彈琵琶）。詩云：「西風十里送寒潮，跌宕吟情馨未消？苦憶笙歌傳白下，一回回首一魂銷。」其二、註謂：偕次室志君，泛遊平湖，卽題程志水女士（志君同學，卽沈氏女主人）畫幅。詩云：「徒倚芳梅盼好春，花前誰是斷腸人？江南風信臨前渚，漫理新歡拂舊塵。」寒雲遊平湖，與唐志君結合，大約是民國八年。

春風零落小桃紅

袁項城盛時，曾賜諸子克定、克文、克良等北海離宮各一所。克文見嫉於克定，被幽北海時，卽偕其妾小桃紅居於雁翅樓。寒雲從事典籍金石之考訂；小桃紅則日爲炊食而已。其後不知何時（當在十五年之前），小桃紅「嬋曳殘聲過別枝」後，寒雲似深有感傷，其丙寅三月日記有云：「秀英原名小桃紅，今名鶯鶯，咸余舊歡小字也。對之棖觸，爰誌語曰：『提起小名兒，昔夢已非，新歡又墜。漫言桃葉渡，春風依舊，人面誰家？』又曰：『薄倖輿成小玉悲，折柳分釵，空尋斷夢。舊心漫與桃花說，愁紅汰綠，不似當年。』」劉成禺詩謂：「春風零落小桃紅」就是指寒雲這段故事來說的。

由這段日記看，寒雲身世之感，悒悒之懷，似乎是動了眞情。晚年浪跡江湖，側身靑紅幫裏。時滬時津，以詩酒消愁，以鬻字畫自活。二十年三月，卒以腎臟疾逝於天津，年僅四十有二，一代詞人，如此潦倒以終，令人曷深太息！死後，各方弔輓詩詞，佳作多見於當時上海小報或雜誌。余所能憶及者，有新聞界人士的輓聯二幅，筆之於此，以示同情！並作本文的結束。聯云：

（其一）：信陵君醇酒婦人，爲數平生，海嶠每留鴻雁影。
淮南子藥爐丹鼎，竟歸何處？津橋忍聽鷓鴣聲。

（其二）：兩代興亡四公子，
漫天風雨一詩人。

江東才子楊雲史

我所知道的楊雲史

向有江東才子之譽的楊雲史先生，最近中外雜誌接連幾期都刊載著有關他的文章，且是嘗牧、褚問鵑、薛逸松三位名作家寫的，我都拜讀過。我覺得楊雲史在中國近代文學史上確有相當地位，更佩服他的才華，因之平日對有關他的一切，也就比較留意。在我的舊稿中，還可找到一些有關他的資料未曾發表，略加整理而成此篇，以供中外雜誌補白。其已爲嘗牧、褚問鵑、薛逸松三作家說過者，則略而不詳。

我所知道的江東詩人楊雲史，「雲史」並不是他的原名。他原名朝慶（有說長慶的），字漢忠，後改名鑑瑩。辛亥革命，清室覆亡，民國成立之後，始易名圻、改字雲史、別署野王。他在新加坡尚未離開領事職務時，對內對外的文件以及所著詩文，都署「楊雲史」或「雲史」之名。於是雲史之字，既掩蓋了正名圻，而原名舊字，也鮮被世人所知了。

莘伯或蒙不白之誣

楊雲史的父親楊崇伊，字莘伯，係清光緒庚辰進士，官至陝西漢中府知府。母曾氏，據說是以寫「孽海花」而傳名的文學家，常熟曾孟樸的姑母。雲史娶妻李道清，係清大學士直隸總督李鴻章的長孫女（清駐英公使李伯行之女）。自然可稱是書香門第，華膴世家。其父莘伯，初以進士授編修，再由御史外放，得任漢中府知府。但傳說：他之外放漢中知府，得來頗不光明。此事是一九六四年三月某日，有作者沈亭（我不悉其人），在新加坡南洋商報上刊載一篇文章（忘其題目）上所說的。當時我因旅途匆匆，亦未細究其事。其文大意說：「康有為戊戌政變時，向榮祿告密，而導致事情一團糟的，正是楊雲史的父親。這事在清廷的舊派勢力看來，乃是非常重要的一回事兒。莘伯也自以為他的告密，將可邀得清廷的重大賞識與獎勵，不料結果，清廷卻只放他一個漢中知府而已。這就大非莘伯始料之所能及了。」常考中國近代史和諸家論著劄記所載，咸謂：康有為等戊戌政變發生之導源，是由於楊銳與譚嗣同等欲依恃袁世凱的新軍，脅迫慈禧，以達其變法目的。袁世凱對於楊、譚的意旨，當卽慨然許諾。不料袁世凱險詐狡猾，中途變計，出賣楊、譚，密告一切於時任北洋大臣兼直隸總督的榮祿。榮祿迅卽晉奏慈禧太后，於是政變遂發。是戊戌政變，賣友求榮之告密者明明是袁世凱，已成了歷史鐵案；現在忽然鑽出一個楊莘伯來，他爲何告密？如何告密？皆不見他書提及。眞耶？僞耶？我已存疑多年。就不知道楊雲史或其他學者，作過解說文字否？或許是個人見讀未廣，已有而沒有看到。我耿耿於懷，過去也找過浮現於戊戌政變中的人物，就沒見到有楊莘伯（崇伊）其人。這一段歷史公案，或不免是寃誣。

楊雲史的自我介紹

楊雲史，江蘇常熟人，淸光緖元年（一八七五）生。他的一生經歷，各家所記亦常略有出入。這在他所著「江山萬里樓詩詞鈔」的自序中，則有明確的自我介紹：「余少有不羈之譽，長負公卿之許。年二十一，以秀才爲詹事府主簿；二十七，爲戶部郞中。舉孝廉。郵部奏調郞中。外部奏充英國南洋（新加坡）領事（一說爲副領事）。迄辛亥遜國，棄職東歸。所謂宦者，如是而已。計弱冠從政，事德宗（光緖）景皇帝者十二年，事幼帝（宣統）者三年，閒居又十二年，以至於今，則蒼然老矣。當少年時，亦曾長揖王侯，馳騖聲譽，以求激昂靑雲，致身謀國。迨乎哀詔晨下，謝表夕發，縞素登舟，涕泣歸國……。」這可說是他自傳的一章，也就是他自從政到退休閒居前二十餘年來的經歷。他大約是相當聰慧、有才氣的人。對於文學方面，極具興趣且造詣也深。其著作亦深得當時文壇人士之好評。故能少年得志，活躍於公卿之間。他所謂「郵部奏調郞中」，係指光緖三十三年，郵傳部成立，時長沙張百熙（治秋）任尚書。雲史被奏調之同時，還有葉恭綽、關穎仁諸人。雲史曾畢業於北京同文館（專攻外文），擅長英國語文。其岳父李伯行出使英國時，亦曾邀之隨行。後來「外部奏充英國南洋（新加坡）領事」自然也是以其明洋務、長外文有關。不過在任僅六年，因國體變更，不能不離去。據說：當其在新加坡時，曾經營一家樹膠公司。取地雖宜；但用非所長，亦非其時，卒致失敗。結果，鬻去祖產，始作了結。

當代人對他的觀感

近代國學大師錢基博（字子泉，江蘇無錫人，著作很多，一九五七年病逝湖北），所著「現代中國文學史」增訂本中，於近代中國文學之士，起自王闓運（壬秋）而胡適（適之）等，多所評介。其對楊雲史之評述，尙相當詳盡而公平。他說：「順鼎既逝，增祥也老，而用薰香摘艷之詞，抒感時傷事之旨，由李商隱沿洄以溯白居易、杜甫，而以詩史自命，譽滿江左者，則有楊圻焉。」對其詩詞之推崇，不僅可並易（順鼎）樊（增祥），甚且不下於盛唐。「圻少負不羈之譽，與元和汪榮寶、江都何震彝及同縣翁之潤，皆以名公子，擅文章，號江南四公子。」四子之中，有以長沙章華代汪袞甫者，則不知孰是？蓋以雲史弱冠居京師，詩詞固然倜儻，裘馬亦極麗都。與其他三子，文采風流，都不相上下。其時，通州范當世，爲直隸總督李鴻章幕府上賓。見雲史出入謳祥，讚曰：「楊郎清才！」長沙張百熙（治秋）讀其「圓明園詞」，謂爲「江東獨步」。康有爲許是「絕代江山」。遂以詩負盛名，活躍於京師的政海與文壇。少年跳踉，尚氣好奇。優伶俠少，咸與推誠。遇「大刀王五」（王誼），尤傾心交歡。當其任新加坡領事時，適國父孫中山先生以鎮南關革命失敗，亡命至星洲。清廷得其情，密派奸細，擬謀刺孫先生。事爲楊雲史所悉，對奸細曉以大義，並願以己在新所經營的農場贈之，以安其永居斯土的生活，且免回國遭到處分。他只有一個條件：接受勸告、不殺人。奸細大爲感動，決心放下屠刀，孫先生亦終未受到驚險。此固其俠義之性使然；但當時一般士大夫，對他仍有微詞。尤其是他辛亥革命以後，詠史之作猶惓惓不忘其故主（指清帝），未能諒其忠耿之德！

入陳光遠幕的始末

辛亥鼎革後，雲史離新加坡領事職。以父逝母老，乃返故鄉常熟，優游林泉，立志閉門讀書，奉母家居，不再出遊，過他的名士生活。這算是他一生中最清閒自由的時期。但終忍不住氣，經約九年時間——民國九年十月，復應江西督軍陳光遠之聘，出任秘書。以一個高級文學之士，與一個不學無術的老粗相處，無異秀才碰了兵，自然格格難投。

故當雲史入幕之初，卽有所不滿，便欲託詞請歸。曾作「南昌軍幕感懷」詩七首（太長不錄）。次年，爲陳亡將士開追悼會時，又輓以聯，聯云：「公等都游俠兒，我也得幽燕氣，可憐北去滯蘭成，聽哀鼓一聲，愴然出涕；醉後摩磨長劍，閒並收拾殘裝，慚愧西來依劉表，看春江萬里，別有傷心！」一時有臧倉其人者，素嫉雲史。乃藉題向陳光遠進讒，指楊聯中別有傷心語，及詩中白骨一聯，皆存心刺諷，尤其以劉表擬公——讓成都，實欺人太甚。陳督固不明劉表爲何許人；但經臧倉捕風捉影的恣其挑撥後，遂大怒不可遏。雲史不自作解釋，歸計亦決矣。隨某公捧劉表本傳趨陳，謂：劉表非劉璋（讓成都者），表官江右，爲漢末八俊，「談何容易做劉表！」陳督閱傳竟，自己認錯。一面大責臧倉，一面託某公挽留雲史；自然也是覆水難收了。雲史瀕行，猶以書遺某公。後來文壇上所傳美談：「見梅思歸」之語，卽出於此書中。隔日，某公奉陳督鱸千金至，雲史則已渡江輪發矣。

最相知是吳玉帥

雲史離開南昌，約爲民國十年歲暮。時吳佩孚將軍開府中州，得雲史行止消息，乃禮聘之任秘書長，言聽計從，重要筆札皆出其手。文件中每逢書及吳氏名字時，例均「擡頭」，以示尊敬！此或係還是受了專制時代禮制的影響。因其在民國十五年時，所印的詩鈔中，對淸室帝王的稱呼，亦多見如此作風。其親書以奉吳氏「主公兩正」之聯云：「杜老歌詩出忠愛；呂端大事不糊塗。」對吳更備極尊崇吹讚之意。他一生與吳氏最相知，吳亦倚畀極深。這從吳氏後來「赤壁春夜懷雲史」詩云：「戎馬生涯付水流，卻將恩義反爲仇，與君釣雪黃州岸，不管人間且自由。」可見兩人交誼之篤，吳佩孚病逝北平（一說被日人謀害），雲史在港病榻，猶以五言律詩四十首哭之，亦報知遇之秀才人情耳。雲史初婚合肥李相國孫女李道清女士。女士以家學淵源，亦工詩文。伉儷情篤，每次出遊，必以詩詞互寄，情思纏綿，傳爲佳話。雲史赴新加坡領事任時，亦挈之隨行，不幸病逝。續娶揚州徐氏霞客夫人。徐氏一生愛梅，而雲史則以擅畫梅花稱，亦可說是姻緣巧合。夫婦于飛星洲，極海山嘯傲之樂。辛亥鼎革，始回國土。後雲史依吳。民國十三年，吳以榆關兵敗，退至湘鄂邊境駐節武漢，雲史始終未離吳氏左右。及吳入川，始返江南。當吳氏離湘出走時，徐夫人正病逝湖南岳陽，安葬之次日，復隨軍行。雲史悼亡詩有云：「樓船江下氣如雲，永訣淒涼不忍聞！戎馬書生眞薄倖，蓋棺明日便從軍。」其心情之慘痛可想而知。雲史返江南，里居未久，復遷北平。以久居之地氣候相習；復以吳佩孚將軍在北平，可時聚敍；京中詩友較多，易得唱酬之樂。此時除重遇吳氏而外，亦與張漢卿（學良）相見。二人均挽請共事，卒出關至瀋陽。此時邊境多事，故詠邊塞之詩亦較多。生性愛梅、畫梅，亦以繪梅名於世。他在青島，且一度開會展覽。當他在漢時，所眷名妓美美，頻頻向之索畫，亦以紅梅畫屏贈之。美美當也算是他的粉紅梅花知己了。

垂老猶懷故國憂

「九一八」事變之前，雲史曾應張學良之聘，赴瀋陽主修東三省志，時年已五十餘。工作三年，因「九一八」（二十年）事變發生，省志未成，雲史亦離瀋歸故里。與姬人狄美南（在東北娶的）住石花林，寄情於山水詩畫。日惟種花吟詩，閉戶不見客。石花林地廣二十畝，植梅花甚多，四季名卉應有盡有，雖屬城居，亦若山林。曾有作客其家見過者，亦咸稱特別雅緻，不啻世外桃源。因爲環境寧靜，其爲詩文亦極沖淡；加以年老氣衰，時常多病，原大有終老是鄉之意；但始終不甘寂寞，未久，復離里至北平。

平津危急，宋明軒（哲元）長冀察政務委員會，聘吳佩孚爲高等顧問，雲史亦從之。對宋之折衝樽俎，實有相當貢獻。某日爲助賑假梨園演劇籌款，冠蓋雲集，佩孚與明軒兩將軍亦在座，雲史偶成一聯云：「北方佳人，遺世而獨立；東鄰處子，窺臣者三年。」含意深遠，無不讚賞。

七七事變發生，雲史倉卒無法走脫，因滯留於北平。吳佩孚將軍對日拒降不屈，雲史亦多勸阻之功。日人以吳氏頑固，乃轉注目標於雲史，企圖以楊聯絡吳。派員訪之，詢其對中日事件的感想。雲史則曰：「我無感想。我的感想，我是中國人，祇知愛中國。」訪員亦無可奈何！平津淪陷，局面稍定，雲史始得化名葉思霞，秘密南下，間道赴港就居。雖貧病交迫，猶心熱情摯，作「攘夷頌」以見志。未久，終以風濕症不治，三十七年逝於香港（享年六十七歲）。風霜勁節，垂老猶懷故國憂。國人對他的觀感亦大為改變。

詩詞創作獨步江東

說實在的，談楊雲史者，除其詩詞之外，也實無其他什麼可談的。但談其詩詞，沒有深入研究過者，又常不免落入隔靴搔癢之譏。前人對其詩詞創作，已有「江東獨步」、「絕代江山」的讚譽，余更不敢妄置一詞，僅錄較詳之評述二則，作為本文的結束。沈亭談到：「楊氏之詩，乃宗盛唐者。五言律詩，用字鍊句，很能鎔景入情與鑄情入景，以致情景雙絕而平分。其七言古詩，乃從李商隱入手者。他平素最憎厭韓偓詩作。其七言絕句，淸空輕動，飄逸絕倫，意境也高。寫景，有江遠山高，尺幅千里之畫意；寫園林勝地，有花暖石寒，鳥喧魚靜之細緻；寫從軍戰地，有關山月小，馬鳴蕭蕭之景況。」

錢基博說他「欲以力振唐音，不落宋人啞澀之體。所作七古，皆朝慶（楊的原名）體。自檀青引以外，如金谷園、天山曲、長平公主曲等，緣情綺靡，直欲突過梅村。而天山曲，長數千字，紀香妃事，自有七古以來，無此長篇之製也」兩說大體相當，都是對雲史詩詞相當恰當的批評。

一代妖姬賽金花

妖姬名妓名女人也

清末民初一代名妓，也是一代名女人，浮沈於京滬兩地，風頭之健，歷四十餘年；雖時盛時衰，殘花敗柳，死後卻仍留給一般好事者牽掛著不了餘情。

如果說賽金花是個名女人，但她的確是出身於妓女世家，過著很久的風塵生活，數度與人同居或結婚，但又數度復業從妓；既不具歷史上名女人的特有條件，更沒有現時所謂名女人的神秘形象。如果說她是名妓，最初又作過清季狀元洪鈞的侍妾，且隨洪出國，作過一些國際外交活動。洪鈞死後，她又琵琶別抱，三度從良；而且其才其藝都比不上歷史上任何名妓。所以如欲以二者之一冠在賽金花的頭上，似乎都有點不倫不類；無以名之，祇好名之曰「一代妖姬」。

本文撰述取材，與「孽海花」等類說部小說無關，大都來自三十年前的見聞記憶，以儆親曹典湘（字紹彬，民初作宦京師，與樊樊山諸老同遊，深悉賽金花的故事）閒聊中所傳述者尤多。

憶之所及，筆之於此，以供中外讀者消遣。

狀元侍妾欽差夫人

賽金花原不過一青樓神女耳，何以能享盛名歷數十年而未衰？歸納起來，是由幾種機緣所致；這幾種機緣，亦卽賽金花一生生活經歷的重點或關鍵：第一、科舉時代，考試是榮華富貴的敲門磚；考時則以廷試的榜首爲狀元。這狀元與今日大學聯考狀元的份量很不相同，乃「一舉成名天下知」的人物。賽金花被清季狀元洪鈞選納爲侍妾，水漲船高，以一個妓女身份，一躍而爲狀元夫人（她在國際外交上，卽以夫人身份側身酬酢），身價何止增加十倍！這地位的優勢條件，乃是她生命史上最光榮燦爛的一頁。

第二、賽金花以欽差大臣夫人的身份，隨欽差大臣洪鈞出使歐洲俄、德、奧、荷諸國，經常參與外交酬酢，實開中國使臣偕夫人出國並作外交活動的先河（有無前例，未暇考證）。她在歐洲，曾謁德皇威廉第二和首相俾斯麥，且與英皇並坐照相，實爲中國婦人女子空前未有之異數，賽金花卻具有這種光彩。

第三、狀元夫人再度下海。在清宮儀鑾殿裏所上演的瓦賽豔史，無一不令好奇人士望風懷想，引領神馳，所要追求的風流韻事；卽令爲無中生有之事，一般人亦寧信其有，而不願其冷落下去，且希望繼續發展，出現高潮更高潮！因之，賽金花之名和故事，也隨這情勢而擴大，而更趣味化了；直至其身後，猶活躍於人們腦海中與南京劇壇。

第四、文學人士最愛吟風弄月，拈花惹草，既拜倒於賽金花的裙下，便爭以詩賦唱和來鼓吹。先有樊樊山的「彩雲曲」、「後彩雲曲」與宗成文的「續彩雲曲」；次有曾孟樸的「孽海花」；更有劉半農的「賽金花本事」，爲之捧場；報章雜誌復爲媒體傳播。賽金花其人其事，不但名滿京滬，幾遍傳海內，歷久不衰。這雖是一些遊戲消遣文章，無關經世；但賽則叨光不尠。

飄蓬身世七十三年

賽金花的身世與其眞實姓名始終是一個謎，無人確切知道。有人說她姓謝、姓曹，但都無根據。可考的是她初名趙彩雲，又名富彩雲，「孽海花」作者則訛爲傅彩雲，亦樊樊山彩雲曲命名的由來。不知是爲隱秘或是別有用意，她每次張開豔幟時，曾榜用過很多名字，如曹曼蘭、傅玉蓮、趙靈飛皆是。賽金花之名，據說原爲其別號，最爲人所稔悉，其他的名字後來則多被人遺忘了。本文則一律稱之爲賽金花，免得前後時間弄不清。賽金花幼年家貧，在未解人事時，卽被其家人賣與娼家，娼家自然要爲她命一個適份而好聽的名字，以取寵顧客。她出身地點傳說是安徽休寧，娼家則謂出生於蘇州，或許因爲蘇州是生產美女之地，又是全國著名妓女培育的場所（蘇幫），故冒為蘇籍。她的生辰年歲，其說亦不一。以大報小，乃青樓女子的習慣。假定她眞的生於同治三年，死於民國二十五年（一八六四—一九三六），那她七十三年的飄蓬身世，亦實堪憐了。

賽金花開始風塵流轉時，豔名卽冠羣妓。時蘇州狀元洪鈞正在家守制，見金花而悅之，後以重金納為侍妾，隨赴北京，洪鈞奉使歐洲，挈之同行。洪奉調回國後，於光緒十九年去世北京，賽扶洪柩回蘇安葬後，卽離蘇赴滬，恢復舊業，並與孫三兒同居。上海人士以狀元夫人下海，其名更噪。惟旅滬蘇籍人士，以其有辱蘇州狀元，咸議逐之；賽不能立足，乃轉移陣地，赴天津。光緒二十六年轉北京，仍操妓業，名卿巨公，文人學士，喻為天人，爭趨裙側。

適庚子事變發，八國聯軍入北京，賽以某種關係，與聯軍統帥瓦德西相結識，又造成一段「瓦賽豔史」，轟動都下。及和議成，聯軍退出，賽雖仍營舊業，而形勢亦漸趨下坡。與曹瑞忠同居，不一年，曹病卒。賽以遷地為良，再到上海。至民國七年，又與魏斯炅結婚，復返北京，欲以國會議員夫人之身份終老；不意民國十年，魏又去世。時賽年已近六旬，以生活維艱，乃移居北京香廠一陋巷中，至民國二十五年，始病逝於京，幾無以為殮。一代妖姬，從此卽長埋於北京陶然亭下。綜賽金花七十三年歲月中，自幼及老，雖出過風頭，享過榮華，皆為時甚暫；以風塵蓬轉，苦笑窮愁，了其大半生涯。

枝頭鳳凰國際名媛

賽金花故事的發軔，起於蘇州狀元洪鈞（字文卿，一八三九—一八九三，淸同治七年戊辰科狀元）。洪鈞初識賽金花（時名富彩雲）於蘇州某娼家，賽年僅十餘，洪旣悅之，亦情有獨鍾。其時洪正丁母憂，雖在服中，亦未守禮，常流連於賽之香巢豔窟，或遊蕩於靑山綠水之間。後爲製訂情詩四章，詞意極爲繾綣。其中之一云：「吳娘似水豔無曹，貌比紅兒藝薛濤。燒燭夜攤金葉格，定場春擁紫檀槽；蠅頭試筆蠻箋膩，鹿爪拈花羯鼓高；忽憶燈前十年事，煙臺夢影浪滔滔。」形容其聲色才藝，似無以復加，深得樊樊山的讚許。卽此亦可想見其對賽傾倒之情。

洪鈞制終，復居原官，乃以重金納賽爲簉室。雖是老夫少妻，金花總算是超脫風塵苦海，飛上枝頭作鳳凰了。相偕入京，都中人士見之者，無不刮目相看。後隨洪鈞出使歐洲，西方人士見之，亦多讚揚不已。欽使所至俄、德、奧、荷諸國，賽金花皆以欽差夫人身份作外交酬酢；曾拜會過德皇威廉二世及德首相俾斯麥，且與英皇並坐拍照（或謂不實），一時傳爲國際名媛。據說：賽與瓦德西之相識，也就在此時，詩有：「可憐坤媼河山貌，曾與楊枝一例看。」卽指此而言。光緒十六年，洪鈞任滿奉調回國；越三年，洪鈞病逝京師，賽金花扶柩回蘇安葬後，以不甘寂寞，或因家庭問題，乃下堂求去，離蘇赴滬。斷絕與洪家之關係後，賽金花一生的黃金時代亦告結束了。

四次超凡五度下海

賽金花入侍洪鈞後，算是初脫火坑苦海；但脫離洪家後，雖年逾三十，姿色仍不減當年。由蘇赴滬恃其原始資本，一方仍營妓業，一方與伶人孫三兒（孫少棠，或云爲琴師）同居。此時賽或尚擁多資，與孫皆年少翩翩，常奇裝異服，共駕華車，招搖過市，滬上人士咸爲側目。同時，「狀元夫人」下海，喧騰眾口，趨之者亦眾。賽雖洋洋得意，逞快於一時，而煩愁亦隨之予以打擊。因妓女姘戲子或琴師，這是娼門所最忌和狎客所深惡痛絕的，此其一。次則，蘇州旅滬人士以其有辱「蘇州狀元」，乃羣起而攻之。賽以聲名狼籍，不能在滬繼續立足，越年乃挈孫三兒北上天津，組織新班，賽金花之名，始首次榜出。不久遷北京，適八國聯軍先後陷天津北京，鬧得滿京鼎沸；賽適逢其會，利用機緣，確也出了一陣風頭，致有「瓦賽韻事」風傳。過此，賽之時運亦不濟，因案押解回滬，人亡（養女自殺）財散；孫三兒見形勢不妙，無可貪戀，亦與賽解除同居關係（或謂孫少棠在聯軍退出時已病死上海。不知孰是？），她第二次與人同居，就此告吹了。

訟案解決後，賽亦恢復了自由。光緒三十一年，重理妓業，以「京都賽寓」榜其門，在滬招攬狎客。由於「孽海花」一書正於此時出版，對於賽之宣傳影響殊廣，生意還是不錯。三十四年，以女德官（與洪鈞在德時所生）病逝蘇州，賽僅此一親骨肉，所受打擊亦最重；因之她覺得前途茫茫，亟思有所歸宿。宣統三年，乃決心撤榜，與滬寧鐵路總稽查曹瑞忠（或云商人黃某）同居，不一年，曹瑞忠病死於滬。第三次與人同居，又未得償偕老之願。

曹瑞忠死，賽影隻形單，零丁孤苦，生活亦無依靠，不得已，仍在滬榜名見客；祇惜年華漸老（時已五十餘），門前車馬已不復往日可比了，自己也覺得平康生活終非久計。民國二年，識政客式的人物魏斯炅（阜歐，一字復甌，係梁士詒長北京國會時代的議員）於風塵中，論及嫁娶，偕往北京，直至民國七年，始與魏正式結婚作妾。垂老（時約五十五歲）猶得魏之垂愛，亦可想見其非關姿色，必別有過人之處。民國十年，魏斯炅去世，第四度與人結婚，還是沒有得到圓滿的結果。六十老媼，生活環境日趨艱困，爲節省開支，乃由櫻桃斜街魏宅移居香廠，恃善心人士之濟助，以了餘年。而惡之者，則斥之爲白虎精轉世，凡近之者，無一不是倒霉下場。

笑談之間嬉弄胡兒

僅僅當時乃至後來之談賽金花者，莫不樂道八國聯軍入京，她與瓦德西的故事。因爲當賽金花在北京妓運高照之時，正是「北洋炮火動地來，拳匪所創之禍發」，聯軍爲報復德國公使克林德遇害之故，一入京城，毫無軍紀，更大肆燒殺暴行。同時聯軍統帥瓦德西與賽金花共居於中南海清宮儀鑾殿，亦不免要逃回祿之災。

在禍亂擾攘之際，瓦德西與賽金花又是如何接近交好的？說者亦有不同的說法：有謂賽隨洪鈞使德時，瓦爲其故識；有謂：賽以略通德語，自告奮勇前往交涉的；有謂：受權力人士所勾通暗使的。不論她是如何接近的，然她能以入地獄的精神，犧牲色相，藉機勸阻聯軍的暴行，確是有惠於北京老百姓，也算有功於地方。她之所以能够傳名，此事當有重大關係。

如是觀之，當儀鑾殿被火，瓦、賽倉皇逃出，衣著不整之情，也就不值得一笑了。賽金花雖極力否認其事，而樊樊山「後彩雲曲」則指「此時錦帳雙鴛鴦，皓體驚起無襦褲。」後來瓦、賽豔史之盛傳一時，文人輕薄，自是始作俑者。不過，賽金花之所以要否認，或許是有避「鹹」之嫌（因津滬等大港口，有一種專門接待水兵洋客的妓女，稱「鹹水妹」，爲國人所深惡，而不敢問津）；但賽亦有自炫之態，又何能免人之非議。傳說：當瓦帥拜倒於賽金花裙邊之時，結爲膩友，常戎裝佩劍，並馬京郊，威風凛凛，旁若無人。人多以賽二爺稱之，而不呼其名。勢燄之盛，無與倫比。不但以能令瓦德西阻止燒殺暴行而妄自驕矜；當議和之初，還要當著李鴻章的面前，顯露一手絕招。時李爲中國和議代表，因瓦居慈禧宮中，李格於成例而不敢入；賽即提牽瓦耳出而就談於李，把國家大事，戲弄瓦德西於其掌股笑談之間；不但能見賽之媚勁猶存，亦可見其膽識有其過人之處。時人喬態凡曾有詩紀其事，其一云：「侍郎碧落騎箕去，番將重瀛破浪來，一曲琵琶翻古調，和戎不用出燕臺。」其二云：「鳳寢難疏過位儀，耳提出入弄胡兒，和夷若更論功績，麟閣應圖絕世姿。」很難說不是實情。

一經品評身價添色

賽金花初以「狀元夫人」下海於黃浦灘，終以環境不容其立足而轉幟於北京，時年已三十出頭，正是葡萄成熟時，花容月貌，更增豔麗，閃亮了京華。文人墨客最愛風雅，爭獻詩賦，捧喝揄揚。尤以詩壇祭酒樊增祥（樊山，一八四六——一九三一年，工詩文，與易順鼎、周樸模諸名士結締詩社，文酒過從，從者甚眾）情有獨鍾，爲賦「彩雲曲」，傳誦都下。聯軍退出後，又賦「後彩雲曲」，常熟宗成文師其意，又作「續彩雲曲」。一經品評，賽金花的身價便倍添顏色。

稍後，常熟曾樸（孟樸，筆名東亞病夫，一八七二——一九三五年，多才多藝，從事出版工作）藉賽金花故事作骨幹，以清末民初朝野軼事來紋飾，撰出「孽海花」章回小說多集，以其文筆通俗大眾化，傳流愈廣，各集相繼出版；賽則坐收宣傳之利，妓業大盛；但她對曾孟樸則殊不滿，指他「有意造謠中傷」，這是因爲賽金花最恨人提及她與瓦德西的事（當時國人觀念，最忌妓女與洋人有染），彼堅謂實係普通朋友，並無苟合行爲，對曾孟樸「孽海花」，觸痛其癢處，尤爲切齒，指爲誣衊。有一次彼且宣言：「曾孟樸從前曾弔我的膀子（勾引之意），我沒有理他，他就造我的謠言。」時曾氏尚健在，不甘默認，乃於上海申報發表一文，駁正其說。亦一花叢趣事。

賽金花自魏斯炅去世後，生活環境愈趨愈下。移居北京香廠後，滿想消聲匿跡，不涉聲色之途；香廠居室原極簡陋，終以生活關係，繳不出房捐（二十二年），請求市政當局蠲免，不意爲好事者偵悉，揭露報端。道路風傳賽竟冷灰復燃，再度成爲新聞人物。時有北大教授劉半農（名復，一八九一——一九三四年，亦多方面活動的人物），本其同情心，與其學生們計議編撰出版「賽金花本事」一書，用書之盈餘以濟賽。不幸劉於二十三年死去，「賽金花本事」一書，雖已於二十四年出版，但劉不及見，對賽亦毫無實惠。同時，曾孟樸亦於是年去世；至樊樊山諸老，更早已返道山。這些對賽有深知和關懷的學者，雖都撒手不管了，但文章有價，賽金花之能傳名迄今，這也是最有力的憑藉。

留法人士避之則吉

賽金花死後陰魂不散；越年（民國二十六年），南京劇藝人士金山、王瑩等上演賽金花一劇，劇本則取自沈某的作品。蔣葆康先生係民初留法勤工儉學生，對文藝戲劇興趣頗濃，見賽劇悅之，自覺另有新見，亦擬取此之同一題材，別創一劇。汪澤巍（嘯岑）先生與蔣係同時留法學生，聞而阻之曰：「留法人士遇著賽金花，殊爲不利，兄其見機而罷吧！」蔣殊不以爲然，堅詢其理由；汪便如數家珍，列舉數例，明以告之。

或謂汪嘯岑先生亦留法人士，其言乃其現身說法，由痛苦經驗所得而來的。因汪在巴黎時，曾熱戀某大學校長的千金蔡小姐，嗣因汪同情於賽金花之故，被蔡小姐所悉，娥眉見嫉，乃與汪絕（或尚有其他原因），汪亦終身未娶。是汪、蔡之戀，顯因賽而破裂，自不必詳談，且看汪當時所舉事例：有性學博士之稱的張競生，亦早年留法學生，以同情賽金花晚年的處境，謂：賽金花冷落燕京二十年，情實堪憐！倡言於衆，思作集腋之助；但尚未見於行動，隨因事赴閩，未久，遂有其髮妻自殺之事發生。曾孟樸雖非留法人士，以愛好文藝，研究法國文學而長於法文；後因作「孽海花」一書，致被賽金花大罵（見前）一頓，爲世所訕笑。劉半農早歲留學於法國巴黎大學，與張競生同一心情，欲有以援賽，擬編「賽金花本事」；但書尙未出版，而身先死。蔣葆康先生當賽金花寂寞於北京時，曾專程往訪，費兩日之長的時間，取得若干有關資料，將爲之撰著一書；嗣聞劉半農已捷足先行之，遂罷其計畫。二十六年，擬新寫劇本，被汪嘯岑先生所阻，亦未成功。甚至張某公，曾留法巴黎最高美術學院，政壇紅人亦文藝家，因不滿金山、王瑩等在南京登臺的賽金花一劇，致弄成茶杯飛上臺，觀衆滿堂跳的鬧劇。他雖逞快於一時，聲譽便不免稍有傷損。這些雖盡是一些笑話；但與留法人士之不利，自然都是巧合。

妙喻男子全人半人

賽金花之再度成爲新聞人物，不是被人豔羡，而是受人垂憐。時居北平香廠一陋巷中，居室簡陋，且饔飧不繼，實已默默無聞，亦若與世隔絕。二十二年，由於請免房捐事，又轟動了閭里，於是好事之徒前往訪問者，突然絡繹於途。訪客既知賽近來的生活境況，故去時每多攜帶一些禮物或以茶資相贈，因之賽亦略有不定的收入，以資生活挹注。

同時，凡過訪之客，大都存有好奇心理，其中以新聞記者與讀者爲尤甚。賽爲滿足來客的好奇心理，與獲得彼輩的同情心，或許是看在禮物情面上，待人態度亦大異往昔；不但笑口常開，有問必答，答必添油加醬（扯謊），增加其事物的趣味性，以討好訪客，如忌談瓦德西的事，現已不避，關於慈禧宮中之事物勝景，亦娓娓而談。客人聽之不疲，也常斥資託其女僕顧媽（賽金花的老佣人）備酒食，賓主更能痛飲一場。

賽金花晚年，或爲籠絡訪客，或爲其司空見慣而不見怪，談話毫無避忌，任何淫詞穢語，都能信口而出。客以賽金花居平康既久，閱人復多，或戲問其所歡之中，有最當意者否？賽則開門見山的說：「俞莊爲全人，尚某爲半人。」意謂：俞莊健而美；尚某雖稱獷悍有力，惜其貌不揚，即俗所謂「中吃不中看」，故非全材，祇能算半人而已。客以不可告人之事爲問，她用極簡單而且含蓄之語答之，冶蕩之情溢於言表，亦足見其年華雖已逝，而風流老興，至暮不衰。「全人、半人」的妙論，我也還是初次聽到。

義僕追隨披蔴送終

前面已經提到過「顧媽」其人。顧媽是賽金花所用的女僕。賽金花晚年遷居於北京香廠時，雖衣食難週，但表面排場，最初總在設法維持。其女僕顧媽，追隨她二十餘年，親見其生活日趨潦倒，猶甘苦與共，效死弗去。不但十年未取賽一文工資，客人給她的犒賞，也必獻之於賽。這不但是一個怪人，當時北京報紙，亦稱之為義僕。以今日炎涼世態觀之，此譽似不為過。民國二十六年，王瑩、金山等在南京公演賽金花話劇時，有人建議，花用旅費二、三百元，請顧媽來寧，登臺串演劇中一角，以增號召。據建議者說：顧媽言談舉止頗有上舞臺的能力，果得其命駕前來參加，必能轟動滿城，為賽劇增色。祇惜該劇團的主持人太重現實，不肯花此區區費用，致顧媽失去了表演機會，也與觀眾失去晤面之緣。

賽金花宅中除顧媽外，另有一男僕，年約三十左右，有點傻頭呆腦，似不甚解世事。據說為顧媽之弟。人有毀賽者，以此僕雖粗蠢，但面貌尚清秀，則指之為「賽之面首」，實不可信。不過此僕見賽則恭立稱太太；於顧媽亦不稍違。賽金花死，無孝子禮拜送葬，顧媽即命此僕披蔴戴孝，權充孝子。後亦不知所終。

賽金花最恨人提及她與瓦德西的關係。到了晚年，也不太忌諱。其居室之中，陳設一座金光燦爛的德國古式鬧鐘，此鐘在賽室所有陳列物中爲最漂亮、最醒目，見之者多讚賞不已。有詢賽：此鐘從何得來？賽初則微笑不答，繼則直承係瓦德西所贈的紀念。據估計，此鐘落於賽手，至少亦三十年矣。賽死後，蔣葆康先生訪其故宅，意欲購置此鐘，不料已先日被人捷足購去了。

有人謂：賽金花亦算是名妓；但其才藝卻比不上歷史上任何一個名妓；其實也不盡然。賽金花雖以容色取勝，然亦有雅人深致的一面。生平最愛蘭，亦好畫蘭；筆墨淋漓，亦頗秀麗。下款輒署：「擷英女史賽金花」，並鈐蓋「傅彩雲」陰文篆字印章一方。她生時，平日與她交遊的膩友，多有此相贈。死後猶有一幅上款署「半痴山人」之立軸懸其居室之中，此公爲誰？不得而知，當亦係其好友忘記取去之物。

賽金花香廠的居所，房室破陋，光線不足；室外少有廻旋餘地，室內亦侷促難展；門窗損壞、牆壁斑剝，因陋就簡，多以舊紙、木板補其缺失；壁間貼滿兒童照相及伶人照片，大半是從報紙雜誌上剪取下來的；許多廣告商標上的兒童畫像，亦被貼作床頭裝飾。賽金花曾與洪鈞生一女，名德官，早逝。晚年沒有子女，在其淒涼歲月中，對於兒童或特具好感之故。其心中之悲苦，亦可想見。

紅顏薄命毀譽參半

賽金花自幼流落平康，幾番超拔，終於淪溺。往事歷歷，有其花好月圓、多釆多姿的一面；也有其窮愁潦倒、含辛茹苦的一面。實可說是另一型態的紅顏薄命。

賽金花一生的評價可說是毀譽互參，毀之者目爲淫蕩下賤，此不過是其私德問題，並無傷於公德。譽之者，從大處著眼，指有惠於家國社會。如鹽山潘毓桂先生所撰「賽金花墓表」則稱：「庚子之役，彩雲有不世之功，其所爲戢利之兇燄，與夫息呼韓之野心者，與明妃之登車和戎，拯生民於水火，免宮社於夷蕩，先後殆如一揆。其然乎豈其然乎？」所見與喬態凡先生實同出一轍。總之，賽金花死去（民國二十五年）快半世紀了，時光流逝，其人其事，猶宛在眼前。玉笑珠溫，繁華若夢；酣歌醉舞，風流如煙。論其生平，雖如潘毓桂所言，具折衝之才；視其行跡，則難下萬金之論。折心於風塵榮利場合者，亦當有所自覺矣。賽死後，故都人士爲營葬於北平城南慈悲院東北，即陶然亭畔之錦秋墩（據說後來中共又將之移葬他處）。其生平豔史，大半見於孽海花說部，雖不免有無中生有，不足全信；但理智的想想，亦可明其部分眞實性。昔樊樊山先生爲作前後彩雲曲；常熟宗成文先生又作續彩雲曲；報章雜誌之以文字傳其遺聞軼事者，更不勝枚舉。希望此文之作，也不算是多此一舉！

中國第一位留美博士容閎

出洋局導引現代化

國人習性：隨隨便便、大而化之，素不講究正確、實在、嚴謹、縝密，影響所及對歷史事實漠不關心；縱有記述，經常又是潦草塞責，敷衍了事。甚至今日或昨日之事，對人、事、時、地、物，依據道聽塗說或新聞報導，亦常有多種言說或矛盾叢生。時日較爲久遠者，以訛傳訛，自更不必論了。關於近百年前後「出洋局」與容閎博士的史事，應是中國近百年來的一件大事。出洋局在歷史上的生命，雖只算是一瞬——九年，但其對後來中國影響之大，直可說它是引導中國走向現代化的一個工具；而容閎博士便是這工具的「馬達」——動力。可惜歷史上關於它的記載，眞如鳳毛麟角，少得可憐！民間偶有零星出版記載，又不免錯誤百出。假如不是由於它產生出許多人才，以及這些人才對於國家社會，作出有價値之貢獻，可能這件事早已湮沒無聞了。所以舒新城所編「近代中國留學史」留學創議章中，把古老中國的現代化，歸功於容閎博士，語實不虛。

出洋局之創議促成與董其事者，就是容閎博士，他自己便是中國留美學生最早的一人。早在清同治七年（一八六八）中美所訂「安蒲臣條約」之前，他是清道光二十八年（一八四八）赴美留學，清咸豐四年（一八五四）在美耶魯大學畢業後回國的。由於他獲得許多新知識、見到許多新事物，回國後，根據其親歷的經驗教訓，決心實行一個教育計畫：使中國學生能到外國去留學，一方面可以認識世界，具有國際知識；一方面本其所學，將來回國，爲國家社會服務。這就是成立出洋局和他所以去努力的動機。

容閎這一理想計畫，在他所著「西學東漸記」一書中自有說明，只惜此書是用英文寫的，當時絕大多數的國人，是無法閱讀的（商務出版，現已找不到了）。後經徐鳳石與惲鐵樵兩人譯成中文，不過譯誤之處太多，如「出洋局」誤譯爲「留學事務所」，書名都錯了，其他卽可想而知。所幸其中錯誤，後來容兆謙（出洋局第一批留美學生，後在京奉鐵路任總監之職）所作、莊澤宣所譯「初期留美裨史」中，有一部分糾正外，並補充了容著「西學東漸記」之不足，算是比較可靠的。也有些文章中，將後來之「遊美學務處」誤作「出洋局」，更屬不對，因「遊美學務處」是光緒三十四年（一九〇八），清廷外務部和學部會同管轄的，時間上與出洋局已相距三十多年，前後混淆得實太離譜。又如「留美中國學生會小史」，不但史事記述矛盾，訛誤很多，連所記每批學生的姓名亦多錯誤，或先後倒置。此外蕭一山的「清代通史」所記，亦極簡略，且多與上述諸書略同。另有兩種「中國近代史」，僅一言兩語及之，簡略之至。

民國四十三年（一九五四）六月，美國耶魯大學爲紀念容閎博士耶大畢業百年紀念，曾開一個紀念會，胡適、晏陽初和很多留美人士都參加了。時在美國的潘公展（一九七五年在美去世）正主持紐約「華美日報」，爲寫作紀念文章，特來函向國內找資料。政大王健民教授，所蒐集寄潘者有一部分資料是相當可貴的。我想這事是宣傳中美文化交流和友誼發展的好機會，値得介紹，更需要正確的介紹。只惜未見華美續有文章發表。我這篇文章，範圍也不想扯得太廣，僅根據上述諸作，並參考一些其他零星資料，考證、研究、校正訛誤，捨其枯澀乏味之詞，取其有通俗趣味性者，作一綜合報導。雖創非自我，但比較信而有徵，亦易爲中外雜誌讀者所接納也。

容閎首獲赴美深造

容閎博士，號純甫，廣東中山人。清道光八年（一八二八），生於澳門西南四英里之彼多羅島的南屏鎭，出身貧農家庭。幼時即知發奮向學，思於長大後有所建樹。七歲就讀於英傳教士古特拉富夫人所設立的私塾，隨轉入澳門瑪禮遜學校。中英鴉片戰爭後，瑪禮遜學校於一八四二年遷移到香港，學校有一位美國籍教師勃朗，是一位極熱心教育的教育家，因體力所限，擬退休於一八四六年回國，行前表示：願意帶幾個優秀學生赴美深造，經過徵詢，卒得容閎、黃勝、黃寬三人。時中國清廷政府，並不過問這些事情。中美「安蒲臣條約」尚未訂立，凡赴美遊學者，都得不到最惠國人民之優待。因之容閎、黃勝、黃寬等三人一切費用，當時均由勃朗私人與瑪禮遜會負擔，但約定留美時間，以不超過兩年爲限。容閎一生的發跡，卽開始於此。而熱心提携後進的教育家——勃朗，當時或亦沒有料到後來會有如此豐碩的收穫——影響中國政治文化之大。因爲當時如果沒有他的精神和物質之支持，容閎他們是絕不可能赴美深造的。

容閎、黃勝、黃寬赴美，初入麻省孟森學校。但黃勝入學未久，因病回國。兩年約定期滿後，黃寬則赴蘇格蘭愛丁堡大學習醫；容閎則轉入耶魯大學。黃寬五年後畢業，成績優異，名列第三，後亦獲博士學位，於一八五七年回國。他的醫術相當高明，其學識能力與技術，不僅傳遍遠東，且有地中海以東著名外科醫生之一的榮譽。不幸於一八七九年病死廣州，這不惟是中國一大損失，亦世界醫學界一大損失。黃寬的成就在科學，與容閎成就在多方面者，自不相同。故其聲名，亦尠爲國人所稱道。容閎雖進了耶魯大學，既沒有享受中、美政府任何優待，而私人資助的來源亦告中斷，不得已只好決心半工半讀、刻苦自勵，以竟其學。事被勃朗知道，又說於喬治亞省薩伐拿婦女會，續給容閎以資助，容乃得完成其學業。勃朗培植後進，貫徹始終，譽爲熱心的教育家，實不爲過。

學成歸國倡言教育

容閎於一八五四年畢業於美國耶魯大學（一九五四年，耶魯曾爲容閎開百年紀念會），得學士學位，博士學位是以後由母校贈予的，這是中國人第一個在外國大學獲得名譽博士的人。容閎出洋的動機，因自鴉片戰爭與洪楊之亂以後，有識之士已見到世局要變了，認爲「富國強兵」必須「船堅砲利」；爲了「師法夷人」的製造利器，惟有提倡科學工藝。如此，便要輸入西方的文明，所謂「西藝原本於西學」，欲究西學，惟有派遣學生，到歐美去學習。這與日本明治大帝「用天下的智慧，來建設我的國家」的觀點看法，實同出一轍。

容閎這種構想，在他由美回國以後，便擬有一個教育計畫——派遣學生到外國去留學。但他以不在其位而謀其政，卻苦於沒有機會能向清廷建議。同治九年（一八七〇），天津仇教案發生：「這案的成因，是由於當時人民的迷信與無知，誤認法界天主教醫院及孤兒院中的尼僧收育棄兒取其眼睛以作藥科。這種說法，既已廣傳，於是人心大動，糾集羣眾，焚燒新舊教堂、醫院、孤兒院等，並殺戮尼僧。」清廷慴於洋人威勢，不敢惹外國人，乃派曾國藩、毛昶熙、劉坤一、丁日昌等四人，赴津與法人交涉。當時法國正將與德國作戰，不願此糾紛擴大。因之，很快講好條件，獲得解決。清廷所派四使臣之中，丁日昌爲江蘇巡撫，原與容閎友善。容閎以懂得外語及國際大勢之故，當被邀參贊與法交涉事宜。仇教案解決後，容閎乃乘機向四使臣提出四項建議。其中之一，卽爲派遣學生出洋留學。直言之，這派遣學生出洋的留學案，乃是由仇教案所激發出來的。

策劃推動四項建設

容閎留美的成就是多方面的。因之，他向四使臣的建議也是多方面的。他的四項建議，每項都有詳細計畫與說明，茲僅提其綱目：一爲組織輪船公司；二爲派遣幼童出洋留學；三爲開發礦產、修築鐵路；四爲禁止教會有權處理教徒的民刑事件。這四項建議，實爲針對當時國內環境而發的。四位使臣，亦很表同情，當卽會同具奏清廷。

同治九年（一八七〇）冬季，曾國藩接奉廷諭，對其四項建議全予批准。從天津教案的灰燼中，產生出來的容閎心血計畫，已呈現光明。容閎得知消息後，立卽趕往南京，會商如何實行這計畫。他第一項建議：設立輪船公司，隨收購了美國羅素公司的江輪海輪數艘，成立了「中國招商局」，工作便卽展開。而主持其事者，容閎以無暇兼顧，乃推薦唐景升（與容閎在瑪禮遜學校同學）任其事。唐主持招商局多年，成績甚好，一切都按正軌而行。唐後來奉委改辦唐山煤礦及開灤公司亦皆著佳績。他第四項建議：這完全是一個外交問題，清廷不願與外人多生交涉，當時便沒有具體表現。第三項建議當時雖未急起直追，卻給了國人以重大啟示。容閎旋受曾國藩委辦採購機器，成立了著名的江南機器製造局，尤爲後來開礦、築路、機器製造各種新工業建設，開闢一條大道。後來之談中國洋務運動，或自強運動者，以中國之有新工業建設，多歸功於曾（國藩）、左（宗棠）、李（鴻章）、張（之洞）諸人。殊不知容閎之策劃、推動，實開其先河。亦因他沒具有如曾、左、李、張之權力聲勢，其功績自不免要落後一步。而其第二項建議的留學計畫，則全操在他的手中。

分批送出留洋學生

容閎建議中的第二項——派遣留學生的教育計畫。同治十年（一八七一），容閎博士與一位舊派學者陳蘭彬，被派爲出洋局監督。陳負責舊學指導；容負新式教育之責；財政方面，則共同負責。監督處尚有漢文教員二人、通譯一人，組織是簡單極了。同年卽在上海成立「出洋局」，並在上海山東路，設立一所可容一百員生的學校，以培植留學生。劉開升任校長，吳子石助之；容、陳均兼任教員；曾來順與其二子曾子時、子安，任英文教員，一切費用均由公家供給；學生都是幼童，年齡最小爲十歲，最大十六歲。因之，學生的家長必須具結：「學生如因故傷亡或疾病等，政府不負任何責任。」在今日看來，眞是大笑話（清政府何能辭其責？這正暴露了清廷的腐敗與無能）；但當時出洋留學，事屬創舉，國人心理，亦未轉變過來，不能不藉此以減少未來意外的麻煩。初期投考入學的學生，多為貴冑子弟，風氣漸開後乃普及於一般平民。

出洋局收送出洋學生。容閎博士的計畫，擬於四年之中派一百二十名，每年分派三十名，留學十五年，連研究院功課及赴歐洲考察均包括在內。同治十一年（一八七二）夏季開始，第一批由容閎與陳蘭彬率領梁敦彥、詹天佑、蔡紹基等三十人赴美，容閎早一月先行接洽和準備學生之住食等事宜，俾使遠離祖國的幼童，開始新生活時，無異域生疏之感，而能得到充分的安慰！

駐在美國的出洋局辦事處，最初設在麻省春田，後來遷至康納特克省哈特福特的克林街。房屋係自建的，整齊清潔，四週皆草地，環境相當優美；但學生則稱之為「地獄室」。其原因：第一、當年留美學生，在學校休假的日期，還要到那裏去讀漢書。如此就剝奪了他們休閒遊樂的時間。第二、出洋局對留學生的管理極嚴。規定各學校，必須按月依式報告學生成績，如有兩次連續不及格者，初則到辦事處受嚴責，再則遣送回國。第三、違犯規則者，要在此地接受種種責罰。所定過失罪名，縱有寃屈失當之時，亦無處可以上訴，大家遂不免視此為畏途。「地獄室」之得名，即緣於此。這戲謔名字與此建築物，據後來留美學生說：早已不存在，廢址亦不可復考了。怪不得，已經是一個世紀多了。

繼第一批學生之後，第二批於一八七三年，由容元甫率領赴美，有蔡廷幹、容揆、唐國安等三十人。一八七四—七五年，第三、第四批各三十人，有唐紹儀、梁如浩、周壽臣、劉玉麟、梁誠等。前後四批，共一百二十人。容閎的計畫，初步算是順利完成了。時陳蘭彬已調任駐美公使（第一任），所遺出洋局監督之職，則由歐岳良繼任。容閎爲購運軍火事，則於同治十二年（一八七三）回國。至一八七五年，始重來美國。

阻止中秘「豬仔」販賣

容閎同治十二年（一八七三）回國，原是辦理購運軍火的事，他卻做了一件有關國體和人道主義的事：把販運華工（俗稱豬仔）赴古巴、秘魯等地之事，設法停止了。這是他的德政，值得特別一提，也使今日之國人，能瞭解當年販賣華工（豬仔）的慘酷事實。這事實起源於明代，當年明代政府，以葡萄牙人協助肅清海盜有功，將澳門以年租五百兩銀子租借與葡人。從此以後，澳門卽成了葡、西、古、秘等國人士薈萃之地，且以此爲根據地，設法招募（實收買）華工，赴古、秘等國農、礦工作，澳門遂成了華工販運的中心。他們所採取的招募方法極不正當，有時簡直是「綁票」；有時是用番攤引誘工人，賭輸了則以生命作抵。因爲賭本是他們墊借的，到時還不出墊借款，只好簽立工約，出賣身體。

無論其是用什麼方法，工人招到以後，都關入「豬仔館」中，無法逃出。他們被拘留後，直到出海航行上船之時止，是絕無法可以見到家人親友的；同時，這些豬仔運出以後，是絕少能生還故鄉的。他們最初也是絕不知道的。當他們將要上船啟航時，買主還發給工人一些新的衣服、用品和一切需要的行李；但這不過是使他們一時高興而已，都以爲不虛此行。迨船開行以後，買主又將其全部衣物收回，留待以後再欺騙下批工人。

工人在簽約時，本有一定期限，但最可惡的地方，是在將滿期之前，主人在工人毫不知情，也不必徵得同意狀態之下，秘密轉賣給其他的雇主，因之，工人到期後，主人仍不准他們離工。如此三轉四讓，他們便成了一堆貨物，成了終身奴隸，只有做苦工到死。他們如去找舊主人交涉，舊主則叫他們找新主，說他已無權過問；找到新主，新主便說：「如果我不是你們的主人，你們怎麼會來問我？如果把我當你們的主人，便要替我好好做工。」工人進退維谷，莫知所從；但不做工，便要餓死，所以只有做工至死方休。那時又有新的豬仔來代替他們，接受同樣命運的支配。這絕不是天方夜譚，乃當年歷史具在的事實。

這些華工，在古、秘等國農礦中工作，雇主剝削無微不至，晝夜工作，痛苦無告；甚至他們死後的骨頭，還要被人買去作爲其他用途，其情形之慘，實非言語所能形容。當容閎博士回國時，秘魯國的代表，企圖與清廷正式訂約，使此販賣勞工的黑暗事情變爲合法化。容閎博士深悉豬仔買賣之暗無天日，乃藉此機會多方奔走設法，不僅粉碎了秘魯等國的美夢，且根本限制了此類販賣豬仔的不法情事，以後不許再有發生。故以後古、秘等國許多華僑生命之能得到保障、痛苦生活之能得到改善，都不能不歸功於容閎博士努力設法的解救！

兼領三國領事館務

澳門販運華工之事圓滿解決後，容閎與陳蘭彬兩人，又分別被派往古巴、秘魯調查華工情形。光緒元年（一八七五），清廷爲進一步保護華僑利益起見，並派容閎博士爲華盛頓、西班牙、秘魯三國公使。但容閎並不樂意，因他實不願因此而放棄其出洋局的教育工作，乃以「專心辦教育」的理由，呈請政府收回三國公使的成命。而清廷爲借重其才，則仍許其兼任出洋局監督。容閎既任三國公使，對三國外交事件的處理，和擬在各處籌設領事館，諸事紛繁複雜，已够忙碌，自然就很少餘暇，完全顧到出洋局的事務。但雖有荒於此，卻有成於彼，即中國政府在三國設立領事館之事，都由容閎次第完成。中國在外國之有領事館，這是開創的第一次；而容閎博士，亦實是中國領事制度的首創人。

出洋局被誣遭解散

這時，適出洋局另一監督歐岳良退職，而繼任其職者爲吳子東（嘉善）。吳表面主張新學，實一最保守的頑固份子。且秘密向清廷提出一連串的虛僞報告，誣指：「留美學生，已完全洋化，忘掉了國家，不守禮節，目無師長，如此留學生，實有害而無益。」吳之此言，意在中傷容閎博士（陰謀去容，而獨專出洋局），指學生如此情形，完全是容閎一味庇護放縱的結果。事被容閎所悉，雖對政府作了眞實坦白的陳述，終因吳的報告，先入爲主；舊派勢力又極雄厚，未能擊破吳子東的誣衊謊言。容閎博士多年心血結晶的出洋局，在政府不加深察考慮之下，一道命令，便被解散了。這是光緒七年（一八八一）夏季的事。

當時中國淸廷臣僚的思想，原有新舊兩派勢力之爭。吳子東之詆毀出洋局與容閎，謂爲是反映兩派勢力消長的結果，固然可以；亦可說是：吳子東企圖獨攬出洋局的大權，排斥容閎兼任監督，而不惜採取此一下流手段。吳子東以此而邀功於守舊派，或可以獲得較高的報酬；但證以吳回國後的寂寞無聞，完全可以說明，這全是吳子東做白日夢。個人的私心用事，誤人、誤己、更誤國。

留美學生返國受禁足

出洋局接到政府命令，解散並遣送學生回國的時候，正是學生剛剛考試完畢，在康省彭旦湖旁舉行露營的時候，容閎博士痛心的向眾宣佈了這一消息，大家眞如晴天霹靂，驚慌失措，一籌莫展。只好卽刻散營，紛紛作歸去來兮的準備。原定十五年留學的期限，僅得九年，還差六年，終於功虧一簣。

回國學生，分作三批就道，離開美國。這些學生，雖未完成其預定的學業計畫；但經過九年的磨練，對所學陸海軍、工礦、郵電、水利等，都各有專長。分批回國，在使政府方便安排，分派到各機關、廠場及軍中去服務。可是由於出洋局是被解散的，吳子東的謊言，復被一般人疑慮了，誤以爲這些學生眞是不爭氣、不長進之徒，以致他們回國登岸之後，不但未被歡迎，反被押解到上海縣城，關進一所久棄未用的學校，當作犯人看待，飲食起居，異常惡劣，且派兵站崗看守，不准學生外出；也不許親朋接見。情形之慘，又實出於他們意料之外。

這批學生在美國時，享受雖不太豐；但也不算壞。現在被拘禁於此，每人幾塊木板，蓆子也沒有；一床棉被潮濕發霉，飲食更爲粗惡。據說：費用已由管伙食的人中飽了一半；而厨子再揩油其中之一半，所餘下四分之一，即五分錢，連柴米一切開銷都在內。學生往問管理的人，管理人聽到學生訴苦，便把厨子叫來，當著學生的面說：「他們說飯不好，去多加點鹽便得」。這些學生，又只好開口問青天。

過了很久的時日，管理拘禁的人，覺得徒然關著，不是辦法；放他們出去，又沒有命令。學生見到政府這種毫不負責的態度，凡有辦法、有路線可鑽的人，便找親友具結、保釋出去。沒有路子的人，最後也具甘結，放出來了。有一位徐雨滋先生（招商局任經理），是容閎的朋友，看到這些學生經濟困難的情形，自動願借學生每人三十元，作爲購買衣服之用，這正若大旱甘霖，實給了學生以深刻印象。

留美初期趣聞逸事

出洋局分批派遣學生赴美留學，事屬初創，而且學生又係一些幼童，或為無識、或為好奇，自不免有些趣聞逸事，傳留下來。茲分而述之，以供一粲。

出洋局第一批留美學生，年齡最大者，曾篤恭十六歲；最小者，鄺榮光十歲。詹天佑為十二歲。歐陽庚十四歲。梁敦彥十五歲。鍾文耀十三歲。吳仰光十一歲。眞是名副其實的幼童。據規定原是十歲到十六歲，以後各批，都是如此。

蔡廷幹告人一個故事說：當我們留學美國時，正是西美分築貫通東西兩段鐵路的接軌後的第六年。據說：最後銜接軌道，是用黃金鑄的一顆道釘，以為紀念。那時候南北戰爭才告結束，美西一帶盜匪遍地。我和容閎坐火車經過洛磯山地段時，遇上劫匪，嚇得容閎匍匐在床下，悄悄地把懷中金錶遞給我，我開玩笑的說：「你老平時捨不得將錶送人，如今大家性命都難保了，你倒大方起來了。」

詹天佑他們那幾批留學生去美國，先到哈特福特的時候，依舊留著小辮子、穿長袍、著馬褂，為了便於學習語言，分別住在外國人的家中。見面以後，各道情況，都說：「怪彆扭的。」

唐紹儀曾談起：他們一批奉召回國的時候，去晉見李鴻章，有剪了辮子的，只好裝上假辮子，以避責罰，一個個戰戰兢兢，惶恐莫名，跪地聽訓，李鴻章對他們說：「聽說你們在外國不好好唸書，現在你們既已回國，就該好好的替國家做點事吧！」三言兩語後，便按其所學將他們分派在路、電、礦山和海關、外交各方面去做事。

光緒三十一年，考試出洋學生都予以進士或舉人出身，並授以翰林、主事、知縣等官銜。早期留學的詹天佑等，也沾了光，於宣統元年，亦蒙賞給工科或文科「進士」頭銜，以示優異。其他亦有賞給「舉人」頭銜者。這項洋功名的授予，即顯示早期的留美學生，後來對於國家社會是有相當貢獻的。「洋翰林」、「洋舉人」的得名，即自此始。

早期留美學生，大都是美國大學畢業，在學校且多得過獎賞的。回國以後，經過一番折磨，才派往各處服務。不論何項工作，每人月薪一律爲四兩銀子（約合五元半），與當時一個衙役、聽差的人相等。僅極少數有辦法的人，自謀出路，如海關薪水就優厚得多。

東學西學意見紛紜

出洋局派遣學生赴美留學，正是一些開明之士，倡導洋務運動或自強運動的時代。中化？西化？便產生了新舊兩派，見仁見智，各不相同。影響及於清廷的留學政策，觀念也不是沒有異同。洋務派的開明意見，自振振有詞；保守派雖難成立相反的意見，卻具勢力。分述幾則，以見當時人士的見解。

光緒二年（一八七六），吳子東任留美學生監督。謂學生行動太自由，不尊師長，不讀中文，專好運動，且有改裝、剪髮入教者，歸咎容閎管理過於放縱。（清代通史）

中國初次出洋學生，除歸國者外，其餘尙留美者約十人。內惟一鄭蘭生者，於工學心得甚多，有名於紐約，眞成就者此一人也。次則容揆，在使館爲翻譯，文學甚優，亦一人也。其餘或在領事署爲譯員，或在銀行爲買辦，人人皆有一西婦。（梁任公新大陸遊記）

光緒六年，南豐吳嘉善爲監督，其人好示威，一如往昔之學司。接任之後，卽召各生到華盛頓使署中敎訓。各生謁見時，均不行跪拜禮，監督僚友金某大怒，謂各生適異忘本，目無師長，固無論學難期其成材，卽成亦不能爲中國用。（留美中國學生會小史）

回國學生中，惟詹天佑、歐陽賡二人，在耶魯大學畢業，於工程界負盛名。其餘則唐紹儀、蔡廷幹、梁敦彥數人耳。留英學生中，有一嚴復；留美學生中，有一詹天佑，亦足以自豪矣。（清代通史）

後來又因留學生，在外生活習慣，漸趨洋化。當時駐美留學生監督吳子東，看得不順眼，向清廷打了小報告說：這些留學生中，竟有剪了辮子，改信耶穌教，和作種種體育活動（如梁敦彥是棒球投手，鍾文耀是耶魯划船掌舵）。不好好唸書，有悖派遣留學原旨。（波逐六十年——胡

光燾）

同治年間，比較通達的大學士陸潤庠（清季狀元），曾上奏說：「遊學諸生，於實業學成而歸者，寥寥可數，而又用非所學，其最多者，爲法政一科。法政各國歧異，悉就其本國人情風俗而爲制。今諸生根柢未深，於前古聖賢經傳，曾未誦讀，道德風尙，概未聞知，襲人皮毛，妄言改革。遂乃邪說詖行，徧播中外，久之必致根本動搖，民生塗炭。」（陸潤庠奏摺）

出洋局結束後十五年——這班人已證明他們的用處後——容閎博士遇見了李鴻章，在他倆討論國家前途的時候，談到「才難」的問題。合肥忽對容閎博士問道：

「你爲什麼要把出洋局解散？」假如出洋局的壽命，能如原計畫延長下去，對於中國的變化會多大？眞是可惜！這是對國家人民造福的一個最偉大的計畫，一位偉人容博士的心血結晶，然而天竟不從人願。（初期留美褌史）

留學計畫功虧一簣

出洋局自其成立到結束，爲時不過十年（一八七一——一八八一），前後派遣了四批學生，共爲一百二十人。留學時間最久者，僅爲九年，還差六年，竟未能完成容閎博士留學十五年的計畫。功虧一簣，自爲有識之士所惋惜！此計畫的結果，雖欠圓滿；但其所產生的影響與後果，正如一塊石頭，投向大海，當時雖未激起高潮，而餘波盪漾，卻無遠弗屆。古老保守的中國，也就在這種波推浪助之下，漸漸進入了現代化的道路。後來李鴻章與容閎討論國家前途，談到「才難」問題，合肥問容博士說：「你為什麼要把出洋局解散？」容閎在痛心之餘，只好掉頭太息，無詞以對。假如出洋局能依照原計畫延長下去，繼第四批之後，持續不斷派學生留美，相信中國的局面，必早已大為改觀，那中國今日的歷史，自然也改寫了。這些初期留美學生，回國之初未被重視，事實已如上述。以後政府將他們分派在路、電、礦山、海關、外交各方面服務，都極著聲譽，對當時推行新政上的建樹尤多。除上文已經提到者外，有聞名工程界的三鄺——鄺榮光、鄺景陽（孫謀）、鄺國華，曾分別主持過臨城礦務局、京張鐵路、江南造船廠等。還有唐紹儀（曾任北洋政府國務總理，抗戰時被暗殺）、梁敦彥（北洋外交、交通總長）、梁如浩、周萬鵬、蔡廷幹（北洋稅務署督辦）等，都曾煊赫一時的政府首長。還有周長齡（壽臣），後退休香港，英國政府曾封爵「太平紳士」。唐國安、鍾文耀、溫秉忠、唐露園（元湛）、牛尚周、容揆（容閎之姪）、蔡紹基、黃開甲等都是朝野知名，美譽遍傳的早期留美學生。出洋局雖只有短短的九年壽命，而人才輩出，實替國家充實力量不少。

西學東漸的後果，光緒二十一年（一八九五）前後，中國社會普遍發生一種「鏟除舊教育，樹立新學校」的運動，這運動的動力，卽是早期留學生的影響。同時這班學生，受過新的教育，卽希望其子弟亦步其後塵，風氣所傳，迅卽泛濫全國。此時容閎博士在許多建議中，尤主張各級學校中一律開放，兼收女生。結果，新式學校如雨後春筍般的建立起來；許多學科也和外國學校一樣特定爲新學教程。從此清廷亦廢除了從千年前宋代以來所實行的八股式的科舉制度。

女子入學接受教育

中國幾千年傳統以來，一向主張：「女子無才便是德」，一向把女子關禁在家裏，不許離開家門。容博士的建議，獲得社會大眾的支持，不但有專爲女子所設立的學校，而且各級學校都兼收女生。把中國女子從千年來禮教包圍的愚昧中解放出來，受著良好的教育。這在今日看來不算稀奇，都是當然的、應該的；但在容博士的當時，卻不知費了幾許心血；經過了幾多奮鬪；才得以竟其成的。

容閎博士出身貧家，他的學業，完全是出於自力苦讀而成。留美八年，一八五四年，耶魯大學畢業後回國。他最值得讚揚的就是「國家民族的觀念與堅定不移的意志」。他留美的成就是多方面的，這從他向清廷四使臣（曾國藩等）四大建議的內容中，即可看得出來，其尤惓惓不忘者，就是他派遣留學生的「教育計畫」。回國後，曾挾其計畫，遍干諸侯，初寄望於太平天國，赴南京建議，碰了釘子。天津教案後，乘機建議於曾國藩，卒在清廷保守派陽諾陰違情形之下，僅達成其部分目的（成立出洋局）。戊戌維新，滿以爲新的機會來臨，不料事變發生，走避日本，又空勞畫餅一場。從此深知清廷頑固守舊派當道，改革很難有爲，一介書生，無權無勢，只好期之將來。光緒末年，乃退而赴美，增益其所學；辛亥革命成功，國父孫先生早贊容博士的才識和其教育計畫，乃特致函，歡迎他回國共同致力新國家的建設！不幸，容博士適於民國元年四月，老病逝世於美，時年八十五歲。現在留在歷史上的，僅是他的大名垂中外，和國立交大上海校園容閎博士紀念堂。

徐志摩與陸小曼

文士濫情三角戀愛

文人無行，才子濫情，自古以來已司空見慣。在我的記憶中，民國十三、四年以後，約十年之間，中國文藝界享有盛名的人士，牽涉到政治人物，鬧著三角戀愛風波者，前後至少有三個故事。一爲徐志摩、陸小曼與王綬卿（名賡，時任孫傳芳五省聯軍總司令部參謀長）所搞的三角戀愛。一爲郁達夫（香港邵氏公司將拍郁達夫傳）、王映霞與許某所搞的三角戀愛。另一則爲徐悲鴻、蔣碧微與張某所搞的三角戀愛。

這三件三角戀愛故事不太平凡，雖其香豔風流各具千秋，但其故事的結構關係與發展情形，則大體相似。其所不同的，即故事的主角都不是初出茅廬的小子、初浴愛河的情侶，都是已有事業成就，在社會上受人重視的人物，而且都已使君有婦、羅敷有夫。因之，這三件故事的發生，都不合於中國男女居室的傳統規矩，只算是奇形異狀的婚俗，自然都不免要引起不少風波與輿論批評。本文所述，僅限於第一個故事，其他兩個故事，則待有機會再說。

志摩因小曼而揚名

民初二十年間，「新月派」的中堅人物徐志摩，是人盡皆知的文學家。所謂新月派，是指民國十三、四年北京「新月社」組成的份子而言的，包括有胡適、潘光旦等學者，其中以徐志摩奔走最力，隱爲派中的翹楚。當時中國的「新詩」運動剛在萌芽時期，該派隨創辦有「新月書店」，出版有「新月月刊」，爲一時青年知識份子與研究新詩人士所最嚮往的。這時，徐志摩的風流才華，不僅爲一時騷壇祭酒，溫文儒雅，亦道道地地的文學家、名教授。

在當時比較起來，胡適之、朱經農等的聲望，似乎都要遜他一籌。

但他知名度之高，鬧得滿城風雨，幾乎使他不能在國內立足，而被迫赴歐旅遊，藉避風頭。這並不因爲他是大詩人、名教授的關係——社會上大詩人、名教授已多的是。他之所以驀地裏獲得赫赫盛名，壓根兒就是叨著他與陸小曼鬧三角戀愛的光。隨著歲月的消逝，徐志摩的形象、聲名，在人們心中既早褪了色。他的詩文，到現在更是黯淡下來了。作者與徐志摩、陸小曼雖是同一時代的人，但因彼此生活路線不同，並沒有任何深交，今日舊事重提，亦不及其詩文，只略評介其與陸小曼鬧戀愛結婚的故事。雖說是冷飯重炒，從當年的餘香殘豔中，似猶可以想見其人。

徐志摩一生最崇拜英國詩人雪萊（一七九二——一八二二），志摩跟女人的關係，正與雪萊如出一轍。他常說：「雪萊只活了三十歲，我也不能活得太多。」眞的，不料此語竟成了他的語讖。民國二十年，他由上海乘飛機去北平，在山東濟南附近誤觸開山失事殉難，年僅三十六歲（他生於清光緒二十二年西元一八九七年），眞比雪萊只多活了六歲。不幸短命而死，更不幸的是他生命的結束亦與雪萊同一類型，雪萊墜水，志摩墜機。照中國前人的說法，都不是壽終正寢，而是作了枉死之鬼。

徐陸身世約略相似

徐志摩這個名字，是他在民國七年，由他在很多名字之中選擇定下來的。除其寫作筆名以外，一生通用的就是「志摩」，大家所熟知的，也是「志摩」。他係浙江海寧硤石鎮人，死後亦埋骨於此。他出生於富貴的詩禮之家，根基很好，少極聰慧，有神童之目。循序就學，且入贄於梁啟超之門。長留學英國（牛津、劍橋）、美國（克拉克、哥倫比亞），皆獲碩士學位。對中、英文學之造詣俱深。年二十餘，卽任北京大學教授，兼北京晨報副刊編輯，後歷任京、滬各名大學的教授。「新月」時代，在學術、文化界最爲活躍，名揚海內，詩文著作亦極豐富。

志摩生性瀟灑不羈，與趣多方，既嗜文學、藝術，亦愛跳舞、票戲、遊玩之事。民國四年與髮妻張幼儀（家芬）結婚。據志摩小傳所載：「十一年於德國柏林與張幼儀離婚」，但未說明原因。有人說：是因爲陸小曼的介入。不過照年代推算，志摩與陸小曼之相識是民國十三年，以時間言，頗有出入。志摩自己亦說：十三年在北大任教時，與陸小曼相識。十四年因戀愛鬧得滿城風雨。十五年八月，與陸小曼正式結婚，很不爲家庭、親朋與社會人士所諒解。

陸小曼、江蘇武進人，光緒二十九年（一九〇三）生於上海，小志摩六歲。父親陸觀甫，清末舉人，民初在財政機關任職，當過幾屆稅局局長，搜刮頗富，晚年寄居北京，生活相當優裕。小曼隨父母居京師，入聖心學堂，對中西文學皆略有基礎。課餘喜京戲，愛跳舞，亦有文藝與趣與寫作發表慾。小曼是富裕環境所培植出來的一朶小花，眞是美豔慧黠，又經常出入於交際場所，於是社交場合中，陸小曼的芳名便喧騰於衆口。她與當時北洋政府國務總理熊希齡（秉三，湖南鳳凰人）的小姐（忘其名），同譽爲交際場中兩顆亮晶晶的明星。較之馬君武（曾任北京政府教育總長）所謂：「趙四風流朱五狂，翩翩胡蝶正當行。」當算是前輩交際花了。

小曼年十八，奉父母之命，與自己在北京飯店舞廳所結織的王賡結婚。嗣因彼此玩樂與趣不同，復因徐志摩被小曼獵獲，加入遊玩集團，終於鬧出王、陸、徐三角關係，徐、陸戀愛結婚風波。及志摩死，小曼又琵琶別抱，與翁瑞午同居，以終其生。

從上述的事實看來，徐志摩與陸小曼的身世是約略相似的，家庭環境、嗜好與趣、浪漫性格、戀愛觀念，都在伯仲之間。尤其關於男女關係，徐志摩既受了雪萊思想的影響，陸小曼雖不是雪萊的崇拜者，但其天眞浪漫的男女關係遊戲觀，多多少少也染上了雪萊一些餘氣。

男女交往終南捷徑

跳舞，在今日的文明社會裏，輒美其名曰：健身運動，掩其邪惡則說是社交應酬。其實皆不過形跡而已，也未十分認眞。直言之，跳舞不啻是近代男女交往最通順的管道，戀愛、結婚的終南捷徑，不必廣徵博引。本文所述王賡、徐志摩、陸小曼的三角男女關係，卽以跳舞始，亦以跳舞終。

此處先撇開徐、陸，說說王賡。王字綬卿，江蘇無錫人，係清末留美學生，獲碩士學位後，復入西點軍校習軍事，據傳他是中國入西點的第一人。回國後，服務於北洋政府的軍隊，自是軍人中的鳳毛麟角。當時，中國人的跳舞風氣尙不盛行，在北京，僅北京飯店有舞廳設備。而出入其中者，大多係外國人、外交人士或留洋學生。王賡因有洋頭腦、洋作風，亦經常到北京飯店舞場去活動，偶然與陸小曼相識。由一見傾心，而形影相投，而發生自由戀愛。進而藉口奉父母之命，正式結婚。故王男陸女的結合，是始於跳舞。

王、陸婚後，伉儷之情原極幸福，仍常偕至北京飯店跳舞消遣。不料遇到北大教授而且是留美學生——徐志摩，由相識而認交。同時，徐亦跳舞好手，其溫文儒雅，復爲王賡（武人）所不及。小曼不免心旌搖搖，便和志摩多方接近，常藉執經問字爲題，朝夕過從。從此王、陸的美滿生活，便漸漸起了變化。未久，事有湊巧，王賡奉派出國，小曼未與偕行，於是徐、陸大好機會來臨，無人監視，在舞廳或花前月下，搞得如膠似漆，及王賡返國，徐、陸已成難解難分之勢，終於陸向王提出離婚要求。王知大錯已全由自己鑄成，覆水難收，只好允陸解除婚約。這很明顯的王、陸關係，亦以跳舞終；另一方面，徐、陸關係，又以跳舞始。

徐、陸結婚後，小曼周旋於社交場合，跳舞、票戲、遊樂依然不事收斂，復與京劇票友翁瑞午過從甚密。更受翁影響，染上鴉片嗜好成癮。小曼原來最善揮霍，現更支出浩繁，志摩已難以應付。他爲滿足小曼的需索，乃拼命作文、寫畫、兼課。課則由上海兼到北京，爲增加收入，以濟小曼之慾。爲趕時間，京、滬往返，不得不利用飛機的迅捷，不料竟因此而墜機殞命。是徐、陸之終結，又能說與跳舞、玩樂沒有間接關係嗎？

由是以觀，男女交往的終南捷徑是跳舞。但對徐志摩與陸小曼來說，跳舞更不啻是他倆的墳墓，比常言戀愛是墳墓更慘！

節菴託妻故事重演

說徐志摩與陸小曼的故事，關於王賡，本無多述之必要，但他與小曼之間，情勢所以劇變，王賡亦知大錯，完全是由他自己所鑄成，最不應該的是「輕言託妻」。其實這也不能全怪王賡，因王留美已多時，思想和生活習慣已經相當洋化，對於西方男女社交生活，冠冕堂皇，實無所謂的。他既司空見慣，對陸、徐交往自不在意。復覺小曼愛好文藝與寫作，拜志摩爲師，是理想的師資，亦正當的行爲，不但沒有防閑，反而予以鼓勵。當他奉派出使土耳其時，臨行之前，猶再三囑託志摩「照顧小曼」。託妻寄子，古已有之。王賡託小曼於志摩，當是出於君子之心，豈料志摩已有小人之意。如此一來，陸、徐接觸，自更振振有詞。及王賡回國，情勢大變，陸、徐既情不可抛，王、陸則非分道揚鑣不可。有人說：這始作俑者，全在王賡信人無疑，不該「輕言託妻」。

據長沙黃昌年觀察「子愚筆記」載：清光緒年間，有名翰林梁節菴（鼎芬）與長沙龔四小姐結婚居於北京，旋梁挑任邊疆某縣知縣，以道遠缺瘠，不能携眷上任。時有文芸閣（廷式），亦翰林，清末維新派人物之一）者，與梁爲莫逆交，往來密切，節菴遂託其妻於文。梁爲前輩，故不疑有意外。龔四小姐貌麗而性婉，文私孌之，儼如夫婦。龔擅烹調，尤善體貼，弄得文更不可一日無此君。

節菴則官運亨通，不次升遷，由縣而府而道而湖北臬司，累迎其妻，終不至。節菴重友誼，又不忍以一己之私，傷通家之好，亦終未發。後芸閣因維新事故被革，告歸江西故鄉，道經漢皋（時京漢鐵路已通），節菴赴車站歡迎，並迓其妻。龔四小姐似覺餘情未了，勉強至臬署（在武昌）一行，留片刻，卽回漢隨芸閣而去，終未再回故巢。節菴於感歎之餘，於臬署內闢一書舍，顏曰「食魚齋」。自撰一聯懸室中，聯云：「零落雨中花，綺夢醒回棲鳳宅；綢繆天下計，壯懷消盡食魚齋。」蓋梁與龔結婚於北京「棲鳳」胡同也。其抑鬱嗟怨之情，深見乎詞。

王賡託小曼於志摩，雖似節菴託妻故事之重演，但王則未若梁之能豁達大度。當陸、徐熱戀之際，王賡初猶四方告狀，攻徐甚急。及小曼至滬與王（時任五省聯軍總司令孫傳芳的參謀長）辦離婚手續時，王知大勢已去，返情乏術，才勉強簽署於約。當時對徐志摩猶厲聲曰：「以後你如三心兩意，虧待了她，我不會輕易放過你。」這只算是故事的餘波，顯顯參謀長的威風而已。及小曼與志摩正式結婚時，王賡並親臨道賀，又似為故示大丈夫的風度。同一三角關係，同一託妻，而收場卻迥然有別。

雪萊式的男女關係

說起來，徐志摩跟陸小曼的戀愛關係，頗與雪萊之對男女關係彷彿同出一轍。雪萊一生的戀愛事蹟，是盡人皆知的。雪萊是英國的詩人，系出貴族，學於牛津大學，以倡無神論，被學校開除。又因與咖啡店的女郎結婚（這是貴族階級所不齒的），見逐於家庭。雪萊於是過著流浪生涯，對宗教及社會制度極為憎惡。他的詩極具聲色，或謂為拜倫（英詩人，一七八八——一八二四）所不及，其詩即多此種心理的表現。後在航行途中墮水溺死。

英國在維多利亞時代人的心目中，談到雪萊與女人的關係，無不指他是一個大傻瓜。眞正瞭解其人其詩的人，看法並非如此。卻把雪萊的男女觀念，看成爲「遨遊八表的愛儷兒，——一隻穿花的蝴蝶，一個弱不禁風的小東西，輕輕飄飄永不著地，又俊美又天眞。」（日人溫源寧語）所以雪萊觀念中的男女關係，他愛的不是這個或那個女人，凡是異性，無論手上、臉上或聲音裏，他看到一個「理想美人」的影子，都是他的戀人。

徐志摩跟女人的關係，也頗有雪萊式的意象（自不純化）。即與志摩有關係的任何女人，也別妄以爲志摩眞的愛過她，他只愛過自己心中「理想美人」的幻象。他不僅和女人的關係上是如此，就在他的詩文作品裏，以及和男友的交往上，甚至他所有的妄念妄動，莫不如此。他對張幼儀、陸小曼、林徽音（民初國會議員林宗孟——長民——的女兒）。對所有交往中的女性，其中有物、其中有象，但又彷兮彿兮，宛若有情而又無情。

當王賡與陸小曼解除婚約，陸、徐結合時，仍遭徐父之強烈反對，以脫離父子關係，不分志摩家產相阻嚇。而徐之髮妻張幼儀（出生寶山大家，民國四年與志摩結婚，且已生子，伉儷之情甚篤。或謂十一年時，徐在柏林已與張離婚是因小曼的關係。但徐與小曼認識是在十三年，似與此處事實不合）反而從中勸解，自願和志摩仳離，以促成徐、陸好事。在常情上言，如譽幼儀爲謙讓豁達，無寧說是徐、張從未愛過和被愛過，張才肯斷然出此釣譽之策，徐也才無一點留戀餘情，大家都只把這段關係當作過眼的影子而已。

至志摩與小曼之間，本是「使君有婦，羅敷有夫」，在跳舞遊樂場合認識的。徐或驚其豔麗，僅爲其「理想美人」的影子。志摩這類理想，從這個女人飛到那個女人，影子雖多，志摩的愛也只是出於一件東西，他的「理想美人」的幻象。林徽音固其幻象之一，而陸小曼亦僅其幻象之一而已。

陸小曼的戀愛遊戲

徐志摩的戀愛觀，儼若雪萊式「理想美人」的幻象。而陸小曼的男女關係，亦略染上雪萊和志摩觀念的意象，但如直謂小曼以戀愛當作遊戲，更爲切合。

陸小曼十八歲與王賡先結跳舞緣於北京飯店，嗣以奉父（陸觀甫，清末舉人）母之命，民國九年與無錫王賡在北京海軍聯歡社結婚，蓋可說爲半新半舊式的婚姻。王賡的身世品貌，與小曼可說正是郎才女貌，佳偶天成，陸母亦認爲是「佳婿」。及小曼向王提離婚要求時，無可藉口，其所提之理由是非常可笑的：「不滿意王賡太矮。」難道戀愛結婚之初，王賡是另外一人，高而不矮嗎？如此輕率荒謬，其視戀愛爲遊戲，實不可諱。最後她還作很多飾詞，以曲隱其短。如其自白說：「婚後一年多，才稍懂人事，明白兩性的結合，不是隨便可以聽憑別人安排的。」「在性情與思想上不能相謀而勉強結合，是人間最痛苦的一件事。」「葬身在熱鬧生活中，去忘記我內心的痛苦。」說得冠冕堂皇實在是一種巧辯。一是把自己與王賡的結合，完全歸咎於其父母的包辦，而把自己戀愛於先的事實否定了；二是一個開通有新知識的女性，不應盲目至此，也不會服從至此，藉口推卸自己的責任與過失，等於自欺欺人；三是顯示了自己貪圖遊樂的個性與其糜爛生活。這許多言不由衷的解釋，不但未能取得親朋與社會的諒解，且益暴露自己戀愛遊戲的面目。

小曼僅嫌王賡「太矮」，對其他條件似皆認可了，但對徐志摩則不知因何而一見鍾情，主動的向徐進攻，多方與徐接近，徐無可逃，遂被她擒獲。她究竟是爲的什麼？爲名乎？爲利乎？似乎皆不合。既認王賡體貌有缺，豈以志摩爲美男子耶？其實志摩貌並不揚，「他的鼻子太大，眉毛太不成名堂，嘴稍嫌太闊，下顎也有點蠢像。」（一個日本人的介紹）總之，說不上漂亮。男人比志摩更俊更美的人不知多少，這自然也不是小曼所取於志摩的。

陸小曼與徐志摩的結合，據小曼自白卻與她主動追求志摩的事實相反。她說：「志摩認明了我的隱痛。」（指上段所述）「他那種傾心相向的眞情，才使我的生活轉換了方向，而同時也跌入了戀愛了。」由她巧飾自己的戀愛遊戲，變主動施愛而爲被動、被愛，並未能破壞志摩理想幻影的觀念。徐、陸戀愛鬧得滿城風雨的時候，親朋議論紛紛，徐竟沒有挺胸而立，反有赴歐避風頭之舉。及陸以死相要，「你我作一個最後的永訣」，徐始被脅返國。所謂愛與被愛，竟如是乎？

時陸母亦以小曼乃有夫之婦，「不應捨佳婿而與離婚（指張幼儀）男子相戀」，力加阻撓。徐父（申如）亦堅決不准志摩另娶陸小曼爲妻，否則要脫離父子關係，且不許小曼進徐家之門，並預立遺囑，將全部家產交與張幼儀保管和分配。情勢發展至此，善導無靈，阻嚇不成，遊戲也自然要變成實戲了。

梁任公不幸而言中

徐、陸戀愛遊戲變成爲實戲。他們在北京北海公園結婚時，胡適爲形式上的介紹人。梁啟超雖爲證婚人，因原不滿於徐、陸結合，始終未假以顏色。證婚人致詞時，並將這對新人當眾訓斥一番。其詞之精警語：「志摩、小曼皆爲過來人，希望勿再作一次過來人！」隨後任公於其家訓中，猶謂：「此恐是中外古今所未聞之婚禮矣。」又說：「我又看著他（指志摩）找得這樣一個人做伴侶，怕他將來更痛苦無限！」「免得將來把志摩弄死。」言中似對小曼特無好感，後來竟又不幸而言中。任公何以不滿徐、陸之婚？或卽以二人素無忠實重視戀愛的觀念，猶恐仍以遊戲出之耳。

小曼素來體弱多病，或因跳舞、票戲、遊玩過度，以致精神不繼，常有暈厥、心跳之症，經常須速打針施救。又常與票友翁瑞午過從甚密，翁且導之以鴉片療疾，病雖稍癒，而小曼以後則不可一日無此福壽膏矣。瑞午兼擅按摩推拿，常爲小曼按摩。青年男女肌膚相接，豈能無動於衷？小曼與志摩結婚若是「情眞愛摯」，到了極峯，應矢志從一而終了。可是她與瑞午後來又「兩情濃得分不開」（志摩語）。志摩與小曼之間，由於瑞午的介入，於是又形成一個新的三角關係。志摩與小曼的愛情便大不如前，夫妻經常勃谿，幾於不可收拾。及志摩死，斬了一角，小曼竟與瑞午同居起來。所以小曼與志摩所演的實戲，實仍未超脫其遊戲觀。如此等而下之的男女關係，在小曼的戀愛遊戲裏，實在是一邪招。我們便不能不佩服梁任公之相人入微，更有遠見了。

美人遲暮晚景淒涼

徐志摩飛機失事以後，友好將其遺骸運抵上海，在萬國殯儀館舉行殯禮時，小曼猶輓之以聯云：「多少前塵驚噩夢，五載哀歡，匆匆永訣，天道復奚論，欲死未能因母老；萬千別恨向誰言，一身愁病，渺渺離魂，人間應不久，遺文編就答君心。」同時她在「新月」月刊發表「哭摩」一文，以示哀悼，論者謂其「欲哭無淚」。

小曼輓詞，上聯倘不藉口母老而殉情追隨志摩於地下，則必然又是徐、陸在人間再度轟動之事。惜小曼貪生戀翁（瑞午）而苟活，反不見重於世。她與翁瑞午同居以後，雖素服終生，絕跡於跳舞遊樂場所，或爲其「過來人」（任公語）之自覺。但究其一生的男女關係，實一純粹的

「遊戲」、「肉慾」主義者，有別於志摩的理想主義，自更談不上雪萊式的意象。下聯「遺文編就答君心」，算是小曼對志摩盡了一點最後的心意，收集志摩一些遺作詩文，編印成册出版了。

志摩死去兩年後，清明時節她猶去海寧硤石爲志摩掃墓，雖屬欺人騙鬼之事，內心或誠有未安，曾感賦七絕一首云：

腸斷人琴感未消，此心久已寄雲嶠，年來更識荒寒味，寫到湖山總寂寥。

據傳志摩死後，小曼生活初尚過得去，漸次潦倒下來，志摩的父母亦稍釋前嫌予以接助。據說汪精衞僞政府時代，上海愚園路有所謂「大觀園」（錢公館之別名，爲錢三太太所經營），成了汪家幫的遊樂窠，爲京滬顯要、各地軍政首腦到上海的駐足點。旖旎風光，不知顚倒多少英雄好漢。其時陸小曼亦作了大觀園的常客，只是人老珠黃，已經吃不開了，加以鴉片癮很深，與錢三太太爲煙霞霧裏的契友。

大陸淪陷後，小曼仍留上海，美人遲暮，晚景淒涼。受中共利用，月獲些微米糧，苟活於世。五十五年四月，病逝於上海（翁瑞午已於五十年卒），六十三歲。志摩不幸短命，她則多活了二十七歲。

清末實業大王張季直

提倡實業由漸而盛

我國自鴉片戰爭、海禁大開以後，明智之士一方感於外侮的侵略；一方意識到世界已在劇變，認爲要適應環境，必須富國強兵，必須船堅砲利。爲了「師法夷人」製造利器，唯有提倡科學的製造，這樣便須輸入西方的文明，自己製造如西方的物質文明，當時一般封疆大吏，如曾（國藩）、左（宗棠）、張（之洞）、李（鴻章）諸先賢，接受了有識人士的建議（參見中外雜誌第二一八期「容閎博士的貢獻」一文），在倡導洋務運動或自強運動口號之下，乃漸有築路、造船、建廠、開礦、電訊、水利等的開創。經過無數波折之後，也影響及於清廷的諸凡改革措施，根本之圖，亦莫不以「提倡實業」爲急務。不過當時所稱之實業，即講求農、工、商、礦的建設，對於教育，仍在其次；對於政治，則始終企圖保守。

我國初期之所謂實業，大體是先有機器製造工業，同治元年，曾國藩在安慶設軍械局，修理、仿造輪船鍋爐和機器；四年以後，才有上海江南製造局，專爲修理輪船。繼之才有煤礦業、煉鐵工業、各種金屬礦業和工業、水泥、紡織、造紙、漁業、墾牧、煙草、火柴、製茶、製糖、榨油、造酒等。自同治元年至滿清末季，這半世紀之中，經過許多進步的廷臣、疆吏和社會遠見人士宣導推動之下，各種實業製造便風起雲湧，盛極一時。由通都大邑少數地方而及於各省，由小規模的經營而大規模的開創。不過初期的實業幾乎全是由官府經手開辦，委派一些候補道或同知這類官員去主持的。直到清末民初，才有眞正私人經營的實業出現。

在政府與社會積極提倡推動實業蓬勃興起之際，中國實業界崛起了兩位著名的人物：一爲安徽至德的周學熙（字緝之，清末兩江總督周馥之子（舉人），以道員候補於山東。山東巡撫袁世凱委爲山東大學堂督辦。清末及民國七至十年間，經營實業。曾任北洋政府財政總長，民國十四年退休，三十六年逝於北平）；一爲江蘇南通（通州）的張謇（字季直，以下稱季直）。他們兩人都是中國最早私人創辦實業，且極具成效的先驅人物，後來實業界有「北周、南張」之譽。中國的實業，也有賴於「北周、南張」兩位之遠見精神與雄厚魄力，一方面使當時政府的建設新猷，多採納了他們的建議；一方面由於他們自己的努力實踐，影響廣被於民間，而使中國實業之發展一日千里，走上了近代化的光明大道。本文限於題目範圍，祇講南張（季直），而不及於北周（學熙）。

大魁天下一舉成名

自民國以來，朝野各界，尤其是大江以南的實業界人士無不知有張季直其人的。張季直名謇，相傳清慈禧太后初不識「謇」字，是得了侍側總管太監李蓮英的暗示才領悟過來。他另字季子，別號嗇菴，在兄弟中排行第四。大魁以後，一般尊敬他的人，都叫他狀元公，一些相知好友也不提他的名，而通稱四先生或張四先生。他原籍江蘇海門，因考試先冒籍如皋，繼歸籍南通；金榜題名，狀元及第後，海門、如皋兩縣始深悔之。清咸豐三年(一八五三)，出生於海門農家。有謂他小時資質似不甚高，讀書時代並沒有嶄露頭角與出眾的風流文采，其實這正是他資質過人之處。因資質高的通病，求學做事多不求甚解，不務精實。他十五歲(同治七年)應院試，取中第二十六名縣附學生。南通州試亦幸得列名在百名以外。如眞資質低劣，根本無此可能。不過州試結果頗受其業師宋樸齋的苛責，謂：「譬若千人試，而取九百九十九，有一不取者，必若也。」

季直受師責之刺激後，殊引以爲恥。乃刻苦自勵，發憤爲學。其自訂「嗇翁年譜」有云：「余至西亭，凡塾之窗及帳之頂，並書『九百九十九』五字爲誌。駢二短竹於枕，寢一轉側卽醒。醒卽起讀，晨方辨色。夜必盡油二盞。見五字卽泣，不覺疲也。至是余雋而范落。」其自苦奮發之情，概可想見。文中所言之「范」，係指范肯堂。他與范肯堂原係世交，居同鄉里。范小張一歲，初在科舉試場中張輒落范後，及張受師責而發奮後，終勝范而獲「雋」。從此范心不甘而負氣，僅青一衿，不再出應試，以致演成後來「范、張交惡」。這且不必談。

隨後，季直五應鄉試，均不中。至光緒十一年（一八八五），始中北闈南元。相傳季直應順天鄉試時，照例行卷要寫子姓；但季直尚無子，其父彭年命在子名一欄下塡「怡祖」二字。及光緒二十四年，果生子，遂以爲名，這就是張孝若，亦科試中的佳話。季直爲尚書翁同龢（松禪）相國所取士。復四應禮部會試，均報罷。至光緒二十年（一八九四）甲午恩科，始中式第六十名貢士。旋應殿試，閱卷大臣爲翁同龢。翁云：「得一卷，文氣甚老，字亦雅，非常手也。」（翁日記）乃以一甲一名（狀元）賜進士及第，授翰林院修撰。時張年已四十二歲了！科舉折磨季直雖是受够了，終於苦盡甘來，登上了科甲頂尖。大魁天下，一舉成名，至此世人無不刮目相看。這自然也不是他的業師宋樸齋始料所及。當時宋師之責雖不免過於刺激；但望弟子成龍，又何殊於望子成龍？愛之深便不覺言之重也。反過來說，季直之能大魁天下，又何嘗不是宋師激勵之功。南通一縣，在清朝出過兩個狀元，一爲吳長齡，一爲張謇，亦異數也。

無意在政治上發展

清末民初，張季直亦政壇上極關重要的人物之一。光緒二年（一八七六）曾以秀才資格，在朝鮮與袁世凱同參提督吳長慶幕，任幕賓。袁世凱並曾師事季直，結下了以後袁、張的淵源。光緒十一年中舉以後，先任開封知府張雲錦幕賓，隨後歷充贛榆、太倉、崇明各書院山長。中狀元以後，授翰林院修撰。翰林院修撰官雖不大，卻很清高，深爲翁同龢相國所賞識。因此，他的政見卽易影響翁氏。甲午，中國對日宣戰，他就是擁護翁氏的主戰派，反對李鴻章的主和派，他曾說：「二十年之誤國者，爲李鴻章。」這時，上文所提及的范肯堂，正在李鴻章幕中。翁、李政見不合，季直與肯堂亦各異其趣。世傳翁、李的岐見實張、范有以主之。張、范原存科場之嫌，至此更轉於政見之殊了。

中日戰爭，中國新敗，季直又深引以自咎，憤而回到故鄉南通，不問政治，一心一意興創實業。這時，維新人士亦莫不以「與辦實業，發展教育」爲富國強兵之要圖。季直鑒於朝政腐敗，革新非易，適於大魁後之次年（光緒二十一年）又遭父喪，乃決心留家守制（或云爲戊戌政變後）。並依其實業教育兩項計畫，從事故鄉本土的建設。政治活動之心意則更淡漠了。

直至光緒三十二年（一九〇六），清廷有意拖延施行憲政。季直認爲中國推行憲政已不可再緩，防清廷之自毀諾言，爲伸張民意起見，乃與鄭孝胥、朱福銑等發起成立「預備立憲公會」，隱爲君主立憲派中一全國性有力之政團組織。朱福銑任會長，季直爲副會長，從事請願開設國會的運動。宣統元年（一九〇九），江蘇諮議局成立，季直毅然擔任會長。隨以「外侮益劇，部臣失策，國事日危，民不聊生，救亡要圖在速開國會、組織責任內閣」等主張，通電全國各省。各省紛紛響應，並選代表，齊集北京。以季直通電之主張作宗旨，成立「國會請願同志會」，策動工作進行，並約定必須俟國會正式成立，始行解散，於是憲政運動愈積極，更擴張。

宣統三年，清廷以張謇為不可輕視的人物，即欲設法籠絡，羅為己用，特委以農工商部大臣兼江蘇宣慰使。季直原無意於政治，復以任非其時，辭而未就。民國元年，南京臨時政府成立，被任爲實業總長。此固投合了季直的事業心願，且思爲新政府有所建樹；但以爲時甚暫，莫能施展。北洋政府時代，雖幾度掛過總長之名，都以政治未上軌道，而無所表現。及袁世凱「洪憲」稱帝，以張無意做官，但又非羅致於左右不可，袁氏對這位「早年稱老師，繼而叫先生，終於稱兄道弟」的張季直，便把他與徐世昌、趙爾巽、李經羲並列，封爲「嵩山四友」。季直知機，無所可否，乃退歸南通故里，全部時間精力都放在實業與教育事業上，與政壇似乎也絕了緣。

實業為自強之大道

張季直出身於科甲，甲午恩科的狀元，乃是科甲中登峯造極的人物，照常情判斷，他胸中所羅列的，都是古聖先賢的四書五經、諸子百家之書，所講究的必是研習舉業八股文章；但季直此時對舉業八股與古典文章反生嫌厭。民國五年，其子孝若受了胡適之的影響，在南通報上發表白話文章。朝鮮漢學家金滄江見之，大不謂然。謂季直曰：「焉有狀元之子寫賤文之理。」季直一笑置之，蓋認「白話也好，文言也好，假若不通，兩者都寫不好。」故他一方面脫離了如常人陷落於詞章訓詁的藩籬，一方面又解除了功名祿位的束縛，一心一意追蹤這時代朝野倡行新政的軌跡，以個人的努力，推行最早的新式實業，這也就是發揚了儒家所標榜的「濟世利衆」的懷抱。同時，北方的實業先驅周學熙，還去過日本，在日作過短期的考察。張季直則從未出過國門，照今日世俗的說法，是一個純粹的土包子，沒有洋見識，也不懂得洋文。但他對如何建立近代實業，開發經濟，利益卻完全是憑他那種高瞻遠矚的目光，雄渾厚重的氣魄，這的確是很少見的。這並不是說，他忽視了外來的知識與事物。他之愛與外國人交往，與接納外國人的意見，就是對近代新知識、新事物虛心吸收的表現。他在青年時期，雖然有了科甲的底子，並不自以爲尊榮，他還到官營事業中做過小職員，從中收獲許多經驗，同時也體察到政治因素的種種困難。而後在他自己創業時，徵集民間資本，如何組織、管理、籌劃、推動等，方能克服困難，應付裕如。他如果沒有這些先具的知識，也是難以一舉有成的。其最難能可貴者，就是他劍及履及的精神，認爲應辦該辦之事無不「卽知卽行」，這也就是他事業必成的保證。所以季直亦可說是洞燭先機，勇於赴事的實業家楷模。

季直所從事的地方實業建設，就其犖犖著者言之，曾先後在南通（光緒二十一年）創辦了大生第一、第二、第三、第八等紗廠、廣生榨油公司、復興麵粉公司、耀徐玻璃公司、資生鐵冶公司、大達輪船公司、通海、大有晉、大豫、大賚、大豐、華成等鹽墾公司。並於上海創立漁業公司總局，以保護漁業。民國十一年，並開辦淮海實業銀行，以助其實業的發展。本世紀初期開始以後的二十餘年中，發展當時所需要的實業，季直所轄事業範圍內，幾乎無所不備。所有這些實業的盈餘，一部分作了他實業的再投資，一部分則作了興辦教育的經費。

教育為實業的基礎

清末興辦新學校，實行新教育，可說大半是基於提倡實業，促進工業教育自由的運動。因當時清廷有「富國強兵」的企圖；社會有「西學爲用」的提倡，因此興辦學校的最大目的，就在學習西文，「師法夷人」，以收取其科學工藝之長處，融合於「中學爲體」之內，發展而爲富強的中國。

季直倡導實業的成就固然大有可觀，同時，他對於提倡教育也是不遺餘力的。清末，江蘇學務總會成立，他即被推爲總理。本會改爲江蘇省教育會後，亦數任會長。當時他的言論主張輒爲全國所崇尚。民國元年，任江寧高等商業學堂監督。先後在籍創辦了南通師範、女子師範學校，爲中國師範學校之始。繼而有通海五屬中學、銀行專科學校、國文專修學校、測繪學校、土木工校、法政講習所、巡警教練所、女工傳習所、商業學校、南通大學農科、醫學專門學校、紡織專科學校、盲啞學校以及南京河海工程專門學校、吳淞商船學校、水產專門學校、東臺的母里師範學校，以養成師資及各項專門人才。春風桃李，十餘年來已滿列門牆。

至於復旦大學、中國公學、南洋公學、震旦大學，以及南京高等師範學校等的創辦，他都是極力贊助的人。凡得其贊助者，所求無不遂，所事無不成。民國九年（一九二〇），還創辦了南通大學和戲曲學校（或稱伶工學社），是最早使平劇脫離科班傳授的形式，改爲新制學校的。戲校主持人爲歐陽予倩，還請梅蘭芳來南通參加過教學，並特建「梅歐閣」以居畹華、予倩。「更俗」劇場開幕，卽由梅登臺首演。通常人辦了一所學校就矜矜自得，季直辦了這許多性質不同的學校，還有那許多的實業，說他氣魄雄厚，精力超羣，實不爲過。

南通爲全國模範縣

南通在唐時相當荒涼，白居易詩云：「通州海內悽惶地，司馬人間冗長官。」一至清末，季直畢生心血不僅貫注於實業與教育建設，凡社會公益、慈善、救濟事業，無不樂而爲之。如建立公園、醫院、養老院、博物院、圖書館、育嬰堂、濟良所、貧民工廠等，凡社會環境有所需，無不盡力達成之。人傑地靈，物華天寶，十餘年中辛苦經營的結果，不僅使其故鄉——一個風氣閉塞之區的南通，具有近代化都市的規模，成爲全國知名的「模範縣」。文風之盛，除上海、南京外，甲於江南。考這「模範縣」的美名，原是　國父孫中山民國元年所賜，正季直被邀任實業部長之時。不僅此也，且由於他排除萬難，毅然提倡和推動鹽墾植棉的結果，使海門、南通接壤的荒灘和范公堤以東，跨越如臯、東臺、鹽城、阜寧四縣海濱數百萬畝的斥鹵之地，變成膏腴沃壤的廣大棉田，經濟上所產生的價值，自是無法估計，也不僅是改善了當地人民的生活而已。南通東南營一帶，枇杷門巷倚翠偎紅，一般走馬章臺者，在戰前飛箋徵歌，侑觴選色，不殊上海會樂里、北京八大胡同，亦人民生活進步繁榮另一方面的反映。

季直以一個人的精力、財力，不過十餘年的經營時間，竟能創造出如此的豐功偉績，眞是前無古人，自他而後，至今亦未見有來者。

與翁相國知遇最深

世人多謂張季直的受業師如趙菊泉、孫雲錦、李小湖、薛慰農、張廉卿、宋樸齋，及主試師如林天齡、夏同善、沈葆楨、藩祖蔭諸人，皆極受他的尊重。而知遇之深，實未有逾於翁相國（松禪）者。他們知遇之淵源，季直大魁時，其自記有云：「棲門海鳥，本無鐘鼓之心，伏櫪轅駒，久倦風塵之想，一旦予以非分，事類無端矣。」又云：「伏考國家授官之禮，無逾一甲三人者。小臣德薄能鮮，據非所任，其何以副上心忠孝之求乎？內省悚然，不敢不勉也。」季直蹭蹬場屋已久，到四十二歲時，竟於無意中得到大魁，自宜失喜如此。

至所謂「忠孝」云云，翁同龢日記中則有如此記載：「上諭視第一名，問誰所取？張公（之萬）以臣對。……又奉題語，臣以張謇江南名士，且孝子也。上甚喜。」其題張謇荷鋤圖：「平生張季子，忠孝本詩書。每飯常憂國，無言亦起予。才高還縝密，志遠轉迂疏。一水分南北，勞君獨荷鋤。」季直蒙此美譽，自然感恩知遇不已。而松禪之愛士惜才，亦允稱士林的佳話。

從此季直省師甚密，翁師亦多推心置腹之訓。十年師徒之情，亦愈深篤。光緒三十年（一九〇四）五月，松禪臥病，季直詣南涇塘侍疾，歸未二日，松禪於二十日夜逝世。季直輓以聯云：「公其如命何？可以爲朱大興，並弗能比李文正；世不足論矣，豈眞有黨錮傳，或者期之野獲編。」季直追維風義，自有無限愴懷。季直故居在海門長樂鎮，大魁後五年，建造了一所新宅。翁相國爲之題了「扶海垞」三字。每年必親書春聯張貼，其辛亥一聯云：「旁人錯比揚雄宅，日暮聊爲梁父吟。」武昌起義後，民國元年，中華民國成立。壬子春聯云：「民時夏正月，國運漢元年。」至於戊午（民國七年）的春聯：「大田多稼，農夫親耕，百川至海，遊子返家。」此則正是今日海內外華冑後裔、炎黃子孫日夕夢寐所求者。

以誠處世坦直無私

清末民初，季直主張興辦實業，發展教育，自不失爲遠大計畫，事功具在，毋庸贅述。在私誼方面，能「以誠處世，坦直無私」之德，尤爲人所敬服。玆舉兩事證之。民國二年，北洋政府，熊希齡任國務總理，選賢任能，號稱第一流人才內閣。時季直任工商總長兼農林總長，隨後兩部合併爲農商部，張氏仍居總長。當實行合併時，人事處置不易，張召集全體職員訓話，略謂：「農林部原有職員一百五十餘人，工商部原有職員一百一十餘人，兩部共二百六七十人。現農商部額定職缺只有一百五十餘人，勢非裁汰不可。粥少僧多，請託自不能免。本人奉命長部，去留人員，首須一秉大公，經命秘書在此改組期間，所有外界致本人函件，均由秘書拆閱。凡涉及人事者，概不送閱，以免瞻徇。一面經數月之考核，認爲留者則留，應去者則去。惟個人之視聽，或有未周，故現所留用者約一百二十人，尚有三十餘空缺。諸君如認爲尚有應留人員，可開具姓名事實，密陳本人核辦。並不限各單位主管長官保薦。凡屬此次留用人員，皆可呈請。」嗣由同人呈請者，果又留用若干人。據說都是才識優良或成績卓著的人。昔曾國藩以誠治軍，今張季直則以誠理人事，其言行一致，坦直無私，此其一事。

另一事，季直原與范肯堂有嫌，中國戰敗於日本後，肯堂辭李幕職歸里，爲紫琅書院山長。季直亦於戊戌政變後，回居里從事實業與敎育事業。二人同爲鄉里服務，志趣相同，交誼亦進，遂棄前嫌和好如初。光緒三十年，肯堂去世，季直以聯輓之云：「萬方多難，僑札之分幾人，折棟崩榱，今後誰同將壓懼；千載相關，張范之交再見，素車白馬，死生重爲永辭哀！」季直以范與己志同道合，前嫌已盡釋，遂舉鄭子產（鄭大夫公孫僑，字子產）、吳季札縞紵之交，及東漢范式、張劭相期爲死友以自況，極熨貼自然，情文俱到，實非僅坦直無虛而已。

文章書法早臻上乘

季直與淸廷的關係，除做過翰林院淸高的修撰以外，被委任爲農工商部大臣和江蘇宣撫使，都辭未就職。可是在歷史上，有名的淸帝「遜位詔書」，卻是出於他的大筆。其中有警句云：「何忍以一姓之尊榮，拂萬民之好惡」，尤爲膾炙人口。冠冕堂皇，不但給了滿淸皇帝下臺一個藉口，不經流血鬪爭，保存了淸室，而免生靈的塗炭，眞不愧是狀元高手。其他詩賦文章自更不必論了。

季直不僅詩文爲世重，而其書法亦早入古人之室。他大魁時，年已四十有二。科舉時代，會試、殿試考翰林，所最重視的是考「字」。要寫厚紙大卷（上下有紅線行。朝考用薄紙白摺，無線行），這有一種特殊寫法，稱「館閣體」，講究圓黑整齊。年逾四十，猶能寫大卷，自非書法根基深厚者，莫克致此。若季直者，被師責之後，科舉之途志在必得，不但要刻苦鑽研書本，更得致力於書法。他成進士後，本其館閣的基礎，而宗山谷。當時翰苑名流，亦無不推重其書法。其獨子孝若（名怡祖，與張學良、袁克定、盧小嘉齊名，並稱爲「民國四公子」。民國二十四年，在上海被其僕擊斃，年三十八。兇手亦畏罪自殺），初學書，寄所臨摹黃山谷書於父，季直題詩獎之云：「父學書時年十三，賣錢買吃擔頭柑，兒今書解摹山谷，父已官慵似劍蘭。」孝若亦常舉其父以告人曰：「我一生最崇拜我父，他是我的知己；我父也最信用我，我是他的忠僕。」是父是子，蓋亦未可多見。

胡儀曾作「近代書家親炙記」，言季直師書法之事頗詳。其中說到其師晚歲的生活狀況，有云：「余丙寅（民國十五年）春，起居師於濠陽小築，曾告語云：『爾來作字殊苦手戰，用電氣治之，亦不甚效。又作大字，久立，尤苦腰痛。』余退而語人，尚以爲衰年應有之徵，不意是年夏，遂謝賓客矣。」季直病逝於南通，不過是丙寅八月，而非胡說夏季，享年七十四歲。當時蔡孑民（元培）有聯輓之云：「爲地方興教養諸業，繼起有人，豈惟孝子慈孫，尤屬望南通後進；以文學名光宣兩朝，日記若在，用裨徵文考獻，當不讓常熟遺篇。」可作中國南方一代「實業大王」的定論矣。

陳布雷書生報國

疾風勁草實行屍諫

中國歷史上，每當世衰道微，國祚阽危之際，總不免有些成仁取義、捨身報主、盡忠國家的人士。唐太宗的名言：「疾風知勁草，板蕩識忠臣。」就是太宗在罷黜權萬紀以後，賜給太子少師蕭瑀的詩。而此類忠貞不貳之臣，多屬文人士大夫階級，而且代有其人，流光史册。

自由中國政府對日抗戰勝利之後，播遷來臺前，正當中共竊國叛亂、危急存亡之秋，感孤城落日，憂憤滿腔，表忠貞而自殺殉國者，在我記憶之中，先後便有臺灣大學教授喬大莊，捨身沈於蘇州護城河；監察委員慶琛菴，附輪投海自溺；正中書局總經理蔣志澄亦憂國自殺見志之一人。其未見於新聞傳播者，尚不知有多少？尤其聲望重海內，轟動一時之自殺殉國者，更有陳布雷與戴季陶兩先生。

此二公者，皆當國脈絕續之交，對當局實行屍諫，更冀激發國人奮起、共挽狂瀾，此皆古所謂讀書明理的士大夫。而且陳布雷與戴季陶早年（民國元年）同爲上海天鐸報秉筆政的健將，晚年同負清譽的黨國要人，世人觀感自更不同。

輕生自殺原不足以爲訓，但千古艱難爲一死，而自發自動，輕生以求解脫者，究竟也不是一件輕易的事。上述諸公，雖同歸一途，而我現在所欲述者，只限於陳布雷先生一人而已，不及其他。

書生本色領袖股肱

陳布雷，原名順恩，字彥及，寫文章的筆名常用一「彥」字，一字畏壘。當其肄業於浙江高等學堂時，同學們以其面頰圓滿，戲予以渾號，曰「麵包孩兒」。麵包英文爲 BREAD，與「布雷」二字之中文譯音相同。有人問陳氏取名「布雷」的用意。陳以「布鼓雷門」之義答之。實則「布雷」者，其原始意義，乃中西合璧之麵包也。陳氏曾偶與知友談及，輒輾然自笑不已，自後乃以「布雷」行。

陳布雷浙江慈谿人，生於清光緒十六年（一八九〇）。十五歲應寧波院試中秀才。二十二歲，畢業於浙江高等學堂後，赴滬從事新聞工作。新聞乃當時的熱門行業，他與李懷霜、戴季陶、洪佛矢（均天鐸報）、宋教仁（民主報）、高劍文、柳亞子（南社）皆交往甚深。

陳布雷於民國元年入天鐸報。民國十年前後，入上海商報，繼任時事新報總主筆，與程滄波（中行）、趙尊嶽（叔雍）等皆志同道合，相知彌深。

自民國元年至國民革命北伐成功，陳布雷從事文化新聞事業，垂十六、七年，始以書生本色轉入政途，歷任中樞黨政要職；並被國民革命軍總司令蔣公介石羅致幕中，位置侍從，掌管機要，成爲領袖的股肱，所有重要文獻，十九皆出其手。文名廣播，天下爭誦。

剛正立身語服四座

陳布雷活躍於政壇，時黨、時教、時文教，所居皆顯位重職。對日抗戰勝利，國府還都南京以後，他身任國民黨中央委員、中央政治委員會秘書長、國民政府委員、總統府國策顧問，主持戡亂宣傳小組，當選國民大會代表，參與制憲行憲大業。隨分報國，從無越權出軌之行。時領袖侍從室已經撤銷，他仍輔佐領袖，司筆墨、備諮詢，直至其自殺殉國，始終爲領袖蔣公的文學侍從。

中國自古以來的士大夫，多只想做「一人之下，萬人之上」的宰相。及到了位極人臣的地位，便常不免驕妄自大，野心勃勃，或結黨營私，弄權竊柄。若陳布雷者，則毫無此類心跡形象。他一生謹言愼行，剛正忠純，不但深爲總裁蔣公所信賴，亦朝野人士所推崇悅服的典型。有一次「中央黨政軍聯席會報」開會，討論到黨派與學潮的問題，首由主席吳鐵城報告後，次由張厲生發言，大發高論，頭頭是道，也很近情合理，頗得與會諸公的同情；繼起多人發言，都不外補充張厲生之意見而已。隨後，陳布雷起立，尚未發言，卽彷彿有一股剛正之氣凌人，全場屏息靜氣，鴉雀無聲；他很輕言細語的，只說了幾句話，張厲生便馬上站起來申明放棄剛才所發表的意見主張，同時亦再無繼起申言者。主席便根據陳布雷的意見，作了結論。

民國三十七年，國民大會籌備召開之前，國民黨中央常會，審查提名本黨總統候選人時，原有正反兩種意見，一時相持難下。陳布雷突起發言：「蔣總裁非不願出任總統，只因憲法之規定總統的權限太小，不足以應戡亂建國時期的特殊需要，所以他才有捨總統而就行政院的意向。現在正徵得國大代表莫德惠的同意，由他向國民大會提出，在憲法內加入一個臨時條款，付與總統以某些必須的特權，如此，蔣總裁就會願意擔任總統了。」

接著陳布雷又從衣袋中取出一張紙條宣讀（自然是他先寫就的），大意是：「總裁既堅決表示不願作總統，國民黨中央亦不能另提候選人，只得聽由國大代表自行決定。希望總裁仍本救國救民的初衷，出任總統，以慰萬民喁喁之望。」陳布雷一經宣讀畢，大家信服，自無異議。第二天，中央全會也就照案通過了。

由這兩次重要會議的情形看來，足見陳布雷之為朝野人士所推重信賴，實無可疑。

苦悶悲傷以致厭世

民國三十七年，由於蘇俄侵略、中共叛國，雙層壓力臨頭，以致國事日非。陳布雷怵目驚心，疑慮憂懼，內心的抑鬱、苦悶、悲傷，莫能自解；加以原本體力衰弱，至此病態益顯。說到陳氏的健康情形，我記得左舜生（青年黨領袖之一，時任農林部長）曾告訴我說：「我在他自殺之前，曾和他同車由上海回南京。我看到他精神萎頓，因問他近來身體如何？他答以：『我這個身體，好比一部機器，實已用到不能再用了。從前偶然修理修理，也還照常可以開動。現在確已到了修理也無法修理的時候了。』他說時無限慨然，似乎已存有解脫之念。他原來貌很清癯，即因體弱多病，有時必須藉安眠藥片，始能入睡。終身與文字結緣，生活又相當清苦，他眞是中國古老讀書人的造像。」他的精神體力到了這種地步，便深深覺得報國無從，內心自然抑鬱、苦悶、悲傷到了極點，而找不著出路。

人類有一種懷疑精神，這種懷疑精神，發之於知識學術方面，則成了人類文明進步的原動力；懷疑繼而擴大及於宗教、道德、法律、人生，乃至一切生活，而無一不懷疑之境，這必然的結果，則信仰破壞，一切信仰無不動搖。信仰不立，則內心的不安日甚一日，便不自覺的抑鬱難伸。抑鬱不伸，便不自覺的釀成苦悶。愈苦悶，愈懷疑，愈懷疑，愈苦悶；二者凝結爲一團，內心卽爲懷疑與苦悶糾結所統攝，更覺惴惴不安。目察前途，便無一不呈暗淡悲觀的色彩，看不到半點光明，自然便會趨於厭世之途，早求解脫，一了百了，苦悶、悲傷到了厭世之境，樂觀、希望完全斷送，於是什麼生趣、什麼活力，也喪盡滅絕了。陳布雷身體既不健康，精神又到如是苦悶、悲傷的境地，無法自拔，便只有早求解脫一途。如不自求解脫，勢必瘋狂，成爲「瘋人院」裏的常客。陳布雷果選擇了自求解脫之途，乃於三十七年十一月十三日私服多量安眠藥片自殺以殉，時年五十九歲。以現代標準言，正是人生大有爲的階段。

遺書兩封言婉而誠

陳布雷之自殺身殉，世人哀之，同聲惋歎。他之所以厭世輕生，一方面是感於國勢危如累卵，政治、經濟、軍事以及士氣民心，到了三十七年多已經愈趨愈下，自己又無能爲力挽救垂危。一方面則基於上節所述的心理因素，死結糾纏，無法解開，尤其對於領袖蔣公特達之知，仍時懷感恩圖報之心，亦已心餘力絀。僅餘的一條路，就是「鞠躬盡瘁，死而後已」，採取古大臣忠貞不貳之舉，「一死謝君王」。自殺之前，並親寫遺書兩封，留呈領袖蔣公。遺書載於是年十一月某日上海報章。書云：

「布雷追隨鈞座二十年，受知深切，任何痛苦均應承當，以期無負教誨。但今春以來，目睹耳聞，飽受刺激。入夏秋後，病象日增，神經極度衰弱，實已不堪勉強支持。值此黨國最艱危之時期，而自驗近來身心，已無絲毫可以效命之能力。與其偷生屍位，使公誤計以爲尚有一可供驅使的部下，因而遺誤公務，何如坦白承認自身已無能爲役，而結束其毫無價值之一生。凡此狂愚之思想，純屬心理之失常！讀公昔在黃埔斥責自殺之訓詞，深感此舉爲萬無諒恕之罪惡，實無面目再求宥諒。縱有百功，亦不可能掩此一眚。況自問平生，實無絲毫貢獻可言乎！天佑中國，必能轉危爲安。惟公善保政躬，頤養天和，以保三民主義之成功，而庇護我四億五千萬之同胞。回憶許身麾下，早置生死於度外，豈料今日乃以畢生盡瘁之初衷，而陷此極不負責之結局。書生無用，負國負公，眞不知何詞以自解也。」

另一封遺書云：

「介公再鑒：當此前方捷報頻傳，後方秩序漸穩之時，而布雷乃忽得狂疾，以至於不起，不能分公憂勞，反貽公以刺激，實萬萬無詞以自解。然布雷此意，早動於數年之前(當時，亦因身體太不爭氣，工作未如預期，而自責自譴，無顏偷生)。而最近亦起於七、八月之間。常誦『瓶之罄兮，惟罍之恥』之句，抑抑不可終日。黨國艱危至此，賤軀乃久久不能自振，年迫衰暮，無補危時。韓愈有言：『中朝大官老於事，詎知感激徒媕婀。』布雷自問良知，實覺此時不應無感激輕生之士，而此身已非自效危艱之身，長日徊皇，慚憤無地。昔者公聞葉舉詆誹總理之言，而置箸不食。今我所聞所見於一般『老百姓』中毒素宣傳，以散播關於公之誣衊者，不知凡幾。回憶三十二年在渝時，公卽命注意敵人之反宣傳，而四、五年來，布雷實毫未盡力以挽回此惡毒之宣傳，卽此一端，已萬萬無可自恕自全之理。我心純潔質直，除忠於我公之外，無一毫其他私念。今乃以無地自容之悔疚，出如此無可諒恕之結局，實出於心理狂鬱之萬不得已，敢再爲公陳之。」

陳氏這兩封遺書，均記「寫於十一月十二日」。明知輕生自殺，乃弱者的行爲，萬無爲領袖諒恕之罪惡，悔疚毫未盡力以收桑榆之功，引「瓶之罄兮，惟罍之恥」以自喻。披肝瀝膽，具見忠誠，言詞委婉，懇切動人。寓自責於諫勸，實是兩篇好文章，非僅氣勢剛正而已。今雖事隔三十餘年，不以事廢言，吾人讀其文，想見其人，猶莫不深具同情之感。

生性忠純自律嚴謹

陳布雷身材短小瘦削，有弱不禁風的形象。相者謂其爲木型人物，非富卽貴，貴實富虛，陳氏指爲無稽之談。生平不太修邊幅，亦不喜隨俗浮沈。自入學至服務社會，始終維持書生本色。及其老也，立於廟堂之上，仍是恂恂儒者，而沒有富貴之氣。行動穩重，雖單薄而不輕浮；輕詞細語，從無疾言厲色。雖參與軍國大計二十餘年，但能明辨是非，洞悉利害。且自律嚴謹，與世無爭，自更無營私貪瀆之行，實古賢臣良相一流的人物。

左舜生於陳布雷去世後，述其行誼有云：「布雷為一極端謹慎之人，不矜誇、不浮躁，惟內心有不可踰越的尺度；其人格亦有不可或犯之尊嚴；然待人接物，則一以書生本色出之，既無所謂『冷冰冰』，亦無所謂『熱烘烘』。蓋歷二十餘年，余實未見其一改常態也。」諸葛武侯志慮忠純，一生唯謹慎，陳氏一生，既已有之，但不料竟實踐了武侯「鞠躬盡瘁，死而後已」的道路。

陳氏平日生活，極為簡樸，既無犬馬聲色之好，亦無紈袴奢靡之習。最大嗜好，惟愛吸茄力克香煙，飲杭州龍井茶，福建「鼎日有」的肉鬆。此三者，抗戰以前和戰後，在京滬一帶，取之極為方便。戰時在重慶，則為不易多得之物。幸賴有上海聞人杜月笙設法搜求以應之。至有謂陳氏工作至深夜時，一如張季鸞所嗜，藉福壽膏（鴉片）以振奮精神者，實不足採信。

為言爽直記者風範

陳布雷雖是小心謹慎之人，在言論方面，為求於事有益，晚年猶不失其記者風範。爽朗率直，實情實報。對日抗戰發生，他隨國府西遷至重慶。三十年十二月八日，太平洋事變突發，美國對日本作戰，我士氣民心大為振奮。時某公和陳氏通電話，談到太平洋事件時，竟高叫出「中華民國萬歲」的口號來。陳氏卻憂心忡忡的說：「且慢高興，問題正多著呢！」這不但能見其智慮已深人一層，其爽直氣概，亦不自覺的流露於言表。

陳氏至重慶約月餘，寓上清寺陶園之農村。雖少與一般人士交往，但與四川軍政界及文教新聞界則接觸頻繁。對人對事，無不觀察入微。據他批評四川人說：「川人穎慧活潑，實甚於他省，而沈著質樸之士殊不多覯。模仿性極強，亦頗思上進；然多疑善變。凡事不能從根本致力，卽軍人官吏亦均文勝於質，老大而氣狹。」故陳氏亦是一個正義感極強的人，感覺亦極敏銳，蒞川不過一月，便洞悉多方。身雖居高官顯職，仍無時忘其新聞記者的風格，因常不免流露其月旦人物，嚴肅報導的老脾氣。

他不但未拋掉新聞記者的老脾氣，尤未忘情記者生活。抗日戰爭勝利以後，他不但有做屍尊榮、功成身退的思想，也實際計畫過，擺脫政治生涯，重操新聞舊業，以終其身的打算；無奈此時他已有騎虎難下之勢，輕言棄政，殆爲不可能之事。所以後來他對程滄波於三十六年，能辭掉江蘇監察使，去上海接任新聞報社長之事，欣羨不已。當由南京馳書上海道賀說：「君今眞爲獨立與自由之記者矣！」由這「眞」字觀之，他把記者生涯，直視爲無限自由幸福之事。

責有微言無傷賢者

陳布雷自殺身殉，舉世哀之。惟因禍亂日急，干戈擾攘之際，朝野上下各有所務，對於陳氏身後哀榮之典，便未遑極盡其禮。不過見於報端，各方為詩聯以悼輓之者，頗不乏人。程滄波有聯云：「血淚件忠魂，江山無恙；死生關大計，社稷有靈。」程氏與陳氏為三十年文字之交，且同為新聞界之健者，聯語雖泛泛其言，實則含蓄深意寓於其中。

上海某報刊出陳氏的遺書後，並附以七絕詩云：「能忠明主亦奇賢，讀罷潸然復黯然；今日民間諸般苦，嗟君臨死一無言。」很明顯的，對陳氏遺言略有微詞，其實亦苛求太甚。臨終之言，那能與平日上萬言書可比！倘設身處地想想：陳氏生前如未盡其言責，那屍諫又為什麼？要求什麼？誠能憬悟及此，那不情之論，自不足為賢者病。

忠貞愛國值得敬仰

難道世事眞是無獨有偶嗎？陳布雷自殺身殉之後，相距不過三個月，三十八年二月十二日，與陳氏同年誕生，民元同為上海天鐸報主筆，同時代的名記者，晚年同為聲望貫全國的戴季陶亦以自殺身殉聞。

戴季陶名傳賢，筆名天仇，晚號孝園。先世由安徽遷浙江，再遷四川，落川籍。清末入同盟會，參加革命，受知於國父孫先生，與先總統蔣公介石為金蘭之交。歷膺黨國重任，居考試院院長多年。晚年寢饋禮經之作，禮佛誦經，更耽禪悅。戴氏之自殺以殉，或係受了陳布雷的影響和刺激；或對當前國運，孤城落日，崩潰堪虞，與陳氏亦具同見同感。其輕生方式，更與陳氏相同，穿上整齊的中國禮服，藍袍馬褂，吞服安眠藥七十餘片，以求「解脫」，自殺於廣州東山招待所。

戴氏臨終遺言：「靈柩歸葬四川。」四月，靈柩抵川，以國葬之禮，埋骨成都。惟其遺言則始終未見公開發表於世。現黨史委員會或國史館不知有否保存著？因為戴氏係蔣介公直諒之友，對於介公素極推崇信仰；他在介公之前，更素以直言敢諫稱著。今因何自殺以殉？必有心腑誠悃之言，以報介公。「鳥之將死，其鳴也哀；人之將死，其言也善。」自是必然的。但其內容如何？早有人揣測，必較陳氏遺言更為剴切率眞；或有未可公開洩露的秘密，至今仍屬一個謎。吾人且不必去探究。

無論如何，在徐（州）蚌（埠）戰後，平津淪陷，中央最後派遣張治中、邵力子、黃紹竑等北上議和，投降不返，竟不聞有人作北地王之哭。只有陳布雷、戴季陶等幾位書生，不忍見麋鹿之遊金陵鳳凰臺，而先後以死晉諫，故戴、陳諸氏，總算是忠貞愛國，值得世人敬仰的。

陳璧君的末路

政壇連理人妖妖婦

陳璧君是汪精衞（兆銘）的妻子，亦妻以夫貴之一人。汪家班通稱爲「汪夫人」，私稱爲「陳七姑」（早年國民黨內有稱汪精衞爲「汪四兄」者）。中國革命北伐統一全國以後，陳璧君與孫中山先生的夫人宋慶齡、故行政院長孔祥熙的夫人宋藹齡、先烈廖仲愷的夫人何香凝、邵元沖的夫人張默君、張學良的夫人于鳳至、馮玉祥的夫人李德荃、李宗仁的夫人郭德潔等，都是中國近代政壇上，知名度很高的名女人。這些政要夫人，浮沈政海，大都能保令名以終，有的則尚在海外頤養餘年。惟陳璧君卻受了盛名之累，被人目爲「妖婦」，吳稚暉（敬恆）則指汪精衞爲「汪精怪」，陳璧君爲「牝鷄司晨」，亦爲不滿其夫婦的緣故。

陳璧君這「妖婦」之得名，緣於黨國元老蕭佛成（鐵橋，暹羅華僑，民國二十九年去世）。當民國二十五年西安事變，蔣委員長蒙難，全國上下，皆以共赴國難相號召時，汪精衞正在歐洲，以蔣委員長凶多吉少，即匆匆返國，認當今之世，舍我其誰？但他在返國途中，忽聞蔣公脫險返京，又大爲失望。蕭佛成此時獨居泰國不返，友人去函勸駕亦不應。曾以私函覆監察委員劉侯武（廣東國大代表，六十四年卒）說：「人妖汪精衞回國，國事尚可問乎？」蕭佛成生性剛直，嫉惡如仇，故不覺其言之直且爽也。民國二十七年十二月二十九日，汪精衞發表所謂豔電，出走河內，僭號南京，賣國求榮之劣跡昭彰。蕭佛成的預見固可謂知幾，而陳璧君「妻受夫累」，或爲「自取其咎」。當時一般輿論，凡寫文章、爲言說，作宣傳報導者，便常以「人妖」「妖婦」連稱。從此，這一對政壇連理，亦開始令名莫保，走上了窮途末路。

信念不堅被敵利用

中國對日抗戰，汪精衞之背叛國家民族，屈膝降敵，其最初勾結日本之穿針引線者，就是陳璧君的介弟陳耀祖（廣東省主席，後被人刺殺）與高宗武（以後消息始終不明）透過川島芳子等日本特務進行的。因汪精衞與陳璧君夫婦原來極不滿於國民政府與黨國領袖，以故對於中國抗戰國策，亦始終採取懷疑與消極觀望的態度，甚至有時還背道而馳。他們這種態度，並非始自七七蘆溝橋事變。原來他們的抗戰信念，是以自己的權利地位之是否利達爲轉移，始終就不堅定。直到「八一三」戰後，德國大使陶德曼居間謀中日和平時，汪精衞猶諷刺幽默的說：「人家叫陶德曼（逃得慢），我們可得叫『逃得快』（因我抗戰已退守武漢）。」即足見其用心與國家觀念大有偏差。

抗戰到了武漢時期，汪派人物頗多有幸災樂禍的心理。周佛海等組織「低調俱樂部」，即希望以達成中日謀和爲目的，此時亦最爲起勁。

物必先腐，而後蟲生；到了重慶以後，日人以汪精衞一向領袖慾極強，又野心勃勃，而陳璧君自大驕橫，利慾薰心，又能左右汪精衞的言行，因此乃有「利用汪精衞以對抗堅定抗戰的蔣委員長」的陰謀決策。並多方設計策動汪精衞脫離抗日陣營，另組新的政府，以與重慶國民政府抗衡。汪精衞私飛昆明，遠走河內，就是日本陰謀策劃所促成的。

發表艷電末路開始

二十七年多，武漢失守，國民政府播遷重慶。正當擾攘未完之際，汪精衞忽然脫離抗戰陣營，由重慶飛昆明轉往河內。十二月二十九日，發表所謂「艷電」，響應敵相近衞文麿的和平通電。當汪精衞離開重慶臨行之前，一連數日大宴賓客，亦大發牢騷；宴罷送客，更破例走送很遠，似猶依依難捨。這與其平日態度不免反常，亦足徵其叛國投降的行動，原是早有預謀。他在河內停留了三、四個月，一面與日本進一步聯繫；一面則勾結抗戰陣營中的動搖份子。次年三月二十一日，曾仲鳴在河內被刺，汪爲之心寒，始急作離開之計。

這刺客原來計畫所要刺殺的目標是汪精衞，卻不料是日晨適曾仲鳴妻方君璧遠來河內，亦寄寓汪處，汪、曾、方早係通家好友，及晚臨睡時，汪將自己的大床讓給曾氏夫婦，自己則移寢於曾原睡之小床。刺客未曾早知，仍按原定計畫行動，結果曾仲鳴作了汪的替身，汪也算是命不該絕。汪雖苟活未死，總不免兔死狐悲，徬徨恐懼起來。日人爲安定其心情起見，越數日，乃用一艘小輪送汪，由河內出航，直駛上海。

汪精衞脫離了河內險地，到了上海；可是上海英、法租界裏的愛國份子亦極活躍。汪無奈，祇好嚴加戒備，深居簡出。初居江灣東體育會路，一棟小洋樓，此地原是日本特務頭子土肥原賢二在滬時的公館，署名「重光堂」。附近一家日本名料理館「六三花園」，便作了汪精衞會客應酬的地方，日人認爲這是最安全的區域。未久，日人影佐禎昭接替土肥原任「日本大本營特務部長」（簡稱梅機關），他對汪愈爲親近，亦加緊工作，凡僞府組織、人事安排，多所謀劃，並譽汪爲當代最偉大的政治家，推崇備至。汪不自量，更樂昏了頭。南京的傀儡政府，也就是在這時具體設計開創起來的。

僞府成立曇花一現

汪精衞在滬經過一年餘，爲搞所謂和平，沒有經費。汪自稱：「爲要爭取光榮的和平，不作日本工具，便不能向日人要錢。」嗣經周作民、唐壽民向上海金融界籌借得百萬元。交款時，要陳公博寫收據，陳怒，拒其要求，拂袖而去。周佛海謂陳曰：「這有什麼關係？我們成功，不怕要債；我們失敗，向誰討債？」終由周佛海經辦手續，取得百萬。周雖由此立下大功，得到汪的信任，大行其道，掌握了汪之財政；但汪家班搞和平，組僞府，開始卽毫無信心，周佛海之言可證之。

汪精衞有了開辦經費，籌備完成，乃於二十九年春，由滬至南京。三月二十九日，正式成立僞政府，城狐社鼠，羣魔亂舞，汪精衞更躊躇志滿，顧盼自雄。汪一生素詆軍人政治，但他在南京僞政府時代，則尤愛玩弄軍隊，出入扈從之盛與警戒之嚴，實開金陵首都的新紀元。有人說：汪爲安全固有之，實尤有顯示凛凛威風之意在。僞府成立未久，他接受陳璧君之建議，居然製了「大元帥」軍服及陸海空軍最高統帥的制服，遇有機會，必然穿著起來，赳赳有容，彷彿什麼將軍元帥似的。時有好事者爲集句以贈汪云：「曾以能書稱內史，又因明易號將軍」，汪聞之，頗有啼笑皆非之感，最後並責怪陳璧君好事，不該作這些舖張。僞府開幕以後，汪日夜應酬，唯酒無量。日人稱他爲海量，亦斗酒百篇的文曲星。民國三十年六月，汪以僞主席身份訪問日本，日皇以外國元首之禮迎之，待以國賓。據傳：日本發動太平洋戰爭之決定，是首相東條利用汪精衞說服了日本天皇促成的。是年十二月八日，日本對美、英宣戰，先日偸襲珍珠港。九日汪僞政府跟著對美、英宣戰。果爾，加速日本的崩潰與南京僞政權之垮臺者，則正是汪精衞的「一言喪邦」。南京僞政權的組成，亦仿重慶國民政府，設五院和十餘部會，汪精衞以僞主席兼行政院長。汪僞政府自成立至三十四年八月十五日日本投降，僅四年五個月，眞是曇花一現而已。

陳璧君的見解主張

吳稚暉先生謂陳璧君爲「牝鷄司晨」。僞朝成立之初，陳璧君對汪之政治活動，自然本性未改。她當時對僞政府的見解主張，從周佛海的日記中，可以見到不少有關「汪夫人」的記載。二十九年一月二日，「十一時謁汪先生，適汪夫人自港回，談廣東軍事情形，並商廣東省政府主席人選」。三月二十六日，「旋赴援道（任）處，商統稅接收辦法。並謁汪先生，商機密費支配問題。爲補助廣東問題，幾與先生及夫人鬧僵」。十一月十日，「召見易鍾漢，詢廣東財政情形，知汪夫人一系，視廣東爲私產，亦有特殊化之傾向，令人痛心。」十一月二十六日，「當卽赴汪先生處，報告經過。公博（陳）、思平（梅）、汪夫人均在座。當決定最後致蔣（委員長）一電，勸告和平。……至於汪先生就任正式國府主席，余主於簽約後，日使呈遞國書前舉行。汪夫人及公博，則主早辦，汪先生亦有此意。因此決定後日中政會提出。」十二月十三日，「旋赴汪公館，與汪夫人及陳耀祖商廣東問題。」十二月二十三日，「汪夫人率汪琦來見，談華南特工，囑其務於香港設一秘密電臺。」

陳璧君對汪精衞一切大計之「牝鷄司晨」，和其自私的作法，看了周佛海上面這些日記，可見陳七姑當時縱尙未能完全左右到汪精衞，最低限度，她是能影響到丈夫的；更何況她個人另成一個系統，以廣東爲私產，且有特務組織。

家務亦由七姑安排

汪僞組織中的顯要角色，似有「不重生男重生女」的怪跡象。如僞府兩大臺柱，坐第一把交椅的陳公博（陳璧君之弟，僞立法院長）的李夫人；顯赫利達的周佛海（財政部長、上海市長）的楊夫人，都具有老虎的雅號，亦屬於牝鷄司晨之流。其他小角色甚多，陰氣森森，充塞僞府各院部。僞府老闆雖屬汪精衞，但汪府大政全決定於公館，公館靈魂則陳七姑而已。

陳七姑操管公館家政，自不必說，連汪精衞的個人生活，也要由陳七姑調理安排。晚飯後，汪很少出門，除有客人外，便關在樓上，夫妻相對，自尋消遣。汪公館經常有三個厨子。一個專炒菠菜，因汪愛吃菠菜。炒菠菜，要火功足，菜更碧綠可愛；此厨獨具此絕技。一個專做西餐，經常燒咖啡、製西點，很少作西菜。一個叫陳彬的，專做粤菜，取其適合全家口味。正式宴客，輒爲一大拚盤，六大菜，兩甜菜，四色小菜，豐嗇適度，並不浪費。陳彬有京滬名厨之譽，外人有款宴汪夫婦者，投其所好，輒納資陳彬，請他代辦。有人借用陳厨至其本宅，烹調一席者，亦非花高代價不可。汪公館每天調排飲饌，亦陳七姑家務事中，最重要的一部分，雖在病中或忙碌時，亦不稍忽。汪公館落難以後，聞陳厨在南京新都電影院側一小巷內，開設一家無店名的菜館。座位雖極狹窄，但經常食客盈門，大都是爲仰慕「汪公館厨子」之名而來的客人。

炙手可熱竟成楚囚

在南京僞政府時代，陳七姑璧君是汪精衞公私生活的影響者，同時陳七姑亦有其自己的「皇后道」和特務組織。關於這一點，周佛海最不以爲然。凡陳氏親近家族和其義姊妹與馴服的部屬，自成一系，且多列土分封，專事聚斂，亦自成一貪污集團。如陳七姑之弟陳耀祖，任廣東省僞主席，被人刺殺後，又推薦其義妹婿褚民誼（有謂爲汪之襟兄）當傀儡，政由寧氏，祭則寡人。徐良任僞外交部長，陳七姑薦其姪某爲總務司長，實卽代陳璧君作了太上部長。汪精衞旗下，周佛海掌握財政、特務大權，形成爲湖南派，爲陳七姑所最難忍。周任警政部長時，以李士羣爲次長，代行部務。及李改任部長兼江蘇省主席後，卽離周走了陳七姑路線，爲陳大事聚斂，且與湖南派公開對立。僞府派系之爭，亦愈演愈烈。未久，李士羣中毒死，傳係周佛海的傑作。陳公博則尚具骨氣，不大過問七姑的事。

汪精衞過了幾年僞「國民政府主席」及僞「軍事委員會委員長」的官癮，沒有受到國法制裁，先就病死於日本東京，陳璧君便成了寡鵠孤鸞。雖僞立法院長其兄陳公博，繼任了僞主席，她的地位也一落千丈，沒有過去僞「第一夫人」之受汪家班尊敬了。及日本投降，陳公博先鋃鐺入獄；汪派「漢」字號人物，無一能逃國法拘捕，周佛海且死於獄中。陳璧君雖係女流之輩，但過去炙手可熱，罪惡正復不少，現在除自殺以謝天下外，也只有束手被擒作楚囚，聽候國法的審判了。

汪有自知陳漸醒覺

汪精衞是在日本投降之前死的。他在民國三十二年去參加日本舉行所謂的「大東亞各國會議」時，適其脊背原被刺時未曾取出之子彈，疼痛難忍。這子彈是二十四年秋，他在南京中央黨部開會拍照時，被刺客孫鳳鳴狙擊，射了三槍，刺客雖被張學良制服，而汪背脊之子彈終未取出。現時舊創復發，乃返南京就醫，經過手術一月之後，痛反加劇。三十三年，因復赴日本治療，僞府則出僞立法院長陳公博代主席。通常醫院一般重病患者，總是躺臥在床上的；但汪則躺不下來，日夜正襟危坐於特製的椅子上。由頸項至腰腹部，且都用石膏綁縛，終日不能轉動，動則痛苦難當。加以他原有糖尿病，由於子彈作祟，打針服藥，亦不見效。汪自知病將不起，乃預留遺囑，安排後事。他此時似已完全清白，覺今是而昨非，對其前途，亦料到必無善果，故其遺囑四點：一、不舖張。二、不國葬。三、墓碑只寫汪〇〇墓。四、時局稍定，歸葬廣州廖仲愷墓旁。

越半年餘，民國三十三年秋，汪終病死於日本東京醫院，屍體用專機運回南京大殮。時僞府顯要多主修改汪的遺囑，按國民政府元首崩逝禮儀舉行國葬。獨陳璧君堅持不可。「應遵照其遺囑，不能改變」。人之將死，其言也善，汪似已有「自知之明」，且已預見到前途。而陳璧君此時似亦醒覺過來了，覺得非分之舉，反足以自取其辱。結果並未完全依照汪之遺囑，將汪卜葬於南京梅花山孫（中山）陵附近，譚故行政院長延闓墓之間，而未安葬於廣州廖墓之旁。不過事頗稀奇，抗戰勝利後，忽被發覺汪墓不知何時被炸掘開，屍骨亦不明去向。時陳璧君已被捕下獄，子女風流雲散，汪家班亦樹倒猢猻散，也無人出面追究查問了。汪死而有知，當深悔不以「楚囚」死，空負「少年」時頭顱矣。

三次歷險終於遺臭

汪精衞病死日本，世人始終將信將疑。外傳爲體內遺彈舊創復發所致。果爾，照常理而言，亦不至喪命。據日本醫生說，汪所患的實爲「粉骨病」。過去舉世罹患此症者，不過三人。病疾如何？外行自不得知。惟汪以一個昂藏七尺之軀的美丈夫，病中身體逐漸縮小，判若兩人，有人卽疑是被日人謀害，像吳佩孚之死於日醫不明不白的牙痛病一樣；有人則謂，事實上日人似無此必要。開始走霉運的人，自然也不會有人仗義執言去追究它，和其屍體被盜後的情形是一樣。也有人說：「汪臨終之際，大呼『東條誤我』……。」不過汪在病重時，東條的確曾赴醫院探過病，知已無救。究竟是東條誤了汪？還是汪誤了東條？這筆帳現在也無法算清了。

汪精衞生平有過三次可死而未死的大風險：一是民國前三年，潛伏在北京銀錠橋下，行刺清攝政王載澧，事敗下獄，按清吏作法，是絕不可活的。他也作詩見志云：「慷慨歌燕市，從容作楚囚，引刀成一快，不負少年頭。」確是悲歌慷慨，亮節清風，舉世共仰，清廷上下，亦爲惋惜，幸絕處逢生，且因以成名。二是民國二十四年秋，在南京中央黨部開會被刺，幸僅負傷，張學良救了他的命。三是二十八年三月，在河內寓所，刺客弄錯了目標，誤中副車，貌似陽貨的曾仲鳴，便作了汪精衞的替死鬼。兇手爲一吳姓青年志士，當被擒獲，繫於法國監牢。抗戰後獲釋，並任職某警政機關。終於不幸死於車禍。

汪精衞一生三經巨險皆不死，終逃不過三十三年，已身敗名臭之後病魔毒手這一關。「周公恐懼流言日，王莽謙恭下士時；假使當時身便死，一生功過有誰知？」讀了這首詩，誰都要爲汪太息。他若早死於「艷電」之前，縱不流芳，又何至遺臭？陳璧君也不會以苦難的鐵窗生活而終。

起解來滬轟動一時

汪精衞死後大約一年，三十四年八月十四日，日本正式投降。陳璧君在日，亦被盟軍逮捕，約是年秋末多初，盟軍復將之押解來中國。某日上午約十一時左右，抵達上海楊樹浦路底虬江碼頭。上海新聞界事先得到軍方司令部的通知，聽到這一駭人聽聞的消息，一時大為轟動。如中央社、申報、新聞報、大公報等，當卽派遣記者前來採訪新聞。這時，中日戰爭狀態雖早已結束，但滬東郊區交通既不太方便，且仍在我軍警監視之中，因此這一羣記者，首先都集合於四川路底，由軍方司令部派軍車護送，很快就到了虬江碼頭。

虬江碼頭一帶，重慶還都來的記者，多半尚未來過，祇覺得冷靜得很，很少看到行人。所有房舍，以前都由日軍作了僞裝，著了保護色。四郊多壘，戰壕縱橫，戰時景象仍多存在。記者們在碼頭上等候了約半小時，這艘盟軍起解陳七姑的船才靠攏碼頭。這艘龐大的客貨兩用的日本輪靠岸時，大家都不免緊張起來，尤其是記者們，等船跳板一放落下來，便欲衝鋒陷陣式的上船，一睹陳璧君的廬山面目為快。但陳七姑是由盟軍一憲兵上尉領憲兵八名解送來的，美憲兵以來人太多，恐生意外，為安全起見，拒絕大眾登輪，祇允中國官方負責人員先上去，辦理中美雙方交接手續，將陳七姑璧君領帶下船。於是我軍方司令部科長劉上校，偕二三職員登輪與美憲兵上尉交涉。

應付記者避重就輕

陳璧君雖作了階下囚，但盟軍與我軍方都未以一般囚犯相待。大家或看過京戲中的「女起解」（一名蘇三起解），心理上總不免有點難過。陳七姑在起解輪途中，住的是一間頭等雙人房艙，她還帶了一個看護小姐似的中國少女，陪伴照顧。此時陳七姑不過五十多歲，因其眉目清秀，平時又保養得好，雖在難中，風度不壞，仍未顯現蒼老。過去有人常以「老太婆」稱之，並不太適切。她戴一副金絲無邊眼鏡，鬢旁揷一朶白色的小花，或是爲紀念其亡夫；身著米黃色旗袍，和同色的短大衣；足著淡黃平底皮鞋，全身黃，更襯托出她的容顏，要比實際年紀爲輕。她也可算是一個善於裝飾的人。但她初抵國門，卻不知有「故國不堪回首月明中」的感懷否？

當劉上校等人走進她的臥艙時，她正和侍候她的少女，收拾簡單的行李。她雖表現很沈著，默無一言，相信其內心，也一定十分緊張，明知將要受到法律審判或更有點恐懼。劉上校待其收拾妥當之後，便請她離船上岸。她剛踏上跳板，岸上守候多時的攝影記者，鎂光燈便閃閃不停，爭取鏡頭。她雖力持鎭定，舉止總不免有點著慌，頭也俯下去了，好像是在躲避拍照一樣。待她走上碼頭時，一羣不甘落後的外勤記者，又一擁而上，把陳七姑包圍了起來，馬上提出許多問題，向她請教。她也和平日對付新聞採訪者一樣，她究竟是洞庭湖裏的麻雀，見過風浪的，應付新聞記者的採訪，仍不離一般政客那一套，對所有問題都避重就輕，巧妙答覆。專談旅途生活和景物一些不著邊際與無關宏旨的事情，比較現實一點的問題，則都聽若未聞，或推說不知。記者們與她周旋了約半個小時，沒有得著一點要領，除獲一覩僞朝國母陳七姑顏色之外，咸不免有浪費時間之感。

企圖脫罪相當倔強

陳璧君起解到上海，卽寄押在提籃橋監獄。經過法院審判處徒刑之後，隨卽送往蘇州老虎橋監獄執行。眞的，昔爲僞國母，今作階下囚了。據傳她在法院受審時供稱：「要說汪精衞是走日本人路線的漢奸，那麼走美國路線的，不是親美的漢奸嗎？走俄國路線的，不是親俄的漢奸嗎？」陳璧君此語，雖在指桑駡槐，卻抹殺了敵我之分，近乎強詞奪理。但人在這生死關頭，對於生，總是留戀的；對於死，總是恐怖的。揣陳璧君的企圖，此時若能僥倖洗脫自己一點「漢奸」罪嫌，減輕一分刑責，總是好的，就算心滿意足了。

她在監獄服法院的判刑，沒有「死」的威脅感，自又覺得心安理得，生活亦漸具與趣。爲消磨鐵窗長日無聊，便自動請求教女犯人唸書，有時亦去參加女紅工作。據說，孫夫人宋慶齡，曾赴獄中看過她。宋氏與廖夫人何香凝，還想聯名保她出獄，但被她拒絕了。大約已明獄外的環境，對她反不適合之故。大陸陷共前夕，她又由蘇州解回上海提籃橋監獄。傳聞，中共後來也加之以「勞改」。終於病死於醫院。據另一種不同的傳說，宋慶齡、何香凝保陳璧君出獄就醫，是確有其事，不過沒有成功。因宋、何皆爲中共新貴人物，與陳七姑皆民初參加革命的同志，且係廣東同鄉。曾替她向毛澤東進言疏通，要求擔保外出就醫。毛澤東則以陳璧君必須先向人民坦白認錯，自我批評過去的罪行。中共並特在提籃橋監獄內召開一次「羣眾大會」，要陳璧君公開鬪爭自己。她雖經過了五年拘禁，但依然相當倔強，且慷慨激昂的說：「如果說中共和蘇聯友好，是爲了國家民族的前途；那麼，當年我丈夫於抗戰形勢不利於我情況之下，離渝與日本人周旋，在日本軍閥佔領區裏，爲哀哀無告的人民服務，彼此用心，又有什麼分別？要說我丈夫賣國，則賣國者，恐怕不只我丈夫一人。」並列舉許多事實，證明汪精衞與日本人爭執交涉，絕非賣國。她洋洋說詞，始終無一言片語自譴。她這種說詞，與她初解至滬，受法院審判時之論調，實同調而異曲，雖在含沙射影，卻不敢明目張膽罵中共。

不堪改造瘐斃獄中

毛澤東以「陳璧君必須先向人民坦白認錯」，有人說，這只是中共爲得敷衍宋慶齡與何香凝的情面；同時向人民表面有所交代，所謂羣眾大會，不過是一種過橋形式而已。陳璧君既不願自我轉彎，繼續倔強，遇到本不講感情的中共，就祇好擡槓到底。中共便肯定她是老頑固、反革命，既不肯向人民低頭，自然是不堪改造了。中共也就不能寬容饒恕她，不想再教育改造她，任令她在提籃橋監獄中坐以待斃。民國四十八年三月（國府已播遷來臺十年），陳璧君以久困鐵窗窮愁交迫，已病入膏肓。雖由監獄醫生施以診治，但醫生是蒙古大夫，藥石自然無靈，終於是年六月十七日晚九時許，瘐斃獄中。她過去風光，自然早成過眼煙雲。自三十四年秋冬之交起解來滬，六易囚處，過了十四年的牢獄生活。一代「僞第一夫人」，下場竟是這樣慘淡，自作孽啊！

柳亞子恃才傲物

半生清白一身泥污

清季同光時代，中國的詩壇大抵以宋詩爲正統。及宣統初年（一九〇九），上海出現了一個「南社」的組織，在詩壇上，獨樹一幟，反對宋詩，而模仿著龔定菴。在文學方面則追逐著革命的浪潮。當時在蘇滬一帶，極具聲色。參加的份子，皆一時具有革命思想的文學名流俊彥，有陳去病、高天梅、蘇曼殊、成舍我、章太炎、鄒蔚丹（容）、汪兆銘、葉楚傖、邵力子、蔡元培、張靜江、陳布雷、沈雁冰、陳望道、孫伯純、劉師培、鄒亞雲等。上海文壇勢力，大半皆爲南社會員所據。而其倡導推動南社者，據說就是後來以「恃才傲物」著稱的柳亞子。主張以文學鼓吹民族革命。嗣以反對南北議和，攻擊北洋軍閥甚力；加以亞子操縱失當，南社內部意見紛歧，前後經時六年，南社終於宣佈解散。

民國十二年，柳亞子企圖死灰復燃，與邵力子、陳望道等恢復南社，改名爲「新南社」，自任社長。提倡新文學和社會革命，以別於「舊南社」的民族革命。也以與時潮不合，組織又是有氣無力。柳絮隨風，亦無所表現。

清末民初，柳亞子以書生鼓動中國革命運動，從事文化與新聞工作，頗具相當活力，也極爲朋輩所重視。民國成立，直至中國對日抗戰勝利之前，他的言行，雖間不免於乖張；但其前半生，尚能堅守立場崗位，工作不懈，總算是淸白的。大德不逾行，小德似亦不必苛求。及抗戰勝利以後，利令智昏，急欲重登政治舞臺，便不計是非得失，與反政府、反國民黨的黨派合作，終於投靠了中共。使其前半生的淸白，汙染了泥沙。這是掏盡西江水，永遠都洗不乾淨的。

雖有活力意志游移

柳亞子的出身經歷，相當平凡，並無特出。他原名慰高，號安如。後改名人權，號亞廬。再次改名棄疾，號亞子。最後名號統一，以亞子行。由其改名換號之頻繁來看，頗覺其人意志游移不堅，且不太簡單，生性有點反覆好變。他生於淸光緒十三年（一八八七），江蘇吳江人。聰明有才氣，讀書強記，自幼卽頗有文學基礎。文筆流暢，見解亦新穎。十六歲，中秀才。少年得意，不免驕狂自大，目空一切。光緒二十九年（一九〇三）初，到上海，入「愛國學社」讀書。愛國學社，原是革命黨人章太炎、鄒蔚丹（容）、吳稚暉（敬恒）、蔡元培（孑民）等所創辦，亦爲培養革命幹部的機關。愛國學社被迫解散後，亞子乃轉入自治學社肄業。隨棄學從教，到健行公學教書。他受了革命思想的薰陶，在健行公學（一九〇六年）時，加入了中國同盟會，並將該校學生自治會，改爲「青年自治會」，儼然是同盟會的預備學校。在校時，原辦了一種「自治報」，係油印的。後來也改成爲鉛字排印，在日本東京出版，成了「民報」的衞星報之一。

柳亞子曾力主以文學鼓吹民族革命，從此他即在文化新聞界方面，活動的時候較多。復報、上海新聞報、蘇報、自由報、天鐸報、民立報、民主報、民聲報、太平洋報、民國日報，以及後來的國民日報等，與他先後都有過編撰文字的因緣。在社團方面，他與愛國學社、自治學社、青年自治會、南社、新南社等都有過組織或發生過親切的關係。故柳亞子自出道至民國成立之初，這一段時期，可說是他生命活力最充沛，最規規矩矩幹事的時期。

三日秘書功高酬薄

辛亥革命以後，南京臨時政府成立。柳亞子以爲革命告成，正是酬庸功勛之時。他的心意中的私念，縱不能獲得總長一席，至少也不會低於次貳之階。乃於民國元年一月，興致勃勃的趕赴南京，時革命資深望重之士躋躋京華。不意羣雄競逐之餘，柳亞子僅被任爲臨時大總統府秘書一職。後來據其「我和言論界的因緣」一文中說：「經過了武昌革命和上海光復，民國元年一月，去南京大總統府，當了三天的秘書，抱病而還。」所謂抱病，自然是一種託詞。昔有五日京兆，今有三天秘書，古今輝映，算是無獨有偶。他不幹秘書的原因，後來吳鐵城先生卻指出其眞相：「是要文人臭脾氣，不願作附屬品。」自認爲功高酬薄，當然不屑而爲之。從此開始，柳亞子亦漸趨消極，據其自道：「這時候，我是無聊極了。」

就在這時候，陳布雷與鄒亞雲等恐其就此消沈下去，便多方慰藉之，勉展其所長，回到文化新聞的崗位。這就是他與天鐸報發生關係之始。他的文筆，是犀利無比的。他反對南北議和、反對袁世凱，以及和民立報、大共和報，不斷展開筆戰。或許也是因爲自認受了「功高酬薄」的刺激，企圖在另方面一圖發洩之故。同時，他亦深知僅在文化新聞方面，難遂其志，要另闢捷徑，祇有向黨務方向，進取出路。

民國十三年，中國國民黨大改組。柳亞子卽乘機以中國同盟會會員資格，重新入黨，參加黨務工作。初任江蘇省黨部常務委員兼宣傳部長。十五年、二十年、二十四年三屆，他都被選爲中國國民黨中央監察委員。在黨中的地位，算是黨的最高階層，具有黨國要人之資格。他如願以償，應該是滿足了。在此以前的二十年中，柳亞子雖然多變，經歷多途，沒有大的工作成績表現；但其思想行動，還算是純正，對黨對國，亦無大的媿咎。

恃才傲物好開筆戰

柳亞子以長期工作於文化新聞界的緣故，交遊自然廣濶；但朋輩之中，很多人卻不願與之接近。這毛病就出在他少年氣盛，恃才傲物，自我心特強，好主觀用事。他寫文章，也是一樣。最愛賣弄筆墨，嬉笑漫罵，動輒與人開筆戰。尖酸刻薄，常不留人情面。放浪形骸，風流自賞，始終難改其使酒罵座的習慣。上述他和民立報、大共和報、以及後來與民聲、太平洋，大開筆戰，卽是明例。簡又文、陸丹林辦「逸經」文史半月刊時（二十五年三月出版創刊），指定題目，向柳亞子索稿。他常說：「出題不甚高明」。照通常情形，作者把題目變更一下就算了，而柳亞子則非如是。標奇立異，便在文章的前面，對「出題不甚高明」，大做其文章。由小可以見大，亦可謂爲好勇鬪狠，多此一舉。成舍我（現世界新專長董事）曾以南社社友主編「抗育」。時有青年作家聞野鶴、朱鴛雛二人常投稿論詩；崇尚江西派，以山谷之作，並不亞於唐人。柳殊不謂然，隨興筆戰。謂詩不尊唐，卽屬野狐禪，不足以言詩也。聞野鶴、朱鴛雛二人，亦隸於南社者，便不相下，爲文辯駁，皆在「抗育」發表。彼此初尚以論詩爲中心，嬉笑怒罵，無傷大雅，繼漸脫出範圍。柳亞子且以南社盟主的神色，老氣橫秋，凌轢後輩。朱鴛雛、聞野鶴更不屈服，報以惡聲。當時上海文壇，多左聞、朱而右柳，中華新報尤指摘柳亞子之陋。葉小鳳（楚傖）覩戰況，知柳必敗，乃以總編輯的地位，命成氏毋再刊雙方詩訟稿件，始休戰。柳亞子氣量狹窄、好爭、好勝、好計較的性格，於此可以想見一斑。

最推崇蘇曼殊大師

民國四、五年間，柳亞子在上海，以「書記」名義，綰領南社事務。其時，上海文壇，十九皆為南社人士所據，報紙副刊尤然。柳自以為執著了文壇與新聞界之牛耳，喜形於色，志得意滿。在「民聲」寫隨筆式的文章，即叫「上天下地」欄，仍不免目空一切。唯對某幾個人，似乎不敢輕視。如與葉小鳳，為同里至好，亦南社同志，更以詩文傳名。柳不但尊之重之，己所為詩詞，亦常請教於葉，並投載於民國日報副刊。此外於邵力子、張靜江、張廷灝、沈雁冰諸人，亦相當禮重之。這除文字之外，或許尚有其他原因。

柳亞子對南社中人，最為尊重者，似為蘇曼殊。蘇曼殊，名玄瑛。他的身世，非常撲朔迷離，朋輩多不明其眞相。柳亞子曾為之作傳，稿凡三易，自覺仍未稱心。他與曼殊的關係，為親、為友、為師？亦始終是個謎。不過從他函曼殊之信札觀之，似在師友之間。師，或為其禮重之客套。亞子在籌組南社時，曾有函致曼殊云：

「道一今歲客禾中，為法政講師。佩忍居西湖高等學校，此時已歸里第矣。懺慧夫人詞，當為代索。題瓦當詩，亦即致意不誤。棄疾今歲亦嘗過武陵，惜匆匆即去，不及與劉三相晤。未識劉三近有書寄吾師否？棄疾蟄居鄉曲，每以無聊為苦。去歲為天梅佩忍慫恿，乃有南社之創，輒望吾師助吾曹張目，耿耿之懷，諒不見拒！昔人有云：不為無益之事，何以遣有涯之生？明知文字無靈而饒舌，不能自已，唯師哀而憐之！勿嗤其庸妄也。兩詩並已拜誦，以後乞時時見教，不勝大幸！承索拙詩，以棄疾之陋，何敢自獻於吾師之前，慮以違命為罪，聊寫八律，乞加教正焉。好風得便，毋吝眞音，萬里海天，伏希自愛。柳棄疾。」

在亞子一般的函札中，落筆如此謙恭下禮者，實不多見。函中一再稱「師」者，便不知從何而出？考曼殊之年，僅長亞子三齡，如係傳道受業，也找不出根源。此或係如一般人慣稱為「曼殊大師」或「大師」之敬稱，這就不須別有所本了。不過他對曼殊推崇備至，一掩其驕狂之態，卻是不可諱言的。

捧伶挾妓遊戲人間

柳亞子自民國二年始，也就是說他在「三天秘書」之後，一方仍轉向文化新聞方面發展；一方又致力於新戲劇運動。且以遊戲人間的態度，與馮春航、陸子美非常親善。這時他已由民聲報，轉到太平洋報，專編文藝。自己有了捧場園地，就大替馮、陸捧場，且出版「春航集」。直到陸子美死去，馮春航離開戲劇以後，柳在傷感之餘，對戲劇興趣，始漸減退。

亞子在捧戲子之同時，風流所及，亦愛攀花折柳。常謂：「文人無行，理固宜然。」他與人談話，亦毫不自隱其所謂「無行」的風流韻事。常說：「捧戲子和吃花酒，本屬尋常事，又何隱秘之有！」似乎認爲這類韻事，還是高尙的，不算下流。自謂「替馮春航捧場，一面和曼殊、楚傖常在上海大吃其花酒。曼殊常叫的倌人是花雪南；小鳳常叫楊蘭春；我卻喜歡張娟娟。三姝艷色姿態，各有所擅，我們亦各愛其所愛，實難品評其高下。」他還自炫的告人，曾作過一首絕句道：「花底粧成張麗華，相逢淪落各天涯。婦人醇酒尋常事，誰把鈞天醉趙家？」似大有英雄末路之感！實際上，他大約也就在這不久之後，受了一點什麼打擊，即在當年的夏天，返回故鄉。這段風流孽債，自然也就了斷了。直到民國十三年才重到上海，卽如上述的轉向黨務方面求發展的時候。

一失足竟成千古恨

柳亞子自轉換方向，致力黨務方面的進取，民國十五年至二十四年，這十年之間，已躋身於黨的最高階層，應該要知足了。但由於他生性「反覆、好變」的心理作祟，對於自己的現狀，總是覺得不太滿足。熙熙攘攘，不務正業，終於造成叛黨的事實。中央爲維護黨紀起見，不得不將之開除黨籍。柳亞子從此自誤之後，過去一段也算相當光明的歷史，便由他自已親手毀滅了。也從此窮愁潦倒，鬱鬱不得志。於是漸漸走向極端，不計是非利害，一直抱著反黨、反政府的態度，到處展開活動。不過亞子此時之政治活動，仍以名士自詡，狂妄虛驕，專作偏激誹謗的言論，以沽名釣譽。失意落魄之後，仍不甘寂寞，企圖組黨結派，以遂其政治目的。惟其本身、財勢、聲望、地位、力量、無一不薄弱。又不得不拉攏李濟琛輩，作其政治靠山；擡捧陳維周等，作其經濟支柱。受了中國民主同盟的提携與中共的豢養，猶厚顏無恥，自稱爲「國民黨黨員」；曲解三民主義，自詡爲眞正的三民主義者。這在當時所有附共黨派的活動中，實爲一種突出的現象。

對日抗戰勝利以後，中共爲禍日亟。各黨各派，依傍趨承，互相唱和。柳亞子急欲重登政治無臺，謀一席「政治協商會議代表」，作爲晉身之階。另一方面，又故態不改，甚至勾結敵黨，挾敵以自重。自然更爲政府與國民黨所難容——政協代表，謀而未成。柳亞子以求售心切，頓然遭此挫折，認爲對他是一種極大的侮辱！因不免老羞成怒，抱定破釜沈舟之心，挾其有名無實的「三民主義同志聯合會」（簡稱三聯會），公然與當時各黨各派所結合的「中國民主同盟」，勾結串通起來，且明語於邵力子曰：「東方不亮，西方亮。」不惜以負氣洩憤的態度，附著中國民主同盟的尾巴，混溷一團。追隨中共，亦步亦趨，賣身投靠。結果被中共列爲「四大基幹」之一，闖入鐵幕。眞是一失足成千古恨！

呻吟床褥數年而逝

寫到此處，柳亞子的故事，應該是完結了；但餘波蕩漾，實猶未了。因抗戰勝利之後，中共叛國。全國大小政黨，不下二百餘種組合，大小都徘徊觀望，待價而沽。及中共竊據中國大陸後，中共對各附庸黨派，便開始修理與迫害。在二百餘大小黨派中，初僅選擇保留了「十一個」，餘皆予以撲滅。柳亞子的「三聯會」，幸佔了其黨名的優勢——中共進行統戰，還要利用「三民主義」作招牌，算是暫被保留之一。

「三聯會」雖暫時免掉被撲滅之災，苟延殘喘於一時；但其活動範圍，則受了中共嚴厲無情的限制。會衆與柳亞子，絕無絲毫言行的自由。隨之，中共又將該會作了無形的撲殺。將其重要份子如柳亞子、譚平山、陳銘樞、郭春濤、王崑崙等，歸併於已經修理過的所謂：「中國國民黨革命委員會」（簡稱民革）。「三聯會」的會名，雖仍留著，就祇是統戰御用的招牌了；柳亞子有名無實的「三聯」領袖，即全被消滅了。同時，原所謂保留的十一個附庸黨派，再經刪除，後來也祇有八個附庸黨派的空洞名義存在，作爲中共虛僞民主及統一戰線的裝飾品了。

「三聯會」經過幾番摧殘播弄之後，本已窮愁潦倒的柳亞子，生活就愈來愈慘了；加以身患長期的嚴重的全身動脈硬化及支氣管肺炎症，因醫藥之費無所出，以致呻吟床褥數年，早已形同活死屍了。

延至民國四十七年六月，以七十二歲之年逝於北平。不過也萬幸得很！因病逃脫一刼，沒有遭到如沈鈞儒、黃炎培輩，那樣「殘酷修理」的悲慘下場。

華北風雲中的宋哲元

新西北軍系的興起

中國與日本的關係，到了「九一八」事變之後，緊急風雲，已經撲向華北。一時龍蛇雜舞，盡是英雄，宋哲元便是其中時人所稱的「華北王」。本文不談國策與戰略，不抄正史與野乘，僅就個人見聞所及者，拉雜記之。雖說不是什麼秘辛密事，但是知者卻不太多。故事固都成了明日黃花，聊當白頭宮女話開元可耳。

宋哲元，字明軒，山東樂陵人，清光緒十一年（一八八五）生。二十餘歲，投筆從戎。歷在老西北軍馮玉祥部服務，由連長次第升遷，做到封疆大吏陝西省政府的主席。民國十九年，中央為了編遣會議，引發中原大戰。馮玉祥與閻錫山聯合，對中央軍作戰。馮閻相繼戰敗，閻部退回山西，馮部則已分崩離析。原有韓復榘及石友三兩部，則皆先後投效於中央。中原戰爭結束，梁冠英、孫連仲、吉鴻昌，皆向中央投誠。唯宋哲元、張自忠、劉汝明，則率其軍入山西，依閻暫維殘部。及中原戰事全部解決，中央對馮閻處置一本寬大，不咎既往。二十年六月，並委宋哲元為陸軍第二十九軍軍長，下轄馮治安（三十七師）、張自忠（三十八師）、劉汝明（一四一師）三個師，佟麟閣為副軍長。此卽二十九軍之由來，亦後來所稱之新西北軍體系。

二十九軍揚名全國

二十九軍組成未久，調駐平津，代替中央軍的防衞，乃因日人抗議，當時未能實現。二十二年二月，日軍進犯長城。三月戰於喜峯口，三十八師張自忠部旅長趙登禹，率大刀隊經三晝夜的血戰，卒克敵致勝。二十九軍原來仍有老西北軍傳統的裝備，每兵皆有「雙手帶」長刀一柄，迨日軍攻擊迫近時，乃取長刀肉搏。日軍猝不及防，無法對搏，乃倉皇敗退。二十九軍善戰之名，不但宣揚於全國，且遠播於國際。時北平「小實報」刊載俗傳劉伯溫的燒餅歌曰：「手執鋼刀九十九，殺盡胡兒方罷手。」一般樂觀者因說：「萬事皆由天定，劉伯溫之言驗矣。日本小醜，又何足畏。」時人更有以「大刀宋明軒」徵對者，北平名小說家張恨水，曾對上兩句，一爲「小膽萬福麟」，一爲「長腿商啟予」（註明對「湯玉麟」亦可，但麟字太多），雖皆遊戲筆墨，亦足見當時宋部的「大刀隊」已成了熱門新聞。

隨後，中央復加編一三二師，以趙登禹任師長（後在南苑作戰陣亡），隸於宋部，一軍轄四個師，實爲當時所未曾有，亦二十九軍之異數。

爭取時間準備抗日

民國二十二年五月底，中日簽訂塘沽協定，中國已經羣情憤極。而日人野心得寸進尺，復要求華北特殊化，策動晉、冀、察、魯、豫五省自治。二十四年六月，日人野心擴張，企圖造成「張北事件」，藉以開始發起行動。中央固早已決心抵抗，只因準備未充，對日人連續所提要求，深感依違兩難。

不得已，爲爭取時間，延緩日人發難，乃於是年十二月，在北平成立「冀察政務委員會」，以宋哲元、王揖唐、萬福麟、劉哲等十七人爲委員。宋爲委員長兼河北省政府主席，畀以秘守中央原則，捍衞華北重任。

中央針對當時中日敵對情況，暗示宋氏：一方面謀日人諒解，以拖延其侵略進行；另一方面俾中央有充裕時間，完成準備。爲謀此一策略之實現，宋氏乃起用大批親日份子，陽與日本周旋，陰作抗日建設。宋哲元以「抗日忽變而爲親日」這態度的轉變，自不免要令人惶惑。外人固要發生誤會，而中央與宋氏，尤若「啞子吃黃蓮」，有口說不出心中之苦。在日本方面，又何嘗不明白中國應付的策略！這正如俗語所謂：茅山道人鬪法，且看誰的道行高。

冀察政務委員會轄河北、察哈爾兩省及北平、天津兩市。宋氏兼河北省主席，張自忠以察省主席兼天津市長。天津市長後爲蕭振瀛，北平市長後爲秦德純。數年以來，中日雙方各有打算，在關係上，還幸平安無事。

日方要求傀儡組織

民國二十六年七月七日，日本藉故造成蘆溝橋事變。宋哲元與日方笑臉又變成破臉之局，便不能繼續與日人委蛇，乃退至保定。同時舉薦三十八師師長張自忠接替政務委員會委員長及北平綏靖公署主任，仍執行宋氏既定「陽親日，陰反日」的作爲。秦德純任北平市長，亦復如此。宋氏則奉中央命令擔任第一戰區副司令長官，兼第一集團軍總司令，擔任平漢線對日作戰的任務。但大戰既已爆發，日人亦絕不以「冀察政務委員會」之組織爲滿足，而有實現一個純粹傀儡組織的要求。張自忠見日方慾壑擴張，知大勢已去，無法再與虎謀皮，乃於化裝後騎自行車遠離天津，經青島、濟南轉至南京向中央請罪。但張自忠的行動，其時並未被輿論所諒解。唯最高當局明其心跡與任務，極予慰勉，許以忠貞，除勸之稍事休息外，隨另委以重任。不幸二十九年五月，他終於南瓜店一役，壯烈殉國成仁（擬另專文詳述之）。

招賢納士龍蛇並蓄

當宋哲元拜命為冀察政務委員會委員長時，獨當一面，身膺五省重寄，為民國以來所未有，而日人亦寄以非分之望。日人如願以償，華北政局遂暫呈急轉直下之勢。人物景象、官場風氣，與北洋政府軍閥時代，並無很大差異。宋氏亦一變常態，大事搜羅北洋舊時人物，如高凌霨、王揖唐、李思浩、潘毓桂、潘復之流，均一一延攬，畀以官職空銜，任其活動。其時殷同、陳中孚、殷汝耕等，皆居顧問之列，以備諮詢。乃至早年被通緝與久隱北平東交民巷（類似租界），以及夙遭世人詬罵的蟊賊，均源源出籠上市，善價而沽。日人亦以親善、聯誼之美名，混濁其中，復從而利之、誘之、騙之、收買之，於是龍蛇雜舞，溷濁一團，擾攘愈甚。

宋哲元蒞任之初，為爭取所謂人才，特組織一「進德社」。雖名為進德社，實即宋氏的「招賢館」。其起源，則由於某北洋遺老，以段祺瑞當政時曾組「安福俱樂部」的用心與業績，言於宋氏，宋氏大為讚賞，遂立刻在北平鐵獅子胡同闢一精舍，為招納機關。一時北方的風雲人物，夜問不周旋於進德社者，幾百無一二焉。有志登龍者，亦千方百計去鑽營，以進社門為榮。其屢鑽不疲，而竟青雲直上者，亦比比皆是。故當時的進德社，既有「進德飯莊」之稱，更有命名為「登天梯」者。凡能在進德社中朝夕出入者，遂被人贈以「天橋怪人」或「雲裏飛」等綽號。蓋喩其有騰雲駕霧，呼風喚雨之功能。

這時的進德社，表面觀之，爲一招待所，亦爲一俱樂部性質的組織。凡住、食、玩、樂，幾無所不備。乃至社員的衣着，亦五光十色。宋哲元本人，自從任委員長以後，很少以軍服出現於公私場合，恆以長袍、馬褂、坎背、瓜皮小帽爲其常服，穿軍服看慣了，初見之有不倫不類不太順眼之感。而其部屬，見上有好者，亦多起而效之。尤可怪者，如佟副軍長、馮師長等，均赳赳武夫，身御長袍，頸圍絲巾，捲起內衣白袖，粗模大樣，宛如上海的白相人。有些人的談吐舉止又極粗鄙，常不免貽笑大方。秦紹文（德純）常配武裝帶，而頭頂則戴上西式呢帽。鄭大明的軍帽，則半似斗笠，半似童軍帽。千奇百怪，風氣如此，出入進德社者，亦不以爲怪。

智囊人物足計多謀

宋哲元掌握冀察兩省兩市一切軍政大權，風頭健，權力大，威風凛凛，左右便多以「華北王」稱之。中央爲爭取準備抗日時間，給予宋氏的唯一任務，厥在與日方就地周旋。宋氏雖僥倖於喜峯口一戰而揚名，自知能力薄弱，難當大任，不得不另外選拔才智之士，尤其是留日學生，以爲己助。而當時爲宋氏策謀設計者，多爲天津市長蕭振瀛（仙閣）。蕭亦自命爲日本通，且視宋爲劉邦，自視爲蕭何，尤大言不慚，自詡有旋乾轉坤的本領。常力勸宋哲元學「劉備借趙雲」故事，挾日本以自重，進而席捲中原。宋明知其妄，亦不介意。蕭之為人，不但不得人緣，且為眾所厭惡。他的笑話，傳遍一時，仍自以為得意。他常說：「西北軍裏，眞正把古書讀通的人，其實頂多只有兩個半。一為王鐵珊（馮玉祥尊為老師），半個是湖南才子雷嗣尚（北平社會局長），還有一個，人家都說是我蕭仙閣。」宋哲元為其母暖壽之日，李筱帆（老西北軍，馮玉祥的特務頭子，其時猶有餘威）以蕭大言不慚，亦藉酒裝瘋，當著眾客之前斥之，並批其頰。據說：張自忠也曾於大庭廣眾之下，打過他的嘴巴。他竟不以為侮，還笑臉相迎說：「老兄醉了。」可見其人格之卑不足道了。

此外，北平市財政局長林世則（叔言），向以機智見稱，頗重義氣，唯乏強項之志，事多承意而行，故能得宋氏的信任。風度典雅，談吐悅人，交際活潑，女友如雲。其妻為旗人某王公之女，人多以「格格」（漢語小姐）呼之，頗賢淑。林事母尚孝，母則以林叔言「無後」，常喋喋不休，屢勸林納妾，且欲逼格格歸寧天津，格格以是長日戚戚。後經醫生檢查，病在於林叔言。醫癒，果得一子。林為宋氏劃策之時，尙能以中日前途作考慮，非僅以宋一人之前程為念，更常以蕭仙閣、常小川、鄭道儒之謀為慮，當算是宋氏智囊中之識大體者。

河北官產局局長常小川、河北省政府秘書長鄭道儒，並蕭、林二位，皆天津人，亦留日學生，鄭且留美有年。惟北平市社會局局長雷嗣尚，湘人，風流倜儻，有詩人氣質，在西北軍中，素有「湖南才子」之稱。他雖為宋所器重，但他的興趣，不在政治。雖多詭謀，又常不免涉及怪誕，便不爲宋所賞。常小川、鄭道儒皆以狡猾見長，常於宋前，諷其「寧爲趙匡胤，勿作曾國藩」。常、鄭每爲此說時，李筱帆即面斥之曰：「你們二位老弟，要慫恿宋明軒當皇帝都行，就是別慫恿他當石敬塘那種漢奸皇帝。要不然，你們就不怕生下孩子來，老天爺不讓他有屁眼嗎？」所幸宋氏深明大義，不爲糊塗智囊之計所惑，墮入羣小愚昧之謀，常以一笑置之。

對日外交善哭善病

中國全面抗日戰爭未發生之前，華北風雲中之關鍵人物，實宋哲元與秦德純（紹文，後任北平市長）兩人。秦富機謀，頗具遠見。而宋氏獨樹一幟以後，以封疆重寄之尊，常以老西北軍的老大哥自居，經常取法馮玉祥，舉止態度，亦步亦趨。秦紹文因得一躍而爲其副魁，論者謂秦紹文之於宋哲元，亦若鹿鍾麟之於馮玉祥。外似奉命唯謹，實則事事先得其心，外圓而內方，不爲其主所忌，亦不爲外人所憎，實爲今日政壇最理想的羽翼人材。

論者亦有謂：宋明軒之爲將，實不過如梁山泊徐寧與呼延灼之流。僅恃其頗具規模之「大刀隊」，僥倖於喜峯口得逞於一時，以言統御，亦難與盧俊義、李應諸人相比擬。與日方折衝時，全乏外交手腕。到了事情緊迫時，秦紹文唯有效劉玄德之哭。日方以事尚未到決斷的地步，對秦亦莫可奈何！宋明軒當無計應付時，則乾脆避不見面，或藉口「返籍掃墓」，或「赴保出巡」，或稱病「虛火上升，耳鳴不已」。日人明知其爲搪塞敷衍，亦莫可奈何，但常識之爲「多愁善病的宋委員長」，如此又偸過了一關。雖說關關難過，也關關過了，好在日人也是明知而固昧之。

遷葬乃父大壽其母

宋哲元職掌冀、察兩省與平、津兩市軍政全權。數年以來，限於環境，不許與日人之破壞，於公自難有建樹可言；於私則有兩件大典發生，轟動了半個中國。一爲遷葬其父；一爲大壽其母。前者尚算莊嚴盡禮；後者豪華奢侈，爲北方所罕見。

宋氏既風雲遂志，更相信世俗陰宅風水之說，乃有遣人返山東樂陵，遷葬其父之舉。事驚朝野，禮數難缺。一時權貴專程前往執紼，或藉機會遊覽風景者，車水馬龍，途爲之塞。路局並加開專車數列，以應其急。凡送葬執紼與致送奠儀者，除設盛筵接待外，並均答贈江西景德鎮御窰的飯碗一對，作爲紀念。此碗瓷細，其薄如紙，白潤如玉，相當精緻可貴。上書：「孝思不匱」與「年月日山東樂陵某某堂敬贈」字樣。當時熱衷於官場者，無不以獲得此碗爲榮，且有出高價而沽之者。

宋母七十慶典，事前顯要集議，設籌備委員會總理其事，委員會復分爲若干處。執其事者，盡皆平津顯達與社會名流，而以天津市長蕭仙閣爲總招待、張振鷺任司儀、潘復任提調、林叔言任賞金、常小川任收禮、鄭道儒任總務、雷嗣尙任文書、潘毓桂任警衞、張璧任飲食監督、李顯堂任連絡。門致中、秦德純、過之翰分任前院、後院、傍院總理。陳璞章任登記、陳繼淹任交通、李鳴鐘任軍界、陳中孚任外賓、管翼賢任報界、冷家驥任商界、蕭劉輔瀛（蕭仙閣妻）任女賓、王鐵珊任耆老。原來都是鉅公大官，現在都成了宋門走卒執事。由這一人事安排看來，其規模之大，舖張之盛，卽可見其一斑。每處之下，均各有辦事長與辦事員若干人。所有執事人員，均佩戴壽字徽章，下加紅綢條，書明職務與姓名。工人與警衞亦配有淺紅色壽字徽章。所有上下執事之人，到處周旋，各依其職，各司其事。

壽期中，舉行「堂會」三日，京、滬平劇名角，均應聘登場。劇臺設於花園中，雖滿佈椅凳，而觀者如雲，仍有滿坑滿谷之患，秩序很亂。次日，改用戲票辦法，賀客有僅得一日戲票者，他日只好向隅。有一人而多票者，則舉家偕往。飲食則採「流水席」方式，三院之內，密佈八仙桌。八人坐齊，立刻開席。一桌食畢，猶覺未飽者，可立轉坐他席。飲饌極豐，山珍海味畢具。貴賓則另在東西花廳內聚宴，飲饌更爲豐美。所有菜單，逐日早晚更換。賀客中舉家大小，來此全日坐食者，比比皆是。亦有與宋家毫無淵源者，日携裱紙壽聯一幅，偕全家登門拜壽畢，聽戲坐食至晚。次日，仍如法炮製。故宋家所收壽聯壽幛之多，堆積如山，無法張掛。

壽堂中，懸壽字幅，高大過人。案上巨燭，亦粗過人臂。正中且懸有國民政府主席林森與軍事委員會委員長蔣中正所題之匾。林公之下款僅署名；蔣公之下款則自稱爲「姪」，宋氏尤視爲無上光榮。日方人物中，贈祝壽屏、聯、壽詞者亦不少。客有自上海專程北來祝壽者曰：此一慶典之盛，在中國南方亦未曾有。唯當年上海聞人杜月笙，爲祝建立家祠之舉，差可並觀。

至於所費之浩繁，自屬意料中事。有一老新聞記者曾說：「此爲宣統大婚後，古城中第一大濶事。僅三日所耗之資，當足十萬貧民一月的口糧也。」這位老記者並謂：「此款在宋明軒私蓄中，必是應付不了的。這全是各方面人物所『報効』而來。」他約略指出：冷家驥代表華北商界，慨贈禮金十萬元，壽筵一千席。蕭仙閣一人「孝敬伯母」禮金五萬美元。湯玉麟以待罪之身，蟄居古城，亦忍痛報効一萬元。陳繼淹、馮治安、吳大業（造幣廠長）、寧恩承（稅務局長）、陳覺生（北寧鐵路局長）、徐銑（印花烟酒稅局長）、謝振紀（海關代監督）等，均各贈禮金五千或一萬元，卽如常小川（官產局長）、林叔言（財政局長）亦各贈五千元。日人土肥原送金桂圓三斤，約值大頭六七千元。其他禮金在五千元以下百元以上者，更多得一時無法統計。

生命光輝照耀不息

綜宋氏一生，服務軍政三十餘年，面對虎視眈眈的日本，獨擔華北艱鉅任務，這實在是功不易見，勞則盡嚐的事。他建樹雖無燦爛可觀之處，而人格實可傲視同時代的儕輩。抗戰軍興之翌年（二十七年）四月，宋氏以病初辭第一集團軍總司令職。十月，再辭第一戰區副司令長官，專任軍事委員會的委員，顯然是其病勢已漸加沈重。隨卽經由湖南、廣西、貴州入川，赴綿陽休養。經時年餘，終於民國二十九年四月病逝，享年五十六歲。死後國民政府頒令褒揚，並追贈陸軍上將。至其生前勳業，不待詳敍，從民國二十四年國民政府所頒授他「青天白日勳章」，以及身後的榮典看來，他生命的光輝，卽全可反映照耀得出來！

陳儀伏法記

讀中外雜誌二一六期，駱志伊先生「陳儀的悲劇」，所述陳儀一生經歷與其陰謀投共事業，頗爲詳細。本文只就我所知道的陳儀或有爲世人所未盡知之處，提供讀者參考。

決非僥倖必有特長

我與陳儀牽扯不上任何淵源關係。抗戰期間，我雖在重慶陸軍大學，擔任過教職。民國三十二年，他奉命代理過陸大校長，爲時甚暫；但我去他走，如參與商，兩人始終沒有碰過面，打過交道，更談不上瞭解。不過關於他的爲人處世、行政、治事一切，我從陸大同事以及軍政界朋友閒談之中，卻聽到很多客觀而公正翔實的傳述。

陳儀，字公俠，一字公洽，浙江紹與人。生於清光緒九年（一八八三）。大體說來，陳儀出道很早。他在日本士官畢業回國以後，卽與軍閥們混溷一塊，任職浙軍師長的時候，還不過三十左右。雖是少年得志，一個純粹軍人，自然沒有什麼籍籍名。及叛離孫傳芳（時任五省聯軍總司令），投入國民革命陣營後，便一帆風順。十年之間，軍政兼資，武官升到上將階級，文官做到閩（二十三——三十年）、臺（三十四——三十六年）、浙（三十七——三十八年）數省的封疆大吏。地位之尊榮，也相當如一人之下，萬人之上了。

他何以會騰達至此？自然不是僥倖而來，必有其特殊的本領，包括其學識能力與做人處世之道。一般輿論，亦謂綜陳儀的一生，只是晚年昧於大義，有虧大德。至其私行小德，還算過得去。不過他好玩弄權術，具有過人的手段，實一政客型的人物。世人早傳陳儀原是「政學系」中一份子，或可置信。其人如果一無可取與得人信服的特長，生前不會左右逢源，當其伏法之際，也不會有顯要如何應欽、張羣諸公，力請領袖免其一死之舉。

早傳陳儀隸政學系

今日說到政學系，非平日關心政治歷史有素者，必是茫然不知。現在既然提到它，似有說明之必要。所謂「政學系」，與交通系（梁士詒等）、安福系（段祺瑞等）、研究系（梁啟超等）為同時代，同一型政治性的結合。結系搞黨，固不是好事；但政學系，並不算是一個壞的政團。政學系，這政團的淵源（源出中國同盟會），是由清季末葉，而民國初年國會初開多黨林立時代，所遺留而來的政團，到南北國會時期，又一再演變而爲政學會系，簡稱「政學系」。

據傳政學系的份子，多爲富有政治支配慾的官僚，以政客作風，利用軍閥，來爭取政治權力。其方法，與研究系頗相似，習於縱橫捭闔之術——卽玩弄權術手段。成爲名重一時的政團。南北政府對立時，吳佩孚當日通電中所云：「北有安福、南有政學、國之蟊賊、其罪惟均」，指的就是政學系，亦足見其勢力之雄厚。其主要組成份子，初爲岑春煊、景耀月、孫毓筠、李根源、陸榮廷、李烈鈞、鄒魯、章士釗、張耀曾、湯漪、沈鈞儒、徐傅霖、彭允彝、谷鍾秀等。繼傳吳鼎昌（達銓）、熊式輝（天翼）、張岳軍（羣）、張公權（嘉璈）、陳儀（公俠）、楊暢卿（永泰）、黃郛（膺白）、萬耀煌（午橋）、吳鐵城、何成濬（雪竹）、周亞衞等，皆其中堅人物。多出身於日本學校。外交方針，因其留日學生居多，也比較傾向於日本。本系曾於民國九年，發表解散宣言。此不過爲一時的對外策略。其實內部，仍維繫得很好，團結亦堅。因爲此系，最重現實，尤注意當前的政治實力，故有「官僚派」或「政客黨」的渾名。

本系份子的結合，似無嚴格的形式組織，與什麼紀律制裁。唯重精神貫通、聲應氣求，互相標榜，力求合作。故其入系份子，似有相等的一定的政治地位。頗重私德，尤講究操守。陳儀之出身、經歷、處世、做人、以及在政治上的作風，頗多與上述條件吻合，便不怪人咸以政學系份子目之。由於國民革命軍北伐成功，統一全國以後，全國各黨派——尤其是政學系，源出於中國同盟會，卽大都心悅誠服的歸入革命陣營，成爲領袖蔣公的股肱，接受領導。由於這一客觀因素，政學系無論在精神上實質上，便漸次鬆懈冷落下來了。至民國二十五年，湖北省主席楊永泰遇刺殞命以後，這一黨政上的贅瘤，便根本烟消雲散，也把陳儀政學系的色彩沖淡了。

前度劉郎重主浙政

不論政學系或非政學系，其人凡具有特殊才識能力者，自然不會寂寞。國民政府，必然要網羅借重的。中國對日抗戰發生前（二十三年），福建省主席朱紹良（逸民），調任淞滬戰場中路軍總司令。繼主閩政者，竟是時任軍政部次長的陳儀。足見領袖對他，相當的重視。在職六年，以僑領陳嘉庚等的批評攻擊始離去。三十四年，日本投降，臺灣重光。陳儀以日本士官出身，因人地之宜，卽被任爲臺灣省行政長官（相當省主席）。他到職以後，頗有心爲治，準備在已被日本統治了五十年的臺灣，大幹一番。他爲擴大影響和宣傳聲勢，三十五年冬，並邀請上海新聞界人士，赴臺訪問。時上海各大報，都派有記者參加。中央宣傳部副部長許孝炎（湘人），任訪問團團長。許於率團返京後告余：曾遍遊臺北、基隆、臺中、臺南、新竹、日月潭、高雄、嘉義等地，整整十天。他對陳儀個人與地方情形，尚多好評。且謂：在陳儀權術之下，倘能善政愛民，臺灣前景，必大有可觀。

不料事隔數月，三十六年二月，臺灣因烟酒公賣問題，闖了大禍，發生「二二八」事件，造成官民水火之勢。陳儀因此去職，由魏伯聰（道明）接任。陳儀初見逐於閩；再被擯於臺。而領袖並不以其人爲不法與其才不勝任，不以事廢人。三十七年，仍命之再主浙政（十五年，孫傳芳曾命主浙江）。前度劉郎今又來，相距已二十餘年矣。陳儀自有「失之東隅，收之桑榆」的興奮！初行尚循正道，一路順風，頗獲浙民的好感；但爲時未久，政局動盪，陳儀思想亦遽變。第三次闖禍，又在潛滋暗長之中。

陳儀這次主浙，不過一年。中央戡亂戰局，因徐（州）蚌（埠）失利，江南震動。陳儀認爲政府大勢已去，失敗心理愈增。轉覺「識時務者爲俊傑」（亦以此勸湯恩伯），又思一弄權術，以保將來之權勢地位。加以他的僚屬中，左傾份子很多。明白陳的心意，便積極包圍攏來。物必先腐，而後蟲生。中共特務，儘量挑撥離間。陳儀意志，更爲動搖，終於落入圈套，無法自拔。一失足成千古恨，才會違背大義，難逃法網。

煽動浙人局部和平

陳儀此時，初雖胸蓄陰謀，但毫末一露聲色。三十八年初，當領袖總統蔣公引退時，陳儀由杭晉京，復陪侍　蔣公乘機蒞杭。並於西子湖畔的樓外樓飯莊，設宴爲　蔣公洗塵。席間且向領袖陳言：「總統得卸仔肩，無官一身輕，優遊山水，以待東山再起」等慰藉之詞。蔣公於回奉化之時，還說到「備戰言和」的計畫。囑陳儀備戰，趕修舟山、定海、陸海空軍基地。陳儀表面猶唯唯奉命惟謹，誰料其內心竟在作謀叛的打算。

中樞自蔣公引退後，由副總統李宗仁登臺。時府、院（孫科任行政院長）失和，已難調協。中共則陳兵江左，待機渡江。陳儀見大勢阽危，心理愈不自安，傾共愈急。事實上，他陷溺已深，亦難擺脫共特與左傾份子的糾纏，只好一弄權術，以圖僥倖。又覺舉旗起義，爲時尚早。於是地方性的和平運動，便在他掩護之下，在浙江漸次滋長起來。陳儀且冠冕堂皇，自欺欺人的公開表示其局部和平論調說：「和也好，戰也好，我們要以民之所好，好之；民之所惡，惡之；以民意爲依皈。因爲政治是辦理眾人之事，政府自當以代替人民謀和平幸福爲前題。我個人服官桑梓，爲故鄉人民服務，政府要我幹就幹；不要我幹，便立刻讓賢。」雖振振其詞，邪氣十足；但對當時浙江民眾，似無大的影響效果。

陳儀見投石大海，不掀漣漪。從此與中共勾結益密。中共戰略，慣以攻心爲上，不戰而屈人之兵。時湯恩伯統率大軍，坐鎮江南，身繫東南諸省之安危。陳儀與湯恩伯，原係恩義之交。中共卽思利用陳儀，施其權術，煽動湯恩伯，進行所謂「起義、立功」，以不戰而屈湯軍，達其局部和平的目的。尤著奇勳偉績者，又莫如再演一次西安事變。

企圖重演西安事變

總統蔣公引退以後，即移居於奉化溪口頤養。而奉化附近各縣，全在湯恩伯軍防區以內，溪口安危，即全在湯恩伯的掌握。中共陰謀，認為如能透過共黨的「暗碼」——陳儀，說服湯恩伯「起義」，計之上上者，即把奉化變成西安，溪口當作臨潼。非但可以兵不血刃，直下江南。並且可以重演一次二十五年的西安事變，挾持領袖以自重，號令全國，則天下大事定矣。中共且認陳儀已落其掌中，陳與湯恩伯的關係，又可謂是二者一體，應是擔任此一使命的最好角色。便積極策動潛伏於陳儀左右的共特，逼迫陳儀煽動湯恩伯，作為「立功」的條件。並許湯官職不改，僅其部隊改編，變更番號而已。將來中共紅朝敍功行賞，則陳、湯皆屬「聖主開基第一功」的元勳了。

陳儀負此使命，自然開始相機進行。適湯恩伯因事蒞杭。某夕，陳乃於杭州葛嶺私寓，邀約湯恩伯密談。除詳細分析當時中外大勢以外，又謂：「江南各軍，不是殘兵敗將，便是未經戰陣的新兵，實難當中共乘勝之眾。即決無法抵擋共軍的攻勢，確保江南。且我內有桂系傾軋，大家都是同床異夢。如此惡劣環境，對湯前途，實大不利，希望湯自己有所抉擇，免得將來後悔！」最後並略露自己左傾意向。言詞之間，尤盼湯和自己取一致行動，同為識時務的「俊傑」！

陳儀這番勸說湯恩伯之詞，湯聽了之後，心情遽變，至感不安。私忖：就公誼而言，食君之祿，忠君之事。既已奉命守土，自當盡軍人報國之天職。就私情而言：陳儀扶植自己於微時，義同父母，情逾骨肉。而領袖蔣公，則拔自己於戎行之中，推心置腹，屢膺方面之寄，知遇之恩，義不可叛。湯之處境，一時實在進退「兩難」。當夕密談，故毫無結果。湯亦於當晚返滬。在陳則恃與湯之私情密切，認湯亦決不至有違所命，只好靜候湯的消息。倘湯當日一時糊塗，昧於國家民族的大義，輕舉妄動，重演一次西安事變，那中國大陸，必早在民國三十八年之前，全落入中共的掌握了。

大義所在陳被扣留

陳儀叛跡，中樞方面，早有所聞，已在暗中防範。湯恩伯以陳儀執迷不悟，知其中毒已深。自己既無法挽回陳儀謀叛之心，便無法公私兩全。權衡輕重，只好與陳分道揚鑣，各行其是。當他由杭返滬之後，爲公誼、爲大義，只得將此事本末，坦白詳報於領袖　蔣公。一方與軍方保密局，取得聯繫；一方召集其京、滬、杭警備總部第二處（保安）工作人員，籌商辦法，嚴防共特和其同路人與陳接近。同時湯與陳在杭密談時，陳要介紹三個人（係共幹，其中有胡某，係陳之表侄）至滬，參加協助警備部的工作。並命令式的約定日時，持陳親函來滬報到。詎因中共對陳與湯的關係和魄力，發生懷疑，同時亦知陳、湯密談，尚無結果；便不敢貿然派遣共幹、自投羅網。此事就暫時擱下來了。及聞陳儀被扣羈押，中共始知對湯起義的要求，完全絕望，和平渡江，亦成了泡影；才放棄對湯策反的陰謀，決心作戰。領袖 蔣公，雖早略悉陳儀的言行，始終曲予寬容。原冀其能有自覺之日，悔悟自新！及湯恩伯詳盡坦白的報告以後，便不能容陳繼主浙政。免陳再趨極端，造成肘腋之禍。至是，陳亦知湯已背其起義之命，異常憤慨！並拒絕 蔣公邀赴溪口之命。交卸浙江主席之翌日，陳儀即舉家遷滬。湯恩伯猶刻意求全，勸陳早覺，不再受共幹的影響或包圍，即向陳儀建議：離開上海，或赴香港、或遷臺灣任擇其一。陳皆堅決拒絕。反明以告湯：「要我離滬，不如送我到延安。」湯對這種挾氣之詞，亦無可奈何，不得已，只得請示領袖！隨奉指示：「暫時將陳儀輭禁，不准見客。」領袖之意，猶在成全陳儀，免受中共挑撥，興風作浪，影響大局。湯遵指示，只好命其總部第二處，執行任務。一方就湯之住宅（上海北四川路底、東橫濱路湯宅），將陳儀輭禁起來。並令對陳個人生命安全，絕對保護。且不准冒犯或施以無禮。一方對外宣稱：陳主席政躬違和，暫不接見任何賓客。來賓之形跡可疑或嫌疑重大者，予以扣留，調查處理。據說，後來果有高某、孫某、陳某等，先後藉故來訪。經過查詢沒有什麼嫌疑，便未追究。

陳儀由杭遷滬，除其太太陳月芳外，尚有親信王副官及僕輩數人。王副官（忘其名）山東人，隨陳二十餘年，人頗忠實。當時且擬伺機拔槍保護陳儀出走。亦被監視人員發覺，搜出手槍多枝。隨將王副官扣押於霞飛路某地，始未發生不幸事故。以後陳儀被扣消息，漸漸傳出，大家爲了免受池魚之殃，亦相率裹足不前。

禁地數遷終於伏法

陳儀被輭禁後，初因消息封鎖嚴密，外間知者極少。他在被禁期間，足不出門，惟閉戶看書。行動雖不自由，猶故作鎭靜。他表面安閒，實則另有企圖。曾密託某外國人代購飛機票，夢想逃亡。不過以監視周密，事敗未果。經過約一周之後，時局已見惡化，陳儀留在上海，對湯恩伯個人，於公於私，皆屬累贅。因特派其總部彭少將（忘其名，湘人）將陳轉地輭禁。當用一架小型飛機，送往衢州（係陳選擇地）。由上海江灣起飛時，陳儀在上機之前，神態自若，談笑風生，異常鎭定，彷彿將出發旅行觀光似的，毫無失掉自由之感；也像有什麼新希望，即將降臨一樣。衢州下機時，綏署張副主任、衢縣翁縣長，早率當地文武官員，恭迎於機場，優禮有加。彷彿迎接新上任的長官一樣。隨招待於衢州峥嶸山上一座洋樓中居住。衢州爲浙西重鎭，形勢險要，爲古兵家必爭之地。湯恩伯任衢州綏靖公署主任時，即設辦事處於峥嶸山上。其地名勝古蹟頗多，風景亦相當優美。登臨其上，縱目遠眺，青綠一片，濃蔭滿地，亦不異世外桃源。陳儀此番覊押之所，即係湯恩伯在衢州時的住宅。湯並囑翁縣長，善爲照料。

三十八年四月，中共大舉渡江，京滬大震。陳儀似亦喜形諸色。是何居心？不難想像；但時局變化難測，湯爲顧及陳之安全，及防被中共所利用，經呈准領袖，始將陳轉解到臺灣。當時原以遷居厦門徵其同意，陳卽欣然接受。及飛機降落臺北松山機場時，陳對臺北地形情景，原極熟悉。至是，自然已明置身何處？頓卽變色、情緒大變，不發一言，形同木偶。人猶疑其或因「二二八」事件，無顏見江東父老之故。其實不然。出乎常情，他是被騙飛臺的。自會突悟一切希望全絕，或已走到人生的末路。才會一時神智失常、痲木起來的。

陳儀至臺，仍輭禁於臺北草山某處。三十九年，行憲政府已播遷來臺，總統　蔣公亦已復職。但當時臺灣人心，仍在浮盪之中；國際形勢，亦頗不利於我。中共潛伏份子，則乘機積極活動，處處挑撥煽動。政府爲安定人心，確保社會秩序計，自不容有顚覆、破壞的共諜存在。如吳石之輩，身負國防重任，尙且以通敵伏法就戮。若陳儀者，一個民族敗類，在臺不啻一個惡瘤，早無留存的意義，尤恐養癰貽患，危害國家。根據軍法審判，且不顧有力人士的保證，乃於三十九年六月某日凌晨，予以槍決以謝國人。時年六十八歲。當時某些要人，包括湯恩伯在內，猶趕赴草山，向總統　蔣公請求，希望「槍下留人」時，而　蔣公則已飛往臺南巡視去了。

風光一世悲劇下場

陳儀出道以後，扶搖直上，風光一世。晚年雖大節有虧，私德尚屬不惡。大家公認他較著的缺點：好玩手段、弄權術。政壇之上，便不免有人畏之、忌之。有人說他愛貪杯中物，常常因酒誤事。其實陳不善飲，有時藉酒運思，以僞掩眞或有之。通常酒與色連，而陳則爲一目中有色，心中無色之人。蓋棺論定，自然毀譽參半。而哀情最難自已者，就是湯恩伯將軍。這也無怪其然。因爲湯恩伯從學就業，陳儀對他都有很大影響，這是無人能否認的。後來他成了領袖　蔣公生死不渝的忠實幹部，亦爲無可否認的事實。以他與陳儀的公私淵源，及事若父師的深恩厚澤而言，目睹陳儀最大悲劇下場。宜乎至性如湯恩伯者，其心情之慘痛，自難自已。湯恩伯原以國家大事，義不徇私；但爲顧全大德，便不能私誼無虧。深覺「我雖不殺伯仁，伯仁由我而死」，亦爲人情之常。因特備楠木棺材，親赴刑場，收屍成殮（因陳儀並無親人在臺）。湯恩伯在自宅設陳儀靈位，祭之以禮，用了餘情；但話說轉來，倘陳儀能早知警惕，不太過剛愎自用，接受湯恩伯忠言，懸崖勒馬，既能保持晚節不會身敗名裂，更何至演成後來之戮屍悲劇！陳儀無子嗣，且近老年，早應「戒得」。浮雲名利，才是智者自處之道。其妻陳月芳（原名古月芳子）早年娶於日本。個性雖強；但亦溫柔媚人，深得陳之寵愛。陳儀一生官運亨通，所獲其妻之助者亦多。抗戰初期，陳主閩政六年，對地方尚能維持和平安定。有人疑其妻與日人有勾通之嫌；事無佐證，只好存疑。陳月芳與陳儀結婚後，經常未離左右。陳儀輭禁由滬遷衢解臺，她一直留在上海。中共竊據大陸後，她的生活，漸臻窘迫。中共對她雖未加迫害，亦未予以照顧。傳說：她爲自尋生路，已於民國四十三年，孤苦伶仃的經由香港回去日本老家——廣島，幸得其親弟之援手，乃得苟活於世，今則下落不明了。

范紹增風流慷慨

知名度在川軍極高

辛亥革命，民國成立以後，到對日抗戰之前，號稱天府之國的四川省，一直是四川軍頭爭奪割據的世界。

所謂：「天下未亂蜀先亂」，亂又亂得沒有什麼名目，名不正、言不順，干戈擾攘，互相殺伐，自民國初年至民國二十六年七七抗戰爆發，二十餘年之中未曾太平過。四川內戰中的軍要，在我記憶中之可數者，有劉湘、劉文輝、鄧錫侯、田頌堯、潘文華、王陵基、王纘緒、唐式遵、李家鈺、陳書農、范紹增等皆是。

在這些川軍將領之中，范紹增位僅軍師長（抗戰期間，才洊升軍長），在川軍中的知名度，雖不如劉湘、劉文輝輩來得響亮，卻也不在潘文華、王陵基輩之下。尤其在聲色犬馬的場合，燈紅酒綠的地方，提到「范哈兒」（渾號）的大名，眞是掩蓋了四川當年所有的大小軍頭。

起自綠林風流慷慨

范紹增，原名海庭，四川渠縣人。被劉湘自綠林招撫後，始更名紹增。綽號「范哈兒」，范紹增之名，反不及「范哈兒」之盡人皆知。「哈兒」者，川人用爲「傻子」之代名。其實范哈兒並不「傻」，他雖不學無術，說話粗俗有欠文雅，作事不依常規舊矩；然其處事接物，行軍作戰，卻常詭計多端，令人莫測。「哈兒」之得名者，乃取其身形、相貌、胡說、妄行之綜合來說的。四川幫會組織極爲普遍，幫中領袖稱「大哥」，男的叫「龍頭」，女的稱「鳳頭」，有的也稱大哥爲「大爺」。以「仁、義、禮、智、信」五字定輩份、地位、尊卑。凡加入幫會做「袍哥」的，各有自己所屬的「堂口」，設香堂、收徒弟，分庭抗禮。小輩敬長輩如神明，唯命是聽，執禮甚恭。

范紹增起自綠林，早年加入四川的「袍哥」集團，在「圈子」裏，被推爲「龍頭大哥」，嘯聚徒眾與亡命之輩，雄據一隅。一爲強征地方「賦稅」——四川錢糧，抗戰之前，有些地方，已預征至三十年之久。故四川雖土地廣濶，沃野千里，但老百姓大多數仍是貧苦的。二爲販賣鴉片——川土是有名的，無論貧富，吸者頗眾，販者亦多。由此兩項財源，范哈兒早已集貲甚豐，供其後來風流揮霍的挹注。劉湘雄據西蜀，稱「川中王」的時候，范紹增被劉收編任師長。

因其出身市井，又讀書無幾，言行卽常不免於粗魯庸俗，加以生性「風流慷慨」，風流，雖俗而不雅；慷慨，則浮而且濫。但其趣聞逸事傳播頗廣，略言幾點，以博中外雜誌讀者一粲。

重慶建都貢獻最鉅

在未敍述范紹增風流慷慨故事之前，不能不說說四川在抗戰前的一般情況。民國二十三、四年，朱毛共軍，由贛流徙，由黔竄川。川軍無力抵抗，允請中央軍假道入川進剿。抗日戰爭爆發，四川在歷史上，素有「天府之國」之譽，尤其地勢險要，固若金湯，國民政府卽明令定重慶爲陪都，也爲中央政治入川之始。同時四川因爲地理環境的關係，早已養成了川人閉關自守的習性，一旦「省禁」大開，不但中央軍政勢力源源入川，各省不速之客亦潮湧而至。川軍奮起抗日，楊森、王陵基、王纘緒、唐式遵、李家鈺相率出川參戰殺敵，形成中央與四川地方大團結統一之局。這對抗戰建國之貢獻，功昭史册，尤未可沒。

就抗日作戰而言，劉湘率領所部出川抗日，任第七戰區司令長官，參戰淞滬，喋血皖南，饒國華師長戰死廣德，四一軍軍長孫震會戰魯南，師長王銘章戰死滕縣，皆爲國家忠烈之士。師長范紹增，在抗戰之前歷任軍職，統兵巴蜀。離川則出入淞滬戰場，參加浙贛會戰，以功洊升至八十八軍軍長。就經濟而言，當抗戰後期，中國「四大糧倉」之中的皖、贛兩倉，皆早已陷敵。湖南一倉，亦已半沒。唯四川以天府之國的一省，單獨出糧、出兵，供應軍糧民食，補充兵源，貢獻之鉅，全國實無其匹。就軍事工程建設言，最騰譽於世界者，如成都新津縣建築遠程重轟炸機空軍基地，出動民工五十萬人，自備工具與糧食，更無津貼與待遇等。民工遠從數十或百里外，集合至工地，手腦並用，流血揮汗，爲時僅三閱月，機場卽全部完成。不特國人視爲奇蹟，國際友人尤讚不絕口！後來盟國轟炸日本本土的飛機，有的就是由新津機場起飛的。其他有關軍事與民生工程建設者，更無法勝數。其尤値得國人讚佩不已者，卽後來劉湘在漢口病逝，川軍如潘文華等，羣情騷然，而大多數的川軍，則大義凜然，未因私情而盲目激動，未演成事故，未影響抗戰，實抗戰中的一大幸事。

范哈兒也幽默風趣

范紹增，朋輩錫以「哈兒」的渾號，但他並不以爲忤，因其爲人亦非常幽默風趣。一般川人，體型比較短小精悍，而行動則異常矯捷。軍隊作戰，更出沒莫測，外省軍人卽常以「川老鼠」稱之。事實上，重慶山城耗子既多且大，出入水陸，並不十分畏人，或亦川人爲「川老鼠」得名的由來。某日，黃炎培(任之，江蘇人，戰前爲中華職業教育社社長，後稱職教派，抗戰時任國民參政員)與范紹增相遇於途。黃謂：「川老鼠，將何之?」范隨應以：「腳下人，隨我來！」兩人笑謔不已，相攜而去。這「腳下人」原是有出典的。因戰時外省人之入川者，川人多以「上海人」、「下江佬」、「下江人」稱之，甚或挖苦的呼為「腳下人」。黃炎培聽不慣這三個字，曾作了兩句打油詩曰：「分明是你肩上客，反說我是腳下人」，用以投桃報李。因為川省勞工苦力，多以擡「滑竿」（類似涼轎）為業，外省人初入川到重慶，不慣登山爬嶺，多藉滑竿以代步。川籍勞工擡在肩上，健步如飛。范哈兒戲報以「腳下人」，典亦由此而來。其實「川老鼠，將何之？」「腳下人，隨我來！」也是一妙對。

相傳范哈兒在未顯達時，最愛坐茶館，或因流浪無聊，或為約會幫會徒眾。經常一襲長衫，白布裹頭，坐在茶館或酒店，泡一碗沱茶或要上四兩大麯、一碟花生、兩塊豆腐乾。加以范又健談，娓娓不休，幾個人海闊天空，大擺其「龍門陣」。消磨永晝或一坐半天，是很平常的事。以後下江人到了四川，亦多養成了坐茶館的習慣。川人十九愛吃辛辣食品，范紹增每飯必備辣椒。秋冬之際，飯館「毛肚火鍋」開堂（類似北方的「涮羊肉鍋」、廣東的「生片火鍋」、上海的「菊花火鍋」），范尤嗜此不疲。抗戰前，范駐軍大巴山側，有毛共軍自通江來犯消息。時正當午膳，范忽謂：「毛澤東『同志』來了！」同席皆瞠目以視之。范知在座者有誤解，乃說：「我不與他那個（指共產）同志，他是與我這個（用筷指著辣椒）同志。」大家為之捧腹大笑不已。

陳布雷先生曾批評少數川人說：「川人穎慧活潑，實甚於他省，而沈著樸質之士，殊不多覯。其模仿性極強，亦頗思上進，然多疑善變，凡事不能從根本致力，即軍人官吏，亦均文勝於質，老大而氣狹。」這雖是對一般人來說的，然與范紹增對照一下，縱不全是他的畫像，大部分和他的生性言行，卻相當吻合。

治軍不脫綠林本色

民國二十二、三年，共軍萬餘人，在中共所謂「二萬五千里長征」中，由黔入川，突襲通江。中央以劉湘為四川剿匪總司令，劉乃兵分五路追剿。范紹增時任師長，屬軍長王陵基指揮，奉命確保綏定、宣漢、城口、萬源，側擊共軍之背。范則擔任城口至萬源的川東北防守。軍部駐於宣漢，范師則奉令駐大巴山側的馬家場。當其開拔出發之前，范向本師官兵訓話，開腔頭一句：「今天讓老子來宣個佈。」當卽引致全場官兵的大笑。范不明其故，猶洋洋得意，自認為這開場白，非常得體，繼而告誡官兵，先用大拇指與食指作一圓圈形（川中流氓用以形容「兔崽仔」的手式），隨說：「那個龜兒子，不跟老子上前，就是這話兒。」其言行之粗鄙，亦實不亞於「狗肉將軍」張宗昌。

范師駐軍於馬家場，時已屆隆冬，大雪紛飛，朔風怒號，野無飛鳥，路斷行人。范哈兒山居寂寞無聊，無可消遣，加以寡人之疾發作，急思有所解放。乃派人以滑竿大轎三乘，馳赴萬縣，載青樓粉頭三人，冒雪衝寒，擡上山來供其玩樂。三個粉頭到了山上之後，已經凍得戰戰兢兢的直發抖，范當令備酒消寒。一時找不著木炭，便令勤務兵取枯枝、落葉、木頭作燃料，升火取暖，致煙霧瀰漫，滿屋昏天黑地。三位驕生慣養的姑娘，亦爲之灰頭土臉，涕淚沾襟，情形非常狼狽。范不自咎，反拿勤務兵來出氣，大罵一頓。三位姑娘雖有所圖而來，亦爲作客性質，也覺難堪，無地自容。流連兩日，主客似都不痛快。送她們返縣時，范雖老粗，尚知憐香惜玉，賞給頗豐，幾等於上百士兵的一月薪餉。祇是當此軍情緊急之際，范哈兒竟不顧軍營紀律，不背官兵耳目，而胡作妄爲，其平日之放蕩糊塗，由此更可想見。同時范於此役，仍以「避重就輕」的作法以應敵——山地紮營，捨交通險要而不顧，似乎已預備要打他慣常的「滑頭仗」。不久，共軍突自通江攻入綏，范軍終於不堪一戰，卒使共軍飽掠而去。當時川軍中，曾流行一副對聯說：「干靈官（指王陵基）失靈；范紹增不紹」，范卻不以爲辱。

范之治軍，紀律非常腐敗。原來某些四川軍隊，每臨陣上前線作戰，除帶「槍炮」之外，還要腰帶「煙泡」，以備煙癮發作不時之需。范哈兒的隊伍，亦不例外。民國三十一年五月，浙贛會戰之前，范已升任八十八軍軍長。委任其總角交羅君彤擔任參謀長。事無鉅細，悉以委之。自己僅對上與對外搞些交際、聯絡、應酬之事。羅之治軍，素主嚴厲，到任後，即以整飭軍紀爲第一任務，遇有官兵違規犯紀者，絕不容情，懲罰不稍寬貸。范爲情面，偶有爲官兵緩頰者，羅不賣帳，立以「不幹了」求去！范無可奈何，祇好任之，不再干問。一日，其舊屬連長某，遠道前來告貸。范初無表示，繼指連長腰間之手槍說：「我正鬧窮，你還向我借錢，你有這本錢（手槍)，爲啥子不自設法去找？」隨又補上一句說：「行事要小心，不得傷人！」這原是范哈兒過去做土匪的原則：「刼財不刼命。」故范氏雖貴爲軍長，依然不脫綠林本色，拋不掉土匪作風，無怪乎其軍紀始終不振。

頗有古人俠義之風

民國十三、四年間，四川劉文輝與劉湘叔姪，爲爭奪川省督軍寶座，互戰不休。時范紹增任劉湘麾下的師長，頗有舉足輕重之勢。劉文輝卽陰賄范以銀洋二十萬元，希望買通該師，實行倒戈以反劉湘。范雖綠林出身，但以「袍哥」重義，不願作此背長欺尊之事，乃將此賄款送呈劉湘，並報告事實經過情形。劉湘以范紹增不作賣友求榮之事，頗有古人俠義之風，益爲嘉許而器重之，囑范對此「有裨川局，取不傷廉」之財，大膽取之。且增益二十萬元大洋，作爲川資用費，勸他表面上不介入他們叔姪糾紛，暫時離川赴滬，玩個痛快！范紹增自是欣然接受就道了。後來，重慶上淸寺出現了一座美侖美奐、富麗堂皇的「范莊」，據說就是劉文輝當年餽贈范紹增二十萬大頭的產品。「范莊」建築之華美，稱渝市第一。抗戰期間，財政部長孔庸之(祥熙)卽下陳蕃之榻於此。亦謂：「京滬一帶，亦不多見這樣好的房子。」

抗戰勝利後，國軍復員整編，范已解除軍長職務，仍管其本師，亦常赴上海尋歡作樂。時八十三師師長李霞天，與范最為莫逆，因事被寃，覊押於國防部。李之如夫人陳忱在滬，范恐其滬寓家用不給，立派人送去銀行支票簿兩本，作其家用開銷或為李霞天打點使用，任其向銀行支取。不久，李霞天寃白得釋，繼續擔任軍職（後升任軍長）。凡遇與范相識或不識之人，對范哈兒慷慨尙義，有古俠士之風，始終稱道不已。

更有可笑者，范哈兒妻妾成羣，散居各地。有愛妾某，居成都，范則經常留渝，妾因常守空幃，不慣寂寞，與范之侍從副官某有染。詎被范偵知，且捉姦在床。這對野鴛鴦，當下卽面無人色，跪地求饒！時范已握槍在手，準備饗以兩顆子彈。此妾本范平日所最鍾愛的人，忽見其帶雨梨花，楚楚可憐，又生了憐香惜玉之念。隨問那副官：「是否眞心愛她？」副官已嚇得噤不能言，祇叩頭苦苦求饒。范叱之曰：「不說眞話，卽刻把你這龜兒子槍斃了。」副官無奈，祇好直承：「眞的愛她。」依樣詢其愛妾，妾亦點頭示愛，范隨納槍入腰，明告其副官：「必須立刻和她正式結婚，永不得三心二意。」副官喜懼交集的說：「我那有錢正式結婚？」范色霽，莞爾而笑曰：「錢，老子給你，沒啥關係。」隨命軍需送致千金。妾之衣服、首飾、細輭，亦令其全部帶去。這無乃是「賠了夫人又折兵」。倘非范哈兒的豁達慷慨，那「殺夫人面首於衡陽」（魯軍長），「死奸夫淫婦於桂林」（李軍長）流血故事的重演，必然是不免了。范尙文先生所作軼聞趣談中，有「范哈兒嫁妾附賀金」一則，不知與此為同一故事否？或另有其人其事。

逍遙上海杜鏞送美

民國十三、四年，劉湘不願范紹增涉及其叔姪紛爭，資送范氏赴滬，暫避一時。范哈兒「腰纏十萬貫，騎鶴下揚州」。這次到上海，當算是他平生第一回。洋場十里，紙醉金迷；觀光市區，目不暇給，頗有劉佬佬進大觀園之慨。他見大街小巷，觸目皆是「蘇廣成衣舖」，顧謂其同遊友人曰：「蘇廣成這小子，倒有本事，開了這許多衣舖。」原來他誤把「蘇」式、「廣」式「成衣舖」，作了人的姓名。他到上海之初，因幫會關係，拜訪了上海聞人杜月笙（名鏞，上海人，有俠義之稱），頗受杜氏優待。有謂范卽寄寓於杜宅。

范哈兒逍遙上海，所事僅是朝夕逐美徵歌，出入歡樂之場，縱情聲色之所。揮金如土，令人咋舌。相傳：乞兒代開車門時，擲以十金；侍者奉茶敬煙時，償以十金。當時十金，其值相當現時數百臺幣。范氏「豪客」之名，卽遍傳全滬。那些歡場中的名女人——妓女、舞女、歌女、交際花、明星之流，無不多方設法，企圖與范接近。范入歡場，揮霍愈甚，傲視羣雌，以示濶綽。祠因在滬鬧得烏煙瘴氣，聲名狼藉，其川籍同鄉與新聞界人士，頗多不滿，肆意攻擊。范爲前途計，也知不可繼續胡鬧。雖已樂不思蜀，亦祇得買棹返川。臨行以無端打擾杜氏多時，敬以法幣（大洋）四萬元紅包，贈送杜氏子女，勝於古人一擲萬金，了無吝色。杜不辭亦不謝，在餞別宴席間，詢范氏在滬「其樂如何？」范亦微笑，以「恨未能一親黃白英（當時紅遍上海的舞星）的香澤」對。待范返四川軍次，未久，聞杜氏亦效「趙匡胤（宋太祖）千里送京娘」故事，量珠取得黃白英，派人護送至川，以慰其兩地相思之苦。范於杜氏送美之俠義，惺惺相惜，更是感激不已！

不擇手段爭嬌奪愛

范哈兒意外獲得杜月笙「千里送京娘」，自是喜不自勝。這與他過去常不擇手段，以威脅利誘的方法，爭嬌奪愛者，自然也漂亮得多。據說民國十七年時，有人組織一「髦兒戲班」（又名草臺班），由武漢溯江入川演唱。班中有坤伶六七，皆美艷可人。其中有王艷霞者，色藝雙絕，爲羣坤伶之冠。當被范哈兒垂青，招爲入幕之賓，視爲禁臠，誰也不敢問津。在渝演出一月之後，該班約滿，被聘將赴貴陽演唱。范哈兒初則強留，不讓該班赴聘。經王艷霞商以私情，答應刻期返渝，范始許之。這種無端限其自由之作法，原已不太近情理。

不意王艷霞到了貴陽之後，又被貴州公路局某局長所嬖，兩情繾綣，某局長且欲藏之金屋。事被范哈兒所悉，卽迅電黔省主席毛光翔，與師問罪。並謂：「某局長如果留娶王艷霞，本師卽全部開進貴州。」毛被范氏的兵威所脅，爲保全地盤計，便令某局長，不宜多事，放棄此一綺念。以後王艷霞亦不知所終。

十里洋場大出風頭

抗戰八年期間，一般好事遊樂主義者，都覺得困守內地（後方），已苦悶够了，及勝利復員始覺解放。民國三十五年，由內地東下到上海的人士，在吐氣揚眉之餘，愛新奇、搞熱鬧，或爲徵逐財富，曾在滬西靜安寺路底的百樂門舞廳，先後舉行過「上海小姐」、「歌唱皇后」、「舞國皇后」等等選舉活動。舉滬矚目，盛極一時，有上海空前未有的場面。上海交際場中的粥粥羣雌，相率報名參加，大搞宣傳，四處拉票，其熱鬧情景，自不必多述。選舉結果，除「歌后韓菁菁」、「舞后管敏利」獲得加冕以外，「上海小姐」的選戰，最爲白熱，短兵相接，各顯神通。時范哈兒正在上海，亦此類場合活動中的健者，他一直是王韻梅的靠山，大力支持，不斷加票。致王韻梅始終一馬當先，獨占鰲頭，終於當選，成了上海有史以來第一個「上海小姐」。謝家驊爲二小姐，劉德銘爲三小姐。

事後，有好事者爲之估計，認爲范哈兒雖在十里洋場大出了一次風頭，但其所耗，至少相當於送了一所「范莊」。

被騙投降未容寄生

范哈兒自在上海大出風頭之後，國事阽危，亦日甚一日。及民國三十八年，中共竊據中國大陸後，許多有產階級與名人、名女人、名花、明星，以及恐懼清算鬬爭的軍政要員，不是追隨國府播遷來臺，便是漂洋渡海遠赴歐美，棲遲港九或南洋一帶。很多人探聽盛名傳遍海內的范哈兒的消息，卻始終下落不明。民國五十二年，我因事赴港九，與趙石龍（前廣州大元帥府秘書）、劉震寰（前桂軍總司令）兩先生偶然談及，始悉范紹增於大陸陷共前夕，懾於中共的聲勢，復受左派份子的滲透包圍，不敢相抗。且深信中共謊言：「投誠」即是「立功」，立功不僅可以避免清算鬬爭，猶可保全其祿位，乃率所部萬餘人，被騙投降於中共。最初范紹增自恃爲「立功」，又不知裝腔作態的虛僞做作，仍以其風流慷慨的故態，周旋於狡猾多端的中共黨徒之間。中共則視范哈兒「亦匪、亦俠、亦軍人」，亦屬無產階級的心腹大患，自無輕易放過之理。

漢初，洛陽劇孟，以任俠顯於諸侯；符離王孟，以行俠傳譽江淮。漢景帝聞之，便盡鋤此輩。後來武帝掌國，復族殺郭解之輩。劉漢英明之主，尚且難容若輩，何況中共以獨裁專政，既不許地主、富農、資本家存在，自然更不會讓范哈兒這類的人，有寄生的餘地。故經時未久，范哈兒亦被解除軍職，流放於河南省境，加以勞動改造。後來由於貧病交加，也曾向海外友人，作過救濟的呼籲，似亦無有應者。早在數年之前，傳已病逝於河南信陽。

壯烈殉國的張自忠

風雨同舟把舵人物

我寫「華北風雲中的宋哲元」一文中，曾提到後來壯烈殉國成仁的張自忠。其忍辱負重，死事之忠烈，眞可昭日月而泣鬼神。他是對日戰爭之初，在華北風雲中，與宋哲元風雨同舟、操槳把舵的重要人物之一。七七事變後還接戴了宋哲元的爛斗笠，做了「冀察政務委員會委員長」及北平綏靖公署主任，繼續執行宋哲元對日的既定政策。其時，張自忠以大義所在，知其不可爲而爲之。在心如刀割，背如針刺之情形下，雖已達成某種政策的部分目的，終因日方勢在必得，橫蠻壓迫，防堤大決，至無法堵塞，不得已，他才退思作「留得青山在，不怕沒柴燒」之謀，改弦更張，繼續執干戈，以衞社稷。

張自忠字藎忱，與宋哲元爲大同鄉，山東臨淸人。抗戰時期，南京羣奸之中，有無錫顧忠琛者，任僞府監察院副院長，亦號「藎忱」，與張自忠字相同。顧忠琛昔任國府文官處參事，後則失節反常。無錫吳稚暉先生嘗謂：故鄉諸賢哲，食貧茹苦，不敢失節。若顧藎忱者，其所「藎」者，究何「忱」乎？以視張藎忱，實忠奸迥別。

投筆從戎矢志報國

張自忠生於光緒十七年（一八九一），殉國時恰爲五十歲。幼習詩書，長攻法學。曾以外敵環伺，國事日非，二十四歲時，即矢志以軍功報國，投入陸軍隨營學校。畢業後，初服役於老西北軍馮玉祥部，及民國十九年中原戰爭結束後，中央委任之爲二十九軍宋哲元部第三十八師師長。「九一八」事變後，二十九軍喜峯口之大捷，就是張自忠與所部旅長趙登禹作戰的傑作，於是張自忠、趙登禹勇敢善戰之英名，從此不但蜚聲全國，中央且頒授張自忠最高勳章——青天白日勳章，以彰其偉績。

七七事變之前，日本進侵中國的陰謀日益緊急。日本首先要求「華北特殊化」，策動晉、冀、察、豫、魯五省脫離中央，詭行自治。時中央對日抗戰，尚在積極準備階段，對日本之無理要求，既不能從，又不能拒，在進退兩難之際，祇好採取敷衍拖延政策。爲因應此一政策之進行，乃於民國二十四年十月，在北平成立「冀察政務委員會」，以宋哲元爲委員長，張自忠則以本會委員兼察哈爾省政府主席。宋哲元既握華北軍政大權，爲掩護計，乃起用大批親日份子，依中央所示機宜，與日周旋，宋哲元亦以抗日轉而親日。此一態度之苦衷，當時頗不為世人所諒解。張自忠復兼任天津市長（後改任蕭振瀛），所部三十八師，亦移防天津。心志所在，與宋無殊，共維華北苟安之局。

東北既陷，日本進侵中國的次一目標，就是華北，而天津市則首當其衝。張自忠秉承中央密令，仍與日本積極敷衍。及「七七」蘆溝橋事變發生，宋哲元與日方既破了臉，便無法與日繼續委蛇。中央乃令宋哲元退至保定，作對日抗戰的佈署，而以張自忠繼任宋職——代委員長及綏靖主任。並責以忍辱負重，未到最後關頭，必須與日多方敷衍應付。張自忠雖以責任艱鉅，但義不可辭，仍不計生死，毅然負起對日折衝的責任。祇是日方此時的心意與要求，已視「冀察政務委員會」為絆腳石，阻礙了它不能任其為所欲為，而要徹底消除，代以純粹的傀儡組織。日方的要求，固使我方難以容忍，而日方亦似毫無商量變通的餘地。形勢已經到了懸岩絕境，張自忠心餘力絀，也只好勒馬懸崖，化裝乘自行車脫險至天津，經由青島、濟南，轉赴南京，向中央請罪。

歷盡艱辛虎口脫險

張自忠將軍化裝脫險的經過，據其逃抵南京以後，語其友人劉君祥先生的轉述，頗有些傳奇式的情景，耐人尋味。「劉君祥說：「民國二十六年八月八日那天，張將軍乘敵人監視比較鬆懈之際，曾移住於美國同仁醫院。不久，發現醫院附近佈滿了日方的便衣偵探時，又再化裝逃出醫院，避居在一個西籍友人家，旋遷居於北新橋。終因風聲日益緊張，知已無法立足，才決心離開北平。

張自忠第一次離平時，是化裝成一菜販，在車上放了一些殘亂的菜蔬，假裝在城裏賣完了菜，推車出城返家的形象，希望有幸混過。不料快要到西直門時，遠見許多日軍正在強行拉夫，張自忠深恐被日軍拉去當力夫，祇好推車循原路回到北平城中。第二次企圖離平時，則化裝爲一小販，肩挑藤筐，從彰儀門混出城。不意走到長辛店，正遇著我方的游擊隊與日軍交火，頗爲激烈。張自忠無法通過，祇好在一老農婦家中，求宿一夜。及次日凌晨，前面的戰鬪仍在進行之中，通過的希望仍然很少，不得已，祇好又潛返北平城。

在北平又住了四天，第五日，適遇大雨傾盆，張自忠認爲這是逃走的最好機會，便將先日所準備的一套孝服穿上，僞裝孝子上墳的模樣，騎一輛自行車，車上放著裝了香、燭、錢帛的籃子，從德勝門混出城外。原計畫直奔通州，當走到半路途中，鄉民紛紛傳說：「通州附近，日軍正在大拉壯丁。」他不願冒險前進，便又折回楊村到天津的大道，盡力奔馳，不敢稍息。因爲時光已經不早了，怕日軍在路上佈置岡哨，不准通行。

及穿過楊村時，正遇見一些日軍官兵，混在一塊尋歡作樂，挾著許多被擄來的中國婦女，在瘋狂的飲酒。張自忠乘其不注意防範時，便猛踩自行車，通過他們的前面（因無別路可走，也來不及作後退的打算）。等到日軍發覺時，他已經跑了很遠。日軍也沒有窮追，僅放了一陣亂槍而已。他繼續前進不多時，天已昏黑，又正下著大雨，便在一家茶店中，向一位跛足老者乞宿過夜。那時，他離開北平已經兩天多了，路上沒有吃過一點東西，餓得非常難過，就情商於老者，幸得老人的同情，給了他一塊燒餅和一杯溫茶。他捧著這頓豐盛的晚餐，便狼吞虎嚥地立即吃光了。

第二天，快要到天津的時候，才把孝衣和自行車先後拋掉，小心翼翼的走過日本憲兵檢查站時，謊稱爲菜販，再把衣袋中的錢鈔奉上。在憲兵一聲叫「走」之下，才溜到了外國租界。從此便脫離了虎口，繼奔前程，投入抗日的大本營——南京。

與日周旋志切抗敵

張自忠在華北，那種「陰反日，陽親日」的態度，曾被不明眞相的輿論所誤解。當其脫險抵達南京以後，集眾謗於一身，而不能辯；匯萬矢於一的，而不能拔。唯最高當局明其心跡，許以忠貞，除多方慰藉之外，並委以重任。二十七年春，便畀以五十九軍軍長之職。奉命率部拒敵，首戰卻敵於淝水；臨沂敗敵，又造成臺兒莊的大捷。張自忠的威名，立時聲震中外。繼克敵於徐州，以戰功晉升爲二十七集團軍軍團長。清者自清，濁者自濁，張自忠的「漢奸」誣名，亦撥雲霧而見青天。

駐防襄、樊，日人來犯。在一對十，以寡擊眾之情勢下，再造成鄂北大捷。以上歷次大捷，皆爲我對日抗戰史上的著名戰役。以致後來，凡張軍所駐在之地，幾使胡兒有不敢南下牧馬之勢。張自忠隨升任三十三集團軍總司令，兼第五戰區右翼兵團總司令。二十九年五月，日軍大舉進攻襄、樊。方家集一役，已大敗敵軍，此時原可稍事休息整理，但張自忠志切根本消滅敵軍，乃乘勝跟踪緊追不捨。爲鼓勵軍心，並身先士卒，且遺書於副軍長（五十九軍）馮治安，表明：「許國決心，並託以公私後事」。認爲兵兇戰危，必心無罣慮，才能奮勇殺敵。

壯烈殉國千古一人

民國二十九年五月，張自忠與日軍苦戰經旬。至南瓜店之役，已經彈盡矢窮，心疲力竭，且其身已中敵六彈，猶屢仆屢起。及五月十六日，終於血盡氣窮，以身殉國。其忍辱負重之精神，與其死事之壯烈，不但爲對日抗戰史上第一人，卽求之於古名將中，亦不可多覩。人謂：「慷慨成仁易，從容就義難。」而張將軍乃決心成仁，立志取義，抱必死之決心，謀定而後動，故其成仁取義，實慷慨、從容兼而有之。

張自忠殉國消息傳到重慶以後，蔣中正委員長大爲震悼。同時也懷疑：何以總司令戰死，副總司令及軍長、師長均未陣亡？遂下令徹查，並嚴令找回張將軍的忠骸，否則，重辦高級將領。繼張將軍任五十九軍軍長的黃維綱奉令後，親率部隊，再渡襄河搜尋，終於發現張將軍的墳墓（據說爲日人所安葬，並樹立木牌，可見敵人對張自忠也是敬仰的），乃將其靈櫬先由陸路運至宜昌，停於東山寺。事先並未公佈，及消息一經傳出，宜昌民眾不期集而弔祭者，逾數萬人，有的掩面流涕，有的悲呼嗟嘆。有一位老婦人得此消息，且含淚煮麵食、捧香燭，前來弔祭。情景之感人，實非筆墨所能形容。

蔣委員長悼痛尤深

張將軍的靈櫬，由宜昌再運到重慶之當日，蔣委員長特通電全國，稱：

「張總司令藎忱殉國之耗傳來，舉國震悼。今其靈柩於本日運抵重慶，中正於全軍舉哀悲痛之餘，謹述其英偉事跡，爲我全體將士告。追維藎忱與敵作戰，始於二十二年喜峯口之役，迄於今茲豫鄂之役，無役不身先士卒。當喜峯之役，殲敵步兵兩聯隊，騎兵一大隊，是爲藎忱與敵戰之始。抗戰以來，一戰於淝水，再戰於臨沂，三戰於徐州，四戰於隨棗。而臨沂之役，藎忱率所部疾趨戰地，一日夜達一百八十里，與敵板垣師團，號稱鐵軍者鏖戰七晝夜，卒殲敵師，是爲我抗戰以來克敵制勝之始。今茲隨棗之役，敵悉其全力，三路來攻，藎忱在棗陽之方家集，獨當正面，斷其歸路，斃敵無算，我軍大捷。假藎忱不死，則此役收效當不止此。今強敵未夷，大將先殞，摧我心膂，喪我股肱，豈惟中正一人之私痛，亦爲三百萬將士同胞之所同聲痛哭者也。抑中正私心尤有所痛惜者，藎忱之勇敢善戰，舉世皆知。其智深勇沈，則尤有世人未及知者。自喜峯口戰事之後，蘆溝橋戰爭之前，敵人密佈平、津之間，乘間抵隙，多方以謀我，其時應敵之難，蓋有千百倍於今日之抗戰者。蓋藎忱前主察政，後長津市，皆以身當樽俎折衝之交，忍痛含垢與敵周旋，羣謗羣疑，無所搖奪，而未嘗以一語自明，唯中正自知其苦衷與枉曲，乃特加愛護矜全，而猶爲全國人士所不諒也。迨抗戰既起，義奮超羣，所向無前，然後知其忠義之性，卓越尋常，而其忍辱負重殺敵致果之慨，乃大白於世。見危授命烈士之行，古今猶多有之，至於當艱難之會，內斷諸心，苟利國家，曾不以當世之是非毀譽亂其慮，此古大臣謀國之用心，非尋常之人所及，亦非尋常之人所能任也。中正於藎忱信之尤篤，而知之特深。藎忱亦堅貞自矢，不負平生付託之重。方期安危共仗，克竟全功，而乃中道摧折，未竟其志，此中正所謂於藎忱之死重爲國家前途痛悼而深惜者也。雖然國於天地必有以立，而三民主義之精神，即中華民國之所由建立於不敝者也。今藎忱雖殉國，而三民主義之精神，實由藎忱而發揮之；中華民國歷史之光榮，實由藎忱而光大之。其功雖未竟，吾輩後死之將士，皆當志其所志，效忠黨國，增其敵愾，翦此讎仇，以完成藎忱未竟之志，是藎忱雖死猶不死也。願我全體將士，其共勉之。 蔣中正手啟，中華民國二十九年五月二十八日。」

蔣委員長這篇電文，不但可作張自忠將軍的神道碑，直不啻是國立的張將軍的紀功碑。情理深入，恩義周備，非張將軍其人其事，實不足以當之。而文章之優美，猶其餘事。從來學者之論究生死者，死有泰山與鴻毛之別，其能如張自忠死事之忠烈者，史或不乏其儔。但一個人的人生，能獲得國家最高領袖若是知遇之深，獎譽之隆，懷念之殷，悼痛之切者，歷史既不曾見，亦實抗日史上第一人。生而爲英，死而爲神，宜爲國人俎豆千秋之對象耳。

忠魂義魄長伴梅花

張自忠的忠骸靈櫬，由宜昌運抵重慶儲奇門時，素車白馬，弔者塞途，民眾鵠立江邊大道，默默哀泣，蔣委員長且親臨致祭，撫棺痛哭。所有軍政大員，一律臂纏黑紗，登靈航弔祭。十一月十六日，卜葬於重慶北碚梅花山山麓。一代英雄長伴梅花。其銘有曰：

「倭患始來，有明末造。底定功成，戚俞征討。死灰復燃，踰三百年。極於今日，烈焰蔽天。桓桓張君，志在平倭。喜峯臨沂，殊勳迭奏。江漢之原，實惟荆襄。沃野千里，自古戰場。悍寇乘之，狼奔豕突。君陣堂堂，當者辟易。受命專征，五月鏖兵。靡晝靡夜，火星忽傾。其人雖逝，名已不朽。來者式憑，咨嗟萬口。英烈孰繼，烽烟未消。我銘其墓，以勗同胞。」

國民政府垂念忠良，曾頒令追贈陸軍上將，舉行國葬，入祀忠烈祠。並將湖北宜城縣，改爲「自忠縣」。宜城人士，又將南瓜店所隸之柴口埡鄉，改爲「藎忱鄉」，縣內長渠，改爲「藎忱渠」，以誌不忘忠烈。此亦爲歷史所罕見。其身後之哀榮，極爲隆重。在重慶開追悼會時，各方所贈輓聯，美不勝收。張滿會場內外，工整切貼者甚多，我記憶所及，有國民黨重慶市黨部一聯：「驅十萬眾，快九世仇，數中華男兒，盍讓將軍獨步；拚七尺軀，爭方寸土，是復興鐵券，豈惟吾黨殊榮。」

忠夫烈婦相成忠傑

抗戰勝利後，全國各界爲紀念忠烈，在上海舉行張將軍追悼會。莊嚴肅穆，場面亦極浩大。輓聯詩詞佳者，多刊於報端。孔祥熙先生一聯，清麗典雅，爲不可多得之作。聯云：「隨棗之役，勝利之基，日月儷丹忱，聯捷雄風青史在；長城而後，轉戰而死，河山縈碧血，從來名將白頭稀。」

詩詞最佳者，近代名詩人，有江南才子之稱的楊雲史（圻），所作「賀新郎」詞，詞曰：

「拚卻全軍墨，渡長河追奔逐北，胡兒褫魄；十萬豺狼齊瓦解，漢幟平明皆赤。鬪困獸一身陷敵，衆寡懸殊都不計，猛無前誓掃荆襄賊。南瓜店，堪歌泣；喜峯急難英名立，嘆蘆溝求全毀譽，看赤成碧。三載沙場千日戰，血洗英雄心跡。好頭顱今番非昔，雪涕良心安慰語，知將軍決死非今日，眞勇將，謚忠烈。」

事之難能可貴，更足資崇仰者，猶不限於此。張將軍的夫人李敏慧女士，未隨張將軍轉戰各地，一直因病留滬養疴。及張將軍殉國，左右初猶力予隱瞞，恐有傷其病體。稍後，始得聞張將軍殉國之耗，絕食七日，泣血而死。這較之魯詠安（前浙江省政府主席）之如夫人，墜樓殉夫，更爲節烈。消息傳出，國人再一次的大震動。忠夫烈婦，同時出於一門。在重慶開追悼會時，蔣委員長題額：「相成忠傑」。政府亦明令予以褒揚，並將其生平事蹟，宣付國史館，單獨立傳。此乃民國歷史上，第一位女性立傳的人。生死尊榮，世之所稀。

古大臣謀國的心志

華北風雲緊張之際，日軍固劍拔弩張，我軍亦秣馬厲兵。而華北政壇與社會的風氣，則與北洋政府的軍閥時代無異。親日、反日與漢奸，龍蛇共舞，腐化惡化已至極點。「進德社」即爲此大社會的縮影。凡領師統兵者，一時皆成了天之驕子，區區軍師長之家，儼若侯門，笙歌厮將，晝夜相繼。以能充「清客」，趨承其門下爲榮者，更不乏過氣的北洋政府總長、部長、督軍、省長之流。其他高官顯貴，尤目無餘子，以王公巨卿不若也。此輩苟苟營營，一旦尊榮，其貪生畏死之心，尤倍於常人，卽無怪華北在抗戰期中，「不怕死」之人，眞不多見。

二十九軍自長城戰役之後，除劉汝明一師外，餘皆久駐附近京畿繁華之區。環境所染，鬪志亦不免因之減弱，將領尤甚。如某副軍長，卽連納二妾，分置金屋於北平清華園與萬壽山之間。某師長原籍江南，平、津兩地，則皆有臨時藏嬌的公館。安享逸樂，其置寇仇於腦後者，自非某副軍長、某師長而已。惟張自忠見微知著，復覺積重難返，當時，頗有惶惶不可終日之感！

二十九軍中，以書生,而且受過相當高級教育的書生投筆從戎者，張自忠實爲一較著的人物。不但志行高潔耿介，持躬正直，操守清廉，有聲於二十九軍。因之取予之間，毫無苟且。其夫人李敏慧，在上海養病，不但醫藥費用短絀，卽生活之資，亦不寬裕。有勸之寄其節餘公費的一部分回滬，以濟夫人之急者，張將軍則一口拒絕，謂：「前線將士正在艱苦中作戰，余何忍以國家之財，濟私人之用！」至其個人生活，亦常如苦行僧，節衣縮食，自以爲樂。雖常處繁華環境之中，絕未染上驕奢、淫佚、腐化之習。其所部旅長趙登禹，喜峰口一役，得揚名中外，但當苟安以後，富貴尊榮之際，竟沈淪於烟霞癖。英雄自溺，至爲可惜！丁春膏（華北烟酒稅總局局長）、雷嗣尙（北平社會局局長），累勸之秘密戒除，終於諾而未行。同樣的，張自忠也曾一度烟霞成癖，但一聞忠告，雖在叱咤之間，卻能從善如流，說戒立戒，毫無留戀。亦足見其剛強毅力的英雄本色，自非等閒之輩可以企及。

天津市長蕭仙閣，本一卑鄙的親日小人，不僅不得人緣，亦素爲二十九軍將領所鄙視。在宋哲元壽母筵慶中，更被李筱帆當眾摑了一大巴掌。約半年後，在某次會議席上，蕭因信口狂言，與張自忠發生衝突。張憤極，也摑了蕭的面頰。好事的新聞記者則隨處宣傳：「蕭市長連吃兩塊鍋貼，面不改色。」從此，人亦多稱蕭爲「鍋貼市長」。此固可知蕭仙閣人格之卑下，亦足見張自忠之嫉惡如仇。非其立身正直，心存俠義者，又莫克臻此。

大體言之，宋哲元以次之二十九軍人物，精通文理者，並不太多。惟其於「扶正誅邪」、「效忠國家」的心理，則人多有之，張自忠即其代表人物。尤當中、日兩國關係，尚未到最後決裂，表面虛相委蛇之時，實則已等敵國。在華北風雲人物之中，眞有古大臣謀國之心志者，亦惟張藎忱一人而已。

張自忠一生忠愛國家，不愧藎臣，蔣委員長之言，實爲至情、至理、至公之論。

以倒戈將軍稱著的馮玉祥

倒戈善變害及其身

老西北軍首腦，雅號倒戈將軍的馮玉祥，治軍做人，作風獨特，突亢奇詭，不可方物。這「倒戈」的榮銜，已是眾所週知的。最早是何人所贈封，卻不得而知。其反叛倒戈的史事，正史和私家筆記，已有不少紀錄。作者是替倒戈將軍寫新傳，關於已經有人寫過的史事，也就祇好從略了。

馮玉祥由於倒戈成了習慣，幾反幾倒之後，勢力雖說膨脹擴大了，但影響及於他的部下將領，對馮玉祥的善變作風，心領神會，承接了他衣缽眞傳，亦不甘拜下風，先後叛離倒戈去光了。馮是北洋直系四大金剛之一（其他三人爲王丞斌、吳佩孚、齊燮元）。他所領導的老西北軍，由他一手所訓練培養出來的將領，如韓復榘（抗戰時，以作戰不力，自行撤退，判處死刑）、石友三（抗戰時以違抗軍令伏法）兩部，皆因不滿於馮之擁軍自雄，民國十八年先後倒戈，投效於中央政府。所以吳佩孚（子玉）將軍，最恨馮玉祥無氣節，常駡他為「三姓家奴」（其實何止三姓），卽指馮旣背陳宧（二菴）於先，又刼黎元洪於後，終於出賣了曹錕。後來奉直再度結合時，吳對馮則必去之而始安心。馮無奈，故有將部隊交與鹿鍾麟、張之江，馮本人赴蘇俄遊歷之舉。不久，馮玉祥再起，及十九年，中央舉行編遣會議時，馮玉祥與閻錫山聯合對中央作戰。

馮玉祥這次倒戈，便出了大亂子，也是他倒戈最後的一次。起因便是由編遣會議所造成的中原大戰。

民國十九年，中原戰爭結束，馮玉祥部也衆叛親離盡了。梁冠英、孫連仲、吉鴻昌皆倒戈反正，投誠中央。及中原戰事全部解決，馮玉祥宣告下野，宋哲元、張自忠、佟麟閣、劉汝明、馮治安等，也皆脫離了馮玉祥，接受中央的指揮領導。老西北軍系統，卽完全瓦解。後來雖有新西北軍系，與馮玉祥便毫不相干了。

馮玉祥的親信將領，全部反光倒盡了。他不但誤盡天下蒼生，害也及於其身。至中日戰爭前後，他已成了一個孤家寡人，縱想倒戈，也無從倒起。若圖故技復活，祇有另闢途徑。因之，他想到現代無論民主、君憲，乃至無產階級專政的國家，都是靠著政黨發生作用，打天下。他也親見到抗戰勝利前後，國人組黨結派之風，吹遍大地。馮玉祥見獵心喜，也改頭換面，嘯聚了一些徒衆，於民國三十四年五月，在重慶組織一個所謂「利他社」，從事政黨活動，作其政治生命再生的資本。並與各黨各派，尤其是李濟琛的民革派聯絡，向中共勾搭。但活動未如理想，又圖別找途徑。三十五年，奉派到了美國，又組織所謂「和平民主同盟」。一方與李濟琛等沆瀣一氣，與中共合作；一方直接與蘇俄勾搭，一心一意，想學毛澤東的「一邊倒」，乃有「再度」赴俄之行。

不幸的事終於發生了。馮玉祥於民國三十六年八月，自美國乘俄輪「勝利號」離美赴俄。九月一日，在黑海敖德薩港的俄輪上放映電影時，發生了無名之火，馮玉祥竟被謀害燒死。他的倒戈使倆，不但從此給俄國人結束了，還賠掉一條老命。時年六十五歲。

赴俄求援種下惡因

馮玉祥早年被吳佩孚所逼，曾去過一次蘇俄，那是在民國十五年。是年，馮玉祥被直奉聯軍所敗，一月下野，窮無可歸。三月，即赴莫斯科求援，算是他運氣不壞，也是蘇俄正圖有所利用，於是一拍卽合。他得到史達林的支持，獲助了大批武器和經費。俄國祇有一項交換條件，就是西北軍中，必須接受和安置大批共產份子，以協助「國民聯軍」。馮玉祥有了再起的資本，回國後，便組織國民聯軍（十六年改為國民革命軍），自任聯軍總司令，並率所部全體加入中國國民黨，五原誓師，響應國民革命軍的北伐。時國民聯軍總政治部主任劉伯堅，既屬共產份子，所轄各軍之政工隊，共產份子亦佔半數以上。劉子丹卽以政治部主任，後來覇佔陝北，集結了共產勢力。楊虎城的夫人席寶珍，便是共產黨安放下的暗樁。十六年，中央舉行清黨，馮玉祥則陽奉陰違，有名無實，終於養癰貽患。因爲中央清黨以後，中共已堅據兩大基地，最大的是江西井崗山，次爲陝北。二十四年，共軍被圍剿，在江西不能立足，殘部便流竄到陝北，依恃劉子丹合建基地，中共才得有發展的機會。二十五年的西安事變，雖是周恩來所策劃，而其執行者，卻完全依賴著席寶珍，一手操縱了楊虎城。所以共產黨之能死裏偸生與後來的壯大，西安事變之造成與日本之急於侵華，無一不是種因於馮玉祥十五年赴俄求援的結果（可參閱中外雜誌二二五期張守初先生「當代人物趣事軼聞」一文）。否則，中華民國的現代史，也決不會如今日這個樣子。

作者最初之結識馮玉祥，也就是他在民國十五年赴俄求援的時候，他未到莫斯科之前，與俄聯繫，原已相當密切，曾派了一批青年幹部，在俄國各軍事學校學習軍事。這些軍校學生，雖散在各處，也常來東方大學與孫逸仙大學訪友或參加各種集會活動。這時，中國「聯俄容共」政策，還在進行之中，國內如有什麼要人蒞俄時，都照例請他到孫大來演講，報告國內近況。時作者與馮之子女——馮宏國、馮弗能兄妹，同肄業於孫逸仙大學。

馮玉祥至俄時，作者曾代表學校，邀請他來校作演講，由馮氏兄妹的引見介紹，我始得認識馮玉祥其人。此一彪形大漢，那時不過四十餘歲。以後雖也見過幾次，總覺得他有點道貌岸然、老氣橫秋的樣子。又正逢著他初敗失意的時候，實在令人難有一見生情的好感。更怕他以對馮宏國兄妹大開教訓的那種態度，旁及於我，也不願與他多作攀談。回國以後，雖常見面，談話卻很少。但其赴俄求援所種下的惡因惡果，卻是誰都可爲歷史作證的。

中原戰爭馮屬禍首

中原戰爭，不但決定了馮玉祥的命運，對於國家的統一，關係尤鉅，必須略加說明。民國十八、九年時，又是國家一個多事之秋。北伐剛剛完成，部份參加革命的軍人，轉眼又變成新割據的局勢。情況大概如次：

一、李宗仁、白崇禧、李濟琛、黃紹竑所屬的廣西派（卽桂系）軍隊，控制廣東、廣西、湖北、湖南四省。二、自稱國民軍的馮玉祥所屬軍隊，控制山東、河南、陝西、甘肅、青海、寧夏等省。三、東北的奉系張學良所屬軍隊，控制東三省與熱河。四、山西閻錫山所屬的晉軍，則控制山西、河北、察哈爾、綏遠等省。他們表面服從中央政府，奉行三民主義，實則壟斷地方財政，擴充私人武力，其中以桂系和馮玉祥爲最甚。北伐完成後，桂系控有華中及華南廣大區域，擁有數十萬半獨立性的部隊，對中央威脅更大。

民國十八年一月，中央政府爲建立精兵制度，淘汰老弱殘兵和爛雜隊伍，節省軍費開支，減輕人民負擔，舉行「國軍編遣會議」。談到編遣，問題就多了。因自北伐以來，各軍先皆具有極深的成見。總以爲中央直屬部隊，受著特優待遇，其他則相差甚遠，認爲中央對他軍待遇不公平，時有怨言。馮玉祥奉蔣介石總司令之邀赴南京，任軍政部長。實係中央想借重馮玉祥，來商量編遣大事。不料馮玉祥向有不易就範的個性，竟在歡宴席上，首先發難，大發牢騷，特別攻擊軍隊待遇不平問題。大意說：「同為國民革命軍，有的按月發全餉，有的發幾成，有的終年不發餉。革命是打不平的，自己同志之間即不平，還談什麼革命？承諸公體念玉祥平日節約，今天特用兩菜一湯，然而我第二集團軍的同志，從來就沒有看過這樣的好菜，我只好和淚吞下。」這一席話，實在大乖情理。

由於馮玉祥之首先發難，編遣會議便馬上遭到桂系的反對，發生異動。於是這一時期，全國再度陷於分崩離析的局面。中央軍為建軍救國，祇得大力進行征討，這就是所謂的「中原戰爭」。至民國十九年底，才使全國復歸於統一。然而國軍與叛軍的死傷數字，已屬可驚；人民所受的災害，更不可以數字計算，成為民國建立以來，內戰中規模最大、損失最重的一次。當時對於禍首馮玉祥所部問題的解決，已如前面所述，不必重贅。

丘八世家尚知向學

馮玉祥，字煥章，安徽巢縣人。新聞記者黃秋岳，任職南京行政院，抗戰時，以通敵伏法。黃生前常謂馮玉祥的先代，實有預見之明。他說：麻將中，以牌易牌，謂之「換張」；馮玉祥以倒戈善變著稱，錫名「煥章」，則音與實符矣。馮玉祥生於光緒八年（一八八二），家境貧寒，父親是水泥匠，後來投入淮軍劉銘傳部，漸升至保定練兵的哨官。馮玉祥隨父居於營中，因當時淮軍的積習甚深，流行一種吃餉的辦法：軍官們的子弟，可以隨便安揷一個名字掛名領餉，每年除了檢閱大典外，毋需到營。所以馮氏十二歲時，即已註名軍册，每月可以領餉三兩三錢銀子。十五歲，始正式入伍當兵。越兩年，適逢庚子（一九〇〇年）八國聯軍入北京，馮玉祥即親歷其變。慈禧和光緒由西安回鑾，路過保定，由淮軍沿途站崗保護，馮玉祥亦衆衞士之一。後來他便穿揷這些故事，來罵帝國主義和封建皇帝，作爲對官兵訓話的資料。

關於他從軍的經歷，已是盡人皆知，現在亦不必贅述。但他是一個「丘八世家」，已可確信不疑。好在他自己每於登壇演講，或得意忘形之時，亦不加以掩飾，常以「丘八」自稱。

馮玉祥的官階，後來文官做到職掌方面的封疆大吏，武官爬到最高統帥的副貳地位。履歷表上，經歷是輝煌的，學歷卻是一片空白。後來他能够看書寫字，完全是自修而來。馮玉祥自謂：他全部文學的基礎，只是一本彭公案。後來才補習線裝書，學了一點英文，爲李德荃所授，也讀過若干名著。有一個時期，對馬列社會主義書籍看得很多，也讀了很多經史。王鐵珊（名瑚，河北人，清翰林）曾爲他講解十三經，楊賡笙則教他讀戰國策和國語。

馮玉祥也常愛附庸風雅，遊山玩水，作詩爲文。他的大作，實不能稱爲詩；不新不舊，好像一種不講究規則與音律的彈詞。每有所作，並不自隱，常以示人。有人雖視爲「打油」，亦當面恭維他，他自己則說「粗得很」。粗自然是不免的；但其內容，則頗多譏諷與駡街的味道。既無詩的含蓄，也沒有什麼幽默感。楊賡笙爲他主持筆札時，勸他多讀杜詩，將來或許更能在技巧方面進步一點。楊賡笙不便直陳，委婉爲言，就是要他「多讀少寫」，多藏拙，少露馬腳。

民國十九年，中原大戰後，中央寬大爲懷，不咎其既往，馮氏便宣佈下野，藉口赴泰山閉戶讀書。眞讀假讀？且不管他。他不說閉門思過，而說讀書，似又想以淸高自炫！不久，靜極思動。二十一年八月，復移居張家口。二十二年，組織所謂「察哈爾民眾抗日同盟軍」，自任總司令。旋遵中央命令解散。二十四年到南京，蟄居無聊，便以軍委會副委員長身份，藉口進修，常赴各大學旁聽，也製造了很多新聞。聽課之餘，常作一些名爲「丘八詩」的詩以示人，得了「丘八詩人」的雅號。

抗戰期間，民國三十四年，他住在重慶上淸寺辦公處。那時，無事心閑，又想進修一番。請人敎俄文、唯物哲學，相當用功。另請一位韓姓小姐專敎英文，結果鬧出了桃色家庭糾紛。從此也把他藉口求知的意興沖淡了。

標奇立異虛偽做作

民國三十六年八月，中國抗戰已經勝利，馮玉祥彷彿不願享受勝利的光榮，反去殉難於俄輪

「勝利號」。國人認爲這是他自作孽。同情而憐惜之者，固寥寥無幾；而翻出他的舊帳，提供談笑資料者，頗不乏人。如重慶某報，綜馮玉祥一生的生活言行，概括爲四句話說：「孤芳自賞，憤世嫉俗，標奇立異，虛僞造作。」實極中肯。茲舉數例以證之。

馮玉祥任軍委會副委員長時，出入南京市區或風景名勝之地，在眾目睽睽之下，衣著總是非常簡樸，經常是中國式的短衣袴褲，從沒見他穿過長袍馬褂，尤其是絲織品。冬季，一件短短的青色棉襖，繫著一根布腰帶，活像一個村夫野漢。這還算是好的。以前在部隊中的時候，軍服自然是布料做的。打上布綁腿，也不用斜皮帶，僅在腰間束上一根草繩。如果你不識其面貌時，無論如何也看不出他竟是一個高級將領。在南京因參加慶典或會議時，間常也穿著中山裝。卻未見他穿過西裝結領帶。李烈鈞(協和)將軍曾送過他的綢料長袍與緞短襖，也長壓在箱櫃之中。皮鞋是從不上足的。所常穿的布鞋，據說都是其夫人李德荃親手製作的。此固爲馮玉祥儉樸的美德，人們不但不敢妄議，且相當致以讚仰！馮玉祥儉德之能傳遍朝野，或卽由此而來。

據說：在馮玉祥的生活觀念中，不但衣著要樸素，還得輔之以「勤」，親自操作一切。日常家務事，更要夫妻合作去做。他參加南京某場合中，曾公開的說：「中國向來的風氣，都以做官爲榮耀，更不論官的大小，照例來個『三大爺』——老太爺、老爺、少爺。現在時代變了，我們都應當以刻苦耐勞的精神、和平民主的生活，來轉移這種壞透了的風氣。公事完了以後，什麼官下了班，都當親自去買菜；什麼太太，都應親自去燒飯。」自馮玉祥放出這種言論後，南京果然有幾位老爺，眞的帶著幾個男女僕人上菜市場；偶然爲了應酬上司，太太也必下厨房，作袖手旁觀，有菜上桌，必說是太太親手做的。把馮氏之言，形式上都做了。這不是怕別的，而是害怕馮玉祥嘴不留情，向領袖輕描淡寫的一個小報告，造成官位不保。

馮氏以陸軍上將之尊，自然要講國家體制，不敢屈尊下顧到理髮店去理髮。某日，他電話召了理髮師到家。這理髮師卻西裝革履，乘汽車而至。但將軍公館之門，向無此類神氣活現的客人降臨。門警以爲是中央大員，迅入報告馮玉祥。馮氏答以：「我已約好了理髮師來理髮，暫不能見。可請太太先去招待一下！」馮責李德荃恐有怠慢貴賓，急忙趕到客廳。原來所謂貴賓者，正是馮氏所約召的理髮師。弄得大家都啼笑皆非。

馮玉祥既解除了帶兵練兵的實權實責，爲消無聊之遣，便常執著馬鞭當玩具，登山涉水，尋幽探勝。南京市郊有座寶華山，亦江南名勝之一。山有古刹，建造於明季，殿宇巍峩，金光閃亮，輒爲京中要人豪紳巨賈遊憩之所。一日，馮氏簡從往遊。入寺，將近午，主持僧請進午餐。馮氏固一耶穌信徒，隨從所携熱水瓶，實際所盛者，乃鷄汁清湯耳。這是他的秘密，也不便與人共食。大家午膳後，主持復出手册請馮氏題言，留爲紀念。馮氏提筆而書曰：「人家國裏的和尚，現在均已有了老婆，而且還提了長槍，去抵抗他們的敵人。反觀我們國裏的和尚，仍然守著老一套，眞該愧死！」更妙的，末後還寫著「書贈少女矛木和尚」。蓋廟主持法名「妙柔」。馮故拆其名以譏之。馮氏標奇立異的幽默，亦類多如此。

馮氏舊部陳琢如之女與劉驥之子結婚，陳、劉二家與馮氏有通家之好，馮氏特餽贈禮劵二百元為賀，還「畫蛇添足」似的，附上一小柬云：「我的銀行存款，從來沒有超出五百過。現在只有四百元，今送上二百元，作為新建家庭之助。還剩二百元，給我馮玉祥老夫妻當棺材本。」這實在言之太不由衷，顯得虛偽過甚。陳琢如之妻為保定人，向來心直口快，也熟知馮玉祥賤時之事，尤不滿馮氏之行。隨於婚宴中揚言曰：「馮氏夫人李德荃，於美以美會辦救災賑捐時，獨捐大洋二千元之鉅。何馮窮李富，若是之懸殊也？我陳劉兩家，眞悔不該吃掉老長官的棺材本也。」斯亦投桃報李之譏，聞者都竊笑不已。

基督門中夫唱婦隨

馮玉祥的宗教信仰，早已接受了有名無實的基督洗禮。民國七年，駐軍於湖南常德時，名為練兵，實則是為基督當傳道員。其時對基督教的提倡，最為熱心。「基督將軍」之名，就是這時得來的，其不拘形跡的作風，也頗獲得常德民眾的好感。

馮氏之妻李德荃，河北人，畢業燕京大學。英語很流利，亦為基督教會中人，為人不太講究修飾，經常戴副黑眼鏡，頭髮向腦後結紮，形象顯得非常嚴肅，似非完全偽裝。故其為人，雖少美譽，亦無劣聲。無所事事，便愛為人說教，有時且深入窮鄉僻壤，人多不知其為上將夫人。常以刻有「十字架」及「光被四表」之文具分贈教友，藉作招攬團結教友的工具。可算是基督門中，夫唱婦隨的眞實信徒。馮玉祥一生，亦唯有此點少被批評。馮氏受夫人李德荃的影響頗深。自馮失勢，以至見外於中央後，李之思想益左傾。馮死後，更無顧忌。

張之江，字紫岷，河北人。爲馮玉祥的愛將，亦早皈依於基督。張之江亦常效李德荃的作法，訂製墨盒筆架等，贈送同道朋友。不明眞相者，則謂張之江爲討好馮氏夫婦而出此。其實張之江對宗教信仰之虔誠，似非故意造作，或另懷有其他目的。據傳：張之江奉馮玉祥之命，殺徐樹錚於廊房之後，尤祈禱日繁，似有求懺悔恕罪之意。張之江左右，有張樹聲者，本江湖幫會中人，輩份極高。民初，北方人士，不論在幫與否，多敬仰其人。他無分晝夜，常一副墨晶鏡子，掛在眼上，頗有神秘感！做人非常圓滑，好矯揉造作，惟不善於言詞。自皈依基督教後，便全失其江湖豪俠氣概。或謂：此正張樹聲的圓滑處。因其欲長保在西北軍之地位，在西北軍領袖—馮玉祥之前，不能出現江湖「老頭子」，凌駕其上也。張樹聲明此奧妙，更爲媚馮玉祥計，於收拜門徒時，必令其同時接受基督洗禮。

馮玉祥與張之江之謀殺徐樹錚，徐樹錚子徐道鄰（名審交，江蘇人，來臺後任臺大教授，六十二年去世）欲爲父報仇，民國三十四年，任行政院政務處長，特辭去公職，以「唆使殺人」罪，控馮玉祥、張之江於重慶法院，並控馮玉祥於軍事委員會。時馮、張皆在重慶，官階勢力，都比徐道鄰大。嗣法院與軍委會皆以追訴時限屆滿，不予起訴，也就沒有下文了。後來，徐道鄰對人說：「馮氏葬身於輪火，張氏則陷身於魔掌，果報之說，或亦不爽。」

行事怪誕不近人情

馮玉祥一生，奇行、怪事、趣聞頗多，其已早傳眾口者，且不說它，其爲人所鮮知者，略舉一二言之：

民初，四川督軍陳宧（二菴，湖北人，袁世凱的親信）之如夫人，爲民初時代北京韓家潭花王之一的「魏三姑娘」。魏三姑娘有兩個金蘭姊妹，一爲清丁寶禎宮保之曾孫丁春膏（華北烟酒稅總局局長）的如夫人，一爲馮玉祥的副官長宋仲良的如夫人。馮玉祥曾爲陳宧麾下一旅長，宋仲良又屬馮玉祥的部下。其間關係，原非尋常。袁世凱領導北洋政府時，爲固守西南地盤，特以陳宧爲四川都督。而陳雖爲袁氏心腹，實無方面大員之才。民國五年，馮氏入川剿匪，並與護國軍密約，迫陳宧獨立。陳宧僅被馮玉祥輕輕的一逼，便倉皇棄職，逃赴北京作寓公。馮氏此舉，固有助於護國軍，也應是馮氏倒戈犯上行爲的開始。馮玉祥的副官長宋仲良，利用職權多方搜刮，財源茂盛，除添房置產外，並廣蓄姬妾，恣意享樂。馮氏明知之，亦置若罔聞。宋仲良的二夫人原屬蘇籍，爲北京名妓，常晝夜雀戰。事被馮妻李德荃所知，轉以告馮。馮礙於夫人僞貌岸然之面，立以「納妾、濫賭」二罪，擬對宋實行軍棍重罰。宋二夫人乃私請前四川都督陳宧的如夫人(與宋二太太原係青樓結義姊妹),轉乞陳宧說情免責。陳或以在川之餘痛未忘,大怒而言曰:「汝等眞乃婦人之見,不知馮煥章爲何許人乎?倘我代仲良說項,煥章必加倍重責之,以示其絕不爲外力所左右也。煥章向以不近人情爲榮。余在川時,已飽積經驗矣。」(指被逼離川事)後來,宋雖未免軍棍之災;但事逾二月,馮玉祥突下令,升宋爲經理處長。此肥差也,所入之豐,勝副官長數倍。由是西北軍中,暗流一種「要升官、挨軍棍」之謠。於是逐利之徒,便有希望馮氏軍棍臨其尊臀者。馮玉祥不近人情之事多矣,民國十六年,馮氏率其所部,由西北進駐河南鄭州時,有鄒縣長者,知馮總司令(時任國民革命軍第二集團軍總司令)有早起習慣,即趕於黎明之時晉謁。時值嚴多,北風凛冽,適馮玉祥已出門與其官兵們作健身運動去了。鄒隨趕往操場,見馮玉祥與官兵們,皆已赤身,在作雪戰之戲。馮見鄒縣長重裘在身,便思有以戲弄之。忽對官兵揚言曰:「大家歡迎鄒縣長參加雪戰!」鄒縣長口中雖說:「不敢當,不敢當!」又不能不遵命。當鄒縣長勉強脫下重裘與內衣服時,便已凍得面無人色。官兵們隨將縣長包圍起來,四方八面的雪球,皆集中於一的。縣長不僅不能出球反擊,連招架躲避之力也沒有了。直到鄒縣長滿身發紫、搖搖欲墜之時,馮玉祥始下令「停止歡迎」。而鄒縣長時已手足僵硬,不能言語行動了。最後以板車送之還家,臥病多時,終於一命嗚呼!亦卽馮玉祥在不近人情的玩笑中,把鄒縣長的生命,作了孤注一擲。

戲弄日人軟硬兼施

馮玉祥對於帝國主義，尤其是我鄰邦的日本，一直是深惡痛恨。據說：民國七年二月，馮玉祥以十六混成旅旅長，兼任湖南常德鎭守使，駐營常德練兵。那時，有一艘日本兵艦沿着長江上駛，至常德時，藉口地方不靖，要派兵登陸「保護日僑」。馮玉祥知道這是日本人的詭計，因思將計就計，對東洋鬼子戲弄一番。於是馬上答應日本艦長說：「常德是中國的地方，貴國僑民的安全，中國政府自然會負責保護的，不用貴艦長擔心！如果出了岔子，你找我馮玉祥好了。」日人素知馮玉祥不好惹，祇好自己下臺，靜觀其變。

馮玉祥待日本艦長離開以後，隨即下令「保護日僑」。一方佈告大衆週知；一方凡屬日人住宅或商店，各派兩名大刀士兵，分立門前「防衞」，禁止任何人出入，以免「發生意外」。如此保護，確是妥當而周密；但是日僑區內外都被隔絕，商店沒有生意，門可羅雀。私人住宅也因「禁止外出，以防危險」的緣故，寸步不得自由，且已告斷糧斷水。日本艦長覺得原先保僑藉口，現在反上了馮玉祥的大當，不得已祇好懇求馮將軍「免予保僑」！以後再也不敢掀風作浪了。

民國十一年，馮玉祥任河南督軍。十一月改調陸軍檢閱使。當駐北京南苑時，曾邀請各國公使到陸軍檢閱使署公宴。那天，會客廳上的佈置非常富麗堂皇，廳中也懸掛着各國國旗，其中獨缺日本國旗。後來日本公使見了，很不高興，當卽面詢馮玉祥：「爲什麼不掛日本國旗？」此時在座的各國公使貴賓，都爲馮氏揑了一把汗，默念：這事足以引起國際交涉，相當嚴重。誰知馮氏成竹在胸，從容不迫，笑嘻嘻的答道：「自從貴國提出二十一條件之後，敝國人民就一直抵制日貨，我派人跑遍了北京城，都買不到貴國國旗，眞是非常抱歉！不過，我想貴國如果能把二十一條件取消，就不會發生這樣的麻煩了。」馮氏如此說明以後，反弄得日本公使面紅耳赤，不勝忸怩！但也無可奈何，當着各國公使之面，丟盡了日本人的臉！

民國十二年五月，馮玉祥由陸軍檢閱使，兼西北邊防督辦。時日本領事特到張家口去會見他。在談話中，初談還未逾常規，繼而日領諷刺：「中國牛山濯濯，有如高麗未受治於日本以前一模一樣。」馮玉祥聽到這句有侮我國格的話，便勃然大怒，不假思索的鄭重答道：「日本在明治維新以前呢?!」日領原意在取笑中國，誰料碰到馮玉祥這條硬漢，反撲了一臉灰，自討沒趣而返。民元以後，抗戰以前，日本陰謀侵華，欺凌我國人民，確是驕狂太甚。馮玉祥對付日本人，時而以硬拚硬，時而以柔克剛，時而軟硬兼施；對日本人能巧施薄懲，亦爲大快人心之事。

治軍馭將作僞施騙

馮玉祥以行伍出身，飽集經驗，對於練兵、治軍、馭將、作戰，都有他自己的一套法術。這一套法術，說穿了，仍不外矯情作僞，欺矇哄騙。

馮玉祥自清末入伍從軍，至民初充任袁世凱部下，已經是戎馬半生了。奉命在山東、河南等地，招募新兵和訓練新兵，以及後來之親統大軍，作風一直是非常嚴厲的。經他訓練和駕馭而成爲名將的，如鹿鍾麟、韓復榘、張之江、宋哲元、張自忠、佟麟閣、馮治安、劉汝明等，皆是他一手自新兵訓練提拔起來的。

在他入伍的時代，長官對於士兵，要罵就罵，要打就打。打得皮破血流，也是司空見慣的事。等他到了統軍的地位，責打士兵，雖亦常事，但已略有限制。他有「八不打」的戒條：一、長官生氣時不打。二、士兵勞碌太甚時不打。三、初次犯過者不打。四、天氣過熱過冷時不打。五、飽餓時不打。六、疾病時不打。七、誤犯者不打。八、哀愁時不打。這戒條，馮玉祥在軍中，尤其在訓練新兵時，常三令五申的告誡部將，切實奉行。果然在北洋時代，軍隊腐敗，不發餉、食不飽、衣不暖，逃兵是最普遍的現象。在馮氏部隊中，從此逃兵卻漸漸減少而終於絕跡。

根據當時虐待士兵不合理的情形來說，這自算是馮氏的德政。士兵感於馮氏的仁德，長官與士兵之間的感情，自然也日見濃厚了。故馮氏立下「八不打」的動機，原在「防止逃兵」，也不意馮氏竟因作僞施騙，而獲得「會帶兵」的美名。

民國十九年，馮玉祥與閻錫山聯合，對抗中央的中原戰爭時，中央軍以飛機助戰，馮氏的樊鍾秀部首次看到飛機俯衝投擲炸彈，驚駭不已，軍心爲之動搖。馮氏因集中官兵訓話，問曰：

「空中的飛機與烏鴉，孰多？」皆答：「烏鴉多。」馮氏曰：「不錯。烏鴉便溺時，曾有落在你們的頭頂上否？」皆答：「沒有過。」馮氏曰：「誠如此，那飛機投炸彈時，能命中到你們的身上，不就更難了嗎？」衆皆曰：「對。」官兵膽氣，都為之一壯！

越日，該軍於赴敵途中，中央軍機又臨空轟炸，樊鍾秀及其所部官兵，均受了馮氏之騙，盲信了馮氏先日之言，不屑躲避隱秘之處，迨彈落人羣中，血肉橫飛，傷亡頗重。樊鍾秀以總司令之尊，也不免作了彈下之鬼。馮氏旨在驅其官兵，効死不辭。不惜妄言施騙，士兵識淺，從此對馮氏任何言語，打了折扣。而樊鍾秀以大將之身，亦愚昧至此，眞是「大醬」（張季鸞語）不若也。

西北銀行騙盡官兵

民國十二年五月間，馮玉祥以河南督軍，兼任西北邊防督辦，所轄軍隊，號稱五十萬衆，實則半數未滿。當時北洋政府已庫空如洗，稅收全無，以致軍人薪餉毫無着落，全賴各軍自行設法籌措應付。馮玉祥急中生智，便開設了一家「西北銀行」，一方濫發紙幣；一方吸收存款。首先業務對象，不在一般商民，而在以紙幣發餉，同時又吸收官兵的薪餉。且藉口厲行節約，勸導並強令官兵儲蓄。漸漸的，紙幣流通市面，商民也不拒絕了（首先反對拒絕也會自絕生路）。因之，銀行收穫甚豐，信用也昭著了。西北銀行初創，不但爲商民反對，西北官兵也都心存觀望，至是乃大行其道。北洋各軍餉無所出，也祇好望洋興歎！

馮玉祥原來的設計，是要把西北軍的官兵，牢籠於西北銀行，使「行」與「軍」成爲不可分的一家。初步計畫，是「私拆官兵的家信」，如發現其家屬，因變故有急需錢財者，便着銀行匯寄五十元。其家屬接到匯款時，祇知是西北銀行匯寄的，而不明寄者是誰，滿以爲是馮老總的賞賜，隨卽覆函馮玉祥道謝。馮玉祥接到此函時，便將原函當面交給該官兵。官兵喜形於色，除向馮老總千感萬謝之外，並四處宣揚。從此，不僅馮恩信愈崇，銀行更是財源滾滾。實則官兵家屬所得者，還是羊毛出在羊身上。

老西北軍的傳統觀念，多以當兵吃糧爲終身職業（尙未行徵兵制），非至老病，不會退伍。西北銀行所訂官兵儲蓄辦法，官兵自揣：當兵年資愈久，則存款本息愈多，將來退伍，便能歸田買地，下半世可以衣食無虞。官兵既存此美滿的構想，當前便有「以營作家」的快慰感。北洋軍閥時代，旣不發餉，紀律更壞，友軍或敵軍之間，常有實行利誘收買辦法，使友軍或敵軍官兵偷逃轉營之事。馮玉祥自實行以「銀行牢籠官兵」的魔術，官兵「以營作家」以後，官兵浮動、跳槽、轉營、逃亡等情事，便由很少以至於絕跡，成爲北洋諸軍中的特色，亦馮玉祥所發明創造的「治軍新法」。

禮遇文人嚴待軍人

馮玉祥對待西北軍的官兵，向有他一種不成文的慣例：「禮遇文人，嚴待軍人；重用軍人，閒置文人」。前者在「用人之長，補己之短」；後者在「鼓勵服從，効死不辭」。這是馮玉祥用人的兩大法寶。因此，馮玉祥對於鹿鍾麟、韓復榘、宋哲元、孫連仲、吉鴻昌之輩，呼來揮去，常視同隨從侍衞之不如。彼輩之地位愈高，受挫辱的待遇亦愈甚。藉以顯示自己的威嚴，同時加強部屬的服從性。以致官兵們聞其聲必立正（聽電話亦如此）；見其影必敬禮，皆有不敢隱避之慨。

馮玉祥對於將領之責罰，雖至親至愛亦不稍寬恕。輕者有「立正」、「兩腿半分彎」、「跑步若干」，既屬常見；而重者則有「罰跪」、「自己掌嘴」、「打軍棍」等。將領受挫辱，而能面不改色，口無怨言者，常立有調職升官的希望，蓋即所謂「恩威並施」。如其副官長宋仲良，因納妾賭博受責「打軍棍」之後，過了兩月即調了肥差——經理處長便是。

馮玉祥亦常自詡，獨得李合肥（鴻章）用人的法門。蓋在李合肥門下，凡被詬為「賊娘兒」者，多為升遷的吉兆。

馮玉祥對於屬下的文士，如王鐵珊、薛篤弼（子良，後任黃河水利委員會委員長）、何其輩、余心淸、黃少谷（現在臺，司法院院長）之流，馮玉祥禮遇之隆，則常在高級將領之上。對王鐵珊的地位，似更特殊，馮玉祥曾爲他寫過一篇詳細的傳記。馮玉祥於人前，常以師禮事之，關係則在師友之間耳。其實，王鐵珊之爲人，不論其學識如何，其矯揉造作的情形，常多大乖人情之處，人多鄙之。或謂：「馮氏自以作僞爲得爲能。而王鐵珊作僞工夫，則已到了爐火純青的地步。故馮氏以師事之。馮氏猶私以爲：以己之智、能、志、氣，苟能學盡王氏處世爲人之術，則君臨天下，亦可毫無問題。」

馮玉祥對於薛篤弼，則介於客卿與部屬之間，亦禮亦挫。於何其鞏、余心淸、黃少谷等，雖以屬員視之，亦遠優於對將領之待遇。他對文人學士，除「斥喝」之外，別無所謂罰。結果，人之相處，則適得其反。文學之士，得機則遠離其左右；將領之輩，則頗多効死而不忍自動遽去。

一枝獨秀的鹿鍾麟

鹿鍾麟，字伯瑞，民國三十二年曾任中央兵役部長（秦德純任政務次長），原係馮玉祥西北軍的嫡系老將。馮玉祥之於鹿伯瑞，亦如後來新西北軍系的宋哲元（明軒）之於秦德純（戰前北平市長）。全爲老西北軍系統。故於馮玉祥之言行作爲，似亦有傳統的習染。鹿鍾麟之於馮玉祥，表面似奉命唯謹而行，實則事事已先得主心。他可算是一個最理想的羽翼人才。鹿鍾麟之爲人，外方而內圓，故不爲其主所疑忌，亦不爲外人所憎惡。以其外方，凡其主之所不能爲者，彼能爲之。外人亦能曲予諒解，而不疑其有他。以其內圓，故其主能始終信之重之，而不患其有坐大與陰謀之慮。

不過西北軍中的人士，十之七八，對鹿鍾麟頗有微詞。蓋以鹿鍾麟狀若樸直，有狂狷之名，而城府很深，矯揉造作，與馮玉祥實異曲同工，如出一轍。而西北軍中之另一文士王鐵珊，則深於做工，與鹿鍾麟作風，頗有異曲同工之妙。自非李鳴鍾輩之「吶吶」可比。鹿鍾麟爲武夫，王鐵珊爲文士，所幸不同行業，河水不犯井水。否則，在馮玉祥麾下，其勢必不能兩立。故馮玉祥皆能厚以待之，無非欣賞他們的做工，亦頗有天下文武英才皆落我袋中之慨。馮玉祥出身寒微，久歷戎行，以戰將脫穎而出，故於其所部能戰之將，僅愛之而不重之，視如匹夫、如獵狗。武將而能慣作儒將之狀者，既愛之，亦重之。鹿鍾麟在馮玉祥屬下之能一枝獨秀，即職是故。

有彭涵峯者，字東韜，河北人，亦馮玉祥西北軍宿將，曾謂：「鹿伯瑞有過人之才，卻無男兒之氣。侍堯不吠桀，侍桀不吠堯。」他這是以堯比蔣前總統介公，以桀比馮玉祥，謂鹿鍾麟之能得蔣公與馮玉祥之歡，除能曲意完成其任務外，就是絕對服從。侍馮不直蔣；侍蔣不曲馮。見馮玉祥則始終立正如電桿。馮不假以詞色，鹿則唯唯諾諾連聲。召之則來，揮之則去。鹿見蔣公時，公必先請坐。聞蔣公發言，隨卽起立。鹿鍾麟「頻頻起立」，蔣公則「請坐、請坐」之聲亦不絕。故鹿之感覺，愈談愈覺蔣公親切，願終身侍之而不忍離去。斯亦人之常情耳，鹿伯瑞當然也不會例外。

獨得異數的段其澍

除鹿鍾麟（伯瑞）之外，另一得到馮玉祥另眼相看的人，便是段其澍（字雨村，安徽人）。段其澍爲西北軍中極少數出身正式軍事學校之一人，與馮玉祥發生淵源亦最早。馮玉祥在北洋軍中，初建西北系統時，段雨村的地位，已經相當的高，曾任總參議多年。他在一般將領之前，亦甚具威信。蓋其他將領，多爲行伍出身，段出身軍校，則鷄羣一鶴也。馮玉祥禮遇之，亦遠在劉郁芬、李鳴鍾、鹿鍾麟、張之江等之上。而宋哲元、韓復榘、吉鴻昌、孫連仲等，其時則尚在列兵或連排長的階段。段其澍雖爲馮玉祥所尊，卻始終未能獲得獨當一面，或總領師干，終其生，只一高級幕僚而已。西北軍不成文的慣例，「重用軍人，閒置文人」，段其澍便算是軍人中的例外了。

不過，馮玉祥通常是重文輕武，常以打罵的態度對待武將。段其澍雖出身軍人，卻「獨得異數」，未受過打罵的挫辱。據傳：馮玉祥與閻錫山閻老西在發動中原戰事之前，段其澍曾力勸馮玉祥不可輕舉妄動。馮玉祥以段其澍無端掃興，雖覺不悅，亦未怒形於色，僅藉他故，於段其澍面前，責罰其副官而已。段其澍聞絃歌而知雅意，從此亦不復進勸了。及中原戰事挫敗，段其澍雖具先見之明，但仍未見重於馮老總。

馮玉祥素不許其部將公開納妾，宋仲良卽因「納妾、濫賭」二罪，而被責軍棍的。對段雨村的納妾獨例外，也算是異數。中原大戰之前，段雨村已擁有妻妾三人，對外分別名之曰：「家鄉段太太」、「北方段太太」，至於「南方段太太」，僅用一名字「春霖」，而不報其姓氏。馮玉祥於中原戰事後，段雨村自知難以立足，亦見機先退，寄居燕京，以西北軍者老的關係，由宋明軒按月予以周濟。段因病求醫，醫生告以：「斵斧伐柯，油盡燈乾，欲圖挽救，必須節慾！」此乃醫者老實忠告之言，而其「南方太太」殊不信，另延一日醫爲之急診，終於不治。段死後，外傳：「日醫毒殺抗日軍人」，鬧得滿城風雨，並指係土肥原所主使，從此西北軍人，有病都不敢問津於日醫。日本特務頭子土肥原則揚言說：「我土肥原要殺人，輕而易舉，又何必假手於醫生，重何必重視一老病閒曹！」

食量驚人膽小如鼠

對日抗戰在重慶時，三民主義青年團曾在灌縣舉辦夏令營，訓練在學青年，主其事者，照例安排聘請名人學者來營講演。先週來的，是馮玉祥與舒舍予（老舍，後投共），次週爲作者與羅敦偉先生（時任行政院秘書，來臺後去世）。而負責接待者，則爲易君左先生（時任總政治部少將研究委員，六十一年病逝臺北），原係余與羅敦偉的老友。當他招待我們在一小飯館午餐時，曾告訴我們以下的故事：

他說：「上週馮玉祥和舒舍予來營講演，我也是在這家小飯館招待他們的。一是因爲當地找不出一家像樣的飯館；同時，我亦素悉馮玉祥的生活情形，平民食品，正合標榜粗食布服的馮玉祥的胃口。老舍當時爲捧馮最力的一人，也不會在乎，因此大家便在這裏大快朶頤一頓。但今日以之招待兩位老兄，卻不恭之至，敬希原諒！」大家自然都一笑置之。

他繼說：「馮玉祥食量驚人，此館菜色本無多，他一頓卻吃了三盤滷菜、五六塊大餅，和一碗蛋花豆腐湯。老舍雖有文學名氣，但是一個酒徒。或許文人多愛酒，他說每餐必飲，此次則盡了白乾一瓶。大體我和老舍吃了一盤滷菜；至於白乾，我與馮則作壁上觀。老舍醺醺然回家，馮則還要『登臺演講』。馮玉祥吃飽以後，精神也非常充足，演講時，勢大聲洪，像京戲中唱黑頭一樣，博得全場多次掌聲，他也更加起勁。不過講詞則東拉西扯，有低級趣味，富於煽動性，但無學術價值。」

續說：「馮玉祥素被世人稱爲怪人，據我個人觀察，他一舉一動，一言一笑，都顯露著『權術』，有令人不敢仰望之感。不知老兄所見如何？老舍則還有一些書呆子氣，尙平易近人。馮玉祥爲天字第一號軍人，應是膽大包天，視死如歸的人。當我引導他們遊前面索橋時，馮只站在橋頭看看，而不敢越雷池一步，跨上索橋。馮玉祥膽小如鼠，實與其丘八雄姿成爲對比，由小見大，不問可知。又老舍書生，還敢上橋走上幾步，表演而已。」我們飯後，因時間尚早，也去參觀索橋。敦偉亦書生，又老舍之不若。這不是他膽小，實由其近視程度太深之故。

生活嚴肅竟沾桃色

對日抗戰期間，馮玉祥任軍事委員會副委員長，在軍事政治上的地位，已算是「一人之下，萬人之上」，僅次於委員長蔣介公。他地位雖崇高，公務卻極清閒。時間多暇，便常於重慶上清寺的辦公處，邀約沈鈞儒、李公樸、章乃器等所謂「救國會派」的「七君子」，和所謂無黨無派而實際左傾的中立份子，談論時局與國際大勢。並請人教授俄文與唯物論一類的共產思想理論，相當用功，也引起外間頗傳他有「好學不倦」的精神。他對外國文，略識英文，這是受其夫人的影響，其他則一竅不通。其後藉口英文用途很廣，又特請一位韓小姐，住在家裏專教英文。不料竟因此惹了一身的桃色新聞。

這位韓小姐，與馮玉祥還有相當的淵源，應是馮玉祥的世姪女之輩。原來馮玉祥的老部下韓復榘，任山東省政府主席有年，妙人妙事，傳遍全國，現在且不說它。在西北軍中，得馮玉祥心傳，而能先後與之頡頏者，在其部屬之中，當以韓復榘最够資格。韓後來因爲抗戰不力，自行撤退，被判處死刑。韓有一兒，名宙伯，韓復榘搜刮所得，投資中南銀行和其他生利事業，皆係韓宙伯出名經手，曾一度被推爲中南銀行的董事。宙伯去世後，遺有一女（忘其名），原在上海讀書，擅長英文，三十年「一二八」，太平洋戰事爆發，上海租界亦淪陷於日本，韓小姐無法在滬立足，乃間關跋涉至渝，向其父執馮玉祥投靠。馮玉祥初或憐其孤苦，或以弱女可欺，當予安排，並延之教授英文，爲方便計，且令其寄居於上清寺馮玉祥的辦公處。馮玉祥夫人李德荃，此時正忙於其社會工作，則居於重慶郊區歌樂山別墅，由於敵機空襲警報的關係，也很少回到市區，便造成了上清寺馮公館孤男寡女的局面。這種環境，又誰敢保證其不那個什麼呢？

韓小姐既爲馮玉祥的世姪，尊卑有別，雙方年齡又相差很大，照道理言，也不可能有「日久生情，發生曖昧」之事。不意竟有好事之徒，造謠生事，蜚短流長，鬧得霧都重慶更加雲霧瀰漫。私議紛紛，或謂以道貌岸然，生活最爲嚴肅的基督將軍，何至出此？張治中（文伯）與馮玉祥爲小同鄉，張氏平日口中的馮玉祥，爲一「了不起的人物」。抗戰時，馮玉祥爲避敵機警報之故，移寓巴縣鄉下陳家橋，距總政治部所在地三聖宮不遠。時張治中任政治部部長，每下鄉，必一謁馮，常知馮玉祥近況。當馮玉祥桃色謠言盛行時，見馮愁容不展，料必因此事之心結難解，隨謂人曰：「馮先生近來心情很惡劣，大概正鬧桃色糾紛吧！這麼大的年紀，何必！」言下之意，當然亦有無風不起浪之感。而此浪潮，竟沖激到了歌樂山馮玉祥別墅，導發了李德荃的醋勁，向基督將軍大興問罪之師。既未能私自善罷甘休，大家又以顏面攸關，不敢訴之於法院，李德荃計無所出，只好哭訴於委座蔣公之前。俗謂：清官難斷家務事，委座縱「不難」亦有「未便」，唯一可行方法，僅是勸解：「大嫂，不要聽信這些不痛不癢的閒話」而已，當然問題仍沒有解決。最後，還是由薛篤弼與秦德純出面，抽薪釜底，連哄帶騙的對韓小姐撫慰一番，安置到西安工作，才使山雨欲來風滿城之勢，頓然雨過天青。

其生如謎死亦成謎

馮玉祥自十九年發動中原戰事，失敗下野以後，一直像閒雲野鶴似的，在軍事和政治上，都沒有實權實責。直到二十六年對日抗戰發生，才先後出任第三戰區及第六戰區司令長官。三十四年，抗戰勝利，國軍復員，長官之職，亦隨戰區的消滅而解除。國家復員建設，千頭萬緒，水利建設亦爲最重要的一端，政府或恐馮玉祥誤落政治歧途，或眞欲借重馮玉祥之才能與其實幹硬幹的精神，乃於三十四年，特派他赴美考察水利，以爲建國之備。

抗戰勝利之日，卽中國憲政開始之時。當時國內各黨各派人士，組黨結派之風蓬勃興起，都想揷足政治，在政治上分得一杯羹。馮玉祥見獵心喜，亦欣然奮起，於三十四年五月，成立所謂「利他社」於重慶，展開政治活動。以「利他主義」作號召，設總社於重慶義林醫院，主持領導者，卽屬馮玉祥。重慶支社由唐子珍、陳玉林等負責。該社實行拜師收徒，與其他政黨吸收黨員的方式完全不同，入黨者無異加入幫會。凡入社者，無論爲何許人，均須向馮玉祥行跪拜大禮，稱馮玉祥爲「先生」。姑不論其所謂「利他主義」的內容如何，僅就這種入社的儀式而言，實際便已阻止了入社者，皆裹足不敢前。沒有社員，卽無羣眾基礎，以致所謂「利他社」，終於只是空中樓閣，有名無實。

馮玉祥於三十四年四月二十七日，奉政府之命，派往美國考察水利，先後向政府領取考察費十八萬美元。但他到了美國以後，並沒有進行水利考察的活動，也沒有向政府作報告，反將所領考察費，在舊金山對岸巴克萊山上，購置一所洋樓和一輛汽車。坐在黃鶴樓上，一方安居享樂；一方發表反政府的言論，並極力與中共遙爲呼應，阻止美國政府的援華措施。且進而與中共及李濟琛的「中國民主促進會」勾結，在美國組織所謂的「和平民主聯盟」，企圖成立一個僞政權，與國民政府抗衡。政府數電召之返國，馮玉祥亦拒不受命。

馮玉祥此時蓋已合流於李濟琛的「民主革命委員會」（簡稱「民革」），原來所謂「利他社」者，亦早無疾而終。

馮玉祥爲發展勢力計，必須積極爭取外援，除與美國國務院已有周旋外，同時，亦欲與蘇俄加深勾結。更企圖學毛澤東的一邊倒，甚至取毛澤書而代之。三十六年八月，他乃自美紐約搭乘俄輪「勝利號」（頗畢達號）赴俄，就是爲進行這一目的。不意九月一日，勝利號抵達黑海敖德薩港時，據說：輪上放映電影，起了怪火，馮玉祥與其女兒，皆葬身於海中火窟。馮玉祥時年六十五歲。

綜馮玉祥一生行事，令人頗有如謎一般的感覺。而其死事，原也是一個謎。三十餘年後的今日，還是世人一個未解的謎。

無學梟雄一流人物

世人的觀念中，多以馮玉祥爲一世梟雄，亦詭詐百端之輩，虛僞善變，爲其特長。或謂：他雖倡節儉、禁貪污、勵廉明，實則內穿狐皮襖，外著破軍裝；出與士卒啃大饅，入與家人共盛饌；私蓄之豐，更莫知其數。這些觀念，有的自然很正確，有的則還待考證。吾人生於異代，異代難共識，亦不願固入人以罪。茲僅就與馮玉祥同代，且與馮有關聯人物之所見者，略述一二，雖不算蓋棺定論，亦可窺見其人之概略。

西北軍宿將孫岳（字禹行，河北人，國民軍創建人之一）屬下之健將何遂，文武兼資，文尤勝於武，精日語、德語，能詩善畫，爲西北軍中不可多得之人才。有狂狷之名，朋輩多稱之爲「何三亂子」，恃才傲物，對西北軍人物，殊多輕鄙。曾謂：「馮玉祥有招攬人才之志，而無招攬之量與招攬之術。是故馮玉祥帳下的文武，大半非馮型之僞君子，卽奴才也。其稍有懷抱者，一俟羽翼長成，立卽振翅飛去矣。」此說，如鹿鍾麟、韓復榘、薛篤弼、黃少谷輩皆是。

何遂妻陳坤立，何氏之內兄，卽北洋軍鄂派巨子陳元伯，當軍閥互戰時代，曾雄於一時，詩文基礎，亦相當深厚。晚年似看破了紅塵，退爲居士，終日布衣敝屣，手持念珠。頗通卜易與算命看相之術，惟不輕談。早年好飲，晚歲仍豪，醉則旁若無人，放言高論，於民初洪憲時代人物，無不指評。常謂：「袁世凱、馮玉祥、張作霖，貌似各屬一型，而實質則皆梟雄型之不學無術者也。此三人皆以有兵而起家，而言政。惟袁氏善練之，善用之，而不善養之；馮氏善練而不善用；張作霖善養而不善用。」頗爲中肯。

何遂蟄居南京，鬱鬱寡歡。一日邀彭涵峯（東韶，河北人，亦西北軍宿將）出遊，遇見舊長官馮玉祥於南京鷄鳴寺。馮玉祥方與寺中方丈娓娓話家常，何、彭僅與寒暄數語卽避去。彭涵峯隨告何遂曰：「兄當熟習三國人物，今之馮煥章，則貌似劉備，才如孫權，志比董卓，命如袁紹。」何遂稱爲絕論。彭涵峯繼說：「非僅馮也，其屬將鹿鍾麟，亦此一流貨色耳。」

日本侵華主要設計人之一，亦日本特務頭子土肥原謂：「馮玉祥僅有聯隊長之材，而無大將之能。」並以十六字評馮玉祥說：「見名忘義，合久必分，練精用拙，視將如弁。」如加以解釋，前四字，論其處世之道；次四字，譏其反覆無常；再次四字，諷其能練兵不善用兵，末四字，指其愛將不足。

上述諸評，各有獨到，無不妥切。尤其他在軍政戰場上，有如百足之蟲，死而不殭，幾倒幾起，指爲梟雄型之不學無術者，實尤可圈可點。

王壬秋的風流韻事

曠古聖人才，能以逍遙通世法；
平生帝王學，只今顚沛愧師承。

我寫過「洪憲六人幫的楊度」的文章以後，朋友看了，有的遠道來函詢及，有的在酬酢閒聊中，常拿我在楊文中所提到的王壬秋老人，追問其軼聞逸事。茲就憶之所及者，閒話一二；但不願也不敢探討其詩賦文章，以供讀者參考。本文上首所提這副對聯，就是籌安六君子之一的楊度輓王壬秋老人的聯語。而余所欲言者，亦僅其逍遙通世法之點滴而已。我小的時候，從父祖及師長輩的談話中，就常常聽到王壬秋老人的大名。大家都說：他是名士，是國學大師。清末民初之談國學者，常以王、章（太炎）並舉。壬老世稱樸學大師；但我除看過「湘綺樓日記」外，對壬老的詩文著作，從沒有認眞的研讀過，可是有關壬老的軼事逸聞，卻聽過不少。並悉其人風流佚宕，玩世不恭，徜徉自適，很幽默風趣。因之，所傳他的軼事，無一而非趣味笑料。

苦學通經名動公卿

王壬秋名闓運，湘綺乃是他晚年所居樓之別署，亦如袁子才用「隨園」、俞樾之「曲園」一樣。他是湖南湘潭人，生於清道光十二年（一八三二），少孤，資質似甚魯鈍，其師日授百字，竟不能成誦。師舉事例以語激勵之，乃發憤苦讀，且自立規則：「昕所習者不成誦，不食；夕所誦者不得解，不寢。」孜孜困學，終於豁然開朗。十九補諸生（秀才），二十通章句。不數年，五經盡通達。咸豐三年（一八五三）癸丑舉人。學成出遊，先就館於山東巡撫崇恩幕。初浙江平湖張金鏞督學湖南，於科試時得湘綺卷，目為奇才。召見之日，稱勉有加。隨入都應禮部試。戶部尚書肅順，聘之入幕，待之若上賓，奉之若師保，事多諮之而後行。且為上奏文宗（清咸豐帝）。考壬老與肅順之相與，壬老卒後，其子代功所編述「湘綺府君年譜」，多所解說（或恐牽涉肅順逆案也），姑不論其如何，唯薛福成「庸菴筆記」謂：「肅順素來推服楚賢。」故非僅壬老一人而已，還有所謂「肅門湖南六子」（包括壬老）。據說：曾國藩之督兩江，亦為肅順所推薦。肅順素輕滿人，雅重漢人名流。壬老常客肅順家，自有相當交誼，兩人知遇，自然也比較特殊。肅案原是愛新覺羅人的家務事，並不在意且不願牽連漢人。代功的粉飾，能不懼求榮反辱耶！

六朝元老尚書知交

湘綺老人與滿尙書肅順知遇之隆，時人亦謂爲未可多見。不過肅順叛逆案發生之前，湘綺已往山東，旋回湘。及咸豐帝崩（在位十一年）於熱河行宮，肅順等陰謀叛逆。兩宮以計還京，立穆宗（同治），兩宮垂簾聽政，以恭親王奕訢爲攝政王。殺載垣（怡親王）、端華（鄭親王）、肅順（字裕庭，協辦大學士戶部尙書）。湘綺聞之，頓失知已，哀痛欲絕，可見不是泛泛之交。且不避嫌忌，走京師，一方陰以賣文所得數千金恤肅順家庭；一方爲撰「記端華、肅順事」，以白其寃。晚年常爲人道及肅順事，猶涔涔落淚。輒曰：「人詆逆官，我自府主。」感恩之深，情見乎詞。壬老自負奇才，以所至皆不合乃有退息無復用世之志。唯出所學，以敎後進。於四川、湖南、江西等省，春風化雨，桃李遍西南。晚年目睹世變，與人無忤無爭，更有「苟全性命於亂世，不求聞達於諸侯」之槪。民國三年，北洋袁世凱當政，雖一度被楊皙子敦勸北上至京，就任國史館館長，但年已八十有三，且不過觀光旅遊性質，掛名而已。終以事不可爲，乃廢然而返。民國五年，病逝於湘潭「湘綺樓」。著述百餘卷，數當時諸儒，實無出其右者。壬老生經道（光）、咸（豐）、同（治）、光（緖）、宣（統）、民國六朝，人多稱以「六朝元老」。其所著「湘綺樓日記」，於各朝政事人物紀述豐富，尤爲治淸史者所必硏讀之作。

治經講學闡明奧義

湘綺老人刻苦勵學，經史百家靡不誦習。箋註抄校，日有定課。遇有心得，隨筆記述。闡明奧義，尤多發前人之所未發。嘗謂：「治五經於『易』，必先知易字有數義，不當虛衍掛名。於『書』必先斷句讀；於『詩』必先知男女贈答之辭，不足以頒學官，傳後世。一洗三陋，乃可以言禮；『禮』明，然後治『春秋』。」必治經之次序法則明確，然後乃可以言文。又說：「文不取裁於古，則亡法；文而畢摹乎古，則亡意。」因之，湘綺之爲文悉本「詩」「禮」，追跡漢唐，古豔並蓄，蕭散似魏晉間人。詩尤卓越，雄健嚴密，各體皆高絕。其所撰「湘軍志」，雖爲湘軍人士所詬病，但文筆高古，世稱爲唐以後第一良史。湘軍人士之所以不滿者，則以其對於當時將領刻畫頗嚴，不假粉飾，因而銜之深而惡之甚，更有欲購毀其版者。

壬老既有「唯出所學，以敎後進」之志。光緒初年，四川總督丁寶楨特禮聘之入川，主講成都尊經書院。時廖平、戴光、胡從簡、劉子雄、岳森諸子均投湘綺之門。廖治「春秋」、「穀梁」、「公羊」；戴治「書」；胡治「禮」；劉、岳治諸經皆卓然有成；世號「蜀學」，郎始於此。相傳壬老在四川掌敎時，不敢乘坐東洋車。因有尊師重道者特購人力車一輛以贈，「湘綺樓日記」載其事：

「元卿送來東洋車，看似甚顚簸，以奇車不敢乘也。」如處今日汽車、飛機風行時代，壬老又不知作何感想？由川還湘，復先後主講長沙校經書院、衡陽船山書院，人才輩出，文風大盛。楊皙子、楊重子、楊莊既皆出其門；湘潭四怪：齊白石、黃寄禪、張正暘、曾招吉以文藝鳴於時，亦皆壬老所造就。江西巡撫夏時慕壬老之名，特聘主江西大學堂。弟子數千人，文風丕變，更極一時之盛。光緒三十四年，湖南巡撫岑春煊以壬老一代經師，負儒林重望，上其學行於朝，特授檢討，鄉試重逢，加侍讀。壬老在學術上的地位，蓋已冠絕羣儒，天驕一代。

衆濁獨清揚胡貶曾

湘綺老人成名後，挾其所學，周旋於當代名公鉅卿之間。抗言高論，睥睨羣儕。初本濟世之心，懷才待售。先後位崇恩、肅順之幕，皆獲殊遇。迨入文正公曾國藩幕，卻未如其理想。有人說：一日，壬老謁曾文正公，指陳時弊，滔滔獻議，暢所欲言。曾但靜聽，不報一言，惟以手指於桌上塗畫不已。談有頃，報客求見，曾欠身離座。湘綺起視所畫爲何？詎滿桌皆一「謬」字。衷心悵觸，知難爲用。曾回座請續談，湘綺略作數語，卽揖辭而出。乃決心一意詞章，無復出山之想；自是對曾也另有一種看法與評價，「湘軍志」之作或已深寓批評報復之意。我在對日抗戰初期，曾看到一段有關王壬秋的評述，大意是說：「滿清咸、同年間，中國有滿清政府與太平天國兩對抗集團。在滿清政府陣營中，又有兩個勢力集團：一爲滿族清廷；一爲漢族湘軍。王壬秋初欲交結滿人權責肅順等，投効淸廷集團。及肅順等被誅，王的美夢也醒覺了。轉而求其次，投向湘軍集團；但又被扼於曾國藩。兩頭失據，才退而著書講學。」對王此種論見，頗爲新穎，不同衆說。記之以供研究參考。

胡文忠公林翼（潤芝），在湘軍人物中，是最孚衆望的人。翁同龢日記稱：「胡文忠公，公忠爲國，並時所不能及，不愧文忠二字。」曾國藩奏稱：「胡林翼之才，勝臣十倍。」近代史者，則稱胡林翼爲湘軍之「蕭何」。湘綺的「湘軍志」亦有：「中興之業，實基自胡」之語。壬老所許當代人物，似不甚多。最崇佩的湘軍人物，或僅爲胡林翼一人而已。每談到胡的事功時，最愛拿湘軍領袖曾國藩來作對比，頗寓揚胡而襯托出曾有不及的意味。如胡林翼的政治作風，寬猛互用，使法立而人知恩，楚帥協和，親切有如骨肉。壬老云：「昔曾滌公（曾號滌生）治軍，愀然如秋，有愁苦之容；胡文忠軍，則熙熙如春，上下歡欣。」胡林翼駐軍貴州時，念及軍餉無著，乃草書數行，刊印關防，馳遞各關卡。文曰：「開口便要錢，未免討人厭；官軍急收城，處處只說戰；性命換口糧，豈能一日騙？眼前又中秋，給賞更難欠，惟冀各路大財神，各辦鼇金三萬串。」此文發出後，不及旬日，而各處餉銀絡繹而至。壬老謂：「看詠芝文牘，精神殊勝滌公，有才如此，未竟其用，可嘆也。」壬老又謂：「論兵貴智，滌老不智，故不如文忠也。」皆以胡之政事經濟爲在曾氏之上。如此數者，不過舉例而言。曾國藩當時被朝野人士推崇備至。直至死後，壬老似猶有不愜之懷。如他輓曾氏聯云：「平生以霍子孟張叔大自期，異地不同功，戡定僅傳方面略；經述在紀河間阮儀徵而上，致身何太早，龍蛇遺憾禮堂書。」壬老雖表歎傷，實頗有如刺哽喉之感。壬老聯惟「湘綺樓日記」中可以找得。既不見於「文正哀榮錄」；亦未收入薛福成（曾之弟子）的「庸菴筆記」；其故或卽在此，專制時代常有不測之風雲，或另有所忌諱耳。

袁世凱當國，拜熊秉三（希齡）組閣。熊與壬老原有舊誼，而項城亦素仰壬老大名，禮迎至京，擬聘長國史館；壬老辭不願就，且語多諷袁，袁遂命楊皙子遣人常導之出遊，陰爲羈縻。一日道經內閣衙門，從者意其必進訪熊秉三；詎壬老忽曰：「此動物園也。」從者初以爲誤，繼而駭異，乃究其故。壬老正聲應之曰：「熊希齡者，湖南鳳凰人也。鳳凰者，飛禽之類也。飛禽棲止之地，非動物園者何？」（有人謂這是章太炎的故事，不知孰是？）眾始哄然。壬老初意，本在罵當國之輩；但經此曲解之後，原意反而未彰了。不僅此也，壬老於凡不滿之人、之事，無不有所諷諍。「湘軍志」於當時諸將刻畫頗嚴，卽其顯例。及其晚年，雖自詡與世無忤無爭，仍常不免，豈眞以「眾濁獨清」自況耶。

建湘綺樓偏愛女僕

湘綺樓爲湘綺老人晚年讀書頤養之所。樓在湘潭至邵陽（湘潭至寶慶）公路側，距路線約一里許，在湘潭雲湖橋附近。問道至湘綺樓者，祇說「雲湖橋」，鄉人無不知之。民國十二年秋，湖南各軍進行倒趙（恆惖）運動。余曾一度見惡於趙，隨魯滌平（後任湖南及浙江省主席）將軍幕。適經過其地，借駐斯樓約旬餘日。是樓雖無花木園林、樓臺亭閣之勝；但周圍環境，風景尚屬清幽。余以其爲中國大文豪的故居，印象頗深。

樓爲青瓦磚造之屋，未設正門（湘俗稱爲槽門），僅一小側門供出入。據傳此種建築設計，意在阻止來訪官員貴人之轎車闖入。壬老在長沙城的住宅，亦有類此設計，即在宅門之前，修一狹窄長巷，通往大街，來訪客人，不論達官貴人，都必須在大街下轎落車，然後步入宅第，大有「文武官員，至此下馬」（聖廟附近要道，均立有此石碑）之意。其妄自尊大，略可想見。由側門入室，無設廳堂，即祖先神龕亦不見供設，與湘俗居宅懸殊，亦屬異事。或爲兵燹之故（湖南自民初張敬堯督湘，縱兵殃民，隨之兵燹連年，破壞甚大，以致鄉人見了兵，不論南軍、北軍都逃避一空），家人避居深山僻野，祖先神龕亦隨之遷往。或此樓純係壬老讀書著述之所，家宅居室另有其地。當我們前來借居之時，還不得其門而入。及入，屋內空無一人，陳設亦僅少數粗劣傢具而已。甚欲找人探詢樓之歷史淵源與一切近況，亦不可得，實不禁悃然若失。

樓在正屋的第二進，以木板架於橫木之上爲樓，人可沿板梯拾級而上。在未經損壞之前，似亦相當粗陋。樓房數間，頗軒敞，書籍、破紙狼籍滿樓，幾不堪插足。默思破書堆中或許尚有古版書籍存在，但無法去翻檢。盲目士兵則取之舉火煮飯燒水。因無人管理照料，庭院草木不修，深達數尺，瓦礫爛木隨地皆是。懷想當年壬老筆下（「湘綺樓日記」有載）的湘綺樓，是如何的有顏有色！達官拜門，生徒滿座，談笑有鴻儒，往來無白丁，車水馬龍，又是如何的多采風光！今壬老委化未久（距余經其樓時，不過七年），敗壞至此，可發一歎。同學友人魯岱（魯山，國大代表，在臺去世）兄，曾作七律一首紀之。詩曰：「林泉幽勝產文豪，贍有名樓百尺高，衡嶽諸峯鍾間氣，詞章一代振風騷；阿嬤何幸驕權貴，遺老奚難勵節操，簡籍飄零陳跡在，空庭隨意長蓬蒿。」蓋寫實也。詩中「阿嬤」，卽指壬老的女僕周媽。

眷戀周媽暗通劉嫂

才子風流，各有其道。如袁「隨園」、俞「曲園」卽各有所趣，各有所嗜。湘綺老人晚歲以六朝元老之身，並放意調笑，無所瞻顧。壬老固少涉足風月場所；但每有拜訪、應酬或與朋輩出遊，甚至花街柳巷，都必偕其女僕周媽以俱。周媽者，不必爲賢者諱，正類似北京上坑老媽子之流。其事遍傳儒林，播爲佳話。張之洞總督兩湖時，湘綺北上入京，道經武昌，亦偕周媽投刺往訪。張則大開中門，迎以上賓之禮。壬老顧周媽而言曰：「此卽汝所欲見之張大老爺，有何異人之處？」總督侷立一旁，不安已極，僅微笑而已。某歲之冬，湘綺與周媽同居一室，有小偷穿垣入，窺湘綺猶倚枕吟哦，室中除書籍之外，別無長物，僅竊其睡眠時所脫下的皮衣而去。次晨，周媽發覺，舉以相告。壬老了不爲意，且戲題一絕云：「犬吠花村月正明，勞君久聽讀書聲，貂狐不稱山人服，深愧先生枉此行。」壬老失竊，猶作此幽默逸趣語，非雅人而何？據傳：袁世凱稱帝，國內耆宿勸進表之領銜者，卽係王壬秋。其簽署報酬爲大洋拾伍萬元，先付半數，餘俟登極後付清。壬老旋返湘。及雲南起義，壬老恐袁氏背信，急遣周媽入京，向袁面索。袁氏長子克定虛與委蛇，半月無音訊。周媽乃託詞南歸，求項城賜見叩謝。及見，卽放聲大哭，數袁失信，並以死新華宮相要挾。袁氏恐有不幸，貽笑新朝，遂如數付之。可見周媽雖鄉曲女流，亦非泛泛之輩。事實如何？則有待取證。湘綺眷戀周媽，年長日久，倚之亦深，平居便非周媽不歡。但周媽羅敷有夫，而壬老頗有霸佔之嫌。周夫懾於威勢，不敢與較，便退而求其次，常藉口來湘綺樓需索，壬老頗有難於應付之苦。又雲湖橋附近，地名「七里鋪」，有一家飯店，無招牌，主其店者爲一寡婦劉二嫂，頗具姿色。壬老亦常臨存之。周媽之事，乃公開的秘密。劉二嫂之事，則秘密不公開，知者較尠。當余等駐雲湖橋，散步至該飯店時，劉二嫂亦已徐娘半老矣。壬老當年曾贈其店一聯，則猶赫然懸於壁間。相傳壬老去世以後，有好事者輓之以聯云：「長船山院，爲一代師，才子本多情，只怕周公來問禮；登湘綺樓，望七里鋪，佳人難再得，莫隨王子去求仙。」卽指以上兩事。聯雖謔，亦頗有可觀。

所選佳婿祇懂嫖經

居室之道，遇妻妾不相能；齊家之方，待兒女失寬嚴；不獨爲庸夫俗子不易處理，卽學者鴻儒，亦難措置裕如的事。湘綺老人處妻妾之間，似頗得其道。「湘綺樓日記」有云：「研樵以其嫡妾不相能，而問於余。蓋意料余善處耶？抑知余家亦不相能耶？余以正言告之：當自屈尊夫人以慰妾，則得之矣。其相譏也，則不過問，要無使妾勝嫡，則自立於無過，而妾不敢怨。近世爭以家事爲諱，而不謀諸朋友，若研樵可謂賢矣。余雖言之，仍當還問夫人。」壬老說得頭頭是道，對本身問題似乎也未得到解決。今日享齊人之福者，仍不乏人，也不妨三思而習之。「湘綺樓日記」又云：「㝱緹（王夫人名）以嚴怒待兒女。節候當嬉戲，皆凜凜然。然亦背之，盜弄淘氣，無所不至。父子之道苦！余欲助之威，則下無以爲生；欲禁之，則下益玩法。漢宣帝言：亂我家者，太子也。慕爲賢明母，而未得其術，其患甚大。故談宋儒主敬整嚴之學者，其子弟率蕩佚敗其家聲。若用以治國，則天下大亂，此豈豎儒所能知耶？兒女既屏息遠去，余不可以妾相對，遂臥一日。」齊家難，父子之道苦，以一代碩儒，也祇有氣得睡覺之一法。壬老有女，亦家學淵源，能文工詩，博覽羣籍。適同邑某生（或云胡姓），乃一紈袴子，不學無術，日惟聲色犬馬是務。結婚之夕，王女詢其所學，生無以對。復詢其亦嘗涉及四書五經否？生對曰：「我只懂得一經。」女問：「何經？」生曰：「嫖經。」（或言者過甚其詞）壬女不禁黯然飲泣。歸語其父，壬老以木已成舟，唯掉頭太息，亦無可如何。這便是被吃人的舊禮教所限。一代碩儒，不能打破舊禮教，就祇好忍氣吞聲，別無他法。

恃才傲物妙人妙語

權利薰心，違背師訓，勸袁世凱做皇帝的楊度（晳子），就是湘綺老人的高足。當壬老到北京以後，洞見袁氏之事不可為，便託詞告歸。國史館事則委之楊度（副館長）。離京之日，楊度往叩壬老以酬應之方。湘綺正言以告之：「多見客，少說話。」實言簡而意深。蓋當時國家局勢，在地方則軍閥割據之局面已成；在中央則官僚政客腐惡之習氣已深；誠如病入膏肓，無可救藥。而民心傾向革命，彷彿暴風雨即時來臨。這也就是壬老所以要離開北京的根本原因。他臨行前，教楊度以「多見客」，可以寡怨尤；「少說話」，可以絕禍患，這也正是他晚年「與世無忤無爭」的處世之道。湘綺老人主講船山書院時，某年，時當歲暮，正瑞雪紛飛。有巡撫某公投刺晉訪，他竟託詞不納。這在壬老驕矜的習性中，原是常有的事。此次則大有異乎平日。某公去，自己又買舟追趕六十餘里，相晤於大江之中；左右詫而詢之，壬老答曰：「先之拒也，以示不敢；後之追謁，藉表虔誠。」妙人妙語，彷彿東方朔、徐文長一流人物。其實，這正是壬老處世之道的另一面。如袁世凱聘長國史館，事先並未堅拒，必去京而後辭，亦可作如是觀。

「顛沛愧師承」的楊晳子，亦知乃師最深。譽壬老能以逍遙通世法，如其人，如其事，描繪得相當入神。壬老卒於民國五年，享壽八十有五。生前曾撰自輓一聯：「春秋表未成，幸有佳兒讀詩禮；縱橫計不就，空留高詠滿江山。」臨終猶不忘其自視甚高，而自悼亦可謂深矣。與壬老同邑的吳劭子先生，爲楹聯高手，曾以聯輓壬老云：「文章不能與氣數相爭，時際末流，大名高壽皆爲累；人物總看輕宋唐以下，學成別派，霸才雄筆兩無倫。」譽之深亦惜之甚，似可作爲壬老身後之定論看。

多重人格的周佛海

身份三變三重人格

中日戰爭期間，在南京僞政府中，聲望地位僅次於天字第一號漢奸汪精衞，與陳公博同排並列、爭雄競秀的周佛海，於民國三十七年二月二十八日，未伏國法之誅，竟因心臟病發，瘐死南京老虎橋監獄。蓋棺論定，周佛海實當得起第二號漢奸。而次級漢奸羅君強（湖南人，僞安徽省長）竟說是：「五百年名世光芒，蓋棺何必著論定。」卑鄙尤甚。

三十年之中，周佛海浮沈政海的身份，三經變易，從極左跑到極右，即從共產黨而國民黨而民族漢奸；從一個窮書生，而爬到了僞政府統治階層的最高地位。他在抗戰以前，原已具相當的知名度，混進僞組織後，更赫赫威名，發紅發紫。他一生言行的代表，實可以「無恥」二字盡括之。一個無恥漢奸之生死，在戰勝國家人民的心目中，本不值得一提；但他的死，也倒給了做政治變節投機者一個好榜樣——知所警惕的典型。同時也是我們從道聽塗說所得到周佛海之爲人，一生三變身份，卽表示他已具有多重人格，失去了做人的原則。人生小節出入，尙或可原；大德逾閑，則其學術思想和其政治生活，便皆不足觀了。

本文亦僅就其逸事之輕鬆趣味面，略而言之，藉供讀者茶餘酒後談助之資。

窮得可憐發跡不凡

周佛海，湖南沅陵縣人，生於淸光緒二十三年（一八九七）。先世不顯，家境艱困。及長，以其相貌不俗（惟面有白麻），文質彬彬，老誠儒雅，談吐自然，平易近人，因獲親朋之資助，始得勉強入學。民國八、九年間，就學日本帝大，仍然窮得非常可憐，不但食用屢空，冷起來用報紙作墊褥，在留日同學中，早傳爲一種笑柄。他在帝大學經濟，受了日本經濟學家河上肇的思想影響很大，研究馬克思主義。但其思想，民國十年前後，忽左忽右，殊未固定，甚至可說，終其生亦未固定。

民國九年七月，周佛海由日回國省親。八月，陳獨秀等在上海籌組中國共產黨。翌年七月，他卽以留日學生代表的身份，參加中共第一屆全國代表大會，陳獨秀當選爲總書記，周佛海副之。十三年，國民黨實行聯俄容共政策。四月，周佛海學成回國，以跨黨份子，擔任國民黨中央宣傳部秘書，部長爲戴季陶，周受戴的感召，九月，脫離了共產黨。十四年，再度赴日，次年返國。時革命軍大舉北伐，國民黨優勢已成。由於共產黨的竊黨禍國，且開始舉行清黨，周佛海此時始正式加入國民黨，否則難以自容。十六年二月，任武昌軍事政治學校秘書長兼政治部主任，這時他出版了一本「三民主義的理論與體系」。當時因有關闡揚三民主義的著作極少，周書以隱含有河上肇的思想，國人頗覺新鮮，便大行其道，他也漸漸躍登爲國民黨的理論家。可是，他與共產黨的關係，若即若離，或仍有秘密活動。五月，當他由武漢至上海時，便被上海國民黨清黨委員會楊虎、陳羣偵悉，予以拘捕，隨得陳銘樞營救，獲蔣委員長介公的批准，始得恢復自由。從此周佛海才誠服於國民黨，且擔任黨內重要工作數年。

革命軍第二次北伐及討平閻、馮諸役，周佛海負責總政治部的工作頗有聲色，既得蔣介公的賞識，並結識軍政要員頗多。二十一年，顧祝同奉命主蘇，邀周佛海任教育廳長。他携眷（妻楊淑慧，時寓南京西流灣）上任，頗有自我騰達的神氣。其時，鎮江報紙的好事者，刊載一燈謎徵答，謎面爲「環遊印度洋」，久無應者，一日偶被周佛海於舊報紙中發現，莞爾自喜說：「這不是指我嗎？」故周雖門道多端，亦不失爲一聰明之士，只可惜誤用了。陳果夫先生繼顧祝同主蘇，周仍蟬聯。至二十六年八月始離職，改任委員長侍從室副主任兼第五組組長，及中央宣傳部副部長兼代部長。不過他在飽暖之餘，野心隨之愈熾，又開始作一種新的冒險的轉變。

周佛海官運亨通，一帆風順，完全是由於蔣委員長從楊虎手中奪回他的生命，加以愛護提拔所致。到抗戰初期，他又此恩盡沒，脫離故主，暗中依附汪精衛的改組派。一方利用中央宣傳部，大呼「堅持抗戰」；一方則陰謀進行「和平運動」。當時有所謂「低調俱樂部」，也就是他在武漢時期搞起來的。

民國二十七年三月，汪精衞出走河內。五月，周佛海跟蹤離渝。次年七月，國民黨中央常會決議：永遠開除汪、周等的黨籍。國民政府亦頒明令通緝。當周佛海叛離之前年，尚任江蘇省敎育廳長時，蘇州圖書館館長王厦材，投靠於北方漢奸殷汝耕，周佛海猶驚奇憤恨不已。不料一年之後，自己也走上同一墮落的道路。人心難測，亦可信之。二十九年三月三十日，汪僞政權在南京成立，周佛海沐猴而冠，得任僞國民政府財政部長，兼警政部長、軍事委員會副委員長。繼褚民誼之後，兼任僞行政院副院長。後來其他兼職的頭銜，如僞中央儲備銀行總裁、僞上海市長……更不可勝計。周佛海在僞政府中，由窮得可憐而大紅大紫，亦其一生命運登峯造極的時代。

廳長八字貴不可言

中國看相算命之說，世人多謂爲無稽之談。周佛海或許是爲他的生辰八字信著了迷，後來之忘恩背主、叛國爲奸，卽受此影響之所致。

緣周佛海在江蘇敎育廳長任內時，省保安處有一位秘書劉復之，擅星相算命之術，異常靈驗，人多以「劉半仙」稱之。周佛海慕其名，便請他推演批算八字流年。劉半仙諾之，允於翌日交卷。劉於批推之後，鄭重其事的告訴周佛海說：「廳長八字，貴不可言，將來要當財政部長。」周將信將疑，微笑著說：「我現任教育廳長，不離本行，充其量，當教育部長也罷了，怎可能當財政部長？未免離經叛道了。」劉說：「廳長一定會當財政部長。」周佛海想了一下說：「也許因爲我在日本帝大是學經濟的；但無論如何，你一定是推算錯了。」劉含笑，馬上立起拱手道：「恭禧廳長！不僅會當財政部長，還要當行政院長呢！」周大笑，搖頭擺手，便欲離去。劉復急向周說：「行政院長當定了，到那時，希望廳長多提拔！可是廳長在五十一歲那一年，有點災星，要謹防！」什麼災星？他卻不敢明言，恐掃廳長的興。後來劉私下告人說：「周廳長五十一歲是一個大關節，有殺身之禍。能逃過此關，還有九年好運走。」

劉半仙的推算，直到周佛海投汪僞政府，任僞財政部長兼僞行政院副院長之後，算都靈驗了。當時劉半仙之言，不但周佛海難以置信，卽旁觀者，亦多指劉半仙在拍馬屁，諷犫周廳長而已。周運既如劉半仙之言實現了，劉亦往謁部長兼副院長，探其風色，並求實踐前言，周乃介紹劉赴北平任某要職，以報其「希望廳長多提拔」的要求。後來周佛海病死獄中，正是五十一歲（足歲），亦符了劉言之所謂「大關節」。後來香港某雜誌所發表的「周佛海日記」之上，亦有周得意僞政府時，常有「找劉半仙談八字流年」的記載。可見周佛海此時不但已相信了自己的「八字主貴」，亦相信了劉半仙之推算技術，確有過人之處。

低調一變而為濫調

對日抗戰，周佛海由南京退守武漢時，猶爲中央所器重，經常參與國家機密。不過周在此時，態度似已有反常現象，默默寡言，彷彿心事重重，表示消極。大家猶以爲他勞累之故，亦不意有他。張治中（文伯）奉命主湘，擬邀周佛海任一廳長，民、教任其選擇。周則一反平日熱衷做官的態度，願與張同赴湘一行，但不居任何名義。這或許是他已疑武漢非可久留之地，藉口早作避離之計。及周至長沙與眷屬居家於某小街，消極態度依然如故。偶與故友談話，常不免略露一些與中央不同的主見，甚或相反。此或卽其離漢的原因，或與汪精衞已有了異動計畫的打算，雖其家人至親，亦摸不著頭腦。

周佛海居長沙一段時間後，仍然回到漢口。嗣又隨中央遷往重慶，任中央宣傳部副部長，並代部長，情緒似乎比較安定一點，且組織了一反共的文化機構，邀羅君強擔任總幹事。及武漢、廣州相繼失守，周佛海的信心又動搖起來，悲觀益甚。這時他與梅思平、高宗武、羅君強等人，公餘之暇，則常聚合於重慶下半城繁華地帶的陝西街中南銀行樓上，討論一些問題。此地就是他們所謂「低調俱樂部」的機關。

抗戰到了武漢時期，汪派人物對抗戰不但完全失去信心，甚至還有幸災樂禍的心理（災禍愈重，則其信心更可肯定），當卽結合若干看法相同、信心動搖、志同道合的人士，組織了所謂「低調俱樂部」，以周佛海爲領導，奉汪精衞爲中心，達成「中日和平」爲目的。武漢、廣州相繼失陷後，俱樂部的活動更爲起勁。所謂「低調」，當然是「高調」的反面。他們所指的高調是「抗戰」，認爲對日作戰是不可能的，是自殺的，應該中日聯合打倒共同敵人——共產黨，兩國才有出路。現在中日兩國旣已有了戰爭，也唯有「光榮的和平」、「共存共榮」，才能抵制共產黨。這就是他們「低調俱樂部」所幻想的目的和出路。

周佛海與其同道的人，幾乎每日都要到中南銀行樓上去聊天，主要的自然是聽取各人的消息和意見，商討行動的計畫。聊天則除「和平」之外，便無所不談。從海闊天空，談到芝麻綠豆；從女人秘辛，談到世界大事。言不及義，形跡不拘。但每提到「抗戰」前途，大家又心事重重，唯有唏噓嘆息而已。提到私生活，則一味浪漫頹唐，大家又與奮起來了。放浪形骸之外，寄情風月之間，無拘無束，滿不在乎。如此的俱樂部，與其謂爲「低調」，實不如謂爲「濫調」，來得切情切實。

汪精衞出走周跟進

「物必先腐，而後蟲生。」日本人以汪精衞原是一個野心極大、領袖慾極強的人，單靠低調俱樂部的幻想是不能成事的，便陰謀「利用汪精衞，以對抗堅決抗戰的蔣介石」，決策既定，乃多方設計進行。卒通過陳耀祖（汪之內弟）與高宗武的穿針引線，策動汪精衞脫離抗戰陣營，另組新政府，以與重慶國民政府對立。汪因於二十七年多，離渝飛昆明轉往河內，繼赴上海轉南京。日本這一陰謀，其策動促成者，也就是「低調俱樂部」的份子，周佛海自然効力最大，因爲他是「日本通」。

周佛海等組織「低調俱樂部」的初意，只希望中國不和日本打仗、不反日，且親日，這在周佛海的日記中，已說得很多。到後來則做著中日言和的美夢，還自認爲這是「孤臣孽子」的苦心，乃不知實已走上親日、反中央、賣國家的漢奸路線。汪精衞之出走，就是在這一情勢之下，登上飛機的。數日之後，周便跟踪而去了。周佛海離開重慶之時，任何至親好友，事前皆無所悉，僅留一張名片，存在工友手中，交代越日送給他的好友易某。片上寫着：「士各有志，不必相強，亦不必盡同，珍重再見。」周佛海這個人，就在抗戰陣營中，從此消逝了。

過了幾天，羅君強也藉口赴昆明跑單幫經商（這是戰時的熱門），亦一去不復返，像黃鶴樓的黃鶴一樣。羅君強是湖南湘鄉人，係滿清咸同年間湘軍有名的儒將羅澤南（羅山）的後裔，長沙嶽雲中學的學生，革命北伐前，已任周佛海的秘書。因周的關係，抗戰時任行政院簡任特務秘書（非現代的特務工作），與名教授孫本文同時，頗有工作能力和幹勁。武漢撤退到重慶後，住在五福宮一座大樓，此處亦低調俱樂部人士經常會集之所。羅與周佛海原來都是共黨同志，以後加入國民黨，又反共，與周行動不但一致，且早為周之親信助手。他是一個無行的文人，在五福宮與他同住的太太，原是當年漢口的交際花紅舞女孔慧明小姐。時有兩位富有權力財勢的顯要，同時與他爭逐，羅不具其他優勢條件，僅年輕漂亮，獨中孔小姐的選。羅君強素來自命才華超羣，有才華必風流。北伐期間，他隨周佛海在政工處任秘書時，因妻妾爭風吃醋，妻懸樑自盡，鬧得滿城風雨。在浙江海寧任縣長時，則和其族姑在縣府大禮堂正式結婚。抗戰時，在漢口娶了孔慧明為第四任太太。任安徽省長時，最後還娶了一個女看護，她還常至老虎橋去探監，識者頗多。政府遷渝未久，傳有三位高級官員同時遭到處分，一為貪污，一為吃鴉片，一為行為浪漫。這行為浪漫者，就是羅君強。但他後來之出走，卻與被處分無關。

非汪心腹壓倒羣奸

周佛海與汪精衞的關係，原極泛泛，不算是心腹，在南京偽政府時代，也不算為「直系」。他對汪精衞僅有建議的資格，而無左右的力量。汪朝一切政策措置，乃至人事，都決定於公館，公館則決定於汪妻陳璧君。這在周佛海的日記中，說得很多。我在陳璧君一文內，亦略有引證。汪偽政府開始籌備時，頗顯出一種奇異現象，除汪之外，坐第一把椅子的，竟不是汪的寵臣陳公博（留美不及留日香），而是關係泛泛的周佛海。此實因周具有幾個優越條件，當時足以壓倒陳公博和其他許多攀附之徒：第一，周係日本西京帝大出身，懂得日人心理，精通日文，日語流利，知道與日本外交較多，易與日人溝通聲氣。第二、周曾任蔣介公幕府多年（侍從室副主任兼第五組組長），認識高級文武官員多，懂得玩弄現實政治。第三、由渝飛滬之初，周接收了上海金融界一筆紅盤，作了晉身起家的資本，隱然成了汪家幫的財政大臣。而此三者，都是陳公博輩所未具備的。

其最關重要者，就是「第三」，最爲現實。卽汪家班由渝抵上海以後，搞和平，經費一無所出，大家又要靠周佛海過活。因爲汪精衞自稱要爭取光榮的和平，不能作日本人的工具，便不能向日本人討錢，嗣經周佛海向上海金城銀行周作民、唐壽民積極活動，始由上海金融界代籌借得一百萬元。當交款時，要陳公博寫收條，陳則大耍書呆子脾氣，認爲有辱他的人格，盛怒之下，拒其要求，拂袖將去。周佛海因對陳說：「這有什麼關係？我們成功，不怕要債；我們失敗，向誰討債？」終由周佛海出面，與周作民等交涉，出具收條，取得了百萬。周對汪精衞，不僅立下了第一大功，也順理成章的管理了這筆鉅額財產。有錢的人，最大、最硬，周遂成了汪家幫的第一臺柱，蓋過了陳公博，陳璧君對他，亦不得不刮目相看。周佛海從此大行其道，後來南京僞政府的財政部長，自然也非周佛海莫屬了。

公博下水兩周領港

就私交情誼言，陳公博實汪精衞夾袋中第一張王牌，周佛海還算不了什麼。及僞政府成立，周一躍而成了大將，與陳公博同爲僞政權的兩大臺柱。當僞政府開幕時，陳、周粉墨登場，尙能合作，共襄盛舉。及僞組織粗具規模時，安樂難共，兩人便漸生芥蒂了。周對陳璧君表面很好，內心亦不滿。各有圈子，爭長競短；各懷鬼胎，互相猜忌。及汪精衞病重，赴日就醫，陳公博代主席和行政院長，周佛海則兼上海市長（原係陳公博兼），兩人裂痕亦漸加深。及汪死至日本投降，兩人都是各行其道。日本縱不投降，南京僞政府由於內在矛盾的發展，亦不可能久於人世。

陳公博在僞組織中，譽多於毀，人緣亦較好，秉性亦比周佛海率直；但書呆子脾氣，亦較周濃厚。周佛海生性固爲一爽直之人；但陰謀詭計與搗亂的本事，卻比陳公博多。兩人同係共產黨出身，也同時出現於中共第一屆大會。陳公博與汪精衞在北伐初期，武漢政府時代，卽已結了不解之緣，脫離共產黨，亦爲汪所影響。十九年，北平舉行擴大會議時，陳卽改組派中最得力的一員。周佛海與汪精衞之有較深關係，實始於武漢搞「低調俱樂部」時代。抗戰時，汪精衞搞「和平運動」，陳公博初亦不甚反對，但未與低調俱樂部同混。及日本召開所謂「中日關係調整會議」，揭開了和平共存的假面具，暴露了兇殘陰狠眞面目後，陳公博良知似未全泯，深受了良心的責備，多日殊不自安。幾經考慮之後，卽決心向汪精衞辭職，還我初服。周佛海則視爲「當然之事」，殊未介懷。陳、周固不相投，倘周固執成見，在此情況之下，自然樂見陳之迅速遠離，排去前途障礙，自己便能一柱擎天。但周計並未出此。

當日，陳欲離汪意志相當堅決，且已定妥回香港的船票，藉口老母難離，汪與陳璧君夫婦費盡說詞，也留不住。汪無奈，走商於周佛海。周以同舟一命，加以汪命難卻，乃慨允全力擔負留陳之責。蓋周已早悉陳之私隱，回港船票係上海金城銀行周作民代定的，周便定下一計，找周作民設法泡製，周作民亦樂爲之成全。過了幾日，陳公博的暱友M女士，是最能左右陳公博者，忽然自渝抵港飛滬，從此陳公博便沒有再說過「離滬回港」的話了。

故陳公博之未離汪，皆周佛海與周作民二人合作所弄的花樣。直言之，陳公博之下水，二周實是領港人。否則，陳公博一去杳如黃鶴，後來也不會遭到國法之誅。

衆叛親離妻分子散

周佛海的家庭情形，除至親好友外，能悉其詳者並不太多。大家僅知上海啟明女中的校花楊淑慧，作了他的「中山妻」（卽鄉下太太暫停，另娶一摩登太太。這是北京大學蔡元培先生，開風氣之先，聘第一位女教授陳衡哲博士，稱之爲「中山妻」）。到抗戰勝利，周佛海被拘禁後，家族之間不免常起風波，許多隱秘的事故，也漸漸流傳開來。周佛海在湖南沅陵鄉下的髮妻，其親友之間，幾乎完全遺忘了。周次妻楊淑慧亦湘籍，上海徐家匯啟明女校畢業。周有二子一女，長子少海，鄉妻所生，已過繼給佛海之弟周佛生爲子。次子幼海，爲中山妻楊淑慧所生。他們乃同父異母兄弟。女則不詳。

周少海原係軍校十四期畢業生，在西北王胡宗南部當連長。及周佛海落水做漢奸，少海則被拘禁於蘭州。抗戰勝利，周佛海以漢奸罪被捕，少海始獲釋出。至三十五年春，少海復被送禁於白公館（重慶郊外磁器口軍統局楊家山招待所的代號），與其家人同居，限制了自由。但少海與周佛海父子感情素不相洽，或因其失母被歧視的關係。他到白公館後，即常與周佛海大吵大鬧，認爲他這幾年吃官司，完全是因爲周佛海的關係。本來是清白的身世，卻受了他漢奸汚染之累，不好做人。爭吵不休。周佛海只好請求看管當局把他送走，幸獲批准，少海才獲得了自由。他離開白公館以後，便不明去向了。

至於周幼海，則係楊淑慧所出，自小即比較受父母與祖母的寵愛，也就養成了一種公子哥兒的習性和作風。曾留學日本。當汪僞政府在南京成立時，他也十七八歲了。戴笠將軍於三十四年九月三十一日，送周佛海、羅君強、丁默村、楊惺華等到重慶之後數日，周幼海與其母楊淑慧、祖母、舅母（楊惺華之妻）等，亦被送至重慶白公館，與周佛海等同住，儼然一個大家族的團聚。招待生活，相當優裕，在一定限度範圍之內，也有相當自由的。

大約經過半年之後，經周佛海與看管當局交涉後，在雙方有條件之下，三十五年四月，幼海第一個脫離了白公館。其他家屬則直到是年七月十九日，周佛海等移解到南京高等檢察院後，才由軍統局釋放出來。周佛海原來很希望幼海到美國去留學，曾說：「你媽（指楊淑慧）給你的錢，供你到美國讀三五年書，是不成問題的。你還是到美國去好。」幼海則說：「我的一生，到現在為止，都是由你支配的，今後我要走自己所選擇的道路了。」

佛海在無可奈何中，便說：「好吧，由你自己決定吧，這也是人各有命。」幼海自由後，三十五年六月間，便飛到上海，隨於八月到蘇北解放區，加入了共產黨。共產黨利用其多金與上海的人事關係，仍派他到上海，做地下情報工作，且改名為「周友之」。他寫過一篇「周佛海之死」，在南京報紙上發表過。不過他自己所選擇的這條道路，四十年來，走得並不順暢，終於七十四年七月，因病去世。以上所述，也就是周佛海所選擇的道路的結果——眾叛親離，妻分子散。

夫妻父子混淘一團

周佛海站穩偽政府以後，野心更大，深知特務工作的作用和力量，便利用日本人的介紹，與上海極司非爾路七十六號丁默村等相結納（中央調查統計局駐滬機關，日人至滬，即已投靠）。

丁默村、李士羣就此由梅機關轉靠到汪僞政府，在周佛海領導之下，建立其特工組織。從此周更如虎添翼，一身掌握金融、財政、特務等大權，更是炙手可熱。民國三十三年，復兼任上海市長。他在十里洋場的上海，排場之濶綽、揮霍之豪奢，較之當年在日本以報紙作墊褥的生活，眞不知相距幾千萬里。

周妻楊淑慧，有人稱她是個好女子，「既淑且慧」。有人說她有雌老虎的雅號，亦牝鷄司晨之流。不論孰是孰非，當時她有京滬女大亨之名，便不可否認。周佛海係僞府的特務頭子，楊淑慧亦有自己的特工組織。周的特務對外查究奸宄；楊的特務，則對內監視老公。因爲周沒有煙酒牌賭不良嗜好，惟愛拈花惹草，得志以後，更是到處留情。如在南京私通其家庭教師，私戀秦淮歌女豔麗秋，沈迷北平韓家潭妓女小桃，金屋私藏上海女伶筱菱紅，已是人所共知之事。在上海初爲周佛海佈置桃花窩的，係上海復興銀行的孫耀東。後被楊淑慧特工人士偵悉，一日，楊找孫至其私宅，澆了他一身大糞。孫卽從此倒霉，周亦轉移了陣地，故態不改，反變本加厲，尤經常消磨於「大觀園」內。楊亦自覺監視老公已厭倦了，以後便裝聾作啞。周佛海的次子名幼海，當年因爲老子有錢有勢，兒子亦成了花花公子型的人物，風流不亞於乃父，更是一「幹父之蠱」之流耳。傳說：周佛海有個情人史丹平，爲上海有名的交際花，幼海亦常與之談情說愛，且藏嬌於青島，行將結婚。適楊毓珣任山東省僞省長，幼海卽挽之證婚，並在濟南大排喜宴。楊不明其內情，爲討好其父周部長計，乃馳電向周道賀。周氣憤已極，怒形於色。周妻楊淑慧適在其側，則冷笑不已，並謂：「上樑不正下樑歪。現在木已成舟，尚有何言？」且督周覆電，囑幼海小夫婦早日返滬，參加老祖母的慰靈祭。這樣一個家庭，那能會有出色的表現？

利用中儲周錢合作

對日抗戰時期，在敵僞佔領區域，中國有南北兩家銀行系統，皆在日人操縱把持之下。北方爲「中國聯合準備銀行」，成立較早，汪時璟爲總裁。南方在上海有「中央儲備銀行」，卽南京僞政府的中央銀行，活動範圍限於上海、南京、武漢、廣州等地區，往北不許跨赴徐州。「中儲券」約值「聯準票」的五分之一，卽北票約十八對南票一百。此兌換率，一直維持到日本投降。

中央儲備銀行完全是由周佛海一手搞成的，因爲他當時已掌握了南京僞政府的財金大權，才能有此比羣奸大的魄力。不過此事仍須經過日本人的批准，周以「日本通」與親日之故，每與日人有所商求，多半是許可的，並推薦錢大櫆（書城，行三，人多稱三爺）擔任中儲總裁。周奉日人的意旨，尚往大連邀錢。錢亦非常乖巧，揣摩周意後，當卽聲明：願負完全責任，但「總裁」名義，則再三謙讓，必請周兼攝乃可，周亦「正合孤意」。錢便任副總裁兼上海行的總經理，以抗戰前夕新落成的上海北京路圓明園路外灘中國銀行爲行址。自此周、錢狼狽爲奸，利用「中儲」，操縱了中國東南半壁的金融財政，財源滾滾，私囊日益充盈。周、錢不僅在經濟上勾結起來，即風流玩樂之事，也是合作的。

周佛海找到錢三爺錢大槐來替他搞中儲銀行，於是上海愚園路的錢公館，車馬盈門，非常熱鬧。錢三爺倒還平凡老實，沒有做過大的壞事，但是他的太太——錢三奶奶（一般人尊稱，年齡不大），卻替他製造了「出人頭地」的聲勢和鼎鼎大名，許多不乾不淨的豐功偉績。於是錢公館不僅成了周佛海來滬時的臨時公館，亦「自家人」接洽公務私事之所在，且有汪家班大觀園之稱，成了南京顯要、各地軍政首長到上海來的駐足點，旖旎風光，不知顚倒了多少英雄好漢。這些人，後來大都成了周麻子夾袋中的人物，雖各樂其所樂，自然都以周佛海爲中心。

日本投降，錢大槐亦以漢奸關係作了階下囚，判了死刑，比周佛海的罪重。此實因其狼藉聲名太大、財勢過高，雖利用多資，纏訟多時，改判了無期徒刑，及中共佔領上海以後，所謂人民法院仍不放過他，給以處死。

大觀園裏春光明媚

當周佛海初至大連找錢大槐時，日方早已傳訊先容。待周到達時，錢三爺自然特表歡迎，招待他住在大連櫻町一所洋樓大厦——錢公館（據說此屋係盛老五的女兒拜錢三奶奶爲義女時的贈禮）。周佛海名住大連金城銀行，而朝夕吃喝玩樂，則都在錢公館。因爲花訊年華的三奶奶，雖不算美，風度卻佳，更有的是辦法，比北方「聯準」銀行總裁汪時璟的太太殷八姑（漢奸殷同之妹，能幹在汪之上）的手段辦法，更見高明。周佛海在錢氏夫婦殷勤巴結之下，便不覺落進了桃花潭裏，初至大連，便作了錢三奶奶入幕之賓。周雖淺嚐即止，而錢三奶奶則佔了先入爲主之勢，以後在其眾乾女兒的脂粉陣裏，周厤子亦大有樂不思蜀之槪！

錢大槐既來上海「中儲」負責，愚園路錢公館的氣派，經過錢三太太精心設計舖張之後，自不減於大連的錢公館，也才能博得「大觀園」的盛名。錢三奶奶原是北平八大胡同的女中英雌，人呼爲「老九」，因其皮膚黃而不白，非常風韻有緻，又有「黑牡丹」的美譽。時錢大槐雖係金城銀行一中級職員，但家庭富裕，本已與朱慶瀾將軍的女兒結了婚，且生下一女，終以性情難投，遂告分居（並未離婚）。錢因常跑八大胡同，與黑牡丹結了良緣，便被稱爲錢三太太。抗戰勝利後，錢三爺以漢奸罪入獄，朱小姐由渝來滬探監，卻不期與老九相值，秘密多時的眞相，始大白於眾。老九氣極，便藉此跑到香港，準備與某醫生結婚；但事未諧，仍返上海。據傳：錢三爺在大連時，已早有隱疾，失去了閨房之樂。到上海以後，仍常有醫生穿房入戶，爲三爺治病，也爲三奶奶治了寂寞。周佛海在大連，能够輕而易舉的倒入三奶奶懷抱者，此亦重大因素。錢三爺對自己無可奈何之事，亦只好明知之，固昧之。上海大觀園裏，春光明媚，美不勝收，皆以錢三奶奶作中心，羣芳粥粥，盡是萍水相逢之人。日本投降後，大觀景色，風流雲散，多不可考。三十餘年後，老輩中人，猶有樂道其中之佼佼者。如錢公館的管家小姐某，豔若冰霜，而性情獨怪，人稱爲大觀園門前的石獅子，勝利後，接收人員亦不逼近。胖美人姊妹花，原係北洋某財閥的乾女兒，後由財閥作主，姊嫁潘復，妹歸朱耀。三奶奶最親信的朱小姐，代管保險箱，除將箱中部份財物貢獻給接收人員外，大部則挾之遠走青島。藍蘭與某姓三姊妹，皆三奶奶在大連時的舊友；陸小曼爲錢太太的煙霞客人。江友任係銀行界吳某的夫人，任錢三奶奶的書畫老師兼文牘，因三奶奶雖讀書不多，亦愛附庸風雅。北平有幾位名伶，如李少春等，每到上海，常下榻園中，也曾鬧了不少風波。

園中禁臠不敢問鼎

在大觀園眾多佳麗之中，被三奶奶暗示指定能與周佛海接近者，一爲上海交通銀行某課長之女，算是三奶奶的靈魂，嬌小玲瓏，冰雪聰明，是大觀園中的出色人物；一爲人稱許太太者，碩人頎頎，亦園中異彩。原已嫁得金龜婿，另又勾上某權貴，其夫的官運與她的豔名相得益彰，後以政治關係，被七十六號拘捕，關了很久。周佛海將她釋放出來，加入了大觀園，也收攬入懷中，並派到中儲任職。她一舉一動、一顰一笑，最能引人入迷，不幸中途病故，在大觀園中逞雄未久。

而若此二嬌者，周佛海始終視爲禁臠，明其內幕者，自不敢去問鼎，恐遭不測之禍；不知其底細而企圖染指者，必被園中司事者告以「不必再來」。

總之，大觀園中往來的人物，凡不够資格、標準、地位者，都休想入門。但男女雜沓，經常入新出舊，川流不息。說得漂亮一點，類似俱樂部，吃、喝、牌、賭、鴉片，無所不具；說得難聽一點，便不異今日之所謂應召站，但高貴得多。錢三奶奶才能因此抖起來，小小的錢公館，成了汪家班的大觀園。京滬名女人，又誰不想來走動走動？也很少沒有風流佳話留在園中的。大都問津漁翁，只能點到而止，進而尋幽探勝，又必須另覓桃源。

見風轉舵戴罪立功

抗戰勝利前夕，約一年前後，周佛海默察日本人大勢已去，見風轉舵，投機與軍統局戴笠（雨農）將軍取得聯繫，頻送秋波，企圖戴罪立功。縱不做官，至不濟亦可減少罪刑。故日本投降後，他立刻接受了重慶中央特別縱隊總指揮的任命，調動軍隊，防護京滬。頃刻之間，搖身一變，又成了重慶國民政府的地下工作者。湯恩伯初蒞上海，他還趕到機場恭迎。他一方面保存了僞中央儲備銀行的大量儲備金——金條，等待中央接收；一方面自兼「京滬衞戍總司令」，維護京、滬兩地及沿鐵路線的治安。直至中央軍陸續空運到達時，周的「京滬衞戍總司令部」，始行裁撤。同時，也被「優待」到了重慶。

江南原是國民政府民國十六年定鼎後的首善之區，也是汪僞政府的近畿。京、滬、杭三角洲地帶，當時全是僞軍第一方面軍任援道所轄的十四個師，總數不下十餘萬人。在日本已經投降，中央軍尚未進駐來這一中空階段，青黃不接時期，這些僞軍的腳跟，向左向右，都很自由。縱不能說是可以左右中國全局，也確有舉足輕重之勢。周佛海既握緊了任援道，而任援道亦有回頭是岸的企圖。周、任合作，才得維持江南秩序而未亂，以待中央來解決。也才使中共部隊雖出沒於京郊孝陵衞、滬市、浦東、滬西，而地方沒有受到損害，京滬、滬杭甬沿線城市，閭閻不驚。以故後來周妻楊淑慧，爲保全周佛海的性命而奔走求援時，第一方面，請了三大律師——章士釗、王善祥、楊家麟，準備大打官司。第二方面，收集有關證件，有許多黨國要人書面證明：「周佛海在勝利前一年，工作都表現得很好」。同時走「曲線救國」（表面投敵）的將領，亦簽字證明「在抗戰期間，獲得周佛海很多援助」，都代求司法機關對周佛海減罪與緩刑，他們自然都不是憑白、循私、護罪的。

故憑良心來說，周、任兩人縱是投機取巧，企圖戴罪立功之謀，實也不無微勞足錄。所以湯恩伯在某一會議中，對他們兩人也大加讚許：「能以國家民族爲重，個人出處爲輕，自動把軍隊與庫存交出，爲眾表率，聽憑國家處置，爲國家省掉許多麻煩，這誠是可喜的事。」會中一時掌聲大作，也替他們添了許多顏色。這固是湯恩伯籠絡有方，處置得當。而周佛海之臨危改圖，任援道之放下屠刀，乃能使中央順利的完成任務。結果他們立了功，仍不能免其刑責。後之論者，頗不一其詞。其實套一句江湖人士的口吻：「死罪可免，活罪難逃。」國家也毫無虧於彼輩。

黃粱夢醒階下成囚

汪精衞的南京僞政府，自二十九年三月二十九日開臺，至三十四年八月十五日日本投降，羣魔齊舞，粉墨登場，做了四年五個月的黃粱夢。夢醒，則分別落入各地的監獄。周佛海於日本投降見風轉舵後，三十四年九月底，便被優待至重慶。他原來賴以與中央聯繫的戴笠將軍，則不幸於三十五年春在南京上空墜機殉難。這對周佛海、羅君強、丁默村等人，自然是一極嚴重的打擊。在此生死邊緣，好好歹歹，都已「死無對證」，卽不怪周佛海後來傷痛的說：「爲我帶來了大不幸！」他們亦於是年七月，由渝解送至南京法院審判，先禁押在看守所，案定後，三十六年四月，移解老虎橋監獄（簡稱虎牢）。他由上海而重慶而南京，蓋已三遷鐵窗矣。時首都高等法院宣佈周之罪狀：「謀通敵國、圖謀反抗本國的漢奸，判處死刑」，他還當庭強詞奪理辯護說：「我的作爲動機，是爲收拾破碎的半壁河山，以備復演民國十六年的寧漢合作。」復經過其妻楊淑慧的百般活動，三十六年三月，始獲蔣主席特赦，改判爲無期徒刑。蔣公之特免其一死，或許仍是受了戴笠將軍生前當面報告說詞的影響。周佛海在監中，則猶自歎不已的說：「由於戴笠的不幸，也為我帶來了大不幸！」（以為戴在，他不會判刑）從此，周佛海的腦海中，又閃現出另一新的希望：以為三十七年行憲，大總統選出後，將舉行特種大赦，他便可能恢復自由。終以他的「八字大限關節」到了，命運多舛，尚未待到這一大赦的時光，便先病死於虎牢。

虎牢探友何忍有記

周佛海關進虎牢以後，不僅眾叛親離，其親友和部屬，都諱莫如深的怕提起「周佛海」三個字，自然更不敢去探監。據我所知，有一位老報人龔德柏先生（國大代表，在臺去世），古道熱腸，由重慶復員來到南京後，曾去虎牢探視過一次。據他說：「周佛海關在一間小房間，獨居一室，牆壁上開了一個小圓洞，用粗鐵絲網著。當他出現於洞口我面前時，光著頭，面色灰暗。我心裏若無備於先，幾難相認。穿一件長衫，笑著對我說：『次筠（龔字），我隔著鐵窗，今天無法和你握手了。』我詢以生活情形，他只說：『世態炎涼，幸有老妻常來送送牢飯和衣服。』閒聊一會，頗有點牢騷。不過對中日問題沒有談到，亦絕未涉及政治問題。我也深緘其口，不欲引發他的談鋒。他在監中每天都寫有日記，幾年未斷；但友朋中誰都未明其日記內容。我和他分別時，他還笑著說：『次筠，你回去不妨寫篇文章，題目是「虎牢探奸記」。我和君左（易）也說過。注意：不是監獄之監，而是漢奸之奸。』仍然苦中說笑，不脫過去的風趣。朋友落難至此，已覺難過，我又何忍有記！」龔繼謂：「與周佛海由渝同機押解來京者尚有三人，亦得了見面機會，雖不太熟，卻早互知。羅君強臉上發紅發白，鬍子刮得乾乾淨淨，戴一副太陽眼鏡，著長衫，不減幾年前的風度。羅君強隨周佛海參加偽政府後，歷任司法部長、安徽省長、上海市政府秘書長等職，尙具政聲，在上海更有『羅青天』之稱。他本是判了死刑，法官以其在安徽省長偽官任內尙能愛民，免其一死，改爲無期徒刑。丁默村（偽社會部長）見面時，戴上口罩，謂有傷風不能多談，這或許是一種遁詞。不過他與我見面後的第二天卽被槍決了。當他一聞死刑執行令下，卽魂飛天外，面無人色，一言不發，一步難行，臨刑時已經全失去了知覺。如此不値價，不知他曾想過否：在他手下寃枉死了多少人？周佛海的小舅子楊醒華，自以爲受周連累，一直不願和佛海講話，判刑較輕，其妻亦常來探監送飯。時聞江亢虎（偽考試院長）亦在監中，但未見到。」

未伏國法瘐死獄中

談到周佛海之死，瘐死獄中，算是他第三次的死。民國十六年，周佛海從武漢到上海，以共產嫌疑，被清黨委員會楊虎捕獲要槍斃，經其妻楊淑慧千方百計求陳銘樞轉懇委員長蔣公救了他，這是他第一次死中得生。以漢奸入罪，判了死刑，仍經楊淑慧多途奔走，卒得國恩浩蕩，特赦其死，這是他第二次的重生。自被關進南京老虎橋監獄後，由於起居飲食生活的失調，身體便漸漸衰頹下來。

尤其獄中連木板床都沒有，一床草蓆，墊在潮濕的地上，就是他每天寢息之所。若此，不病也得病，而且病得不能起來，情形也够慘了。死前一兩個月，病重之日，口不能言，飲食不進，既不能睡，亦不能坐。他把被褥疊高起來，就日夜俯伏於其上，喘息著，呻吟著，最後週身劇痛，經過約一月的慘呼號叫，直至三十七年二月二十八日，因心臟病劇發而死，時年虛歲爲五十二。據說：他的屍體停放在南京萬國殯儀館，還睡到一口楠木棺材，有幾個生平友人主祭，葬於南京市郊湯山附近的永安公墓。

後來羅君強向探監人士說：周佛海病重了，應該讓他保出去，死也應該死在醫院裏。他言下之意，似很不滿司法行政部的不准保出就醫（周妻楊淑慧爲保周出外就醫，費了大力，終不能行）。這自然有點物傷其類、兔死狐悲的味道。或只想到一面，而未看到外面的世界。他並說：周佛海臨死時，家裏親人一個都沒有在旁，同難的親友也沒有人在身邊，還不知是什麼時辰落氣的。言後眼淚汪汪，不勝淒然！

其鳴也哀悔之已晚

周佛海死了已快四十年了，爲功爲罪，這是史家的事，我輩夫復何言？不過日本投降，他維護江南半壁，未盡塗炭，自屬事實；但政治上所留下的惡果——民族罪人，功罪是絕對無法對銷的。不過據追隨周佛海二十餘年的羅君強說：周佛海生平，對於蔣先生（指先總統蔣介石）是絕對尊敬的，即在南京，也始終未有一言不敬之處。他離開重慶，當然是主和主戰意見上的不同。而他引爲遺憾的，就是臨行未向陳布雷先生說得一聲。因爲陳布雷是個賢者，那時他是侍從室的主任，周佛海是副主任，在友情上，他到死還有內疚。羅君強如是的說，亦姑記之。周佛海在老虎橋獄中的遺詩，已經傳出，我所知道的有兩首。一爲他生日口占：「前年淞滬去年渝，今日都門一罪徒，居地三遷人兩世，乾坤俯仰舊頭顱。」一爲哭丁默村：「東南板蕩憑同保，巴蜀幽羈感互憐，贏得千秋無限恨，孤魂應是化啼鵑。」頗有「鳥之將死，其鳴也哀」之歎，亦似有感傷於世事的滄桑與人心的炎涼，而戀生畏死之常情亦有流露。早知如此，何必當初？悔之晚矣！周佛海身後之事，外面並未多傳。余亦僅知：周佛海死後，其妻楊淑慧住在上海小沙渡路一棟頗爲高尚的公寓中，與兒子幼海及媳史丹平同住。史原爲上海的名交際花，嫁幼海後，已洗盡鉛華，成爲能幹的主婦。中共竊據上海時，楊淑慧全家尙留在滬，後聞被清算鬪爭。周幼海雖已入了共產黨，卻未能作到家庭的護符。

書法家夏壽田的風流韻事

書名豔事同震一時

清末民初，被目爲中國大書法家之一，與鄭孝胥等齊名的夏壽田，他是清末殿試出身的榜眼。那時的名器雖可貴，但在科舉時代，如果是一個庸庸碌碌的榜眼，縱令是一個狀元，也都算不了什麼。夏壽田這個榜眼之出名，還是由於他的「字」。他書法的名知度，當時的排行榜，當在鄭孝胥、陳寶琛伯仲之間。北京、上海的宣紙店（通稱南紙店），所存「筆單册」中，夏壽田不是排名第一，也得列於第二，不會出第三名之外。有人說：使他書法揚名於海內的，又是他的「篆體」字，在清末民初，獨步全國。不僅此也，他的風流艷事——囊括了南北兩花魁，更轟動於一時。二者互相輝映，也助長了他的書法行情，僅略輸於鄭孝胥（民國二十二年，僞滿洲國成立，設僞都於長春，鄭任國務總理）。

明清兩代，書畫家之賣字賣畫者，多由宣紙店家經手，收取定單，銀貨亦由其代收代轉，宣紙店僅從其中收取一定的佣金而已。名書畫家經常的進帳，固然很有可觀；而宣紙店，除靠書畫家銷售其紙筆等之外，佣金亦常成爲很大一筆收入。

這類宣紙店，凡京、滬通都大邑，皆有經營。或爲分店，或爲獨營，各地互相聯繫，聲氣相通，以廣招徠。除代名書畫家（書家比畫家多）買賣字畫之外，就是出售高級的文房四寶，特別是「宣紙」，一般低級的文具，則不具備。這些書畫家，又是必然的顧客。最有名的宣紙店，如榮寶齋、多寶齋、清秘閣等十數家，分店幾遍全國，一切都按傳統作法，規規矩矩，很難更易。

凡著名的宣紙店，每家都有一本很厚的全國名書畫家親自所訂的「筆單」——即壽屏、對聯、單條、招牌、册頁、扇面、字畫類別，以及尺寸大小等的價目表。宣紙店則依照各項定價收款與交貨而已。「筆單」集之成册，排名的先後次序，則由店家自己斟酌安排；店家的安排，則根據買者需索的行情作標準，也比較客觀。

平津一帶紅得發紫

在「筆單册」中，由清末至民初，老一輩的書畫名家，如鄭板橋（燮）、清道人（李瑞清）、王一亭等先後凋零以後，筆單便已隨之而取銷。民國時代，正當行的書畫名家如鄭孝胥（福建鄉試解元）、劉春霖（狀元）、陳寶琛（同治進士）、夏壽田（榜眼）、鄭沅（探花）、溥心畬

（小恭王），以及康有爲、梁啟超、譚澤闓等，不下數百人之多。賣字賣畫的人，固多翰苑名流；但有些作品並不高明，或因收件太多，不免胡亂塗鴉，粗製濫造。有很多非翰苑出身，僅藉前朝遺老號召者，雖不名家，間常有些作品，實不在名家之下。中國對日抗戰時期，任行政院參事兼業餘新聞記者，亦詩人之流的黃秋岳，也冒名畫家之一，且有「筆單」提出；後來因爲出賣情報給日本人而被槍決。情報售價，雖比他的筆單訂價高出幾十百倍，終不免落得無恥漢奸的臭名與槍斃下場。

翰苑名流鄭孝胥、陳寶琛皆福建人，也都是清宣統皇帝溥儀的老師，書名亦隨其政治地位而提高。夏壽田在戊戌政變那年，雖中了殿試一甲第二名的榜眼，科名比鄭、陳都高，但他在清末並沒有什麼官職可與鄭、陳比美。民國時代，他卻做了袁世凱大總統的近侍，洪憲皇帝的內史大臣，紅極一時，書法亦因而紙貴洛陽。有謂字畫純爲一種藝術品，不會因人因地而貴而賤，有人是不會深信的。如在香港，以前齊白石一張親筆扇面，隨便畫兩朵紅菊花，開價就要港幣千元；鄭孝胥一首對聯，日本人視同拱璧；夏壽田的字，在平、津、上海等地紅得發紫，在香港和海外，名則根本不揚，字也不易看到。

民國初年，北洋政府的幾個政治領袖人物，幾乎每人都有一些智囊、打手、侍從忠耿之臣。如段祺瑞有忠藎不貳的徐樹錚；張作霖有絕對服從的楊宇霆；馮玉祥有唯命是聽的鹿鍾麟；曹錕有「是我大本錢」的吳佩孚；黎元洪有守死勿去的阮斗瞻（忠樞）；袁世凱則有事事迎合的夏壽田。現在祇說夏壽田。

名門子弟賣字終生

夏壽田，字午詒，湖南桂陽縣人（湘南接近廣東），約生於同治十二年（一八七三）前後。雖居山僻地區，卻是一個書宦世家子弟。幼極聰慧，讀書過目不忘，師長多以神童目之，循科舉正途求進，所至無不克。清光緒二十四年戊戌，殿試中一甲第二名榜眼。其父夏菽軒，時正任陝西省撫臺，得報，陝文武百官為一省疆吏作賀，幾乎轟動全省。但夏壽田於中榜眼之後，以賦性淡泊，不慕利祿，便挾其新寵（見後），急束裝返湘，與王湘綺諸名流遊，日惟以詩酒山水自娛，過其幽閒隱逸的生活，歷十餘年。直至民國二年，始經楊晳子（度）的敦勸，應袁項城之召赴京，開始其政治生涯。從此依附袁氏，處處迎合項城。

夏壽田原為王湘綺門下名弟子之一，才氣縱橫，涉獵頗廣；詩亦宗湘綺，出入漢、魏、六朝，晚年尤工。湘綺出任袁大總統的國史館長（楊度副之，實負責任），就是夏壽田與楊晳子代表袁氏懇請而來的。袁世凱背叛民國，洪憲稱帝時，湘綺則已經返湘；夏、楊則皆一時新貴，作了袁氏左右侍從之臣（籌安會六君子，沒有夏壽田）。夏壽田任「內史大臣」，時人稱夏太史；楊度被目為宰相，人稱楊相國。項城帝制失敗，民國五年六月暴斃以後，夏壽田亦避禍至津，再赴大連、青島到上海，不再涉足政治，而以賣字終其身。大約在民國三十年前後逝世，年齡還不到古稀。

袁項城對夏壽田的書法，亦極讚賞，故袁氏當年的總統府和清華宮（北平南海懷仁堂）四壁所懸古今名家書畫，以夏太史所作者爲最多。直到國共兩黨在北平和談之年，據說仍懸存於壁間。

一堂壽屏兩千銀子

清科舉制度，禮部會試中進士後，就有資格參加殿試，點翰林。點翰林的主要條件就是要館閣體的字寫得好，祇有湖南鳳凰人熊希齡點翰林獨例外，這是光緒皇帝的懷柔政策，特別原情；因爲他是「兄弟民族」——苗人，便不計較其書法，不過皇帝仍在他的試卷上批上「習字三年」四個大字。夏壽田出身翰林，字寫得好，是不成問題的；他的楷書，在中榜眼之前，已下過一番功夫，自不必說。世人讚揚他的篆書獨步全國，卻是他點翰林以後，加工致力的結果。到了晚年，自己卻常說：「我篆書賣錢，但行書卻勝過篆書；而草書則爲看家本領，不輕一試。」這意思就是說：他草書第一、行書第二、篆書祇算老三；易言之：行、草、楷、篆，皆其所長。有人說：這一說，或許適得其反，「不輕一試」，正是因爲太差勁的關係。識者獨謂：他的行篆，皆用篆法和隸法揉和而成，的確是用過深功的。有一段長時期，他在家專習小篆中的「鐵線」，大習其青銅器上的金文，後來寫金文之「散氏盤」，實爲時賢中所罕見。說他「獨步全國」，亦不算是過譽之詞。據其筆單所載，寫一部篆書如「多心經」，定價爲五百大洋；一堂壽屏，則爲二千兩銀子；在他自己或爲便宜，實已是寒家半世或一生之糧了。

紅粉侍候陪伴作書

夏壽田在當年上海的字畫市場，他筆單的定價雖相當高，但終未超過鄭孝胥。此爲客觀的評價，也是他在上海排行榜上，始終未能名列第一的原因。不過鄭孝胥的私生活比較嚴肅與隨和，在寫字的排場考究方面，卻要略遜夏壽田一籌。

夏壽田之作書，無論在京、津或上海，都極考究排場。他的大書房中（另有小書房），設長案大毡，專作寫字用的，案上有筆筒如斗，中揷各種大小毛筆數百枝；另一大方案則竪置各種各色大小圖章，彷彿碑林一樣。凡書畫家都是講究圖章的。他的圖章，無一不是京、滬名家的傑作，尤其自寫的鐵線篆文，由名家刻製的圖章更爲名貴。與圖章同樣重視考究的，就是印泥。夏壽田所用的印泥，不是取之於坊間文具店，都是親自監督製練而成的。全以珍珠、瑪瑙加銀珠和十年以上的蓖麻油，不斷舂擣，擣歷多時，不滯不滑，成爲印泥中的極品，印蓋於宣紙或細絹之上，鮮艷奪目，永遠不變顏色。

他新娶的姨太太——北里花魁，終日侍側，不事女紅，不營庶務，所負工作，惟寫字托紙、擣磨印泥、陪燈燒煙泡和餘興而已。鄭孝胥如何？我卻不得而聞，因其官癮大，心別有所用，或不如此。在滿洲國成立之前，鄭孝胥的字，主要捧場者，卽爲日本人，最多的收入，一年爲現銀十二萬。做了漢奸以後，字的聲價反而一落千丈。夏壽田正因爲沒有得到日本人的賞識，夏太史的字，在平、津、上海各地，卻始終和他紙上所蓋圖章一樣，沒有變色。

當年殿試自信必中

夏壽田中榜眼，是光緒二十四年（一八九八），也正是有名的戊戌政變，光緒被幽禁於瀛臺那一年。殿試第一名爲狀元，第二名爲榜眼，第三名爲探花，合稱爲三鼎甲，謂爲大魁，合全榜翰林皆稱爲天子的門生。夏壽田這次之中榜眼，有一種傳說：清例科舉殿試的發榜，午門傳臚大典的規矩，塡榜是從第四名傳臚開始的，最後才塡寫狀元、榜眼、探花三鼎甲。夏壽田不像一般舉子，試畢後卽分途回籍，聽候京中傳報佳音，他卻是守候在京，等候發榜消息的。當塡報三鼎甲首名姓「夏」的時候，便緊張起來，滿以爲是自己，及知爲「夏同龢」時，雖覺冷了一下，但仍很有自信的說：「榜眼、探花兩名之中，如果沒有夏壽田，那我夏某便要去跳北海了。」果然，填報第二名榜眼，又是姓「夏」時，他有把握，準知是自己，才放下心的急說：「一定是的、一定是的。」果然！

俗說：「科場莫論文」，「棘闈自古多遺珠」。像夏壽田這樣有堅定信心的人，在科舉趣談中，從沒聽說過。夏壽田這時固然喜不自勝，他的父親夏蔚軒當時正任陝西省的撫臺，兒子高捷的電報傳到長安，在國家名器不濫的時代，自然更是高興，並即時匯寄了三萬兩銀子至京，作為兒子謝師及同年應酬之用，也替自己顯顯風光。

花國狀元風塵知己

科舉時代，各省趕赴京都會試的舉子離鄉背井，率多初離家門，為免途中寂寞，並能互相照顧，便多結伴而行。當夏壽田與一班湖南舉人們取道長江，順流而下，到上海以後，在候輪北上天津赴京時，自然不免藉機遊玩一番。每人縱未腰纏萬貫，但赴京會試，原是家族間一大喜事，家長為壯其行色，亦決不會蔽其私囊。一班青少子弟，雖盡非紈袴，但落到花花世界的十里洋場，目迷五色、心猿意馬，自少不了探花問柳，去打茶圍、吃花酒。其時，上海會樂里正有一蘇州名妓剛剛大魁為花國狀元（不詳其名），恰被這羣舉人老爺（娼門不論客人年齡，一律稱老爺）在酒筵上碰著了，舉座無不驚為天人。她不但姿色超羣出眾，而且口齒伶俐，說得個個開懷，舉座皆歡。

有位舉人老爺對花國狀元笑道：「在我們這批老爺之中，這回進京，那幾個會得高中？你且評評一下看！」那花國狀元便指著夏壽田道：「別人儂勿知，這位夏老爺，黑黑胖胖的，一定會高中哉！」在座皆舉人老爺，她獨舉夏老爺以對，私心似有所偏，不洽輿情。有人觸了霉頭，心雖不樂，在逢場作戲中，也不便見之於顏色。另一位舉人老爺祇好說：「如果夏老爺眞個中了，我們便非逼他娶你不可，你怎麼樣？」那花國狀元立刻應聲道：「好，儂明天就取下燈來（上海樂戶門前都懸有花牌燃，夜晚燃燭其中），不做生意了，等夏老爺高中！」說做就做，次日，果然取燈，除下了艷幟。

這正像賭寶一樣，的確是花國狀元成敗的重要關鍵。夏壽田是陝西夏撫臺的少爺，這張底牌或許早經洩露了。在花國狀元想來，不管夏壽田能中與否，中了，夏必感風塵知己之恩，會來娶；不中，夏亦必念她守死不變之情，會來娶她。總之，撫臺大人的兒媳婦，她是敲定了。一個風塵女郎，尙有何言？這寶算來是不會輸的。

夏壽田有了翰林的資格，如果像一般翰林一樣，在京學干祿，至少可以做個翰林院的編修；但他收到夏撫臺三萬兩銀子之後，囊中飽滿，任其揮霍，便不作其他的想法，祇迫不及待的，藉口回鄉祭祖，專程到上海感風塵知己之恩，眞個榜眼娶了狀元做姨太太，隨帶回湘。同時，由於錢多了作怪，花了一千兩銀子，買了整套十二副象牙的活動春宮；這是一位京中名家的作品，與仇十洲的工筆春宮畫，有同等價值。仇畫工筆細膩，傳神毫端，顧春福譽爲「醉心悅魄之作」，與這象牙作品，皆爲藝術的結晶，供作藝術賞鑑，自無不可。倘落到色狼、登徒子的手中，必然改觀變色，作了閨中行樂的模擬圖了。

北里花魁作新姨太

夏榜眼中了以後，不在京中謀政治發展，卻帶了姨太太——上海花國狀元回到家鄉湖南，過了十餘年的優遊名士生活。到了民國二年，始從楊皙子的勸，到了北京，依附於袁大總統。「湘綺樓日記」有一則諷刺的記載云：「夏榜眼又去討姨太太去矣。」實際是指他進京，做袁世凱的官去了。「後來，眞是如響斯應，官做了，姨太太也討了。」

袁世凱當國，此時已開始毀法，陰謀帝制活動。夏壽田至京，與其同鄉楊皙子緊密勾結，同是新華宮裏贊助袁氏非法活動最紅的人。項城固視爲智囊鬪士，依爲股肱；卽準太子袁克定亦俯首下交，視夏、楊爲其心腹。此時的北洋政治，除形式上，由滿淸變爲民國之外，一切政治作法、社會陋習、腐惡舊俗，則全然未改。北京前門外的八大胡同與四城各大酒店，盡是北洋政府文武官僚政客富豪飲宴作樂的場所，燈紅酒綠，笙歌達旦，幾日無虛夕。夏壽田、楊皙子、袁克定等達官新貴，並所謂淸流名士，則常藉詩文會友的美名，每於華燈初上，必多集於韓家潭、百順胡同（蘇揚班集中地）、石頭胡同（北班中心），車水馬龍，另成一無法無天的神鬼世界。

夏壽田時以新華宮內史大臣之尊榮，同輩通稱夏太史，年方三十餘，不及四十；才華豪放，風流不減當年，更爲一般政客名流所推重。其時八大胡同中「清吟小班」，有一蘇州姑娘，人稱花魁娘子，紅極一時。當時官僚、政客、豪紳、巨賈之追逐者多如附腥的蒼蠅，莫不以能作賣油郎爲榮。夏太史終以摘花手段高人一籌，以袁朝新貴，更獲楊皙子的助力，得以獨佔花魁，北里娘子重入嬛，成了他的新姨太。時人指夏太史「囊括南北兩花魁」，卽指上海的花國狀元（他的大姨太）與後來的北里花魁娘子（新姨太太）來說的。如此豪情，風流冠南北，卽無怪時人要側日而視，欣羨不已！

花雲仙子也嫁新貴

夏太史新娶的北里花魁，不但名重京華，北里稱艷，手腕能通天下地，交際應酬的本領，更能面面周到，因應自如；風韻雖足，姿色則終不及夏之大姨太太——花國狀元——遠甚，祇是新妝入時，舉止動人而已。據說：夏納新姬，還費了楊皙子幾番搓圓拉攏的功夫，而皙子之肯賣力，又另有其目的存焉。

楊皙子不甘向隅，獨我寂寞，當夏太史嬌藏花魁之際，同時，他也娶了八大胡同中另一絕色蘇州姑娘，此卽「新華春夢錄」小說中所說的花雲仙是也。花雲仙與花魁娘子同係蘇產，原極友善，親如姊妹，居常一日不見，必遣人問訊。兩姝曾有互約：「花魁不嫁，雲仙亦永不從良。」所以楊相國欲娶花雲仙，必先替夏太史與花魁娘子上勁作合，夏太史成了功，楊自水到渠成。

北洋初年，十里南城的雙絕——花雲仙與花魁娘子，由楊、夏兩新貴，平分了春色。兩貴兩姝四美具，不但已使北里平康生色，也使袁朝新貴叫絕不已。花雲仙除具有花魁娘子的手腕外，更有連女人也著迷仰慕的姿色；當年便有不少的貴夫人、小姐和交際花草，卽令是素來看不起姨太太的人，見了楊度的姨太太——花雲仙，也甘屈尊下顧，願與她結爲契姊妹，學她的萬般儀態。

洪憲黑官風流半世

夏壽田以優異天資與滿腹經綸，挾榜眼之尊榮，原不難大用於世。夏蔵軒撫臺或猶在夢想：夏氏第二代的撫臺，早日重見。無奈夏壽田一誤於遊戲花叢，貪戀溫柔，銷磨了遠志；再誤於沈溺鴉片，逍遙世外，便已趨於頹墮階段了。以前者言：不急於仕途發展，反急娶花國狀元回鄉，十餘年流連於富貴故鄉，忘掉歲月，乃不知已有民國了。美之者，謂爲淸高、淡泊名利；鄙之者，則謂爲膏粱子弟的惡習，牢不可破。關於這點，現在自然都不值得討論了。民國二年，出山依袁，雖有幸做了袁世凱的「內史大臣」，與楊皙子輩，彈冠相慶，卻是袁皇帝的黑官。黑官亦曇花一現之後，便繼起乏力了。

以後者而言：夏壽田之沈溺鴉片，固不知始自何時，大概不外源於腐敗的仕宦家庭，膏粱子弟多所不免。或遊戲於攀花折柳之間，當時，鴉片已成爲待客應酬之必需品，此都不必究問，當也算是夏撫臺造就出來的——翰苑榜眼、黑鄉高士。當他在袁世凱時代，成了袁氏近臣之時，所需黑鄉糧食，自有人逢迎孝敬，如曹三爺（錕）所餽，每次動輒數十或百斤。夏太史黑糧充裕，便思增益其補身價値，使福壽膏成爲名副其實的福壽膏而珍藏之。其法先將生土熬煎成膏後，深埋於地下，使之化掉火氣而質更純，隔年取出重煉，加上各種高貴補藥於其中，如道家之煉丹汞一樣。然後以各色不同的玉瓶磁瓶或玻璃缸分別盛之，貼上紅色標簽：「高麗參」、「吉林野參」、「安南肉桂」、「何首烏」，洋洋大觀，陳列滿櫥。

袁世凱洪憲帝制失敗後，夏壽田亦成爲被攻擊最力對象之一。京中無法立足，初遷天津，再移青島、大連，終定居於上海，過他遺老、寓公、名士兼賣字的生活，安閒自在，生計無虞。這時亦常在猶太資本家哈同及地方貴紳門下作淸客，哈同去世，喪葬多遵中國古禮的規矩，有一項請仕宦名流「點主」之儀，洋人亦愛附庸風雅，特別邀請到三鼎甲——狀元劉春霖、探花鄭沅、榜眼正是夏壽田，主持這一莊嚴的典禮。三人皆係上海賣字的名家，哈同之喪，僅此亦轟動了整個上海。事後，喪家則每人致送禮金萬元，出洋差一次，所費不過一兩小時，比賣字是強得多，祇惜機會可一不可再。

鳳凰總理熊希齡

湘西之寶真人實事

湘人傳統以來，向有湘西三寶——黃金、苗女、蠱毒——的說法。自熊希齡拜袁世凱（項城）大總統之命組閣，當了內閣總理之後，又加上熊希齡一寶，合稱爲「湘西四寶」。後來，湘人對熊希齡，更不稱其名，而以其縣籍代之，尊爲「熊鳳凰」；以官職代名，則稱「鳳凰總理」。

湘西卽湖南西部與川、黔接壤的一帶地區。由湘之沅陵至洪江，一路風景彷彿江南，相當優美。洪江爲一大埠，過去以產黃金、鴉片、桐油與紙類稱著。當年湘西的黃金，可說遍地皆是，無論何種泥土，祇須將泥沙就流水淘去，卽可發現微細的沙金。傳名的四川、西康的黃金，僅產於金沙江及其附近的小河川之中。而湘西泥土中，便有泥金，沙石中有沙金，岩石中有岩金。不論高山平地，隨地皆金。過去祇惜地方不靖，漢苗矛盾，時起衝突；盜匪橫行，常有「關羊捉肥」（卽攔路搶刼、綁票勒索）之事發生，以致外人多裹足不前。而當地之淘金者，又皆墨守成法，耗費很多，以致無法大量生產，其名故不若金沙江的響亮。

湘西本屬紅苗五寨司地，乃苗人的世界。苗人分生苗與熟苗，生苗尚多頑固保守；熟苗則早已漢化。苗女得山水靈秀之所鍾，不但身體碩健，發育均勻，金黃色的肌膚，滑膩如脂，姿態妍麗，勝過桃花江上的美人。加以活潑自由，思想開放。湘女本多情，苗女亦不例外。正因其多情，反使人有「可遠觀而不可褻玩」的疑忌——怕她們放蠱。尤其在男女關係上，過去傳說最多。所以苗地之花雖豔，是否毒玫瑰？外人總難釋然！

蠱，是一種蟲毒，種類很多。放蠱，在湘西一帶，早年極爲流行，苗人無論男女老少，爲欲達到自私的某種目的，強使對方聽命就範，或爲報仇洩恨，便不擇手段而爲之。無論烟、茶、飯、菜、行止坐立之間，隨時隨地皆可任意遂行。受蠱之人，最初並無絲毫感覺，亦無跡象可尋。但在一定期限內，如不找原放蠱人破解，便有生命的危險(各有獨家解法，他人無法代行)。此種蠱術，過去當地政府早已懸爲厲禁，現在或許早已絕跡了。

以上所言湘西三寶，今日說來，相當近乎神話與天方夜談，也已經算不得什麼寶了。唯鳳凰總理熊希齡，全屬近代眞人實事，單就政治地位言，不僅民初時代爲湘西所沒有，即湖南全省亦難找出第二人；就其社會事業言，也是當年全國罕有的慈善家、教育家，尊爲湘西之寶（非全國之寶），似不爲過。

欽點翰林習字三年

熊希齡，字秉三，湖南鳳凰縣人。生於清同治五年（一八六六），體魄魁偉，品貌堂皇，風度穩重，資賦穎異。家世業農，富甲一方。幼從師入學，進步異於常童。二十二歲鄉試中舉人。翌年，應禮部試，中進士。二十五歲，參加殿試，點翰林，派翰林院庶吉士。科舉出身，如此亦可謂非常順利。在苗人之中，更不異鳳毛麟角。

湖南苗人地區，在湘西與川、黔接壤地帶，環以鳳凰、永綏、乾州、古丈坪、保靖等五廳縣，犬牙相錯，向爲極難防治之地。地處萬山叢中，有一百零五座紅苗寨。鳳凰，即紅苗五寨司地之一。因地之西南有鳳凰山而得名，歷來沿稱「鳳凰營」。清嘉慶元年，畫土分治，改名鳳凰直隸廳。「廳」名，清代大都用於邊疆之區，亦卽地方的行政單位。民國時代，改廳爲縣，鳳凰縣屬於湘西沅陵道。歷史上，清乾隆末年及嘉慶初年，湖南曾發生過一次大苗亂，鳳凰卽首當其衝。時雲貴總督福康安（大學士傅恆之子，生而貴盛，傳說實私生皇子），嘉慶元年，奉旨征討苗疆，曾徵七省之兵力，集四省的督撫，耗千萬兩餉銀。終因福康安傳染厲疫病歿，自然也是征苗各軍玩忽朝令，因循敷衍，未能收得制苗之功。鳳凰由營改廳以後，第一任廳長傅鼐，字重菴，原籍浙江紹興人，深具治邊才能，改用碉堡與屯田的戰法，始獲治苗安苗之效。當地也漸漸走上漢苗同化，和平共處的道路。民國改廳爲縣以後，除極少部分尙頑固保守其生活習慣外，極大部分苗人的生活習慣，則早已漢苗不分了。

我們絕不要小看了這塊苗疆落後之區的山城小縣——鳳凰，清末民初以來，就出了兩個頂頂有名的人物，一卽北洋政府的內閣總理熊希齡；一爲中國近代大文藝作家沈從文。沈從文以正宗京朝派的新小說家，雄視中國文壇數十年，其知名度與茅盾、巴金、魯迅同列伯仲之間。林語堂、周作人、胡適之、陳衡哲等學者，對他皆極爲推重。沈從文雖是鳳凰人，卻說一口北平話，溫柔敦厚，儒雅有禮，待人最誠，肯幫人忙。對日抗戰末期和戰後，正式任敎於北大及上海各大學。沈從文原是一個刻苦自修而成的名作家，但從不以不擅外文爲恥。他雖自修出身，卻極尊重現代的學校教育。他說：「這可以省下許多不必要的摸黑路，不必要的時間、精力的浪費。」成爲教育上的名言。這雖是盡人皆知的事，但在他之前，卻從沒有人能夠說出來。戰後，他在平、津、上海三地教學之外，並主編過第一流大報的文學副刊，紅極一時。他的白話文實在寫得好，最緊要的，是沒有譯文的不通外國句法，尤爲讀者所欣賞！

熊希齡之能點翰林，據說：第一，是他運氣好；第二，是沾了身爲苗人的光。因爲以前科舉考試，不論文章如何好，中了進士之後的殿試，點翰林，最重視的是要大白摺子上館閣體的書法寫得好。如龔定庵（自珍，浙江仁和人）爲清道光年間的進士，學問淵博，才氣過人，詩文稱海內，早爲名冠全國的大名士，惟因字寫得不好，始終沒點得翰林，成了他一生的憾事。熊希齡的字，也是不够標準的，看在苗人——兄弟民族——的份上，欽點翰林時，光緒皇帝特於其試卷上御批了「習字三年」四個大字，以後竟成了同年們酬酢中的佳話。幾年之後，由於他勤謹臨摹學習，不但字果然寫好了，而且東渡遊日，又隨五大臣出洋考察憲政歸來以後，竟成了最有歐美新思想的政治家。不明其身世者，誰也不會料到他原是一個苗人。

人才內閣一籌莫展

熊希齡殿試錄入詞館後，從此側身清末仕途，一帆風順，凡十有餘年。歷練既深，政治經驗亦富。民國元年，始調任熱河都統。民國二年，又奉大總統袁世凱之命，繼段祺瑞組閣（段本臨時內閣，無正式閣員），任國務總理。所延閣員，多負時譽之人，爲世所重：內務總長朱啟鈐、陸軍總長段祺瑞、教育總長汪大燮、農商總長張謇、外交總長孫寶琦、海軍總長劉冠雄、司法總長梁啟超、交通總長周自齊、財政總長熊希齡（兼），時人稱爲第一流的「人才內閣」。熊希齡亦自詡爲「名流內閣」。而反對派人士之毀之者，則指爲「條例內閣」，謂熊希齡在內閣半年之內（民國二年七月至三年二月），做了袁世凱的兒媳，發布大政方針各種條例雖多，終由於婆婆袁大總統大權獨攬，無一能見諸實行，徒空餘條例，裝飾內閣的門面而已，故以「條例內閣」譏之。

原來內閣改組時，總理人選，袁項城最初屬意於張謇（季直，南通人），張已婉辭；次找徐世昌（東海），亦被拒絕。至此，爲易於駕御，仍欲借重與進步黨有關係的人（進步黨組成人物，爲黎元洪、梁啟超、張謇、伍廷芳等，國民黨員甚多）。時任熱河都統的熊希齡，相當合格，乃電詢其意，當時電文有謂：「東海高臥，南通倦勤，默揣衆意，非公莫屬。」並促其即日來京就職，其意似甚懇切。熊希齡默察環境，原知事很難爲，堅辭不欲就任。有謂：嗣經梁啟超數次去函力勸，熊希齡始允接受。有謂：爲袁世凱遣親信，出示熊希齡在熱河都統任內行營案之證件後，熊始俯首聽命，勉爲其難。故無論其爲梁啟超之勸，或爲袁世凱的威脅，熊希齡無意於此，已很顯明。

袁世凱執政後，原意早已不願內閣能掣其肘。命熊希齡組閣，更不過作形式之過渡而已。故終熊內閣半年之內，所謂人才內閣，不但一事無成，最後反被袁世凱利用：「由內閣總理的副署，頒布解散國民黨，撤銷國民黨國會議員資格之命令。」熊希齡本爲國民黨革命的鬪士，今竟負了違背革命、摧殘國民黨之責，以致頗受國民黨人士的攻擊。同時，熊希齡以處處受了袁世凱限制，形同傀儡，既被指責於當世，又不可能成一事，祇好請求辭職。其辭文中有云：「心力竭盡，難買平勃之歡；去就忠貞，有負唐虞之盛。」頗傳誦一時。所謂第一流的人才內閣，亦與民國過去五屆內閣（除清末兩屆），同一短命而終。民元，南京臨時內閣，三個月；北京唐紹儀內閣，三個月；陸徵祥內閣，三個月；趙秉鈞內閣，十個月；段祺瑞內閣，不到半個月；熊希齡內閣，居然還有半年。由此亦可見民初政治之如何動盪不安！

盡瘁慈善救濟事業

熊希齡於民國二年做了半年的內閣總理，就他一生的政治地位而言，算是登峯造極了。他在這半年之內，既已勉強受命，亦欲大幹一番，先後公布了很多條例計畫。終以袁世凱玩法，政府財政困難，軍閥不斷壓迫，不得已便先後辭去財長及總理職務，僅任參政院的參政，仍奉袁世凱之命，全力從事籌辦全國煤礦開採事業。民國四年項城籌備變更國體，以洪憲皇帝自爲。熊希齡便脫離政治，絕意仕途。民國六年，雖任北洋政府平政院院長，及黎元洪下野，亦辭不再任。從此一心致力於慈善與教育事業（湖南平民大學，就是梁啟超與他創辦的）。不復捲入政壇，養望在京，頗得都內外人士的欽重。

北京西郊，全國有名的「香山慈幼院」，就是熊希齡當時創辦的。規模之宏大，設備之周全，國內亦無有出其右者。民國成立以來，國內政局迄未安定，強鄰虎視，外患時侵；軍閥割據，混戰不休；建設不興，破壞日甚；天災人禍，相繼交迫；經濟破產，民生凋殘；道路流亡，災黎遍野。若干年來，熊希齡脫離政壇後，便不辭勞瘁，撫輯流亡，救助災民，安置孤寡，養育幼弱，皆全力以赴之。並創立義賑會、婦孺救濟會、兒童教養所等，皆親主其事。又與國際人士合辦華洋義賑會，繼被推為世界紅十字會中國總會會長。國民政府奠都南京後，更聘熊希齡為全國賑務委員會委員。所有他的事業範圍，則皆由點而線而面，擴展及於全國各地。

二十六年，七七抗戰發生。「八一三」淞滬戰爭繼起，熊希齡除為香山慈幼院由平遷湘作準備之外，並與紅十字會合作，在上海設傷兵醫院四處，難民收容所八處，街童教育社多處。及京、滬失陷，熊希齡在上海已不能立足，始作經港返湘之計。此時他的心力，實已操勞支出過度，當途經香港時，卽不幸突患腦溢血症。二十六年十二月，一代慈善家兼教育家，災胞難民的保姆，便在香港與世長辭了，享年七十二歲。葬於香港華人永遠公墓。

鳳凰總理獨當其辱

湘中大名士，也是國學家的王壬秋（闓運、湘綺，湘潭人），淸末民初之談國學者，輒將之與章太炎並舉——南王北章。其人放誕不羈，詼諧喜謔，自視為前朝大儒，目空一切，看不起「民國人」、「民國官」，更看不起民國政壇上的當政人物。當熊希齡任袁政府內閣總理時，湘綺老人被袁大總統禮迎至京師，藉口修國史，擬有所借重，加以牢籠，替其夢中的洪憲皇帝一壯聲色；湘綺不但藉故推卸，且常報以諷刺之語。最後老人為了某種因素，還是負了國史館館長的名義，實際則由楊度負責主持。項城為討老人歡心，常命人導之出遊京師的名勝古蹟，陰為羈繫之圖。王遊蹤所至，亦覺心曠神怡。一日車經內閣總理衙門，陪遊者以湘綺老人與熊總理同鄉，且有舊誼，意其必下車去作拜訪。詎湘綺忽曰：「此動物園也。」陪遊者異而詢其故，湘綺正聲應之曰：「熊希齡者，湖南鳳凰人也。鳳凰飛禽之類耳；熊、猿走獸之類耳；飛禽走獸棲止之處，非動物園而何？」陪遊者始恍然而悟。蓋湘綺此語之原意，在辱罵袁朝當局之輩；但經其曲折解釋之後，反將原意掩飾了。鳳凰總理卻獨當其辱（據云：章太炎亦有與此類似的故事，不知確否），冤枉！

風頭之健傳名世界

熊希齡以搞政治起家，但對實際政治，卻很少有建樹。他對政治建設，固然有很多好的理想；但因受扼於項城總統與北洋軍閥，而不克展其懷抱。然於社會慈善與教育事業，二十餘年中，卻有輝煌的成績，膾炙人口。而能力助其成且擴張其業者，他的兩位夫人——朱其慧女士創於前，毛彥文女士踵其後，皆有不可沒之功。

熊希齡之開創北平香山慈幼院，辦理兒童福利與幼稚教育等，皆由其前夫人朱其慧女士主其事。朱其慧係江蘇寶山人，清末大世家，中國近代名學者兼教育家的朱經農（與胡適約同時留美，生平著述極多），即係朱其慧女士之姪。朱女士本身的來頭亦不小，她是清末陝、甘、新總督及閩浙總督湘鄉楊昌濬（石泉）宮保的契孫女。由於家族親姻清白顯赫，朱其慧身世清純，根基深厚，自然亦可想而知。

當年熊希齡隨五大臣出洋考察各國憲政時，朱其慧亦伴其行。爲展開國民外交活動，她曾在歐洲大陸與南美各國登壇演講，口若懸河，轟動國際，成爲全世界的風頭人物。回國以後，所營慈善與敎育事業，由其先聲奪人關係，亦因之蒸蒸日上。當時北洋官場應酬風氣，流行竹林之遊（打麻將），總理夫人公餘之暇，應酬場合自亦未能免俗，亦聊資爲消遣而已。不意「九一八」那年，忽於牌局中中風，血管爆裂，逝世於北平石附馬大街舊赫王府的熊總理公館。

鳳凰總理悼痛至深，爲酬其一生內助之勞與服務社會之功，特豐其後事。因係國務總理夫人，又是舊京第一位女慈善家之喪，捧香、獻花前來弔祭者，途爲之塞。在熊公館舉喪九日，孤兒寡婦臨喪而泣者，日有其人。出殯之日，樂隊及各種儀隊，素車白馬，綿亙至數里之遙。喪事之盛，亦實舊京民間近二十年來所罕見。

移教授之愛於總理

熊總理雖年逾六十，因其生活西化甚早，衞生攝養有素，身體強健，精神抖擻，不減壯年。有人說：他如果剃掉鬍鬚，猶一翩翩公子哥兒型之人物也。因夫人去世，每於花晨月夕，或空齋獨酌，寂寞之感，亦人之恆情。既抱斷絃之痛，便有膠續之意。門下清客之逢迎拍馬者，便投其心意，多方爲之物色。適有自美留學回國的毛彥文女士，年未而立，不但姿色風韻皆能動人，且有一肚皮中西學問。眞如俗所說：「才貌雙全」，得來全不費功夫。熊總理見之，自是傾倒已極。乃薙去鬍子學少年，開始追求，緊跟不捨。不久，果有「熊、毛結婚」傳播的新聞。其事不但喧騰於舊京，熱鬧情形，說得乖情一點，實不減於熊希齡前妻朱其慧的喪禮。京滬黨國要人，平、津門下故舊，莫不有禮致賀。雖是錦上添花之事，據說後來他都移作慈善教育事業的基金。

毛彥文女士原係北京清華大學早期的學生，據傳清華外國文學名教授吳宓（雨僧，陝西人）私戀佳人，默默追求，已有數年。及毛女士赴美深造，青鳥往還，仍未稍歇。但吳宓教授雖愛之深而久，卻始終沒有求結百年秦晉的表示。吳宓教授固然貌不驚人，面如青柚（鬚多常刮），但並未絕佳人的青睞。雖是堂堂學者名教授，祇因其青面蒙霜，道學氣味太濃厚，日常對人、對事，尤其對情，似皆不知所措手足。二十世紀的人，自己的終身大事，似乎在等待父母之命，媒妁之言一樣。這種人或宜於講壇，實不利於情場，故當毛彥文返國之初，教授與總理自尙在角逐之中，一個明求，一個仍在暗戀。毛已似難再忍，將年不過四十的吳宓教授與花甲已周的熊鳳凰對比一番，除年齡較爲差殊之外，很顯然的，後者之任何條件，皆優於前者。「女人心，棉裏針」，這就無怪毛彥文要把對教授之心，移情於鳳凰苗子，捨道學教授而取鳳凰總理。鳳凰總理老猶豔福不淺，重作新郎，再一次的轟動了舊京。

徐樹錚與徐道鄰父子

寫這篇文章的動機

我寫了一篇「馮玉祥」。友人劉菊辰教授來書見教，說：「……大作中有一段『據傳張之江奉馮玉祥之命，殺徐樹錚於廊坊。……徐樹錚之子徐道鄰，欲爲父報仇，控馮玉祥、張之江於重慶法院，……不予起訴，也就沒有下文了。』似與事實不甚相符。弟猶彷彿記得，當年徐樹錚被殺，報上盛傳係陸建章之子某，爲父報仇。恰好弟案頭置有高蔭祖主編的：「中華民國大事記」（世界社出版）一册，當卽翻到民國十四年十二月二十八日載：『徐樹錚抵北京，謁段祺瑞執政，並密陳政治方略。』接着三十日載：『徐樹錚出京，在廊坊被人捕殺，事後由陸承武通電，自承爲其父陸建章復仇。』這兩段記述，雖相當含混，也沒有明白牽涉到馮玉祥和張之江。兇嫌其誰，死因何在？（「大事記」中無續載）似仍爲歷史一疑案。吾兄治史最深，其願揭穿此一謎底否？……」

民國十四年時，作者方負笈國外，於徐樹錚被殺之事，雖略有所聞，卻不明其詳。事隔數十年，以故印象更不深；但名父之子徐道鄰，過去與作者交往頗密，並得窺讀其先人遺著與其他有關資料。他每言及乃父被害，有仇可報而莫報，猶唏噓傷痛不已。他說：當年道塗所傳：「陸承武自承爲父報仇」者，完全是一種張冠李戴僞飾之詞。乃馮玉祥、張之江藉口轉嫁於陸的陰謀。陸承武雖有「徐樹錚殺其父陸建章之夙仇」；但徐樹錚之廊坊被害，卻不是陸承武親手刃仇，而是出於馮、張之手。馮、張爲蒙蔽世人耳目，逃避法律責任，使陸掠得爲父報仇之美而已。其時北洋一般政治顯要和輿論界，雖明知兇手爲誰，卻懾於馮玉祥囂張的氣勢，誠恐口舌賈禍，便皆噤若寒蟬，今日說來，徐樹錚雖有召死之因，卻是死得不明不白，作了陰謀政治恩怨的犧牲者。余之此文，祇想消閒性的談談徐氏父子個人活動方面的事。至於政潮及戰爭諸事，歷史已有明確記載，本文且不備敍。但有關徐樹錚的死事，自然不能完全避而不言。藉以答覆劉菊辰教授，並就教於讀者。

學兼文武擅於權術

徐樹錚，字又錚，幼號鐵珊，又常自號則林，江蘇蕭縣人。生於光緒六年（一八八〇）。幼讀書於徐州，具美才，有大志。十三歲中秀才，爲縣學生員，十七歲補廩，亦淸末黌門之客也。

雖愛讀書，但不喜章句之學。弱冠後，獨獲段祺瑞（號芝泉，安徽合肥，人多以合肥稱之，而不指其名）特達之知，依爲記室，甚見倚畀。二十六歲，段祺瑞保送徐樹錚赴日，卒業於士官學校。學兼文武，才氣縱橫，隱爲段祺瑞之智囊。謀斷並能，兼擅權術，時有諸葛之目。對政治軍事，尤能高瞻遠矚。下筆萬言，倚馬可待。更有段祺瑞靈魂之稱。秉性謙抑，禮賢下士，尚出乎誠。其唯一不滿於時眾者，則爲其專親合肥（段字），若夏壽田之於袁世凱、吳佩孚之於曹錕、楊宇霆之於張作霖。傲視王侯，目無餘子，以致故舊疏離，新知難接。既遭人忌，也遭人恨，乃其一生失敗之主因。

徐樹錚學優則仕，得段祺瑞提携，便一路扶搖直上。民國五年，袁世凱憂憤暴卒，黎元洪繼任總統，段祺瑞任國務總理，徐樹錚則居國務院秘書長之職。年不過三十餘，便已列身特任。民國六年，任陸軍部次長。民國七年，北京政府令加上將銜。民國八年，任西北籌邊使兼西北邊防軍總司令。十一月，策動外蒙取銷自治，奉派兼辦外蒙善後事宜。此乃徐樹錚一生最得意之舉，亦其最志得意滿之時。威稜遠播，雄略驚人。其一切邊防計畫，也確屬精密周全。後之談籌邊者，頗多譽其才。及庫倫被俄軍佔領，北洋政府自顧未遑，毫無收復之圖，他的計畫一切便成了泡影。民國九年七月，北洋政府封徐樹錚爲遠威將軍，但實已落於閒曹了。其時，徐世昌總統蓋已循張作霖、曹錕的要求，免了徐樹錚職。繼而張、曹、吳（佩孚）聯合倒段祺瑞，申討安福系。段祺瑞組定國軍，復派徐樹錚爲定國軍總司令部總參謀長。直皖戰爭後，徐樹錚逃赴上海，繼經廣州赴桂林。民國十一年一月，晤國父孫中山先生，商組孫（中山）張（作霖）段（祺瑞）三角同盟的計畫，向曹（錕）吳（佩孚）進攻。未果。十三年經由福建赴上海，遭陰謀陷害，被租界工部局拘禁，迫令出洋。十四年初，段祺瑞不得已，便派徐樹錚爲考察歐、美、日各國政治專使。十二月返國，卽赴京謁段祺瑞覆命。及見，段祺瑞以風聲不利，促徐樹錚速離去。二十九日，徐樹錚離京南返，三十日晨，於廊坊車站被人扣殺。時年四十六歲，一代英才，從茲永訣。嗟悼者，固不乏人；而稱快者，亦大有人在。遺著有「建國詮眞」及「文集」、「電稿」等。

畢生致力著述教學

徐樹錚之子道鄰，名審交，字道鄰，以字行。光緒三十二年（一九〇六）生於日本東京。五歲，隨親回國入學。幼聰慧，得敎師激賞。身材中等，膚色白皙，丰神明秀，恂恂儒雅，具美男子型。惟在襁褓時，因保母失誤墮地傷足，致成痼疾。雖竭中外醫治之力，仍未見效，終不良於行，乃其一生的憾事。及壯，雄心亦泯，便專心爲學。同一情形，近代學者潘光旦，在清華大學作學生時代，因故鋸去了左腿。他不以殘廢怠於學，反益奮勵篤行。徐道鄰亦正如是。於其父喪之後，忍痛節哀，民國十五年，赴德深造。民國二十年，得柏林大學法學博士學位。翌年回國，服務於軍、政機構，頗有聲譽，文名亦噪。深蒙先總統蔣介公的重視，曾聘爲奉化溪口蔣府的西席。中日風雲緊張時，二十四年一月，徐道鄰秉承蔣介公所示意旨，曾撰「敵乎?友乎?」一文，發表於「外交評論」雜誌，痛斥日本軍閥，並對日朝野作忠告，法透理徹，詞嚴義正，情文並茂猶其餘事。在這階段中，徐道鄰撰著很多，惟此文最轟動於國內外。對日抗戰初期，徐道鄰任義大利大使館代辦。中義絕交後回國，任考試院考選委員。三十四年四月，任行政院政務處處長。

抗戰勝利後，徐道鄰為進行「為父復仇」事宜，不敢以私害公，乃於三十四年十一月辭去公職，控張之江於重慶地方法院，控馮玉祥於軍事委員會。法曹皆以時效已過為理由，不予起訴。道鄰審度情勢，亦預知難有結果，不過聊盡子職而已。他常說：張漢卿（學良）有「兩次聽人呼不孝，一生誤我是聰明」自責之語。我也有兩句自恨的話：「終天兩抱恨，平生一未消。」一恨當然是指其父仇未復；另一恨則為其痼疾纏身。因為後者，致難拔劍挺身，以償前者。作者亦常戲慰之曰：前者，仇死百事了，四大皆空；後者，正是天留痼疾養大年耳。徐道鄰應曰：祇好作如是觀了。徐樹錚一生功業，以身統雄師，建業外蒙為最著。魄力之偉大，規劃之閎遠，眾口一詞，盛業交稱。後來之論外蒙問題者，於徐樹錚作法，頗有微詞。徐道鄰以乃父心血傑作，不容稍有損傷，乃根據家存當時文電資料，用心體察，日夕勤研，發為文章，加以辯駁。所言情理與事勢，皆中肯要。在「獨立評論」（胡適之等創辦）發表後，曾引起各方熱烈討論。胡適在「編輯後記」且說：「徐氏則名父之子，能讀父書。所論足資研討此問題者之考鏡。」這在徐道鄰所編「徐樹錚先生文集年譜合刊」中，更能具體見之。

徐道鄰以父仇未報，抱恨終天，從此更淡泊名利，絕意政治，專心致志於著述與教學，以立言垂教爲務。來臺後，曾任臺灣大學等校教授。五十一年，應華盛頓大學之聘，赴美講學。前後留美十餘年。六十二年八月，應教育部邀請返國，未久仍回美，隨於是年十二月，以心臟病猝發，逝世於美國西雅圖，享年六十八歲。親朋聞耗，咸爲傷感。道鄰爲學，專攻法律，著作頗多。採西方治學之術，整理國故，尤具異彩。得先人之遺傳，聰明蓋世，對於文章、詩、賦、度曲及橋牌等藝，凡所涉獵，無不精專。除中文著作外，其英、德文著譯，亦多爲學術界所稱道。倘天假以年，其有裨於中國學術者，當更未可限量耳。

合肥門下兩雄鬩牆

一般說來，徐樹錚才氣縱橫，辦事積極，已無可諱。所可惜者，器局未閎，氣量稍狹，時或鋒芒太露，處末流濁世，便不合時宜，難於各方應付。以故同門鬩牆，府院失和，府會不協，都是起因於恃才傲物，樹敵太多，招人畏忌，不敢接近之故。

民國初年，段祺瑞門下，有並立的兩雄，一爲靳雲鵬（字翼青，山東人，山東督軍、陸軍總長），一即徐樹錚。同係段祺瑞的學生，徐以鋒芒太露，常遭人忌。靳眇一目，人稱靳瞎子，爲人則官僚氣盛，滿身驕氣。徐、靳兩人，眞是半斤對八兩。相處既久，便漸有差等，互不相下。明爭暗鬪的結果，以官階言，後來靳則高於徐；以權威言，徐則大於靳。兩雄矛盾，始終未能獲得統一。段祺瑞以旗下兩巨頭各有專長，初則一視同仁，皆予見重，惟靳較溫和，活動範圍稍廣，徐較激進，僅知忠實一主。稍後，段氏對徐，始終信賴，頗有「不可一日無又錚」之慨。世有「不遭人忌是庸材」的說法，又錚不但遭忌於北洋各派，也見恨於安福同門，尤其是靳雲鵬。錢穆（賓四）教授論歷史人物：「認爲人才出於亂世，多於治世。使人愛或使人恨的人，都是具備高度智慧的人」。徐樹錚便是屬於「使人恨」也「使人愛」的一流。如民國初年，北洋歷屆總統之中，袁世凱、黎元洪、徐世昌、馮國璋都是厭惡徐樹錚的人。當年段祺瑞推薦又錚任國務院秘書長及後欲免又錚之職，合肥則兩次與袁氏頂撞。徐世昌令免又錚之職，立時引起直奉戰爭。徐樹錚強迫黎元洪蓋印，免內務總長孫洪伊職，黎既恨之，馮國璋則更畏又錚如虎。民國八年，馮代總統，必待靳雲鵬組閣，得到合肥確切的保障後，馮氏始敢入京。故當年北洋政府的元首，對又錚之敢言敢作，無不忌之恨之，獨段祺瑞則愛之重之。平心論之，又錚爲人，固多缺失，其爲具備高度智慧之人，則爲無可否認之事。

靳雲鵬魁梧奇偉，方面大耳，不愧一表人物。惟深染清季官僚習氣。合肥對他，初頗倚重。民國八年，段薦靳爲國務總理時，曹錕與張作霖則正在聯合倒段，因曹、張當時都想當副總統，又都不能通過段系的安福國會（又錚包辦），因恨合肥入骨。靳雲鵬既懾於曹、張的聲勢，又與合肥的政見相左，他爲權衡輕重遷就環境，則轉而與安福系爲敵。從此便更難見諒於合肥。

徐樹錚在直皖戰爭之前，在安福系中，向爲激烈派的首腦，靳雲鵬則爲溫和派的頭子。時徐已漸失勢，靳則漸漸擡頭，兩派矛盾，亦日漸加深。民國八年，靳雲鵬被薦任國務總理，至不見諒於合肥之後，徐則受合肥之命，秘密建軍，成立四個混成旅，榮任了西北邊防軍總司令，又錚正志得於一方之時，靳則深慶徐遠離京畿，復厚顏向合肥親近，段始終對之若卽若離。而靳終未逃過督軍團的逼餉而垮了臺。逼餉鬧劇，曹錕索五十萬，曹銳以茶杯怒擲靳雲鵬；張作霖在京扣押李光啟，靳內閣時需餉三百萬。無所出，則毆打財政總長龔心湛，因龔爲皖系的糧臺故耳。

黎元洪繼任大總統，段祺瑞爲國務總理，徐樹錚則任國務院秘書長。徐在國務會議席上，常愛發言，多所主張。時內務總長孫洪伊（字伯蘭，河南人，民初直隸諮議局長），很不謂然。以秘書長非閣員，不過一事務官而已，列席閣議，亦無發言與主張之權，如何能恃勢越權？每面折之，於是大鬨起來。段祺瑞不悅，遂釀成後來免去洪職的風波。段祺瑞門下，院內鬩牆，既未完全化解，而由內鬨所發展之府院不和，亦未稍息。

府院失和終未協調

北洋政府府院之爭，乃常見之事，由來已久。而段祺瑞與徐樹錚又皆爲始作俑者。當袁世凱帝制登基時，以段祺瑞任國務卿，但又不敢放心，欲以其機要秘書王式通任院秘書長，藉以監視段祺瑞。但段不同意，必薦徐樹錚充任斯職。因使張國淦（字乾若，湖北人，北洋政府教育、農商、司法總長）晉言於袁。袁雖不悅，自顧已漸趨末路，又不敢過拂合肥之意，欲易又錚任陸軍次長。張將袁意婉言於段，段祺瑞聞之憤甚，遽擲其烟斗於地曰：「事至今日，此等小事，猶不放鬆耶？」

黎元洪繼袁項城任大總統。段祺瑞組閣擔任國務總理。黎欲以張國淦任農商總長兼府秘書長。段祺瑞則欲推薦徐樹錚爲院秘書長。反請張向黎進言。黎最畏忌又錚，則囑張轉達段祺瑞：「總理提任何事，我都能依。惟此事，斷難答應。」張恐觸怒段祺瑞，未去。轉懇徐世昌出面疏通，徐言於黎，黎仍有難色。徐申而言曰：「公畏又錚跋扈？芝泉（段）已夠跋扈矣，多一跋扈何害？吾以爲任何事，可不依芝泉，惟此一事，則不能不依。」黎氏默然，遂令發表。

張國淦預見府院必有爭執，乃藉機引退，薦由山東省參議員丁世嶧（字佛言，山東人，民初山東諮議局長）繼任。但丁不若張國淦柔和，與徐樹錚則常形成對立之勢。段祺瑞納又錚之言，以爲內閣制的大總統，惟蓋印於內閣所辦大總統令文而已，一切不當過問。黎元洪則入丁世嶧之言，以大總統居元首地位，要政理應與聞。凡送請蓋印之文件，當可詰詢。合肥不悅，遂罕入總統府，專由又錚持文入府索蓋印。徐則態度強硬，屢與總統作對。丁世嶧則助總統面斥又錚。世嶧以大總統得出席閣議，發表意見，對國務得自由行使職權。倘用人不當，更得拒絕蓋印。此皆爲削弱合肥權力，壓制又錚氣燄的意圖；但府院失和，終未獲得協調。

恃才傲物跋扈有名

段祺瑞固爲跋扈有名的人，而徐樹錚恃才傲物，亦以跋扈見稱於時。丁世嶧雖助黎元洪多方設法，以削段權而抑徐樹錚；但徐樹錚之跋扈，卻始終未改。北洋政府慣例外省疆吏的任免，由院會決定後，擬具總統命令，送呈總統蓋印發表。某日，徐樹錚親送公文到府，請總統蓋印，中有任命福建三廳長的公文。黎元洪詢三人的履歷，徐樹錚答曰：「總統何必多問，我事冗，請速用印！」黎元洪聞之大慍，隨語張國淦曰：「彼輩目中，安有我耶！」徐樹錚跋扈若此，張國淦自知不可留，即其與辭秘書長的原因。

徐樹錚向段祺瑞提議：四省會勦李烈鈞（字協和，江西人，江西督軍），內務總長孫洪伊極力反對。徐樹錚不待閣議通過，即將會勦電報發出。孫洪伊與丁世嶧以徐樹錚太過跋扈，當時皆欲辭職，但未實現。不久，又因平政院組織法案，孫洪伊拒絕副署，合肥怒甚。已擬好免孫洪伊職命令送府，黎元洪拒蓋印曰：「不合法的命令，我不能蓋印。」徐樹錚親入府催索，無結果，遂成了僵持局面，旋經多人調停，始寢其事。於是黎、段之間惡感日深。同時，國會議員褚輔成等，又聯名提案彈劾徐樹錚，遂致府院之爭愈演愈烈（內容相當複雜，不能詳述）。由孫、徐問題，擴展而爲黎、段進退問題。嗣經徐世昌的調解：「孫、徐同時免職。」黎、段雖得苟安於一時；但府院的扞格局面，始終未解，終成爲後來大政潮的肇端。徐樹錚自係此一公案中最重要的人物，而其跋扈之名，益大著於時。

兩個秀才惺惺相惜

北洋軍後起的人物中，有名秀才兩人，一爲吳佩孚（子玉，山東人，清秀才，北洋政府陸軍總長，十四省聯軍總司令），一爲徐樹錚。吳佩孚開府洛陽以後，更爲人所樂道。徐樹錚雖先子玉而知名；但終不及吳聲勢之煊赫。不過兩人同以秀才治軍，過去從無交往。及曹錕奉命攻湘，吳佩孚以破竹之勢下衡州後，聲名乃大噪。徐樹錚覺得吳爲「眞正打手」，欲籠絡之以厚合肥的勢力。徐爲聯絡並鼓勵計，便親訪吳於衡州，並作「衡州謠」以贈吳，詞曰：

「……久聞羣賊相戒語，吳公兵來勢莫禦。吳公何人吾不知，但盼將軍自天下。羣鴉暮譟啄人肉，吳公破賊何神速！癡虜膏血被原野，黠者棄城遁荒谷。斬馘追奔降貸死，吳公之來爲民福。馬前瞻拜識公貌，恂恂乃作儒者服。閭巷無復夜叩門，軍令如山靜不紛。流亡略已還墟邑，安業猶能庇所親。吾男被兵死郊外，陷身爲賊亦何怪！妻女生歸繞膝行，人間此樂得難再。吳公愛民如愛軍，與愛赤子同慇懃。吳公治軍如治民，情感信藉由天眞。

在軍整暇不自逸，雍容雅度尤無匹。靜坐好讀易，天人憂患通消息。起居有常禮，戟門厮卒嫺容止。筆千管，墨萬定，看公臨池發逸興。香一縷，酒盈卮，時復彈琴自咏詩。老民幼嘗事書史，古今名將誰及茲！昔祝吳公來，今恐吳公去。願似寇君借一年，悃悃此情爲誰訴！爲誰訴，留公住！吁嗟吳公，爾來何暮！」

對吳頌揚備至，吳亦讚賞不已。當時，兩秀才雖有惺惺相惜之情，終礙於合肥對吳佩孚頗有鄙視之態。既談不上段、吳合作之事，徐、吳亦未進作深交。

未久，吳佩孚通電主和，引兵北返。旋皖直戰爭發生，徐爲皖系，吳屬直系，敵壘分明。兩位秀才各私其主，亦從此參商不相交通；但兩秀才之名，此時則已並駕齊驅矣。吳佩孚的文事，多爲功名所掩，而徐樹錚之文才，則始終膾炙人口。兩人雖同以秀才出身而稱儒將。然就功名言，吳子玉以十四省聯軍總司令，開府洛陽，威名極盛，自爲徐樹錚所不及。不談詩賦文章，徐樹錚有賈誼治安策之稱的「建國詮眞」（民國十年所著），爲發攄政見之作，範圍廣泛，見解深透。所提「外蒙問題」，亦言之有物，尤能發人深省。皆可見其有心文治，實非專講武力統一主義的吳佩孚，可以企及的。故以文學程度而言，徐樹錚則實勝吳佩孚一籌。

詩聯文學斐然可觀

徐樹錚為民國史上叱咤風雲的人物之一，不特曉暢軍事，嫻於政治，即對經史詩文，亦有相當素養。雖常從事軍事政治活動，性尤好學，勤於研究。雖舟車旅行，必載書以隨。如由北京至庫倫，車中僅置「漢書」一部。及任邊帥，終不失其秀才儒雅風度。尤愛結納文學人士，談經論道。素與海內宿儒柯劭忞、林琴南、馬其昶、姚永樸諸人遊。且向林琴南執弟子禮甚恭。故其詩文造詣，皆具相當功候，斐然可觀。文工駢體，極典麗矞皇之致。詩有唐人味，如「萬馬無聲秋塞月，一燈有味夜窗書」；「美人顏色千絲髮，大將功名萬馬蹄」等句，最為人所傳誦。

徐樹錚所作「視昔軒遺稿」，固多可誦之作，非僅詩以人傳也。其對月詩云：

狼邀狐鼠託宗盟，老猾乘權卒自傾。
冠冕一朝悲毀裂，龍蛇無數起飛鳴；
高炎早伏秋來訊，暮雨能摧郭外晴；
月色橫空雲影去，男兒襟抱與同情。

又云：

購我頭顱十萬金，眞能忌我亦知音。
閉門大索喧嚴令，側帽清遊放醉吟；
白日歌沉燕市筑，滄溟夢引海角琴；
雲天不盡纏綿意，敢負平生報國心。

蓄意雖極隱晦，但氣壯詞雄，音韻鏗鏘，自是英雄吐屬。

張勳於北平導演溥儀復辟，黎元洪逃入日本使館，張鎮芳、雷震春、康有為、劉廷琛、萬繩栻、梁敦彥、胡嗣瑗等，則彈冠相慶。段祺瑞聞變，在天津馬廠誓師，進軍北京。張勳不敵，逃入荷蘭使館，復辟活劇以終。按復辟主角張勳，字少軒，江西奉新人。少為某姓僕傭，得許振禕函介，入廣西提督蘇春元之門。蘇氏遠戍邊塞，喜結納朝廷權要，常命張勳入京，多方活動，因得結識清宮太監總管李蓮英，側身宮闈。當慈禧西狩時，張勳隨從護駕，通夜不眠，受慈禧賞識，一歲數遷，遂居高官。張勳飲水思源，入民國後，始終保留髮辮，人稱「辮帥」。欲圖報恩，遂有復辟之舉發生。其實張勳出身微賤，不學無術，徒受一班政客與遺老包圍，不知審情度勢，盲目妄動，卒致敗亡。徐樹錚時任段祺瑞的參謀長，撰聯以悼之曰：「仗匹夫節，挽九廟靈，其志可嘉，其愚不可及也。有六尺孤，無一杯土，斯人既逝，斯事誰復圖之。」張勳其人其事，殊不易立言，好事的新聞記者，亦不敢弄筆墨。徐樹錚獨能褒之貶之，大義凜然。

民國十四年三月，國父孫中山先生因病逝世於北平。徐樹錚輓以聯云：「百年之政，孰若民先，曷居乎一言而興，一言而喪；十稔以還，使無公在，正不知幾人稱帝，幾人稱王」。上聯出自「四書」，下聯引曹操「設使國家無有孤，不知當幾人稱帝，幾人稱王」語，尤膾炙人口。

殺陸建章種下禍根

北洋政府府院之爭，經徐世昌調解，孫洪伊、徐樹錚同時免職，便暫告結束。徐樹錚雖經免職，但仍居段祺瑞幕後，策劃軍政大計。如對德絕交、對德宣戰，徐樹錚皆參謀其事。段祺瑞以中國既對德參戰，便不能無兵，乃於民國六年成立模範軍兩師，以徐樹錚主其事，待命開赴歐洲戰場。並與日本成立西原借款，所有槍械，皆由日本供給。但終未派遣一兵一卒往歐，後來則成了段祺瑞私人的武力。至民國七年，直皖兩系因討伐西南問題，各懷異志，漸露裂痕。時因廣州護法政府成立，北洋政府國務院段祺瑞欲施武力，總統馮國璋則主議和，此即北洋軍分裂爲直皖兩系之原因。蓋段祺瑞征湘，無異自取其災。及吳佩孚反抗中央，與敵媾和，率師北返。威脅迫臨，段祺瑞有不得不辭去首揆之勢。幸徐樹錚情急智生，力挽危機，未經段祺瑞許可（告知亦不會許），獨斷專行，私赴關外，與奉系張作霖勾結，許以步槍二萬五千枝爲張壽。張乃以申討馮玉祥爲名，親率大軍入關，並委徐樹錚爲副司令。通常謹守愼爲的輔佐人士，對主官的大政方針，是不敢自作主張的，獨徐樹錚敢作敢爲，又爲而有成。段祺瑞事前未明徐樹錚之所圖，深爲不滿，並曾痛罵徐樹錚；但徐樹錚此舉，雖近乎冒昧，實作了皖系的還魂丹，挽救了段祺瑞的頹勢。段祺瑞之所以始終愛重徐樹錚者，類皆若此。

當直、皖矛盾緊張之際，曾爲直系秘密積極奔走活動以反段祺瑞者，卽爲馮玉祥之母舅陸建章（字朗齊，安徽人，原陝西省督軍，北洋政府封爲炳威將軍）。徐樹錚爲救皖系之急，因特恨之，致逞一時之氣，於七年六月十五日，誘殺陸建章於天津。十六日，北政府並發表一項命令：「陸建章在魯、皖、陝運動土匪，意圖擾亂。進復在津與亂黨勾結。現經奉軍拘捕正法，應予褫奪公權，以昭炯戒。」事實眞相如何，姑置勿論，而徐樹錚後來在廊坊召禍之因，卽伏根於此。事後，段祺瑞以陸建章與馮玉祥爲至親，馮玉祥又勢力方張之際，深恐因此構怨，便亟欲從中彌縫，乃贈賻陸家大洋五千元。並以馮玉祥方下湖南常德爲由，開復其原官。越數日，又授以勳四位，藉圖安撫。可是馮玉祥則隱忍在心，絕口不發一言，其內心之憤恨沈痛，蓋可想耳。直至民國十四年，機會到了，方對徐樹錚下手報復。

倉皇遇難張冠李戴

徐樹錚自桂林會晤　國父孫中山先生之後，十三年經福建至上海，受人誣陷，被租界工部局拘留，迫令出洋。十四年一月，卽奉段祺瑞令派赴歐、美、日本考察。率隨員十餘人，經歷十餘國，於是年十二月返國，隨北上赴京向段祺瑞覆命。時國內爭端又起，政局震動未安，蓋段祺瑞此次之能起而臨時執政，實有賴奉直兩大勢力集團之擁戴；然此兩大集團勢力，又皆不滿於徐樹錚者，段祺瑞深恐徐樹錚來京引致風波，便欲阻之暫緩其行。徐樹錚好友，亦多作如是之勸阻；但徐樹錚不顧，仍冒然赴京謁段祺瑞。當向段祺瑞建策頗多。說者謂不外企圖挽回段之頹勢，並謀自固之道。但段祺瑞心惶恐，殊不耐，急促徐樹錚南返，免惹是非。徐樹錚臨行，猶意態洋洋，絕無其他的顧慮。不意車至廊坊，變故突發，一代雄才，竟長辭世。時民國十四年十二月二十九日夜（或謂爲三十日晨，當係午夜時間欠明之差），享年四十六歲。次日，各報載廊坊陸承武電云：

「……徐賊樹錚，性情陰險，人格卑汙，包藏禍心，釀成內亂，毒遍全國，天地不容。先君建章公，曾以微嫌，竟遭徐賊慘害，國人髮指，同胞不平。承武飲泣吞聲，於茲七載，銜此不共戴天之恨，固無時不以剚刃仇腹爲懷；幸賴先君在天之靈，使巨奸無所逃跡。本月二十九日，遇徐賊於廊坊，手加誅戮，以雪國人之公憤，藉報殺父之深仇。臨電涕零，伏祈公鑒。陸承武泣叩卅。」

越日，各報又載張之江致北京鹿鍾麟電，報告經過情形云：

「……卅電敬悉。兄於感日抵廊後，卽赴落垡楊村一帶，分配駐軍，並看陣亡官兵，曾經電達。三十日早返廊坊，據偵探隊長田雲清報稱：車站附近，發現屍體一具，腦部洞穿，想係被人槍殺。該隊長曾向居民調查，據述：昨夜有自稱陸某者，率領二十餘人，聲言其父陸建章，七年前被徐樹錚所害，故將徐氏槍殺，爲父報仇云云。據報後，當卽親赴屍地暨各處查看，陸某已不知去向，究竟被殺者是否徐氏？尚不得而知。至死者遺體，當飭洪醫官妥爲照料。此經過情形也。特覆。小兒之江世印。」

徐樹錚倉皇遇難，根據以上兩電所述，其事皆若明若晦，後電尤無法自圓其說。其瞭解這段恩怨者，誰是元兇，自難掩盡世人耳目。當時徐樹錚的隨員，並已將親歷目睹的情況，通函詳述公告於世。徐樹錚之子徐道鄰，亦有「廊坊事變紀實」，皆足資爲佐證。事實俱在，應難欺蒙混過。

不過段祺瑞當時聞耗，「鳥未倦飛悲翼折」，傷慟自然是不免的。然其自身也正處於被煎迫之境，岌岌可危，當時既未去追究，也不敢去追究。有人請其明令褒揚撫卹者，段祺瑞恐有觸時忌，亦竟不果行。

未久，十五年四月，政局劇變，段祺瑞自身地位亦莫保全，退回天津作寓公去了。以後僅爲徐樹錚撰了一神道碑，雖多致惋惜讚頌之詞，關於致禍之由，則仍多隱約其詞，不敢直陳無諱。徐樹錚之死事，便如是草草終場。

名父之子有仇莫報

民國三十四年四月，徐樹錚之子徐道鄰，正任職國民政府行政院政務處處長，時鉅徐樹錚之被害（十四年十二月二十九日），將近二十年，按照我國刑法規定，刑事訴訟之起訴權，不得超過二十年。徐道鄰乃於是年十一月辭去公職，具狀四川重慶地方法院，控告當年馮玉祥之代理司令張之江（時任中央國術館館長）以殺父之罪。謂狀其父者，非陸建章之子，而爲張之江。狀曰：

「爲拖恨二十載，父寃未雪，懲將殺人犯張之江拘捕到院，依法偵查，按律論處，以伸法紀事。竊先父諱樹錚，於民國十四年冬，自歐美考察政治經濟回國，到北平向政府述職；不知何故，遭當時野心軍閥之忌；同年十二月二十九日，專車去津轉滬，冀就考察所得，編述報告，供政府參考。不料行抵張之江駐防之廊房，先聞歡迎聲音，旋有張之參謀長持張之江名片登車，口稱『張司令請徐專使下車』。時先父因在京勞頓，擬請張司令來車晤談，該參謀長聲色俱厲，飭馬弁扶持先父以去；同行隨員均被驅下車，行李及各國考察所得資料，悉數被刼。先父到司令部後，卽被幽禁一室；隨員等則先行至會客室。時有軍事隨員褚其祥，久歷行伍，熟人較多，行動稍能自由，遙聞有人打電話稱：『徐樹錚已拿到請示……』。褚知事不妙，卽要求見張司令，不許。旋隨員等均被押入司令部之馬棚，月明如晝，奇寒刺骨，約一小時後，突聞槍聲數響，咸垂淚相向，不敢出聲。然均感覺一代偉人，恐已隨此數響而長逝。時爲十四年十二月二十九日午夜。翌晨，隨員等獲釋，查詢先父所在，均稱不知。事後經該部軍醫院長洪某之指點，始在司令部某地，掘得先父遺體。蓋被張之江等殺害後，加以掩埋，冀圖滅跡。其蓄意殺人，固已昭然若揭；乃復施其移花接木手段，於謀殺之翌日，竟自天津招來陸建章之子陸承武迫其承認『爲復父仇，故將徐某殺害』；並通電各報大肆厥辭。抑知陸建章之伏法，當時政府有案可稽，先父豈得擅專？乃竟然以一手掩盡天下耳目，假借陸承武之一紙通電，以洗刷本人謀殺國家命官之殺人罪行，寧非異事？且陸承武何人，竟能令號兵高吹歡迎號音，又命參謀長持片上車請客，且公然在司令部中殺害政府要員；謂非該司令張之江之事後假借陸某名義，冀圖掩蓋自己罪行，其誰信之？段公合肥爲先父作神道碑，有云：『至廊房而遇害，嗚呼痛哉！余之過也，所謂仇者僞也。』可爲鐵證。乃張之江等逍遙法外，轉瞬二十載。鄰初以時當亂世，國家綱紀未立，不足以言申雪；繼則以抗戰軍興，舉國從戎，未敢忽國悲而急私仇。現則勝利來臨，厲行法治，且按照刑法之規定，刑事訴訟之起訴權，滿二十年而消滅。時機已迫，無可再緩。爰特訴情鈞院，將謀害先父之殺人犯張之江拘提到院，依法偵查，按律論處，以申奇冤，而彰法紀；不勝感激待命之至。謹狀。」

並控馮玉祥於軍事委員會，法曹均以時效已過爲理由，不予起訴。國法不外天理人情，本來是合情合理之事，祇欠法裁，遂使徐道鄰父仇莫報，自然是他要抱恨終天！

避觸時忌飾終無典

徐樹錚於廊坊倉皇遇難，嗟悼之者，固不乏人，謂爲長才難得，邊事更少經營的人；而稱快者，亦大有人在，目之為危險人物，謂為少一挑撥政潮、鼓動內爭的人。平心論事，徐樹錚實為當代未可多得之人才，其一生行事，雖有可議之處，但志在匡時經國，乃以操之過激，致遭嫉忌。其所作政治活動敢為非常之舉，亦不免識見每多不能克制。唯其功績有不可掩沒者，則為收復外蒙一事。膠州宿儒柯劭志（鳳蓀）所為徐樹錚墓誌有云：「公去不逾時，俄人入寇，陷庫倫，而邊事不可問矣。惟執國柄，自棄燕雲，詎逭清議。君雖譽謗滿天下，然漠朔之績，即質之忌者，亦無異詞。」便可代表一般公平持論者之見。

徐樹錚十四年出國考察列國，年底返國入京覆命之前，曾專程訪問過孫傳芳（字馨遠，山東人，時自任五省聯軍總司令兼三軍總司令），這是當時最惹人注意之事，姑置不說。再則親赴南通訪問張謇（季直），兩人交談甚歡，季直且以前程遠大期之。旋聞廊坊遇害，傷感之餘，並輓之以聯云：

語讖無端，聽大江東去歌殘，忽焉感流不盡英雄血。

邊才正亟，歎瀚海西頭事大，從何處更得此龍虎人。

既歎邊才難得，更追懷外蒙治績，著眼深遠，實非尋常泛泛之作可比。季直除聯輓之外，復作「滿江紅」一詞以悼之。詞云：

策蹇彭城，看芒碭山川猶昨。數人物，蕭曹去後，徐郎應霸。家世不屠樊噲狗，聲名曾售燕昭馬。戰城南小怯亦何妨，能為下。將玉帛，觀棋暇，聽金鼓，橫刀咤。趁續完騫傳，更編邁雅（徐樹錚文集名）。反命終申知遇感，履凶不論恩仇價。好男兒爲鬼亦英雄，誰堪假！

康南海（有爲）亦爲詞悼之。詞云：

其雄略足以橫一世，其霸氣足以隘九州，其才兼乎文武，其識通於新舊；既營內而拓外，駢杜斷而房謀；又歇歷乎域外，增學於四州；其暗嗚廢千人，其詞視無全牛；其飛動高歌擅崑曲，其嫵媚清詞追柳周。大盜竟殺猛士兮！天人起邦家殄瘁之愁；假生百命之前，爲人龍而寡儔。袁世凱內爭兮，碎明於九幽。

一代人豪，竟不克展其懷抱，而死於非命。悲國失良才，溢於言表。張謇、康有爲兩人，對當代武人素不輕加讚譽，獨對徐樹錚才兼文武，一稱爲「龍虎人」，一崇爲「猛士」，徐樹錚似應死而無憾了！祇是英年早逝，死非其時，死非其地。雖死於知遇最隆的段祺瑞執政之際，卻當段祺瑞最倒霉失意之會，竟爲避觸權勢之忌，而無飾終之典，論人情道理，卻很說不過去。

儒雅風流的馬君武

國學西學科技通家

在中國學術史上和政治上，地位相當高的馬君武先生，是中國人在德國第一個獲得工學博士的學者專家。不獨國學造詣精深，能文工詩，更通英、日、法、德各國文字與西洋科技，乃是一個國學、西學而兼科技的通家。國人皆習以馬博士呼之，而不稱其政治學術上的官職。他與並時的名流學者和政治家，都能看齊媲美。其生平史事，不待吾人再來介述，多能知道。惟二十年「九一八」事變後，自他「哀瀋陽」那首「趙四風流朱五狂」的兩首詩，發表以來，遍傳全國，他在國內的知名度，卻忽然高漲，駕凌許多學者和政治家之上。同時馬君武這兩首詩（當時或因各人注意點不同，僅傳第一首），原是激於民族義憤，針對東北軍統將張學良而發的，不料也竟幫了當日尠為人知的趙四、朱五的大忙，使她們的聲名，頓時傳播遐邇。而影星胡蝶的知名度，更是水漲船高了。因之，馬君武後半生儒雅風流的軼聞，也膾炙人口，歷久未衰。現在隨意來談談，藉以求正於讀者。

功在民國譽滿海內

馬君武，原名和，後以字行，廣西桂林人。生於清光緒六年（一八八〇）。與徐樹錚、柳詒徵同年。雖係廣西望族，但他家境清寒，幼年喪父，賴母養育。無力入學，獲親友之助，益以自己能苦學不懈，乃得完成其國學基礎。二十歲，留學日本，畢業於日本京都帝國大學後，回國從事革命活動。在滬擺脫清政府的追緝後，出國赴德，入柏林大學，攻習冶金，得工學士學位。辛亥回國，因參加二次革命反袁失敗，再赴柏林大學進修。得工科博士學位，為我國獲得德國工學博士的第一人。這不是贈來的，買來的，而是苦學勵行奮鬪爭來的，故極為可貴，其師友皆為讚揚不已。生平精通英、日、法、德各國文字，譯著豐富，有「德華字典」，達爾文「物種原始」、「有機化學」、「一元哲學」、「人類原始」和其他政治、經濟、科技、文學等書。對於中西文化的交流，貢獻尤鉅。一九〇五年，中國同盟會在東京成立，馬君武率先入盟為會員，隨任執行部書記。時以生活費用短絀，常藉寫作稿費來維持。梁啟超主編的「新民叢報」，就常有他的文章。嗣又代任公主編務。辛亥革命時，曾以廣西代表的資格赴南京，參加南京臨時政府的工作，與王正廷（字儒堂，浙江人，曾任北洋政府總長、代國務總理、國民政府外交部長）、雷奮（字繼與，江蘇人，清資政院議員）等，共同起草「臨時政府組織大綱」，頗爲自得。後來有一則笑話：廣西大學改爲國立時，國民黨中央組織部曾派某專員前往西大視察黨務。某見馬校長衣著不整，頗存輕鄙之意，隨交一份調查表給馬君武塡寫。表內包括項目很多，馬僅塡了姓名，餘皆空白。某專員請其補塡，馬又在「何時入黨」一項內，寫下：「同盟會的章程，是我起草的」，卽還表交某專員，且曰：「辦黨務，不知黨史，如何辦得好？速去，研究一番黨史再來。」某專員無奈，卽狼狽遁去。此乃馬君武「氣盛火大」性格之證明，作者亦不願置評。不過「臨時政府組織大綱」，既爲他與王、雷等人的合作，所言「起草同盟會章程」，或非虛語。南北統一，國會在北京成立，他當選爲參議院議員。當時國民黨之能居議會的中堅，他自然也是風頭人物之一。他後來之積極參加政治活動，亦卽由此始。

馬君武民國二年隨　國父訪問日本，從此卽常追隨　國父左右。先求學能致用。民國四年，由德回國後，初任廣東兵工廠廠長。民國八年，任廣東無烟火藥廠廠長。民國九年，　國父在粵組軍政府，馬君武居秘書廳廳長。民國十年，　國父就非常大總統職，馬君武任秘書長。陳炯明（未叛變前）攻克廣西，轉任廣西省長，繼兼軍務處長。一身掌廣西軍政大權，突破民國以來，廣西文人掌政的紀錄。十四年，北方段祺瑞執政，他代表國民黨參加許世英內閣，任司法總長。十五年，繼任賈德耀內閣教育總長。十八年秋，任廣西大學校長，隨因兩廣內戰發生，辭職赴南洋。迄「八一三」事變前始返國。居上海約二年，再任廣西大學校長。對日抗戰發生，二十七年，國民參政會在武漢成立，兼任參政員。至三十九年八月，因病逝世於桂林良豐廣西大學校長任內，時年六十一歲。馬君武自二十餘歲參加革命，三十餘年中，功在黨國，譽滿海內，皆國人所爭傳樂道的事。

生活習慣力求儉樸

馬君武，因出身清寒之家，一生修身、治學、做事，凡食、衣、住、行的生活習慣，皆自然養成一種儉樸風尚，前半生尤甚。一九〇六年，由日本回到上海，在吳淞中國公學任教，及任大夏大學校長時，皆賃宅於楊行。每從楊行到上海上課或辦公，乘電車或火車，從不講求舒適，都是三等座位。混雜於下層人士之中，亦不覺得紛擾難堪。衣著亦非常隨便，經常戴一頂舊呢帽，披一襲藍布長衫，足著一雙有絆扣的皮鞋。香烟一枝接一枝，很像一個村夫俗子。有時則穿一套舊黃斜紋布的中山裝，不識其人者，決不會相信他竟是一個大學校長，做過省長、總長、特任官的人。教育部有一次派督學某赴廣西大學視察，當集合學生訓話時，他建議要求學生應注重衣著、儀容、禮貌，言外之音，頗有譏諷校長不太修邊幅的意思。馬君武隨登臺致答，亦盛氣凌人，詞鋒相對，直謂：「有些留學生，專門在外國學打扮，裝門面、學跳舞、講交際，而不講究實學與救國之道。拿一個學位回來，腹內仍然一空如洗……。」這位某督學，正是一位留學生，一聞此言，則窘極不堪。與來廣西大學「視察黨務」某專員的遭遇，似出一轍，眞是無獨有偶。

在飲食方面，馬君武既不考究餚饌的精粗，亦無擇食的習慣，頗有國學大師章太炎的遺風。常說：「肚皮裝飽了就好了。」雖不好酒，卻常愛約二三好友來家小酌。繼則挑燈夜話，或打小牌消遣。興趣濃厚時，輒夜以繼日，樂而忘倦。

賦性爽直極富感情

馬君武原是一個極富感情，最重師友情誼的人物；但由於賦性爽直，常不免有器量狹窄、倔強固執、嫉惡如仇、氣盛火大之時。不明其生性者，頗覺其人很難接近。甚或談話正說得好好的，又常不歡而散。馬君武在革命活動中，與先烈宋教仁相交甚深。民國開國時，在南京某次會議席上，兩雄相遇，意見未洽。由於宋教仁一言之激的細故，馬君武立即起而摑宋教仁一掌傷目。宋教仁固深知其個性，亦不與較。會後，馬君武深覺慚悔難安，趨宋教仁之前，道歉請罪，兩人仍握手如故。廉藺交歡，亦不讓歷史專美於前。

大約在民國二十四年時，胡適博士到香港大學領榮譽博士學位，原已被約再到廣州中山大學，擬作一週的學術講演。時南天王陳濟棠，正提倡學生讀經，胡適卻不主張。反胡份子卽利爲藉口，慫恿陳濟棠出來阻止。胡適被困於廣州，講演亦不能進行，事情已成僵局。這時，廣西的李宗仁、白崇禧、黃旭初（省主席）聞其事，當派飛機把胡適接去，大遊山水甲天下的桂林。胡亦乘便特赴廣西大學拜訪其老師馬校長。馬君武師生情深，特款爲上賓。及明胡適阻困廣州與來桂林的原因後，更不怕觸犯南天王之忌，乃積極設法安排將胡適原擬在中山大學一週的講演，移到廣西大學，既安慰了胡適耿耿於懷之心，也使廣西大學學生和廣西黨、政、軍、學各界人士，受了一次很深刻的「自由民主的學術思想」的薰陶，更使「桂系」後來比較開明的作風，從此漸漸展開。就事論功，馬君武自應居其首席。

摸骨看相驚爲神人

世界上有一種專替人看相算命爲職業的人，外國有之，中國爲盛。長沙有一相者，聞得高人傳授，善摸骨看相，名仇慶雲，眇兩目，人多以「仇瞎子」稱之，賃屋設「摸骨談相處」於長沙市中。有往求相者，初略摸其全身骨格，便說相金索值。再詳摸細審，始談被相者的過去、現在、未來，斷其終身窮通顯蹇，輒多言中。因之，前往求相者，門庭若市，譽騰遠近。對日抗戰，武漢撤退時，仇瞎子爲逃兵燹，乃遷至廣西，仍以摸骨看相爲號召。未久，又轟動了桂林。達官顯貴，豪紳巨賈，亦多私拜其門。仇瞎子既目不見人，亦不明其人的身份，依相言命，常能使人心口俱服，驚爲神人。

馬君武慕其名，某日，亦欣然偕其所謂契女小金鳳，化裝同往。從牆頭鏡框中，知其相金定値，最高二十元，最低一元（當時法幣與銀元等値）。求相者，常排隊就坐以待。輪到馬君武時，粗摸其骨格後，開口索値二十元（不討價還價）。馬君武固難之曰：「余小學教書匠耳，那有多金奉酬？」仇瞎子說：「君不必欺我。君曾居特任級高官，現已名揚中外，貴極卿相之尊，僅索二十元，何敢相欺。」馬君武驚其神奇，私心爲之折服。繼請相其契女，馬君武騙之曰：「此弱息耳，煩便相之。」仇瞎子按摸畢，曰：「相金一元，不敢多取。」馬君武愈信之。小金鳳則以自己相不好，怒形於色，急促馬君武離去。馬遂藉口身邊無此多資，且待改日來相，當奉二元作茶資，仇亦拒之未納。以後馬君武輒以告人曰：「找仇瞎子看相，祇視其索値之多寡，即已定了相的貴、賤，索値高者，相貴；値低者，相賤，便不必再勞他來看了，自己也可省下一筆相金。」自此以後，馬君武親友，有找仇瞎子看相者，多依馬君武此言而行，都不花半文錢，便能明白自己的貴賤。此說傳開，一言喪邦，仇瞎子的財源，又不知無形中被馬君武斷絕了多少。

激於義憤詩諷少帥

據傳，日本侵華，民國二十年「九一八」晚，在東北造成事變時，東北軍統帥張學良，正偕其夫人于鳳至及趙四小姐，在北平看梅蘭芳演唱「宇宙鋒」。有謂：事變當夕，張學良正與電影明星胡蝶，在北平六國飯店翩翩共舞，不曾下令東北軍抵抗，東北以亡。國人痛惜國土喪失，東北淪亡，對張學良頗多指責。黨國元老，亦當代學者馬君武博士，舊體詩做得極好，當作「哀瀋陽」二首，以譏諷張學良少帥，詩云：「趙四風流朱五狂，翩翩胡蝶最當行；溫柔鄉是英雄塚，那管東師入瀋陽！」「告急軍書夜半來，開場絃管又相催；瀋陽已陷休回顧，更抱佳人舞幾回。」揭之報端，當卽傳誦一時。這詩固是馬君武嘲諷張學良藉以發洩胸中激憤而作，但歷來亡國喪邦之君，無不是自作孽，自取其咎的回報。既然責有攸歸，便無須嫁禍於曹，扯到無權無勢的弱女子——趙四、朱五、胡蝶——的身上來。這也就不怪作了亡國俘虜的花蕊夫人（後蜀主孟昶的貴妃，卽徐夫人。亡國入宋，太祖召見，使陳詩，因誦亡國之由，如下七絕，太祖大悅）還要抱怨的說：「君王城上豎降旗，妾在深閨那得知；十萬貔貅齊解甲，竟無一個是男兒。」意思卽指君王守土有責，被人趕跑了，與妾婦之輩何干？扯到她們，不免冤枉！

趙四風流朱五狂和翩翩胡蝶，當時有無事實？固屬問題。因爲沒有看到記者有負責的報導，縱有捕風捉影的傳說，都不過是「胡猜亂揣」或「想當然耳」的事。因之，便有人出面，爲她們打抱不平。有謂：民國二十年時，胡蝶固在北平拍電影，但與張少帥，根本未見過面，馬君武此言，實出無因。明星電影公司當時亦極力爲胡蝶闢謠，說胡蝶與張學良僅有過一面之緣，那會有翩翩之舞！且沈痛指出：「莫爲親者痛，仇者快。」東北事變，三十年之後，臺灣某報復舊事重提：「胡蝶與張學良，根本沒見過面，日軍進入東三省時，少帥正在醫院內，馬君武不知怎麼會扯到胡蝶身上去的。當年以訛傳訛，多少人對張學良也不諒解。」暫不論這些說法的眞實性如何？都祇怪馬君武一時氣憤，由他引出來的風波。

影星生活易生是非

翩翩胡蝶，原係明星電影公司的女演員，相當走紅，聲名已噪於京、滬。二十年時，正在北平拍攝張恨水的小說「啼笑姻緣」，那時還是無聲的黑白電影的時代。明星公司的導演卜萬蒼，住在北平同孚里某宅的樓上，與其同宅住在樓下的于某和家人，已經相當熟習。胡蝶經常出入卜導演家，于太太偶然替她開門，總要攀談幾句，于問胡年齡多大？答說：二十一歲，宣統元年生。于說：你對觀眾說，不是十八？胡蝶說：少報幾歲，更易吸引觀眾，正是做影星的秘密。胡蝶多半是下午來，打牌、跳舞，常宿於卜家，次日中午始雙雙出門離去。傳說：以前電影公司的導演，權力很大，常能掌握演員紅或黑的命運。這些不見經傳的說法，局外人自不便妄來推測。祇是電影演員拍片之餘，或爲消遣，或爲交際應酬，或爲職業上的需要，翩翩之舞，亦情理之常，實在毫不足怪。胡蝶與張少帥這段公案，當時明星公司爲胡蝶闢謠；三十年後，臺灣某報又替她澄清，似乎也是多此一舉。因爲凡事一有男女的牽涉，尤其影星生活，是最易引起是非風浪的。遇了這類的事，縱蒙不白之寃，也是很難洗淸的。不解釋，反而見怪不怪，其怪自敗，此卽所謂「不攻自破」。要解釋，反會愈解釋愈糟，這就是孟子所謂「有求全之毀」。好在今已時移勢遷，事多成了歷史陳跡，談也沒什麼價值了。

趙四朱五池魚之殃

趙四與朱五，未經馬君武揭出來以前，人們並不知其爲誰何人氏。一經品題，雖成了新聞人物，然仍多不明其底蘊。朱五是指北洋政府時代，做過幾任總長，代理過內閣總理的朱啟鈐（字桂莘，貴州人）第五個女兒，故馬君武稱之爲朱五。朱五名朱湄筠，與其大姊朱洛筠，幼皆與趙四在天津法租界浙江小學同學，相交頗深，及長更篤。後來朱五嫁給張學良的好友某君爲妻，皆屬通家之好，在交際應酬場合，彼此跳跳舞，容或有之，事亦平常，「狂」則未免言之過火，已成貴人之妻，想狂，也狂不起來了。

趙四，原名筌香，又名媞、一荻，浙江蘭谿人，係趙慶華（字燧山，曾任津浦鐵路局局長及銀行經理）的第四女，馬君武故呼之爲趙四，與朱五同學交好。趙四之姊趙絳雪，約在民國十六年時，嫁給了留法學生粵人馮啟鏐。馮爲張學良的法文秘書，因趙四與馮家親姻的來往關係，乃使趙四與張學良相接，日久亦親。趙絳雪與馮啟鏐結婚兩年後，趙四與張學良於十八年在瀋陽便宣告同居。何以同居而未結婚？乃因張、趙事先有約，趙不願做姨太太，張亦不忍以趙作妾，始終即以「趙四小姐」名義與張同居。張不許人稱趙爲「張太太」，恐礙與于鳳至（遼寧人，該縣商會會長于光斗之女）的夫妻關係。以後趙生一子，亦由于鳳至撫養，視同親生，排行老四。于待趙如客卿，亦始終尊重其自尊。張、于、趙這三角的微妙關係，直到五十三年，始由于鳳至自動提出與張解除婚約，促成張與趙四小姐正式結婚，才算解決。婚禮是在臺北一美國友人家中舉行，由美國牧師證婚，「趙四小姐」始一變而爲正式的「張太太」。

這段張、趙結婚歷史，與馬君武的詩原無直接關係，祇是說明「九一八」事變時，張、趙已經同居了兩年，雖無夫妻之名，已有夫妻之實。縱有香艷風流，祇算是閨幃的秘辛，也無傷大雅。實際夫妻，公開相擁而舞，看看梅蘭芳的「宇宙鋒」，更爲情、理、法所不禁，能說是風流嗎？倘趙四、朱五當日眞是風流狂蕩的交際花一流的人物，也未必會有神仙眷侶的結局。故馬君武所指「趙四風流朱五狂」之事，可說是「池魚之殃」，或可說是「無的放矢」。而且趙四與朱五，皆係大家貴族的子女，馬君武佳作，不論是激於義憤或出於遊戲，似皆不免有傷忠厚。這點或許是馬君武當時所不自覺的。

桂戲坤伶獨暱金鳳

馬君武在二十六年「八一三」事變之前兩年，由南洋回國，寄居上海，落入十里洋場的花花世界，也過了一段荒唐生活。出入舞場，流連忘返，竟把過去「翩翩胡蝶最當行」，指責別人的話，完全拋之於腦後。不過他雖處身燈紅酒綠之中，其不講究衣著，不修邊幅，依然如故。及「八一三」上海戰事發生，他對舞廳亦不迷戀，絕塵而去了漢口。二十七年七月，國民參政會成立於武漢，他被任爲第一屆參政員。同時，再度擔任廣西大學校長之職，遂遄返故鄉桂林。馬君武回到離別八、九年的桂林，對上海那段綺麗生活，雖未忘情，但桂林沒有舞場，亦有慾難逞。於是祇好轉向新的目標，求之於「桂劇」。初則致力改良桂劇、編撰劇本，介紹演桂劇的南華劇場，排練演唱。時南華有一花旦，藝名小金鳳，但色藝皆不及該劇場的坤伶小飛燕與如意珠，而馬君武卻獨垂青於小金鳳，一見傾情，進而收她爲契女（即乾女兒），並改名爲「尹義」。從此馬君武的生活，又爲之一變，對小金鳳著了迷。每夜常風雨無阻，必至南華特留的包廂，替契女兒捧場。小金鳳的秋波，亦時時閃閃流至。一個大學校長的風流行動，最易引人注意，馬君武亦不自隱諱。於是眾口交傳，散播極廣。時有好事的新聞記者，也仿其「哀瀋陽」之作，詩以紀其事說：「詞賦功名恨影過，英雄垂暮意如何？風流契女多情甚，頻向廂房送眼波。」發表於桂林報紙的副刊。詩雖不如「哀瀋陽」的潑辣，但清淡無滓。馬君武看到，亦一笑置之，不以爲忤。

小金鳳在南華三個坤伶中，原列一燕一珠之次，但經馬君武擡捧與新聞記者宣揚之後，聲價倍增，幾使燕、珠黯然失色。燕、珠殊不自甘，乃聯手一氣，向小金鳳反攻，各促其新知舊雨，結爲陣線，哄擡珠、燕。頓使劇場客滿，雙方掌聲一起一伏，揚落不休。不但老闆大發其市利，也造成了桂林桂劇的黃金時代。平靜的都市，一反常象，馬君武自然又是一個始作俑者。

馬君武居常，既非契女不歡，遊山玩水，亦非契女不往。馬、鳳關係，究屬如何？對外雖沒有明朗化，大家卻相信馬君武已垂垂老矣，或亦有終老是鄉的打算。但爲時不過兩年，馬君武歸眞道山，鳳兒則不知飛向何處去了！

築室湖濱以安元老

桂系李、白、黃三巨頭，主政廣西之後，比較開明的作風，亦漸次展開。幾年之間，政治大體走上軌道，經濟建設亦略有可觀，漸能顧及社會大衆福利與敬老尊賢之事。馬君武的聲望，早爲鄉邦人士所敬仰推崇的黨國元老和學術先進。省政當局，爲盡尙賢崇德之意，特選風景優勝的桂林榕湖之濱，築室以安元老。並製贈「以彰有德」的匾額一方，裝置門頭。馬君武顧而樂之，亦本其教育家的胸襟，親撰「種樹如培佳子弟，卜居恰對好湖山」一聯，懸於門之兩側。時不多日，某夜，被一無聊的好事者，塗去「以彰有德」匾「有」字中的兩點，「有」變爲「冇」，則成了「以彰冇德」。兩粵人士，讀「冇」爲「冒」音（沒有之意）。門聯上，則左右各添增四字，成爲：「春滿梨園，種樹如培佳子弟；雲生巫峽，卜居恰對好湖山」。「春滿梨園」，蓋指親暱南華劇場小金鳳之事；「雲生巫峽」，則指其榕湖新居，恰與桂林「特別區」（今名風化區）

遙遙相望。可謂缺德加冒煙，謔之甚矣。所幸馬君武晚年脾氣大變，昔日氣盛火大，今則前後判若兩人。對於此類開玩笑之事，亦常無介於懷。

蕭振瀛其人其事

左右逢源大出風頭

日本侵略中國，「九一八」東北事變後，緊急風雲，撲向華北。隨著塘沽協定的簽訂，日本進而要求華北五省特殊化。我政府以抗日條件尚未成熟，爲爭取準備時間，以延緩日方的進襲，不得已，只好忍辱負重，於民國二十四年十二月，在北平成立「冀察政務委員會」。以宋哲元爲委員長，轄河北、察哈爾兩省，及北平、天津兩市。

宋哲元兼任河北省主席，而以秦德純爲北平市長，張自忠爲察哈爾省主席，蕭振瀛爲天津市長。以故自冀察政務委員會成立，至二十六年七七抗戰爆發，這段期間之內，日方以進侵的行動方針，尚未策定，中國亦尚在積極準備階段，因之中日關係在這一年餘之中，尚稱安靜，沒有惡化。

在這段期間中，這兩省兩市之所謂省政市政者，都談不到什麼建設。對外只以「應付日人」，對內只是「加緊準備」爲大政方針。而這些當政者，爲求日人稍安毋躁，鐵騎暫勿踏進華北，爲籌思對策，已經傷透了腦筋。虛與日人委蛇之方，因人而殊，自然各有巧妙。唯天津市長蕭振瀛，則藉應付日寇，大出其風頭，大發其市利，欺騙了日本人，也蒙蔽了中國人，左右逢源，兩面討好。他雖獲得極少數一時的盲從，而實爲大多數人所不齒、所深惡，尤其是新西北軍系統中的人物，連帶一部分日本人，也並不領他的情，故其聲名之狼藉，亦早傳播中外。

小吏發跡妄比蕭何

蕭振瀛，字仙閣，行二，朋輩中多以「蕭二爺」稱之。生於光緒十二年（一八八六），先世由關內移居吉林，乃占籍吉林。世代業農，沒有顯赫的家世，幼入私塾，爲商店學徒。長畢業吉林法政學校，仍從商賈。雖讀書不多，但具有小聰明，稍有修進，仍食古不化。以能言善道，手腕靈活，善逢迎、愛活動，飽積社會歷練，經驗頗豐。因產於關外，體形豐碩，頭呈長方形而前額特寬。蕭振瀛亦自詡其「天庭飽滿」，相者指爲稀世之福相，主大富大貴。他每於故作思考之際，輒以掌捫其前額；出外時，將帽扣於後腦，盡露其天庭。非故意啟示旁人驚其福相，即有向天乞靈於其福額也。貌似豪爽，而城府極深，初識之人，多誤認爲一血性男子，因而吃虧上當者，比比皆是。

蕭振瀛以具上述條件，多方活動，漸漸發達。隨出家資，作政治資本，結黨拉幫，爲地方當局所不容，逐出。與同鄉石友三勾結，側身軍中，始漸露頭角。在西北軍初期，曾任河套設治局局長（地位相當於縣長）。雖位卑職小，但以善於籌款，受知於西北軍老總馮玉祥，從此發跡，恃西北軍爲其奧援。馮玉祥於十九年中原戰爭後失勢下野，蕭振瀛則轉而依附宋哲元。但他在二十九軍中，眞是手無一槍一卒，徒以善翻雲覆雨見稱。同時，藉交際手腕擅長——相識滿天下，交遊遍三教九流，乃益助其活動發展。

宋哲元初掌華北五省大權時，左右文學才智之士，實在太少。時爲宋哲元設謀策劃者，蕭仙閣亦算其中之一。他自已亦常誇張的說：「我蕭仙閣身上有『兩大』——手大、嘴大；手大拉四方，嘴大吃四方，這就是我兄弟的看家本領，能够穩坐二十九軍，久長天津市的道理。」的確，他的牛皮算沒有吹垮，但宋哲元卻吃了他相當大的虧。不僅此也，他任天津市長時，常以能「旋乾轉坤」，自炫其才，視宋哲元爲漢高祖劉邦，自視則爲蕭何（漢丞相，輔高祖爭天下）。爲適應時代環境，則自稱爲「日本通」，能玩弄日人於股掌之上。一生有一異乎常人的作法，好與人結金蘭之交，尤用之以巴結日本人。實則多俯首貼耳，遷就聽命於日本人。結果，反被日人所利用而已。

大吹法螺貪財好利

蕭振瀛在西北軍中，不但謀國不忠、處友不義，且是唯利是圖之輩。他之被宋哲元所重視，是始於中原戰爭之後，蕭振瀛代表韓復榘與宋哲元到南京，向中央輸誠。其實這時中央正在爲謀「全國統一」而努力，任何部隊能向中央輸誠者，決無拒絕之理。其次，中央對馮玉祥事變，爲體時艱與國家統一之目的，已本寬大之懷，和平解決。於馮玉祥尚且不咎既往，僅予免職，於其所屬將領與部隊，自然亦與中央國軍一視同仁，無所軒輊。故蕭振瀛之代表韓、宋來京，以情理言，原不過是手續上的一種形式而已。不意蕭振瀛竟大吹法螺，大耍其左右逢源的手段，一方向韓、宋領取活動費用；一方向中央索取車馬津貼。及韓、宋對中央手續上的形式問題辦好以後，而蕭振瀛的私囊亦裝滿了。蕭振瀛北返，復向宋哲元邀功，大闡其能，且謂：「倘非我蕭仙閣有中樞奧援（謂孔祥熙部長爲其背景），竭力斡旋，向層峯建言，恐未必有若是之順利耳。」宋哲元誤信其巧語花言，亦以蕭振瀛之功未可沒，益信其才，資爲智囊，既任爲二十九軍總參議，也正是後來天津市長之義無旁貸。

蕭振瀛在二十九軍，原任職軍需處，但未負實際責任。而以其妻劉氏輔瀛之弟，爲其代理人。其另一內弟某，則在他所經營的軍服莊，及津、沽、石家莊之糧號與錢莊專務二十九軍的營運，亦若商人胡雪巖之於左宗棠的湘軍一樣。宋哲元視蕭之爲親信股肱，亦以其軍需項下盈餘獨多之故。而蕭振瀛本人，由貪污舞弊所得者，又不知較「盈餘」高出多少倍。加以天津市長任內的搜刮，便都成了他後來政治活動與大同銀行之資本。

義結金蘭永為兄弟

蕭仙閣表面似豪爽，實則內富機智，不擇對象，人盡可交。與人見面，初識卽熟，再晤頗有相見恨晚之慨，三晤則非「義結金蘭，永爲兄弟」不可。不僅對國人如是，對敵方日本人，更有甚焉。當其佐宋哲元，以蕭相國自況之時，他所辦的中日外交，對華北當局，實不異挾日人以自重。故於日人在華之稍有名望地位者，甚至流氓浪人之輩，均百計與之結納。爲加深親密，輒約爲「異邦兄弟」，一以顯其交遊遍海內外；一以備其「不時之需」的奧援。

因之，蕭振瀛家藏「金蘭譜牒」，多得盈箱累篋。每年六月，艷陽滿天之日，照例爲一般藏書家翻曬藏書之時，名爲「攤書節」。蕭振瀛也好附庸風雅，家中無書可曬，亦必傾箱倒篋，將其所藏之金蘭譜牒見見太陽。於是市長公館的前後院中，紅花片片，敷綴於綠草地上，彷彿滿園春色關不住，引得行人駐足看，傳爲一時的趣話。

蕭振瀛好結金蘭，初時尚以爲得計。久之，故事傳開，毛病乃見。因二十九軍的官兵，多數雖不長於文學與愛好風雅，但正義之感極深，時圖「扶正誅邪」。中日兩國相處，這時雖尚在互相敷衍，實則已經接近敵對的局面。華北人物之中，有挾日人以自重者，蕭仙閣乃此輩之中，聲名最狼藉之人。既爲華北人士所不滿，尤爲二十九軍所共惡，亦其失去宋哲元歡心的主要原因。日人之深明事理與潔身自愛者，固深惡其本國軍閥的陰險侵略作風，亦多不願與蕭仙閣爲伍，何況是換牒結義。

不擇手段誣告賣友

根據以上所敍，可見蕭仙閣之爲人，僅知重視蘭譜，而不珍重友情；講究結義，而不講究友如。採一例以證之，更足明其「不擇手段，誣告賣友」的陰險。有丁春膏者，貴州人，係淸四川總督丁寶禎的曾孫。當東北事變時，正任北京中法儲蓄會副理事長之職，理事長爲民初交通系領袖之一的李思浩。中法儲蓄會（中央信託局前身），原係中央進行金融改革前創設，以抗萬國儲蓄會的金融機構。丁在任時，負責較多，業績亦著，頗得中央的信任與重視。

東北事變後，張學良入關，駐於北平。時對中央的關係，尙未達到完全諒解的地步，因之懷疑、緊張的心理，總難去懷。蕭仙閣時任二十九軍總參議，於是乘虛而入，向張學良告密，指中法儲蓄會副理事長丁春膏，「私設電臺，向南京報告張氏行動」。張學良未予深察，便將丁逮捕下獄。所幸未久卽獲平反。經查係蕭振瀛無中生有的陷害。事後，有人詢問丁春膏：「蕭氏與老兄爲金蘭之友，何故見害？」丁隨述其詳曰：「蕭氏誠我之結拜兄弟也。中原會戰時，韓復榘向中央輸誠，請蕭爲代表赴京。事先由我與孔庸之先生，已有聯繫。蕭雖小有才，卻狂妄自大，自認助韓倒戈，爲不世之勛。此後非部長級一席，不足以酬其功。並託我向孔先生進言。孔因不深知其人，雖與委蛇，但未向最高當局說項。蕭未得官，乃遷怒於我，謂我在破壞他。自是與我時刻爲難。在人前且謂：『大義滅親，古已有之，何況結拜者乎？』這就是他在張氏之前陷害我的原因。」

但蕭振瀛心有未甘，無獨有偶的事，後來還是發生了。蕭振瀛在天津市長任上，復向日方與宋哲元前，檢舉丁春膏（時任華北煙酒稅總局局長）在平「私設電臺，秘密通報」。日人情報極爲靈通，已立悉其奸，未墮蕭之彀中。宋哲元未察，幾有逮丁之舉。秦德純（字紹文）亦宋哲元智囊之一，因告宋哲元曰：「情報最靈通如日方者，未見動靜，必爲無稽之談。」宋哲元深思後，亦罷其議。否則，丁春膏不免又要蒙上不白之寃，犯一次牢獄之災。蕭振瀛從此技窮，對丁春膏不擇手段，欲藉外力以報私恨的行爲，也幸未再見。

親日賣國兩面討好

二十九軍的人物，除秦德純等三數人外，能粗通文理者，其實無多。宋哲元所轄平、津兩市，秦德純長平市，蕭振瀛長津市。秦德純洵洵然有儒者風，大異於赳赳武夫。對日交涉，困難之時，雖以「哭」見稱，但富機謀，頗具遠見。宋哲元初蒞任時，彼卽建議：「爲安全計，密調二十九軍精銳，改充平津保安隊。」宋哲元納其言。古城保安隊乃裝備一新，訓練加深，洋槍與大刀俱備。後來石友三在日人暗中資助之下，以「便衣隊」，曾一度夜襲平、津，便慘敗於保安隊。宋於秦之機智與遠見，乃益加信賴，蕭仙閣則莫能及。

天津市長蕭振瀛，如爲我國戰略——與日委蛇——上的表面親日派，自猶有可說。但他藉親日之名，而行摧殘中日關係之實，這就不可諒恕了。有劉某籍江蘇，原依蕭振瀛而得道之一人，任天津市政府秘書，謹守愼爲，素爲蕭振瀛所信賴；但以具有嫉惡如仇的性格，未久於任，天津陷日前，早已離去。他對當時華北人物的隱秘，多所臧否。最爲其冷齒者，就是他直接長官蕭仙閣。他說：初時，蕭振瀛之能得寵於中日雙方者，實由其賣弄小聰明才智，與「爲人四海」、「口才蓋世」（秦德純評蕭語）所得而來。後來，既廣結了日方人緣，便自以親日派的資格出現。漸漸進而遇事以「自己人」的身份，爲日方作幕後的策劃，如日方欲求中國十里之地，蕭則謂：「貴邦人士，惜尙未盡悉中國人處世應事之道。如欲十里之地，必開價百里或數百里，如直言十里，結果只三五里可得耳。」日方欣納其言，乃提出百里要求，蕭則轉語於華北當局曰：「國土，余不敢輕許。以余與日人之關係言，在不傷和氣之下，尙可做到許以三五里了事，至多不過十五里而已。」

如此，日方不但如願以償，且多獲得五里。他並對日人誇說：「非我蕭某，決不可能臻此。」對華北當局則說：「日方索我百里之地，今僅損失十五里，倘非我蕭某，中國百里之地，早已莫保矣。」日方所得，超於所欲；中國所失，高於所求。蕭振瀛欺蒙華北當局，私贈國土與敵，等於出賣國家，還要兩面討好邀功，誠國家民族之敗類耳。這是駭人聽聞的秘密作法，倘非出自誠信君子劉某之口，實在令人難以置信。

時冀南保安司令孫殿英，本西北軍中的驍將，與宋哲元、韓復榘、孫連仲等，同受知於馮玉祥，皆位至將領階級。後來孫殿英（河南永城縣人，出身綠林，始以販賣鴉片、紅丸、白麵等毒品，被馮玉祥收編，一帆風順。後任國民革命軍第四十一軍軍長。十七年四月東陵盜寶案，他就是主角）以勢窮力蹙，來歸於宋哲元。孫見蕭仙閣有呼風喚雨之勢，自不心服，坦白言於宋哲元之前曰：「蕭仙閣，什麼都能替你爭臉，就是不能讓他跟小日本辦外交。尤其他一口的『尿』（蕭的口頭禪），會尿得小日本說：我二十九軍的人，什麼都不想，只想著『鷄巴』，還想什麼與日外交?!」後來蕭仙閣之「倦勤」，亦實與其「尿」語有關，下文有解。

能屈能伸算條漢子

宋哲元爲其母親慶七十大壽，轟動華北，爲清代末帝溥儀大婚後，古城第一件盛事。蕭仙閣官場得志，意氣洋洋，爲宋設壽慶籌備會，獨「孝敬伯母」禮金五萬元，並總理其事。整齊衣冠，於長袍馬褂之上，懸一大紅緞條子「總招待」。其夫人劉輔瀛，則懸「女賓招待」的紅條。一對夫婦，到處周旋應酬。有一位將領張某，對之相當逢迎，或係揶揄的說：「仙閣眞幹才也，於日理萬機之餘，猶能爲委員長老太太綜理慶典。才力過人，誠不可及。」蕭亦躊躇滿志的說：「管膩了國家大事，換幾天胃口，管管別的，也挺有意思。」當時有李筱帆（河北人，馮玉祥得志於北方時，曾任華北特務頭子。有俠義之風，仍爲宋、秦所重視）、潘毓桂（宋哲元主幽燕後，所延攬北洋顯要人物之一）等多人皆在座。潘聞蕭言，對之復加諛頌，蕭愈以爲得，繼謂：「人人都以爲辦國家大事有意思，其實，這國家大事，也難辦得緊啊！」時在座之有識有骨氣者，均感蕭振瀛未免太得意忘形，有失儀態。李筱帆悶了一肚子火氣待發，突起摑了蕭一大巴掌，且直責之說：「國家大事、國家大事，國家大事就是讓你這個兔崽子給弄壞的。」言畢，擬再摑之，時舉座大驚。立被阻住。

蕭振瀛初亦面色大變，旋或想到「此人不好惹」（猶有特務潛力），乃佯笑曰：「帆老醉了！帆老醉了！老哥兒們，請我吃個鍋貼，我也不在乎。」且言且走，狼狽而去。

大約隔了年餘之後，某次會議席上，復有張自忠批蕭振瀛面頰之事發生，好事的新聞記者，翌日爲新聞標題曰：「蕭市長連吃鍋貼，而面不改色」，從此「鍋貼市長」之名，便膾炙人口。

蕭振瀛向以漢丞相蕭何自況，這不過取其「同姓」而已。如以漢大將韓信自比，能忍「胯下之辱」，豈不更切實際。能屈能伸，縱不算是大丈夫，也或可算一條漢子。

濫得名利為父慶壽

七七事變前年，民國二十五年春，蕭振瀛以事成利就，顯親揚名，乃爲其父大慶壽辰於北平。首以市長名銜，泛發壽柬，有的則另附八行，專簡奉邀。除附「貴賓證」之外，遠道客人，並附「預定飯店房間」、「頭等車票」。凡接到柬、函邀請者，雖有難色，但因有丁春膏被誣事件的前車之鑒，又不敢得罪結怨於彼。礙於形勢，只好勉力去捧捧場。故是日仍是車水馬龍，祝者盈門，相當熱鬧。惟前來祝壽者，多簽名行禮後即去。顯要留享壽宴者，更寥寥無幾。及壽宴開席，除蕭家親族、僚屬、侍從、警衞之外，盡是小孩們的天下。酒席原準備六百桌，結果則尚餘四百餘席。

壽期中，所收珍貴禮品很多，紅包也不少。同時，也收到很多匿名嘲罵信件，皆置之不理。甚有包送炸彈者，幸被發覺，而未肇生事件，這是由於早有防範的結果。原來禮房的主事者，因恐有意外，早電駐門頭溝的工兵營，派工兵四名到平，駐宅外任檢查特務。凡外來裝包禮品，均須由該工兵驗明，方准送入。一日，果然發現了炸彈，如非早有設防，後果則不堪想像了。各方所送春聯幛軸亦多。二十九軍全體官兵，所贈壽聯最爲出色。聯云：

喜峯口抗敵時，死疆場的皆係蠢才；今日名利雙收，飲水思源，莫忘本路軍人血汗。

察哈爾議和後，識時務者方爲俊傑；此際異珍滿列，捫心自問，出諸兩省民衆脂膏。

此聯文采，雖不算佳構，但官兵情緒，則已躍然聯上。傳說：某主席接到蕭公館壽柬時，隨口囑其秘書，備一副挽聯送去。秘書驚愕不已，但又不敢違命，只好將稿撰好，當面呈閱。主席看畢，隨置衣袋中，說：「很好，很好，我說錯了，是壽聯。」後來，此事竟傳到蕭振瀛耳中。蕭悻然說：「好呀！爲何不送來？送來了，我眞要掛在高堂。如是，則『九朱堂上兩條白，萬綠叢中一點紅。』乃是天然妙對。」他並曲加解釋說：「九者，我蕭仙閣的綽號也（他在北方有九千歲的綽號，不知何所出）。朱者，喜慶之紅彩也，堂者，祝壽之禮堂也，無一而非吉利之兆。」眞是「厚黑」到了家。蕭振瀛不自審勢度情，爲父慶壽，原想與宋哲元爲母祝壽比美。結果，風光不起來，自討沒趣，好在鍋貼市長「也不在乎」！

文采風流婦唱夫隨

蕭仙閣每於得意忘形之際，佯醉而告人曰：「西北軍裏，眞正把古書讀通了的人，其實頂多只有兩個半；一爲馮老總（指馮玉祥）的老師王鐵珊；半個是湖南才子，現任北平社會局長的雷嗣尙；還有一個，人家都說是我區區蕭仙閣。」有人說：「秦紹文將爲宋明軒的副魁。紹文與明軒之關係，當如鹿鍾麟之與馮玉祥耳。」仙閣聞之，極不以爲然，且謂：「宋之揚威於喜峯口，或可謂爲秦紹文的遠見；而未能阻遏宛平南宛之失，究竟還是讀書太少。如早聽了余之計，亦決不至有此失。因二十九軍自長城戰爭後，官兵久駐京畿繁華之區，頗多腐化，鬪志大減，將領尤甚。仙閣曾向宋哲元，有整頓風氣的建議，未受宋哲元重視。否則，又何至有今日！」

蕭振瀛倦勤，未久，曾出版一本「酇軒唱隨集」。書簽係某顯要所題，爲連史紙，大號仿宋精印，藍面線裝，作者爲蕭振瀛市長夫人劉輔瀛女士。內刊詩約五十首。前有作者自序，盛讚其外子（仙閣）文學根基深厚。詩多夫妻唱和之作，少數則爲仙閣作品。所謂「酇軒」，當係仙閣以漢丞相蕭何（封酇侯）自況的「齋名」。劉輔瀛女士，亦當時華北炙手可熱的貴夫人，宋明軒爲母慶壽時，她風頭之健，實超華北所有顯要夫人之上。詩册爲「非賣品」，文壇與詩壇朋友，多由作者捧贈一册。詩中珠光寶氣，光怪陸離，無所不備。茲列舉二首於次，讀後卽可明其全部內容。如「過趙子龍廟口占」云：

諸葛關張奠帝基，三國紛爭苦亂離，獨佔長坂功難比，七進七出世間奇。

實不太像詩，讀來頗有鼓詞味道。如「長城血戰舊址口占」云：

齊魯男兒膽氣豪，揮刀躍進欲收遼，喜峯口上風雲動，關岳功名一羽毛。

這詩除「臨表涕泣不知所云」外，亦顯露了蕭仙閣渴望察省主席一職，有向宋哲元獻媚的意味。

詩册遺譏傳為笑柄

蕭振瀛夫婦「鄭軒唱隨集」見世以後，各方咸認「詩以人貴」，無不爭以先睹爲快。見仁見智，論者紛紜。尤其是新聞界的人士，更追踪評介不捨。有張醉丐者，久爲北平「實報」撰「醉丏打油詩」一欄，甚爲讀者所歡迎。某日刊載四首七絕於本欄，題爲：「讀鄭軒唱隨集後偶成」，詩曰：

市長夫妻大筆揮，唐宋名家兩淚垂，悔不當年學驅鬼，吟詩今似畫鍾馗。
鄭侯墳上起紅光，相國寃魂未肯降，吾門孫子眞不孝，爲著朱衣屎亦香。
河套承宣氣通天，盜國功臣豈等閒，屎壺飛昇原易事，只在蝦夷一笑間。
諸葛迂儒公瑾狂，於今英傑屬蕭郎，賣國歸來詩興動，笑擁夫人寫幾行。

詩雖油腔滑調，但頗辛辣詼諧，已盡挖苦刻薄之能事。其中典故所出，本文前面都有說明。自醉丐四詩發表後，各方聞風，有向「實報」索取詩册者，皆空手而還。有早獲作者持贈者，則皆奇貨居之。相反的，蕭振瀛夫婦則悔不當初，便千方百計，託友求朋，討回詩册。即費重禮，亦所不惜，有人以爲：作詩塡詞，本屬風雅之事，就讓市長夫婦附庸一番又何妨？醉丐作孽，致反傳爲笑柄。

出語粗俗髒話丟官

蕭仙閣自謂讀書很多，能詩能文，更以圓滑、狂妄、輕率爲時人所共識。雖能言善道，但粗俗而欠文雅。經常出語多俚句，尤其「尿」之一字，與「尿了」兩字，成了他的口頭禪。華北當道人士，幾無人不知。或謂爲關外土語，蕭已自小養成，一時也不易改正。凡識其人者，固皆知其爲語病，久之，便以「尿壺先生」錫之。不知其爲語病者，則以市井流氓目之。有一次，日本特務頭子土肥原，爲蕭解決了一個棘手問題，蕭欣然致謝，土忽謂蕭曰：「蕭閣下，今天是你『尿了』我？還是我『尿了』你？還是誰也沒有『尿了』誰？」蕭聞之，滿面通紅，亦捧腹大笑。從此「尿」在他的口中也少了。

有謂「尿壺先生」說話時，「尿」已少了的緣故，土肥原譏刺之功還小，實宋哲元施誡之力。這是因爲孫殿英曾向宋哲元進過言，宋亦以爲然。同時，宋哲元原對蕭與日人結義營私，本已忌惡在心，久有藉「尿」而禮遣之之意。某日，秦德純、蕭振瀛、張自忠、李顯堂、戈定遠、馮治安、趙登禹、李筱帆、王長海等十餘人皆在座，蕭於閒話中又潑了「尿」，觸發了大家心中之忌。宋哲元突立起正色告之曰：「仙閣，咱是老粗，請你多包涵包涵，也用不著在咱面前，專講『髒話』兒。」蕭立時面色大變，無地自容。翌日，遂悄然返津。致電宋哲元，表示「倦勤」，宋哲元亦未置可否。

這消息馬上傳遍了平、津，二十九軍的實力派尤爲快意。有好事者，並發刊一聯於古都的小報曰：「小一號登龍因鴨步，蕭二爺丟官爲鷄巴」。上聯「小一號」者，係當時北平某食堂的女招待（今之女服務生），食客因她常滿座，她亦大有應接不暇之勢。後被一綢緞莊的小開，藏之金屋。此女招待最使人動心處，在其行走時，全身扭動，有如鴨子。此卽「鴨步」的出典。下典出孫殿英語，前面已有說明。

英雄末路組黨成空

蕭仙閣既失歡於宋明軒，日人亦棄之若敝屣，無顏立足於平、津，在津寄居一時之後，乃挾其多金走青島，轉上海。抗戰後，繼由滬經香港至重慶，皆有志莫遂。平時常自稱中樞的靠山孔庸之（祥熙）先生，此時亦有愛莫能助之意。他已到了英雄末路，閒散無聊，又不甘於寂寞，乃一方掏出私蓄，經營商業；一方發生組黨興趣，捲入時潮。經商在發國難財，初創大明公司，繼開大同銀行；由於利用了時代機會，皆所獲甚鉅。抗戰勝利後，設大同銀行總行於上海。北平、天津、西安、蘭州等地，皆設分行，更是富比陶朱了。

組黨，在搞政治活動。一個從政壇上垮下臺的人，總是難忘情於官僚生活，呼羣使眾。抗戰勝利前後，國人以組黨結派，作政治活動之資本者，比比皆是。蕭振瀛政治野心復活，便躍躍欲試，終於結合了一些軍政舊識，與王搶猷等爭先組織了一個「中國大同黨」（參見王覺源著：「中國黨派史」，正中書局出版），總部先設重慶，後遷至上海。上海江北幫會首領顧竹軒，及前法國巡捕房督察長金九林，均予支持。並在丹陽、鎮江、揚州及蘇北各地，吸收幫會份子甚多，在華北亦有活動，在南京設辦事處，重慶設西南總分部。

三十五年五月，在上海召開全國代表大會。其重要幹部，以青紅幫人士佔最多數，故其潛伏勢力，也相當雄厚。在南京的趙老五，並將漢奸常玉清所屬門徒，網羅入黨。中央主要幹部王搶猷，雖以中央常委兼組織部長，控制了全黨組織，惟自其主席蕭振瀛逝世後（民國三十六年五月，以腦溢血病逝於北平，年六十二歲），失去了經濟靠山，經費無著，領導無人，便漸趨沈寂，終於自然消散了。

怪誕不稽的辜鴻銘

四怪學者以辜最怪

清末民初，中國學術界出了幾個怪僻的學者。不但國人能傳，洋人亦多能悉之。此四怪者，一為閩侯林琴南（紓），清季舉人，一生致力於中國古文學，痛罵新文學和白話文。不諳外文，卻能以翻譯洋文書為職業。對民初的新文化運動，深為不滿。在北京時，儘力為舊禮教及古文學辯護。青年或老年的文化人士，雖咸以老頑固目之；但又極喜愛他所翻譯的外國文學作品。二為湖南湘潭的葉德輝（煥彬），面麻，人稱葉麻子。滿清進士，僅次於王湘綺稱大名士。邃於經學，尤精小學。頑固保守成性，對於清末維新、革命的人物，批評辱罵，不遺餘力。卒以痛罵共產黨為「雜種」，為「畜生」而賈禍，槍殺於長沙。三為王國維（靜安），留學日本數年，學貫中西，以史學和經學著於時。乃一滿清皇朝文化忠貞之士，與康有為、梁啟超鼓吹變法維新。民國後，一直拖著辮子，穿著棗紅緞長袍，繫一根寬腰帶，儼然遜清遺老，民國十二年，曾應遜清末帝溥儀之詔，做過故宮內書房行走（清官名）。民國十六年，不明何故，自沈於北京頤和園的昆明池。葉德輝也是這年被殺枉死的。葉前王後，相距不過兩月，亦可謂爲無獨有偶。

以上三位學者，其言其行，已相當夠怪僻了。第四位我要說的，就是辜鴻銘（湯生）。他不但怪僻的言行，超過三人，簡直到了「怪誕不稽」的程度。本文所要說的，就是以他爲對象。引述以上三人，不過藉作襯托而已。

身世背景與衆不同

辜鴻銘，字湯生，別署漢濱讀易者。原籍福建廈門（有謂「同安」）。先世不知於何年代，南遷至英屬殖民地馬來亞之檳榔嶼（今馬來西亞的一州）。辜鴻銘卽於清咸豐七年（一八五七）降生於此。直至一八八五年之前，始回祖國定居。光緒中葉，正是中國倡導自強與維新運動，以應變局的時候。辜鴻銘也和英國文豪蕭伯納一樣，是一個東方朔之流，最愛與文學人士開玩笑的人物。當時中國的學術文化界，恰是英、美及日本留學生當道的世界；但他們的意見主張，卻和政府官僚大臣一樣，明顯的分作三派：一派親洋，主張無條件的接受西化；一派保守，強調中國的固有文化；另一中間派，則主「中學爲體，西學爲用」，兩湖督撫張之洞，正是這派主張最力的人物。

辜鴻銘是留英學生，雖與張之洞合作很久，卻不甚同意張之洞的主張，且是一個百分之百反西化的。這不異是純主觀用事，缺乏客觀理解，忽公理而張私見，為反洋而反洋。何以會如此？實因為他是從英國殖民地土生土長出來的，生來就受過英帝國主義直接和間接的奴役壓迫。後來雖經英國極力的把他培植出來，也未能泯滅他從小深植於心中的兇殘醜惡形象。對英帝國主義主觀的認識愈深，則厭惡之心愈熾，而報復之念亦愈切。加以回國以後，復目睹列強帝國主義的橫行霸道，積極企圖實行瓜分自己的苦難國家，痛上加痛，其痛愈深！在如此背景環境之下生活的辜鴻銘，自然就與眾不同，難與一般英、美留學人士的觀念共趨一致，主觀上走到與大家相反的路線，即不能謂為無因。

而一般不瞭解辜鴻銘身世背景的人，便認為他非常怪僻，或趨向反動，亦不能謂為無因。辛亥革命以後，他到處遇到抨擊與訕笑，因而更孤立起來，也就率性頑固到底。和王國維一樣，留起髮辮，抱殘守缺，鼓吹帝制，參加復辟。更大聲疾呼，否定西洋一切物質文明。對凡可以代表進步的事象，無不加以反對。他的許多異行怪論，對於一般瘋狂「拜洋主義」的士大夫階級，自然格格難投。後來更一度厭棄了革命潮流澎湃的祖國，前往日本，去過他的晚年和寫作生活。不久，還是戀著祖國，回來了，到民國十八年（有說十七年）四月，這位怪誕不稽的學者，在革命軍北伐完成後，逝世於北平東城椿樹胡同的住宅，享年七十二歲。

求學與其學術貢獻

辜鴻銘的先人，僑居於馬來亞的檳榔嶼，何以維生？大抵當日華僑之南下南洋者，絕大多數是經營商販與農林墾植事業。若干年之後，辜家亦由此致富。辜鴻銘因得接受了相當的英式教育，對於中華文化，亦略具基礎。更能在十歲左右時，得留學於馬來亞的宗主國——英國。初入倫敦愛丁堡大學，習英國文學，得文學碩士學位。一八七七年，復赴德國萊比錫大學，改習工科，得土木工程學碩士。在此時期中，他在法、德、奧諸國，連續過了將近二十年的留學生活，使他精通了英、法、德、俄及拉丁文，包括日文在內，共六國的語文。至一八八〇年，始返其僑居地。隨在新加坡英國殖民政府任職。未能遂意，適馬建忠過新加坡，辜鴻銘聞馬建忠道及中華故國的文物盛況，私心異常嚮慕！隨即辭去英殖民政府公職，蓄髮改裝，買舟回國，研究國學。但國內此時，正值新舊思想互相激盪之際，他對於中華國學，又疏隔已近二十年，現在重整書窗，開始看中國古書，實不異乎半途出家。所幸他天賦資質很高，加上不斷的努力，既不負其所期，對於中國學術上的貢獻，亦不亞於林琴南與王國維諸學人。

林琴南一生致力古文學的研究，不謀功名利祿，以譯書爲業，主要的爲介紹外國文學作品來華。所譯歐美名著，不下百數十種，以「茶花女遺事」最爲出名。中英鴉片戰爭後，國人祇知洋人的船堅砲利，科學發達。由於林琴南之介紹，自此以後，國人才知西洋文學也好。外國有許多文學作家，亦不弱於中國的李白、杜甫。林琴南以古文筆法，譯出外國文學作品，尤獲中國學者的重視。後於辜鴻銘二十年的王國維，對中國史學和經學的貢獻，自非一段「淸談」可得而述之。他雖衣冠崇古，形同遺老或冬烘老師；但所作詩詞，卻非常穠豔，亦爲有些老學者所莫及。這兩位學者，固各有其獨到之處，如以辜鴻銘比之，亦似無不及之處。

辜鴻銘通曉六國文字，能在短期間之內，以英、德文寫很多本外文書；和迅速將中國經書分部譯成外文，介紹出國，使英、德學者稱奇道異，讚仰不已！辜鴻銘最成功的作品，有「讀易草堂文集」、「幕府紀聞」、「蒙養絃歌」、「痴漢騎馬歌」、「中國的牛津運動」；有英文寫的「原華」；傳譯經典有「論語」、「中庸」、「春秋大義」等。宣揚中華文化於世界，開中外文化交流之先河，其功尤不可沒。

林琴南不懂外文，譯書全由口譯者講出原本的大意，他以流利的古文筆法寫下來，而能保持原書的內容、精神、情調。相反的，辜鴻銘則以外文譯中國古典經書，亦不稍失經書的內容、精神、蘊義。前者由西翻中，後者由中翻西，相互比美，譽滿中外，都不媿爲天才的文學家。

幕府廿年懷才莫展

清末同治、光緒之時，南北洋總督，早為大清帝國外藩的重臣。北洋大臣直隸總督為李鴻章，南洋為兩江總督和兩湖總督。兩湖則為張之洞，號香濤，河北南皮人，當時政要人士，多以張南皮尊之。他任督撫垂三十年。庚子之亂，張之洞正任兩湖，亦為時最久。嗣內調軍機大臣，官至大學士。當其督撫兩江之時，正是中國自強、維新運動，展開中西文化論戰的時代。張之洞固為提倡經史實學的人，至此便極主「中學為體，西學為用」。幕中所延攬各類人才，堪稱一時之盛。辜鴻銘由南洋返國之初（約於一八八五年之前），張之洞極賞其才，乃延之入府，為張之洞擔任外文譯述工作，即今日之洋文秘書，逾二十年。張之洞亦始終以國士之禮待之。迄張之洞內調入京，辜猶始終隨之。賓主交驩，信任不衰。

光緒三十年（一九〇四），張之洞以辜鴻銘為土木專家，並特保辜鴻銘為上海黃浦江濬治局督辦。他雖是德國土木工程學的碩士，在任四年，並未能展佈其才能。光緒三十四年（一九〇八），復出任外務部工作，漸擢升至外務部左丞。時國人感於外交的屢次失敗，多主富國強兵，船堅砲利，以子之矛攻子之盾。辜鴻銘曾應詔上陳，力主「修邦交」重於「講武備」。他之所以重邦交輕武備者，或許是未明「強權世界，弱國無外交」之理；或夢想以中華泱泱大國之禮教學術文化，來感化外人，亦如英國學者毛姆之折服於他個人一樣。不顧固有文化之殘缺，仍持半部四書治天下之見。因之當時一般學者，則多鄙其為昧於時代環境，不切時宜之策。

宣統二年（一九一〇），張之洞去世，似給了他精神上有相當打擊。二十餘年，主賓互以道義相期待，自不免有知遇難再之感！民國以後，他任教於北京大學。時新舊思想之論戰，正方興未艾，及五四新文化運動的浪潮急衝而至，乃使當時被目爲老頑固的他，大有難於招架的苦悶。他懷才莫展，故曾有一度想逃避現實，息影日本之舉。

熱愛國家敵視外人

辜鴻銘深通多國語文，與西方人士交往，西人常多莫測其學識才能的高深。他與西人不論談及任何困難問題，輒能提出西學決之，以屈西人，西人無不驚服。無論英人或德人，每見他傳譯中國經典，販賣所譯古書，又能於短期間之內，用德文或英文寫就很多部書，更認爲西方學者多望塵莫及。中國學者之讚佩他，固由於他有卓越的中外文學造詣；西洋學者之讚仰他，則認他爲中國學術界的代表人物。如英國文豪、散文作家毛姆，到成都訪問他時，就有如此見解。他對毛姆說：「你們英國人，居然還知道有我，使我頗爲驚奇！」隨之批評「英文，不合做哲學思想的工具」，他便改講德語。毛姆不但不以爲輕己，反而佩服不已。辜鴻銘握著髮辮對毛姆說：「這是老大帝國的象徵。」接著又罵「美國沒有哲學，祇有電油」。

鴉片戰爭以後，中國與外國締結了很多不平等條約，讓列強在中國橫行霸道。辜鴻銘激於愛國熱忱，輒以英文著論，發表於外國報刊，以攻擊外人。他之敵視外人，與反對列強勢力之侵略中國，卽認庚子拳變之役爲理性的、進步的象徵。謂中國爲禮義之邦，促列強秉公理道義來處理問題，深受國際學者所重視。這不論是否爲他的自尊自大，或效忠一姓尊王攘夷的思想，但總是一種民族意識、愛國情操的發皇。

他由於這種意識與情操的發皇，每遇到英國的學者，或有政治與社會地位的人士，總愛針對他們形象的紳士風度與野蠻作法，有所批評，強調中華泱泱大國之風度與文物之博大優美。結論總是「孔子學說，囊括了世界一切」。他這種對外人敵視與譏嘲的態度，亦始終難改。當毛姆向他辭別返國時，他當卽寫了兩首中國詩送給他。要他留作紀念。毛姆異常高興，視同拱璧。後來毛姆另請一位中國朋友翻譯出來，原來是兩首送妓女的詩。

脾氣發作動輒罵人

晚淸學者以罵人出名，衆手所指的就是湘潭的葉廂子葉德輝。其實辜鴻銘脾氣發作時，也動輒罵人，毫不留情。葉德輝性保守，意氣甚豪，談鋒甚健，好批評時政，臧否人物。平時不但得罪人很多，晚年亦因此送掉老命。葉德輝與辜鴻銘所不同的，卽愛干預政治。袁世凱想做洪憲皇帝，湖南人士多極反對，葉德輝卻以地方紳者資格（他曾任商會會長），領銜勸進。袁世凱向爲革命人士痛惡的對象，葉德輝愛罵人，卻從不罵袁世凱。相反的，對於維新革命的人物，均罵得不遺餘力。湘人爲紀念黃克強先烈，擬將長沙某街改名爲「黃興街」，葉德輝聞之，便極力反對。所持理由，令人頗有啼笑皆非之感。戊戌政變後，葉德輝任湖北存古學堂總教習，一日張之洞在「抱冰堂」宴客，葉德輝亦被邀在座。原來張之洞對康梁維新並不反對，及維新失敗，張之洞又極力表白，與康、梁無關。葉德輝便故意向張之洞說：香帥，你這「抱冰堂」與梁啟超的「飲冰室」，有多少關係？張連聲說：「我的在前，我的在前。」眞是罵人不著痕跡。辜鴻銘與張之洞雖算道義之交，也有過一次罵張之洞的紀錄。

辜鴻銘以留英學生，被張之洞羅致入幕時，張之洞在建設方面，仍繼曾國藩、左宗棠之後，大講科學建設。其時各國領事及洋商，有來謁張之洞談事者，都由辜鴻銘擔任翻譯。一日，有某國領事來訪。談畢，送客。張從督轅內客廳，送至階下，辜即阻張曰：「大帥請回，由我送吧！」蓋以領事的官階低，張以一方面大帥之尊，送至階下已足。但張未明國際慣例，以對外人多講禮貌、講客氣爲宜，即未顧辜之攔阻，繼送至二門。辜更氣極，竟直立於張與領事之間，橫張兩臂，大呼：「請大帥留步！」張大愕而止，由辜續送。辜返至大廳院中，火氣猶未息，即向上大罵道：「望之不似人君。」蓋張貌不揚，面形似猴，人嫌其陋，張卻以異相自得。及聞辜厲罵聲，仍撚鬚微笑。以後有人評張：「不愧河北相國。」評辜則「陋習難改」，脾氣太躁，宜爲腐儒。

生活態度思想劇變

辜鴻銘遊學西洋二十餘年，早期的生活態度和思想，多已洋化。回國以後，因處在列強侵略背景環境之下，益以研究中國古經典之所獲，又使其生活態度和思想，起了劇變。轉回頭乞靈於祖宗的法寶，不滿於西洋的物質文明，更傾服於孔、孟哲學、封建制度與專制政體，完全走上戀舊、保守的道路。因此，在滿淸末年，旣被開明的維新與革命人士所痛罵，辛亥以後，仍遭到新文化學術人士的攻擊。以後他更不顧反對勢力之如何洶湧，乃邁進到保守的頑固階段。與王國維、葉德輝輩，鼓吹專制，響應復辟，反對維新與革命，對凡帶有進步色彩的文敎建設，亦無不加以否定。民初他在北京大學任教時，國立大學第一次招收女生，他見著女人甚多，悄悄的問校工道：「這些堂客那裏來的？」（北京飯莊習稱：女人爲「堂客」；男人爲「官客」）校工且告訴他：「從今年起，北大有了女學生。」他便搖頭太息地說：「從此風化生問題了。」一時傳爲笑談。

在私生活方面，辜鴻銘便以一個十足名士的姿態，裝出前朝遺老的模樣，留起滿淸遺跡的辮子，經常一襲紫醬色的長袍，黃緞坎背，頭戴六角圓頂瓜皮小帽，一手握著翠玉嘴的長旱煙桿，一手握著一條白色的絲手巾。循規蹈矩，方步濶視，倚老賣老，旁若無人。形雖道貌岸然，實則什麼風流豔行、腐化事情，他都能做得出來。抽大煙、逛窰子、討小老婆、嗅女人小腳，且能樂之不疲、不羞。

「抽大煙」，這是他在北大任敎時，曾不掩飾、不諱言的事。說到「逛窰子」，林琴南讀書蒼霞州時，正當盛年，遠避妓女之引誘追踪，其守身如玉，潔已自愛，又顯非辜鴻銘之到處留情可比的。辜鴻銘所至之地，探花問柳禮佛尼菴，已視同家常便飯。且不計妍媸，不擇肥瘦，過屠門而無不嚼者。辜虧他尙能道出：「盡是有緣人，過眼煙雲，唯智者能不拘、不痴、不沈」的話。「小老婆」，辜鴻銘實擁有姬妾三人，其中包括一日女。他不反對人討小妻，認爲「只有一隻茶壺，用四隻茶杯，未見一隻茶杯，用四隻茶壺」的妙譬，正是他的高論。這是他與一位美國太太辯論納妾問題時，所提之意見。美國太太聞之，便噤若寒蟬。「嗅女人小腳」，辜鴻銘譯書寫文章時，常右手握管，左手則握女人的小腳，有時且俯首去聞腳香，簡直是高度的色情狂，自謂必如是，才能文思泉湧。此雖文壇野史之篇章，亦實近代儒林之趣話。

性書春畫相映成趣

辜鴻銘入張香帥（之洞）之幕既久，相知已深，心心相印，便無話不可談，有事盡商量，兩人的生活習慣，幾已形成一片。俗傳：張之洞爲千年猴精轉世，其貌亦如老猿。相者謂爲富貴至極之相。時人以猴況之，不但不介懷，且自信是千年猴轉世。自名「之洞」，號「香濤」，皆與猴類有關。平居生活，作息不定。喜抓耳撓腮，甚至眠食沒有準時。僕婢爲之理髮結辮，也要等他伏案假寐的時候，才能修剪整理。生性好淫，又深信採補之說，故於床笫風月，誅求無厭，一夕無房事，則遍體奇癢難耐。偶向辜鴻銘詢及德國婦女，辜曰：「紅牡丹」也，不可嚮邇。張不解「紅牡丹」之意。辜告以此乃南洋的「果后」（榴槤爲果王，外形頗似哈蜜瓜，殊不美觀，果肉一筒筒微黃色。初見的人，覺得有一股奇臭，不敢嚐試。吃慣了的人，便覺奇香，貪吃不捨）。狀如南國的荔枝，剖開白肉，味甘汁厚，也如荔枝，惟果皮軟刺叢生（指德女身汗毛粗密），見之，輒不思所慾了。湘儒葉德輝藏書甚豐，且多善本。其中有「雙梅景闇叢書」一種，係集古代若干「性作品」而成。張之洞久慕其名，欲煩辜鴻銘向葉代假讀之。辜鴻銘曰：葉麻子夙有「老婆不借，書不借」之言揭出，大帥如面索之，葉或難違。張之洞默然，遂罷其議，蓋不欲「知其不可爲而爲之」。

葉德輝亦道貌岸然的學者，性喜漁色。有人稱之爲「劣紳」。晚年遊上海，常不背其門人弟子，宿娼無虛夕。其長沙家裏臥室中，多懸仇十洲的工筆畫。春色滿園關不住，外出必嚴鎖窗門。家人僕婦亦常乘隙偷窺取樂。所藏「雙梅景闇叢書」，卽集素女經、素女方、玉房秘訣、洞玄子、子不語、肉蒲團、牡丹緣、痴婆子傳、天地陰陽交歡大樂賦等性作品而成，不啻爲中國第一部性史。郁郁乎文哉，自然不是張競生博士（性）裸露直陳那類粗線條的作品可以比擬的。葉德輝以收藏性書有名，而辜鴻銘則以搜集春畫稱著。其所不同者，葉德輝所藏，率皆古籍，收集較難；辜鴻銘取材，實易如反掌。西洋貨色，他在歐洲時，早已篋存不少。上海租界，原是藏垢納污之所，所欲亦無不遂。辜鴻銘每到上海，對於春宮繪畫、照片，無論土產、洋貨，選精擇華，必羅而致之。唯所居旅舍某客，曾介售成套的象牙製品，以索值太高，失之交臂，後猶叫悔不已。北京琉璃廠舊書坊，亦多存有這類工筆畫頁及故宮歡喜佛圖像，價值雖較照片提增多倍，辜鴻銘亦常藉口買古籍而採購之。尤其辜鴻銘往返滬漢間的長江輪上，兜售這類照片與景德鎮之瓷製品者，種類繁多，花樣百出，且公開無禁。祇是漫天開價，落地出錢。辜鴻銘亦未有過桃源而不問津者。某次，他由滬回漢，及抵家門，行裝甫卸，其姬妾僕婢，見其篋中瓷製桃、梨等水果累累，各爭取其一把玩之。及按水果中縫揭視之，全是世俗說的妖精打架，盡態極妍，維肖維妙。妾婢們有的口說：「醜死了！醜死了！」眼猶賞鑒不捨；有的含羞帶笑，一見即掩；有的爭奪傳觀，追逐嬉笑；辜鴻銘目睹眾生諸相，唯捧腹大笑不已。

葉、辜兩人，算得上是難兄難弟。一個專集性書，一個專搜春畫；一個集成叢書，一個置盈箱籠。各領春色一方，相映成趣。青年人自不待說，老學究亦何嘗不莞爾而笑。

東方文化的守護神

以英屬殖民地馬來西亞土生土長的辜鴻銘，生卽異於國內一般學者專家，包括英、美、日一般留學生。他在青少年時代，遊學歐洲近二十年，生活態度和思想，自然早已相當西化。及回國研究中國學術，復經生活環境的磨鍊後，思想乃漸生變化，而以保守、復古、尊王、攘外，度其餘年。儘管他英、德文都好，腹笥材料又多，卻以反西化、駡洋人出了名；但他自己的飯碗問題，還都是依賴著「洋關係」。在總督及相國幕府中，做了二十餘年的洋秘書。依此政治路線，又做了洋人所指揮的上海黃浦江濬治局的督辦。所學（土木工程）已否致用？且不說它。袁世凱想做洪憲皇帝，要向六國銀行借款，六國銀行急需找一個精通英、德語文的中國學者做翻譯，物色久不可得，後來袁世凱準太子袁克定，認辜鴻銘爲最適當的人選，加以推薦，他又牽進洋關係了。他既屈就於洋機關，便按照洋機關的規矩，自定月薪爲六千大洋。眞使銀行團各國的洋代表，爲之咋舌。

辜鴻銘雖有濃厚的惡洋觀念，但對各國仍有差等。最輕鄙的是英國，使他直接與間接所受的壓迫痛苦最深。較有好感的算是德國。這或許是因爲德皇威廉二世的專制作風，和他自己復古、尊王的思想，氣味相投。第一次世界大戰發生時，他的議論和態度，正與康有爲相同，而袒護德國；與梁啟超幫助段祺瑞，參加歐戰打德國，恰恰相反。辛亥鼎革後，他一直鬱鬱不得意。晚年非常窮困，閒居故都，幸賴他的老同學奧國公使，送他一些生活費用。他雖不見重於並時的士大夫，而其頑強守舊，抱殘守缺的思想與性格，終不改色；雖已相當窮愁潦倒，亦從不向民國新政府低頭，一直以東方古文化的「守護神」自居。他那種純主觀的民族意識與愛國思想，雖不足爲訓，但其堅強剛毅的精神，還是值得歌頌的！

將軍哭陵的事與人

毋忘教訓補過盡忠

我政府由大陸播遷來臺之前，在南京曾發生過一次所謂「將軍哭靈」的事。當時大陸人心雖還安定，而一般左派份子，唯恐天下不亂，則乘機推波助瀾，加油添醋的大肆渲染宣傳。而一般忠貞愛國與生活於迷信中的人士，對此事則諱莫如深。蓋恐這種倒楣晦氣的事，張揚起來，會影響到士氣民心，有傷國運。世俗何以認爲這是倒楣晦氣的事？因爲中國過去歷史上，有些亡國喪邦之君，當其準備逃亡，或向敵方投降之際，又戀戀難捨其國土皇位，常有一種「辭陵」、「哭廟」的儀節。像後蜀主孟昶就是一例。這舉動的用意似在：一、自作孽，要把罪由自取的不幸，反歸咎於祖宗。二、急難臨頭，計無所出，還想乞靈於先人枯骨，不管其用意如何，總是一種途窮路末的作法與敗亡的徵兆。於是除有心折臺的左派奸徒之外，多數人則深緘其口，不忍張揚。是故來到臺灣以後的人士，和一切書報雜誌，本著孤臣孽子的心理，仍是諱言其事。不久前，偶然發現中外雜誌莊烈先生所作「明月嬌娃一片心」文中，有一小段「南京哭陵震撼軍心」的記載：「……原來陳總長，認爲抗戰已經勝利了，共產黨不足爲患。爲了節省軍費開支，乃擬出一套裁軍計畫，縮編部隊，裁撤編餘軍官。因此激出五月將官哭陵事件。百餘被裁將官，悲憤難抑，相約齊上中山陵哭陵。事先特別安排了一個將官遺孀帶頭。所有將官，一律服裝整齊，佩戴階級勳章，魚貫進入中山陵大殿。那遺孀一聲悲號，百餘將官跟著齊聲痛哭起來，場面非常悽慘。蔣主席聞悉大怒，把陳總長叫去訓斥了一頓。」

這是我來臺以後，所僅見關於「哭陵」的文字記錄。所謂「將軍哭陵」，猝聞之，好像是一個莫能甚解，近乎荒唐的命題，且不管這命題之適當與否。民國三十六年五月，南京編餘將領，由「謁陵」一變而爲「哭陵」，事實是的確有的。祇是莊文未將其經過詳情，報導出來而已。現在時間雖早已過去了四十年，當年若干重要人物，又所存無幾，已經失去探討的價值和線索，尤其說到晦氣倒楣、哭哭啼啼的事，總不免有點令人寒心。縱有值得同情的地方，故事也實不足以爲訓。今日痛定思痛，其痛猶存。往事重談，不外要提醒大家，毋忘歷史的慘痛教訓，退思補過，更能進思盡忠而已！

戰後整軍事屬必要

一場大戰之後，爲復員生產，重建家園，安定社會計，縮編整軍，乃屬必要之舉。不說中國平時養不起如此龐大的軍隊，世界各國，也是如此。如第一次世界大戰之後，列強曾有「軍縮會議」。第二次世界大戰之後，中、美、英、蘇四強，也有「撤軍會議」。這兩次會議，雖因列強同床異夢，各懷鬼胎，使會議流於形式；但事理上、心理上的裁軍要求，總是有的。這種不切實的會議裁軍，非徒無益，反滋疑忌，貽患所及，乃使世界軍備競賽，於今愈烈。

就近代我國而言，滿清政府，弭平太平天國革命之後，裁撤湘、淮諸軍。由於統軍將帥的忠誠，自動請釋兵權與公平合理的任事，乃能迅速達成，而未發生較大的事故。辛亥革命，推翻滿清皇朝以後，由於袁世凱的野心用事，不但沒有實行裁兵，反而擴軍自固，致造成以後軍閥割據之局，混戰不休，誤國十餘年。國民革命軍，北伐統一全國以後，民國十八年的「編遣會議」，仍以各方利慾之心未泯，致劇未終而人已散。不但產生了擁兵稱霸的馮（玉祥）、閻（錫山）、李（宗仁）聯合反抗中央的危局，尤使中共擁兵叛亂，乘機坐大，釀成後來歷史千古未有的奇禍。民國三十八年春，中共劉伯誠與陳毅，率領共軍，聯合渡江，與內奸官僚、政客、軍人勾結的壓迫，國民黨逼不得已，祇好倉皇辭廟東遷。這就是我們血的歷史教訓，更是我們必須記取的！

中國「七七」對日抗戰，乃是中華民族自淝水之戰（紀元三〇八年）以後的第一次外族大患。經過八年的苦鬪、動員及於全國的人財物力、將士之流血捐軀犧牲者，又何止千萬，才換得了日本的無條件投降。勝利之後，本著歷史教訓，作迅速復員的計畫，進行國軍整編，便是大動員之後第一重要的措施。民國三十四、五年，政府本「政治民主化，軍隊國家化」的原則，更希望中共「政治服從民主，軍隊交還國家」。那國軍統編整編，便爲必要且刻不容緩之事了。惜主其事者，徒知墨守歷史教訓，而昧於時代環境，一未能洞察共軍擴張的趨勢，斷絕其兵源；二未能一秉公平合理的原則與方法來處理，便給了一般編餘官兵，以「狡兔未死，走狗先烹；飛鳥尚在，良弓先藏」的自悲自責之感。因而影響軍心渙散，鬪志消沈，國家之損失尤甚。相反的，中共則乘機而起，收容國軍編餘及詐騙國軍官兵，以攻擊國軍。收取國軍既成的裝備武器，以還擊國軍。雙方力量的對比，我消彼長，已成了絕對的趨勢。自毁長城，輕讓中共横掃中原，竊據中國全大陸，尤爲至可痛心的事。關於這點，莊先生文中，亦有一段記述，可作參考：「至於地方部隊，紀律廢弛，爲害民衆，確屬事實。政府爲此，乃予裁編遣散。以致許多散兵游勇，流離失所，怨聲載道。共產黨正好乘機加以吸收，分化利用。昔日政府的包袱，一變成爲共產黨的新生力量。除了孔憲榮被迫在南京上吊自殺外，後來王家善亦在營口叛變投共。」

國軍整編前後情形

中國對日抗戰前夕，全國陸軍總數，共有四十九個軍，一百八十二師。一些雜色和地方武力，尚未統計在內。抗戰以後，戰區範圍，逐漸擴大，部隊亦不斷擴充，幾達原有三倍之多。三十四年，我為配合盟軍反攻，國軍經過整理，去蕪存菁。共裁減兵員約三分之一，由六百萬人，減至四百餘萬人。日本投降，抗戰勝利，政府為使國家平時軍隊人數，恢復正常，並限制中共之私有軍隊，便以「政治民主化，軍隊國家化」為目標，整編國軍（包括中共部隊），裁併所謂「遊雜部隊」，排除「聲名狼藉」之徒眾。計畫在一年之內（三十五年三月至三十六年二月）第一步，各軍平均裁減三分之一。九個月來，即至三十五年底，編餘官兵共四十餘萬人。事實上，國軍固已遵令積極整編減縮，而中共則反積極擴張。以致後來，中共軍隊的數目，反大超過國軍的數目。

三十五年底，所有編餘的四十餘萬官兵，軍官佐之優秀者，改派副職，其餘則分別退伍或轉業。軍屬則予資遣。一部分復員軍官佐，則分送各地軍官總隊，及中央訓練團南京總團，或東北分團受訓。時南京中央訓練總團，由黃杰任主任。東北分團，由胡家驥任主任。南京軍官總隊隊長為丁德隆，無錫軍官總隊隊長為柳際明，武漢軍官總隊隊長為劉嘉樹，南昌軍官總隊隊長為陳沛，長沙軍官總隊隊長為蔣伏生。復員軍官佐經過如此所安插者，數量仍極有限。可見無職無業者，仍有很多人在。至三十六年所應編餘的官兵與復員軍官佐，則尚未計算在內。

自削國力中共坐大

中國軍人，自唐、宋實行募兵制以來，什九都是「職業軍人」。他們不是出自行伍，便是出身各種軍事學校或養成所。一朝投軍吃糧，除了打仗作戰之外，其他均一竅不通，一技莫能。一旦被編遣解散，雖略有遣散退伍金可領，數目則實在少得可憐。仰不足以事父母，俯不足以蓄妻子，日常生活時虞匱乏。於是怨尤叢生，由怨生恨，因恨生怒。蘊之於內，必形諸外。不是嘯聚山林，結爲匪盜，便是浪跡江湖，鋌而走險。大則叛國造反，小則爲害地方。所以歷史上每次大戰之後，仍然禍亂頻仍，治安久不得澄清安定者，卽緣於此。

抗戰時代的國軍，尤其是軍官佐，幾乎全是職業性的。當時曾有署名于士茹者，退休後，寫了一篇「職業軍人論」。認爲「以職業軍人而言，整軍並非其時。八年未歸家園的軍人，家園仍在炮火之中，全國到處烽火。這批無家可歸的人，最後的出路，是被中共拉過去，強大了中共武力，是動搖國本之策。」誠是藥石之言。惜良藥苦口，當事者絕不願嚐。所謂職業軍人，是以「當兵吃糧」爲生。中國俗語說：「好鐵不打釘，好崽不當兵。」戰時爲著開發兵源，還特別予以鼓吹：「好鐵要打釘，好崽要當兵。」大家還覺得這是很光榮的事。一旦戰事告終，要他們解甲歸田，毫無一點謀生技能，縱有區區一點退役金，又能維持到幾時？這自然是他們心所不甘的。老實忠厚者，任憑編遣，變爲失業，流浪求生。而狡黠激烈者，必倔強不服，亟思作奸搗亂。於是左派份子，乘隙滲透。進行挑撥、離間、煽動、分化陰謀。初則喊出種種口號：「此處不留人，自有留人處！」「×家不要毛家要！」「此路走不通，去找毛澤東。」這類毒素口號，在編餘官兵中，在遊襍部隊中，便普遍傳播起來。於是有些急進冒險的份子，便拉著隊伍（特別是遊褓部隊」，南走越而北走胡。不投降於新四軍，便在華北靠攏八路軍；或在關外歸附於林彪。摘下舊帽徽，換上新符號，作了新朝的爪牙，就反噬其故東舊主。不但使國軍前方士氣降低，抑且動搖我後方民心至鉅。相反的，國家戡亂，中共的軍隊，則愈剿愈多；叛亂地區，則愈戡愈大；終致禍亂泛濫，乃至無法收拾。竊思對日大戰之後，顧念民生疾苦與國家財力，編整軍隊，誠是應該的、必要的，但我們實行起來，竟如此不符理想。錯在何處？自然責有攸歸。現在事過境遷，我們也不必再來討論。

不平則鳴無告則哭

國軍一般循規蹈矩的編餘將校，無論平時或戰時，大都是溫良有禮，以服從爲天職的本分軍人。一旦編餘遣散，也是身無一技之長，對未來生活，同樣感到徬徨。有部分人，計無所出，曾集體聯名，具呈最高領袖，要求除正現退役金之外，另外發給一點特別津貼，俾於謀生出路，改行或轉業之資，略有挹注。以情理而言，這要求自非過分。當蒙領袖原情，隨予批准。但這公事發交到參謀本部，參謀本部以其爲數太鉅，無此預算可以支付，公事壓置多時，仍如石沈大海。許多將校聞訊，究以事關個人生活的切身問題，頗爲憤慍不平。議論紛紜，情緒亦趨惶急。大凡物不得其平則「鳴」。似此情形，這批編餘將領「鳴」又無處可以告訴。「無告」，則唯有繼之以「哭」，以發洩胸中的憂愁積鬱。左傾份子的陰謀策略手段，原是無孔不入，無事不可爲的，爲目的更常不擇手段。對國軍編餘官佐之急進者，有一套法術（如前述）；對溫和份子，則另有一套，完全是因人、地、時、事而異。他們現在見風轉舵，新施煽惑伎倆，則爲鼓動溫和份子，效法蜀漢北地王劉諶之「哭祖廟」，或步武李唐故事：「天下有寃者，許哭太宗昭陵之下。」（蜀志：「國降之日，北地王諶，率其眷屬，哭於先主廟，以妻子自焚。」舊劇中的「哭祖廟」，卽此悲劇。）集體至中山陵下，實行一哭。縱不能如願以償，亦可一洩心中的哀怨。少數編餘將領，受了左傾份子的煽惑，雖躍躍欲試，初猶畏首畏尾，不敢輕舉妄動，終於計及後果。這不特爲親者痛，尤爲仇者快，將自陷於左傾之徒的圈套。編餘軍官佐，當時不被左傾份子所利用，自是明智的。不過未爆的炸彈，危險性總是存在的。

國土重光陵園無恙

國父孫中山先生的陵園，在南京中山門外紫金山之陽。岡巒前列，嶂嶺後峙。左鄰爲明孝陵（明太祖朱元璋）。右毗靈谷寺與譚墓（故行政院長譚延闓墓）。陵園佔地八萬餘平方公尺，林木面積，居五分之四。氣象萬千，建築雄偉。陵墓坐北朝南，逐漸升高。墓地作警鐘形，頂如覆釜，直徑四十餘尺，居園之中。莊嚴肅穆，相當壯觀。陵園內佳木葱蘢，花草修整。墓室外部，以香港特產的白石舖面，共分兩層。室內圓頂，作穹窿形，上飾磁製黨徽於中央。墓地中央爲大理石壙，圍以石欄，壙之中央，爲長方形墓穴，卽靈櫬奉安之所。墓室門分兩重，上刻「孫中山先生之墓」。門則雙扉，以黑色大理石，刻 國父手書「浩氣長存」爲橫楣。

祭堂長、寬、高皆約八、九十尺，外面全以香港石製成。廊廡堂有三拱形門，亦香港石所製。上刻花紋，門楣分別刻民族、民權、民生陽文篆字。堂之四隅，各建一室，分藏陳列紀念物品。祭堂正面，直崁刻國父手書「天地正氣」四字。兩壁分刻國父手書「建國大綱」全文及孫夫人跋文。後壁中央，刻有 國父「校訓」、「總理遺囑」、「告誡黨員演講詞」。祭堂外，有大坪臺，兩端建立華表。下坪臺，有石階分十段，各段均有小坪臺。石階數十級，均以金山花岡石築成。碑亭立石碑，上勒「中華民國十八年六月一日中國國民黨葬總理孫先生於此」。再下爲陵門，中鐫「天下爲公」四字爲門額。循陵門甬道而上下，道極長且濶，分闢三徑，栽植樹木花草。南端有三大石牌樓。中門橫楣，刻國父手書「博愛」二字。再下爲大廣場，停息車馬。

國父奉安後八年有半，日軍攻陷南京。經過了我八年抗戰時間，國土重光。「江山文藻今猶昔，城廓人民是似非」，所幸總理在天有靈，陵園則完整無恙。三十四年十二月十八日，蔣主席介公，勝利凱旋，由平飛京。次日，卽率文武百官，謁陵致祭。南京各機關、學校、團體，藉謁陵而遊覽陵園景色者，星期假日常爲途塞。由重慶還都的人士，與 國父陵園，至少也隔別了八年，自然更要來謁陵，以表追懷 國父之誠，皆視爲很重要的事。三十六年五月，南京軍官總隊同學之組隊前來謁陵者，原意亦在此。事極平常，實不足異。

謁陵一變而爲哭陵

南京軍官總隊的學員，皆係領袖　蔣公的門生，亦忠實幹部。信仰純正，思想堅定。雖有潛伏的左傾份子，乘虛蹈隙，從中挑撥，散播謠言，亦未能使他們移其心變其志。或有極少數的官佐，觀念稍異。以平日捨身報國，出入槍林彈雨之中，一旦遭遇編遣，實際生活，自然有些問題，情緒欠佳，亦屬意中之事，然此都與他們虔誠的欣然的謁陵，實在毫無直接關聯。

三十六年五月，他們那次的集體謁陵，據說是由黃埔軍校出身的黃鶴與奚澤兩位少將所領導。除軍官總隊學員以外，還摻雜一些其他編餘的軍官佐（自動來的），共約三百餘人。與高采烈，浩浩蕩蕩，向中山陵園進發。且組織了糾察隊，沿途照顧。魚貫而進，秩序井然。達到紫金山頂　國父陵墓前，列隊向　國父遺體行三鞠躬禮後，隊伍暫時解散，自由參觀活動。情形若此，實在沒有「哭」的動機與形象。

如何由「謁陵」一變而爲「哭陵」？而哭陵的起因，也不過是「偶然的巧合」。據說適有一位陳副師長（少將級，忘其名，亦黃埔學生）的夫人，因其夫病歿於逆旅，身後蕭條，無資歸葬。曾向國防部請求救助，久未獲得具體答覆。進無方、退不得。是日，陳妻聞訊，亦率孤兒苦女，趕來陵園，擬向其夫的老同學訴苦，冀能稍獲資助。她邊說邊哭，聲淚俱下。當時一些在場的編餘軍官佐，深表同情，不免羣情激動。加以奚澤少將，起而爲死者訴說身世及病歿經過。慷慨陳詞，又因激動過度，當場暈倒在陵前。復有一將官，對總理之陵哭訴說：「我們是黃埔第一、二期學生（當然不盡是），追隨總理及校長東征北伐的職業軍人。如今退役了，又無家園可歸。一生戎馬下場，將何以終老？」痛哭流涕很久。這種景象，印入羣眾眼裏，多不自覺的拋下同情之淚。事態因而擴大，謁陵亦變了形象。時南京市各報記者，已聞軍官隊來謁陵，即隨隊而來採訪。黃鶴少將又一面哭，一面招待記者。大發牢騷說：「革命抗戰的勝利，是黃埔同學流血犧牲的成果。現在江山初定，便出現了鳥盡弓藏的情勢。」以博新聞界的同情。當時現場記者約五、六人，除分途採訪外，並將陵前實況，與陳副師長夫人拍了一些照片。由於新聞界與好事者，捕風捉影，繪影繪聲的傳播，事便無法掩飾，於是新聞也變質升級了，由「謁陵」、「哭陵」而成爲「將軍哭陵」了。左派份子預謀設計的炸彈，也終於爆發了。

平心論事，此次編餘軍官由「謁陵」一變而爲「哭陵」，實出於當日參加者意料之外。其所以致此者，乃由於臨場沒有明智的處事人。陳副師長遺眷之蒞陵園，原不過是藉機求助於其夫的老同學而已。爲其同學者，祇須溫言慰之，並爲「發起集賻」，負責向有關機關交涉，這一肇事之起因（陳妻哭訴）卽可化解於無形，不致再有波浪。次則，奚澤少將，如能理智的立詞與處事，又何至於「激動過度」，刺激了羣眾，也不會讓事態擴大。黃鶴少將，更不該以哭泣姿態，招待記者，說出「未經理智考慮，純粹感情用事」的話。使眞相被掩，則幾近煽動。亦事態擴大之重要原因。加以新聞記者的採訪報導，與一般好事者的義務傳播，通常多有一種「無不如有，有不如奇」的心理，乘風揚波，肆其簧鼓，其能驚世駭俗，愈大愈廣者更好，這才能引人入勝。說句喪氣的話，這正是：「天下本無事，庸人自擾之。」

領袖關懷情緒平息

無中生有，「將軍哭陵」之事，無法密封。終上聞於國民政府的蔣主席。蔣公頗爲震怒！立卽宣召負責人員查詢。南京中央訓練總團主任自不免於一次訓斥。不過深入一層究之，某主任似是代人受過。心有隱衷，又有口難宣。關於這一點，據說：「某主任平日對將官班同學講話，遇有難言的關鍵，常忍不住有淚盈眶。」卽此可以看得出來。

將官班，雖係軍事性的組織與生活，但非常民主。時恐學員意見，不便反映，因特置有「意見箱」，鼓勵同學多貢獻其寶貴意見，以供採納改進。但負責人檢閱意見條時，多係匿名的。所提意見，大多是指責某某等幾人。直言：「不怕編，祇怕騙。」其中的蛛絲馬跡，又似與此次整編軍隊有關。「編」的事實，是有目共見的，但「騙」從何來？自非局外人所能洞悉的。或有欠公平合理，或導因於過去一般大官顯要，談話講演不經腦筋考慮，「大言不慚」、「開發空頭支票」，以取快一時。到後來，「言行不符」，又藉故來「搪塞」，也自然難逃「騙局」之譏。總之，事已過去，是非公道自在人心，亦不必再說了。

不過此風傳一時的「將軍哭陵」事件，祇算是芝蔴豆子大的事，算不了什麼。後來經過當時國防部長白崇禧氏，親臨解釋，安慰大家一番，並勸大家以國事前途爲重之後，羣衆情緒，便自然的平息下來了。

最後補充一點，三十六年五月，所謂將軍哭陵事件中的兩個風頭人物，一爲黃鶴，湖南湘陰人，黃埔軍校第一期學生。能言善道，原是一個最好的宣傳人材。曾於軍事委員會政訓處時代，隨賀衷寒處長，從事政治工作。抗戰之初，曾任陳明仁預備第二師的上校後晉少將。三十八年，陳明仁在長沙率王勁修、傅正模、李覺等部「陣前起義」，投降中共時，黃鶴本人，則早已離開了陳明仁。他由南京軍官團結業後，返回湖南，棲遲長沙甚久，依然落魄失意。某日晨，他在長沙南門外天心閣茶樓飲茶，被中共數名解放軍，邀去談話，從此眞是「黃鶴一去不復返」。不久聞以「國特」之罪，被槍決於長沙瀏陽門外。一爲奚澤少將，廣東人。其人短小精悍，善說詞，相當風趣，也相當活躍。嘴上留著日本仁丹式的鬍鬚，同事多以「奚鬍子」稱之，亦黃埔軍校早期學生。原在錢大鈞、陳繼誠、李玉堂等部隊中，服務甚久。抗戰之初，與黃鶴少將，同在陳明仁部任職，擔任副官處上校處長。三十四年，升任李玉堂二十七軍團總部少將副官處長。編餘受訓以後，動向未悉。有人疑其已隨陳明仁向敵靠攏；有人則謂回廣東家鄉隱藏起來了，消息不明，似已失踪。三十六年，「將軍哭陵」的事，新聞傳播的消息，亦略有不同。無論誰居領導，黃鶴少將與奚澤少將，總是在場的人物。就時代而言，這時乃一個悲劇開始的時代。日本雖已投降，中共則正圖雄霸中原。就實際言，抗戰時的將領，非解甲之時，而強使之解甲；士卒不是放歸田里之時，而竟放歸田里。自己授人以柄，爲淵驅魚，作了我棄人取，自暴自棄的事，還能怪誰！黃、奚之輩，正是處在這個悲劇時代的將領，不能善處其變，欲不造成悲劇下場者，很難！民主時代，自然不能像：「孤援說齊王，齊王不受。孤援出而哭國三日。齊王問吏曰：哭國之法若何？吏曰：斬。」當年黃鶴與奚澤，雖未遭到處「斬」之刑，也未「哭」出什麼名堂來，結果大局敗壞，敵人來了，仍是一個死於非命；一個失了踪，較之哭陵時的情況悲慘萬分！

汪精衛死事之謎

似已把他完全遺忘

我國對日抗戰時代，在南京僭稱國民政府偽主席的汪精衛，當其佐輔國父孫中山先生開府廣州時，有人譽之為二十世紀的奇才。眞的，他的文章、言論、風采，無一不够標準。儀表，惟牙齒稍有一些缺點；風姿，有張子房「貌似婦人女子」的模樣；行動，則有如希特勒的變態神經質，多感、善變、少理性，富倔強性、反抗性、冒險性、投機性和領袖慾。居常有王莽謙恭下士之風度。接待訪客，能很自然的替客人擦火柴燃香菸。他是文人而兼詩人詞人，下筆為文，發揮淋漓；登臺演講，口若懸河。早年加入中國同盟會，與保皇黨開筆戰，已傳盛名。再上溯其名，自其民前三年，行刺清攝政王載灃，事敗下獄，發出「慷慨歌燕市，從容作楚囚，引刀成一快，不負少年頭」的一股凌雲壯氣，更具先聲奪人之勢。邇後，無論他神經兮兮的時左時右，或走正路，或偏邪道，總算出足了三十多年的風頭。

當他作「楚囚」的時候，正是一個天眞純潔，富有民族意識、堅強鬪志的青年。不僅革命黨人深予期許；漢族人士，多認他是一條血性漢子；卽當時被革命的滿淸皇朝上下，亦多對他表示同情。如淸肅親王善耆，親赴天牢探視他、安慰他；留日出身的所謂四大金剛中的章宗祥、曹汝霖、汪榮寶等，爲他奔走脫罪；牢頭禁卒，爲之走腳報信。這在滿淸專制時代，都是可以殺頭滅族的事，而他們則皆不怕而有所避忌。汪精衞一生的美譽，這正是他的黃金時代。民國成立以後，袁世凱爲結好國民黨計，特將汪氏從天牢中赦出，其名聲亦開始漸漸下洩。據傳：國父孫先生，後來之取銷南京臨時政府，讓出大總統寶座給袁項城，卽是汪氏報袁之恩，滲透說服國父之果。國民黨人士之不重視汪氏，卽由此始。自後，汪氏大肆活躍於政治舞臺，官也上了層樓，到了極品；但由於其政治路線之時左、時右、時而中立的搖擺靡常，因而國人對他的觀感與評價，也就一落千丈。自抗日戰爭發生，他登上傀儡舞臺作漢奸以後，無論其爲留芳（他自認）或遺臭，國人或不欲自暴家醜，除痛心疾首之外，對他便有不肯談、不屑談的隱衷。從他死後到現在，還不過四十餘年，國人似已把他完全遺忘了。在口頭上或文字上，都已把他除了名。現値抗戰建國五十周年紀念日，作者痛心的舊事重提，不是替他算陳帳，論斤兩，而只限於他雲霧般的「死事之謎」。藉供讀者閒話的資料。

逃脫國法幸運先死

中國對日抗戰八年之中，南北各地的殘餘軍閥、野心政客，乘機興起，在日本軍閥操縱、指使、卵翼、豢養之下，認賊作父，沐猴而冠，紛紛成立僞組織者，先後有蘇錫文、傅筱菴的僞大道市政府與上海市政府；王克敏、王揖唐、齊燮元的華北臨時政府；梁鴻志、陳羣、溫宗堯的南京維新政府；以及汪精衛、陳公博、周佛海等的南京僞國民政府。

汪精衛、陳公博、周佛海等的南京僞國民政府，成立於民國二十九年三月三十日。當時汪精衛意氣洋洋，風流倜儻，不下於孫仲謀、周公瑾。其隨從城狐社鼠，羣魔亂舞，陳公博或是陸遜、呂蒙一流，周佛海書生之見，或可比作張昭；但他偏要學魯子敬，便無怪其要自誤誤人；褚民誼扮演喬玄；陳璧君則好像吳國太。此皆熟讀三國演義者之所言，我亦姑妄言之。金陵龍蟠虎踞之地，東晉六朝之都，這時不特成了汪僞僭號的新京，也作了日本中支派遣軍總司令岡村寧次大將的行轅，侵略中國發號司令的大本營。

多行不義必自斃。爲時不過五年，三十四年八月，廣島、長崎吃了兩顆原子彈之後，日皇知道大勢已去，不得已乃於八月十四日下詔向盟國投降。樹倒猢猻散，皮剝毛亦無可附，中國所有漢奸的僞組織，便一齊垮臺，羣魔眾怪，以及無名之輩，大都東奔西竄，逃命要緊。大奸巨憝如陳公博、周佛海、殷汝耕、王揖唐、陳羣、繆斌等等，自然難逃國法的審判。結果不是自殺便是病死獄中，或槍決服刑。甚若二次世界大戰的罪魁禍首，也難逃過天誅，如德國的希特勒，舉槍自殺；義大利的墨索里尼，民眾公審處死；日本的近衞文麿，吞毒自盡；東條英機，由盟軍處刑。亦皆說明了公理昭彰，難逃法網。惟有汪精衞，算是最幸運的了。由小病變成大病，大病變成沒命，先一年逝世於東京醫院（算是正常死所）。既不親見其傀儡劇落幕的慘景而要爲之傷心痛苦，也不但逃脫了國法的審判誅戮，且得安然（以後墳被義士破壞，並未安然）歸骨於國土。就他個人而言，算是死得其時，死得其所。

死與希魔同屬於謎

汪精衞終在抗戰勝利的前年，死在日本東京帝國醫院，時已傳播中外。他究竟是怎樣死的？實不能令人無疑。如外國人對希特勒這惡魔之死，就鬧過很多奇奇怪怪的傳說。我上面已經說過：汪精衞的行動，也有希特勒的神經變態質。而今他「死事之謎」，亦與希魔之死，有同樣的許多怪誕傳說。卽是一些神經過敏者，亦認汪精衞之死，必非如當時所傳播的那樣單純，散播出許多可疑的猜測。現在且先說說希魔之死。根據當年國際新聞報導：德國納粹領袖希特勒的末路，是發生在一九四五年四月三十日。當希特勒獲悉同盟國在歐洲戰場擊垮了德軍以後，知大勢已去，回天乏術。乃在其地下指揮部的辦公室內，坐在他情婦愛娃的身旁，把自動手槍，揷到自己嘴裏，扳動鎗機自殺的。愛娃則是咬碎一粒氰化劑丸而死的。他倆的屍體，當由其部屬，擡到總理府花園中，澆了汽油燒化後，於是日午夜，屍體殘骸也收埋了。時蘇軍的大砲，則猛轟德國總理府一帶地區，使他們的殘骸，也完全化爲粉齏了。德國崩潰約三星期之後，蘇聯特務頭子們，在柏林說：希特勒縱使眞的死了，也不像新聞報導所相信的，在他的地下辦公室裏呑鎗自殺，屍體後來在附近火化的那樣（報導大意如此）。

由於蘇聯特務人員的一句無關輕重的閒話，於是大家對希魔之死的情景、方式，和他未死、猶在人間的種種流言，便是這樣導發出來的。過去四十多年來，傳說眞是不一而足：一、有人傳述，他和情婦伊娃，是同服氰化物毒死的；二、有人說希魔是被人燒死的；三、有說他是舉鎗自殺的；四、有人說他在柏林巷戰時，縱火自焚的；五、有說他與情婦在套房內，自己先服毒，再鎗殺情婦同死的。以上諸說，都是大同小異。六、有人說，一九四五年，盟軍突破德軍柏林最後防線後，他乘潛艇逃離了德國；七、有人說一九六八年，他和愛娃還在哥倫比亞露過面。根據這種種傳說，希特勒是死是活？也成了一個謎。直到最近，臺灣中央日報，猶刊載一段消息說：一名阿根廷商人郭瑞西克，對外宣稱：「希特勒並未在二次大戰結束時，死於柏林地下室碉堡。而是在一個月前，死於阿根廷。」（見七十六年二月二十二日中央日報）總之，世事無奇不有，也變幻莫測。關於希特勒的死事，與其相信空隙來風的傳說，便不如待有確鑿證據之後，再說吧！同樣的，國人之神經過敏者，亦覺汪精衞之死，有些離奇古怪，也就產生了若干揣度的傳說。

重拾兩段過去紀錄

在沒有說到國人對汪精衞之死，諸多揣測傳說以前，先要重拾二年前拙作「陳璧君的末路」舊文中的兩段，以明我過去對汪氏去世所知道的一點概略：

1.汪有自知、陳漸醒覺：汪精衞是在日本投降之前死的。他在民國三十二年去參加日本舉行所謂的「大東亞各國會議」時，適其背脊原被刺時未曾取出之子彈，疼痛難忍。這子彈是二十四年秋他在南京中央黨部開會拍照時，被刺客孫鳳鳴狙擊，射了三槍，刺客雖被張學良制服，而汪背脊之子彈終未取出。現時舊創復發，乃返南京就醫，經過手術一月之後，痛反加劇。三十三年，因復赴日本治療，偽府則由偽立法院長陳公博代主席。通常醫院一般重病患者總是躺臥在床上的；但汪則躺不下來，日夜正襟危坐於特製的椅子上。由頸項至腰腹部，且都用石膏綁縛，終日不能轉動，動則痛苦難當。加以他原有糖尿病，由於子彈作祟，打針服藥，亦不見效。汪自知病將不起，乃預留遺囑，安排後事。他此時似已完全清白，覺今是而昨非，對其前途，亦料到必無善果，故其遺囑四點：一、不鋪張。二、不國葬。三、墓碑只寫汪○○墓。四、時局稍定，歸葬廣州廖仲愷墓旁。

越半年餘，民國三十三年秋，汪終病死於日本東京醫院，屍體用專機運回南京大斂。時僞府顯要多主修改汪的遺囑，按國民政府元首崩逝禮儀舉行國葬。獨陳璧君堅持不可。「應遵照其遺囑，不能改變。」人之將死，其言也善，汪似已有「自知之明」，且已預見到前途。而陳璧君此時似亦醒覺過來了，覺得非分之舉，反足以自取其辱。結果並未完全依照汪之遺囑，將汪卜葬於南京梅花山孫（中山）陵附近，譚故行政院長延闓墓之間，而未安葬於廣州廖墓之旁。不過事頗稀奇，抗戰勝利後，忽被發覺汪墓不知何時被炸掘開，屍骨亦不明去向。時陳璧君已被捕下獄，子女風流雲散，汪家班亦樹倒猢猻散，也無人出面追究查問了。汪死而有知，當深悔不以「楚囚」死，空負「少年」時頭顱矣。

2.三次歷險，終於遺臭：汪精衛病死日本，世人始終將信將疑。外傳爲體內遺彈舊創復發所致。果爾，照常理而言，亦不至喪命。據日本醫生說，汪所患的實爲「粉骨病」。過去舉世罹患此症者，不過三人。病症如何？外行自不得知。惟汪以一個昂藏七尺之軀的美丈夫，病中身體逐漸縮小，判若兩人，有人卽疑是被日人謀害，像吳佩孚之死於日醫不明不白的牙痛病一樣；有人則謂，事實上日人似無此必要。開始走霉運的人，自然也不會有人仗義執言去追究它，和其屍體被盜後的情形是一樣。也有人說：「汪臨終之際大呼『東條誤我』……。」不過汪在病重時，東條的確曾赴醫院探過病，知已無救。究竟是東條誤了汪，還是汪誤了東條？這筆帳現在也無法算清了。

根據上述兩段文字的記載，與國人許多傳說，綜合觀之，汪精衞去世的情形，除了舊創復發、遺囑、粉骨病、日人謀害、謀害原因等，幾點可疑之謎以外，其他還稱情理正常。茲僅就幾點可疑之謎，分別言之。

遺彈舊創復發致死

汪精衞之死，據日方宣佈，表面的主要原因，是肋骨間的遺彈，起了化學作用。根據日醫診斷，非動手術難治。但經過手術開刀之後，實際發生的結果，便成了半身不遂，癱瘓於牀，醫治數月，突然病重而死。當汪氏於二十四年被刺時，曾由某德醫診治，認為子彈留在肋骨間無礙，不必取除。至三十三年時，遺彈已經過了九年，並無怪異，是否會突生化學作用？三十二年，他赴日本開會時，脊背忽疼痛難忍，是否卽為遺彈作祟或另有緣故？如確認為遺彈作祟，是否必須開刀？

手術開刀後發生半身不遂，成了癱瘓，是否早已預料，或料到而未防治？癱瘓期間，病者神智清楚，還預立了遺囑（原文未見，所謂「遺囑四點」，或係口頭之囑），而且又經時半年，何以會突然病重而死？凡此疑點，事後日方除正面的公開露佈者外，亦未見有任何其他的說明，自不怪國人有謎難釋了。因此之故，另一疑問，接著發生了。倘汪精衞在臨終之際，果有遺囑公佈，那上述問題，可能答解一部分或全部。於是汪氏究竟有無遺囑？不免又成了可疑之謎。

遺囑有無與其內容

汪精衞在南京，雖以傀儡僭稱僞國民政府的主席；但他自視，絕不認爲是僭竊，必妄以一國的元首自居。通常一國元首——卽令是僞元首——之死，除了災難急死者外，多數是有遺囑的。汪精衞不但深明遺囑的意義，且曾爲中國國民黨總理孫先生記錄過遺囑。同時，他雖在癱瘓之中，神智卻很清醒，又自知病將不起，對其個人身後之事，尚且交代了遺囑四點（見「陳璧君的末路」一文），難道他對於親手所創造的僞組織和國家的前途，會毫無動於衷，除一己之私以外，而無一點大事交代嗎？這在情理上，是很說不通的。所以汪精衞生前留下遺囑（不論代錄或口頭），絕對是有的。

但其內容如何？大家猜測——合理的猜測：其中必有很大秘密；必有不可以告世人之處；必有不利於日本的指責。關於這些，吾人由汪氏臨終時，大呼「東條誤我」（見前引陳文）之言，便可明白證明。遺囑既有不可告世人與對日本不利之處，日本當然不會允許公佈，甚或早已把它銷燬了。

由於遺囑內容之不能揭露，復以汪已無剩餘價值可以利用了；於是置汪於死地以滅口的計畫，恐事久生變，便謀之急矣。故汪氏之死，自然就要引起了大家的懷疑。至於汪氏親屬及偽組織中的次號漢奸，縱有悉其內容者，爲自保計，亦只好作三緘其口的金人。否則，可能與汪氏要同歸於盡。

重演謀害玉帥故事

國人對汪精衞之死得奇離古怪，直言之，即是懷疑日本人施了一貫的陰謀手段——謀害。自日本軍閥的鐵蹄，踏進中華國土之後，日本特務人員在土肥原領導之下，對我國人上下所做的傷天害理、喪心病狂的奴役、壓迫、謀害、毒殺的勾當，直是擢髮難數。手段之毒辣，亦無所不用其極。茲僅列舉謀害吳佩孚（玉帥）一例爲代表言之。

日本軍閥，在中國進行的傀儡組織，原來搞的是「南唐、北吳」。即在南方想利用唐紹儀（少川），北方想拉攏吳佩孚（子玉）。及唐少川在滬被刺，便向吳玉帥積極展開進攻。無奈吳佩孚大義凜然，拒不受遣。於是又轉方換向，傾力對汪精衞做工作。汪在最初，亦畏縮遲疑不敢進。日人一方仍挾吳以脅汪，迫汪讓步馴服；一方繼續迫吳，吳則始終倔強不肯就範。日人認爲如不臨之以威，則吳汪兩人，恐一無所獲。日方殺鷄儆猴之計決，則玉帥危矣。

二十八年十月，吳玉帥以牙疾，求治於日人伊東醫生。伊東在平行醫，已近三十年，亦素爲玉帥所信賴者。醫治數日，尚未動手術，即由牙病轉爲敗血症。未久，便一命嗚呼。中國民間相傳有句俗話：「牙痛不是病」，而吳玉帥竟以牙痛喪生，自不免引起國人一種傳說：在吳死之前約二月左右，有某女士名Y．C者，原是某局長的下堂妾，曾寄拜玉帥夫人二奶奶爲義母。一日由津到「北平，特來拜見義母，並致送很多貴重禮物。自道其別後生活，且謂其夫在港，事業相當順利。吳二奶奶於歡迎之餘，接來家居。她便大展手腕，博得義父母皆極歡欣，視同親生。她且時爲義父燉燕窩、煨參湯，親切得無以復加。約二月左右，在吳二爺毒性發作之前數日，忽謂其夫因病來電急召，要求返港一行。在勢不可留情形之下，乃與義父母殷殷揮淚而別。大約當她尚在滬港輪上時，吳即撒手人寰。後來傳聞：Y．C女士，雖功成身退；但經時未久，亦以身罹怪疾，醫藥罔效，追隨吳玉帥而去了。以此例彼，汪精衛之死，十有八九，也是遭到日本特務的毒手。還有一顯明的事實，更可資爲佐證。即汪精衛有一個親信侍從周隆庠，老成精細，侍汪已有多年。汪氏赴日就醫，周亦常侍左右不離。當汪氏臨終前數日，日本醫生則假藉口實，不許周在病房侍奉。周縱不放心，亦無可奈何！重重疑雲，唯此更不易破。

以粉骨症惑人視聽

汪精衞之死，最初根據日本醫生云：爲「體內遺彈，舊創復發」所致。繼謂：汪氏所患者，實爲「粉骨症」。過去舉世罹此症者，不過三人（見前引陳文）。然大家所瞭解的事實：汪病由舊創復發（假定是）而動手術。手術以後，成爲半身不遂，癱瘓不能動彈。結果，又成了奇怪的「粉骨症」。實使人如墮五里霧中，更加莫明其所以然。此種病症，在此以前，卻從未聽人說過。病情如何？是否與手術、打針、吃藥、綁縛有關？半身不遂、癱瘓不能動，是否爲其必然現象？病中軀體逐漸縮小，是否爲其必然結果？當時旣有這種舉世罕見的奇症，繼日醫之說以後，何以未見舉世其他醫生有所反應？國人有詢之西醫及中醫者，亦皆說：醫書上找不出這種醫例。由此種種疑問來看，也實難逃出本文上述第五節中所指之推斷。如果不是醫生庸碌，誤診殺人；便是日醫明知固昧，播弄玄虛惑人視聽，以掩其謀害的把戲。使汪氏竟作了吳玉帥第二。

「粉骨症」的病象，果是病中軀體逐漸縮小的話，近代文學家易君左先生，曾對作者閒話中，說過一種彷彿相似的病情，卽他本人的父親易實甫先生（字順鼎，與樊樊山同爲清末民初國內的大文學家），晚年，初無任何病象，僅身體疲軟乏力多時，繼之臥床數月。經中西醫診治，皆不明其爲何病症？不但醫藥罔效，身軀亦逐漸縮小。到其死時，縮小得如同小兒童的軀體。這病情的發展，如卽是所謂「粉骨症」，亦實與汪氏由舊創復發病，加上日醫「人爲病」，曲折轉致的粉骨症，全不相屬。因憶述之於此，俾供研究者的參考。

因何謀害必致其死

根據上述種種道路風傳，相當可以肯定汪精衞之死，顯係被日人謀害的成份居多。但汪氏既作了日本傀儡，已被日人牽著鼻子走，日人自可任意來安排驅策，又何必要加害，非置之死地不可？國人亦有幾種傳說：

1. 日本軍閥，盲目對美英作戰，一鼓作氣，再衰三竭。終致人、財、物力，皆難支應，兵源尤爲缺乏。日、韓、臺各地，所有壯丁，亦悉索蔽賦，驅之前線作戰，仍難以爲繼。因迫令汪僞政府，徵送壯丁五百萬。藉口召開所謂東亞各國會議，誘汪氏赴日，簽立「壯丁供應協定」。汪氏倔強，推拒抗命。這不異是汪氏坐視日軍崩潰於不顧，自爲日人所難忍受，便施個先發制人之謀。

2. 汪僞政府，既作了所謂大東亞組織之一。實際只負有義務，而無所謂權利。南京僞政府成立以後，除在形式上作了日本的伙伴，實際上也沒有盡到什麼義務和責任。不但早被日人目之爲「和平的抗日份子」，尤恐變生肘腋，禍來不測。與其爲防不勝防而傷神著慮，自已亦覺欺騙伎窮；妄認不如「殺尭敎子」之爲得計。

3. 汪精衞之投降日本，初本畏縮不敢進，繼經日人多方引誘、恩威並施，始得勉強就範。這在日人方面，卻是始終不敢放心的。欲移王克敏勢力南來以制汪；但王的資望地位，又不足以號召全局。或云：汪氏的「和平運動」，乃中國抗日的另一面，汪氏與重慶聯繫的秘密，已早被日本偵悉（有人說：後來周佛海與戴笠將軍之勾搭上線，卽緣於此），騙汪赴日，藉口治病，實已早伏殺機。

4.汪精衞臨終，大呼「東條誤我」。這「誤我」的內容，外人固尠有知者，但經其一語道破，其中必大有文章，包藏著很多秘密。及大東亞組織，行將瓦解，日本已漸趨末運之際，汪氏既再無利用的價值，此一串絕大秘密，便不能讓之流播人間。汪氏不存，便一切死無對證了。所謂「東條誤我」，或謂：爲太平洋戰爭的決定，係東條利用汪精衞說服天皇發動的。次日，汪僞跟著對英美宣戰。後來汪氏深悔上了大當。不知是否？

設汪未死種種假定

中國對日抗戰，勝利的來臨，實全出乎平常情況之外。來得太快，來得突然。以致弄得全國上下，一片混亂，一時措手不及。如對日受降接收；全國復員；僞軍安撫與改編；對付中共乘機擴大叛亂；美、蘇干擾與袒共；政府與中共互爭接收；舊軍閥與政客之混水攪亂、縱橫捭闔。總之，國事之千頭萬緒，紛繁複雜，亦莫甚於此時。所以有人說：汪精衞死得恰到好處，死得其時，算是一個幸運兒。因此，有好事者，便提一個相反的假定：設汪精衞此時未死，仍握有偽政府的大權，此時中國局面又如何？當此天下洶洶、激動不安之際，他還會作壁上觀，而不會如中共一樣，趁火打刼，爲其偽組織或其個人構造一條出路嗎？這條出路又將怎樣？於是有人又提出種種假定。現在雖早已時移勢遷，這些固然是無聊的假定；但不全是無稽之談。亦不妨姑妄言之，當作遊戲可耳。

第一、有人說：抗戰勝利，漢奸們的末路，顯有幾種形態：1.如陳公博一樣，坐以待捕，安然入獄，挺身國法，從容就刑。或如梅思平、林柏生、殷汝耕之視死如歸。或如周佛海之死吃白賴，搖尾乞憐。或如殺人不眨眼的丁默村，一聞臨刑消息，卽魂飛魄散，失去知覺。2.如陳羣之流，自知難逃國法之誅，安排後事之後，服毒自殺。3.如王揖唐之輩，不安於獄，裝瘋賣傻，臨刑猶呼「大總統開恩！」4.如陳璧君之流，雖幸免一死，又不接受宋慶齡、何香凝的保釋，終於瘐斃獄中。汪精衞如果被捕下獄，究竟將會採那一形態，以了其殘生？很多人的答覆，爲一問號。有人說：汪氏過去旣敢冒天下之大不韙，賣國求榮，組織傀儡，笑駡由人笑駡，主席（偽）自我爲之。旣已廉恥盡沒，當日本宣佈投降時，他可能走上第二假定。

第二、日本無條件的向盟國投降，我政府對於深仇大恨的敵人，仍本中國傳統的美德，宣佈「以德報怨」，以換取「化解國際仇恨，求得中日兩國的永久和平！」這種恢宏氣度的作風，不但深荷日人的感恩，亦盛傳譽於國際。此時汪設未死，或也會見風使舵。可能巧辯其本意：原在

「救國」，與中央只是「主和、主戰」意見與方式的不同而已。提出「極低條件」，向政府作「投誠」的試探。中央如感於當前國內外的惡劣環境，尤其是中共在國際支援下的全面叛亂。權衡利害輕重，或可能如寬恕日本一樣，而不追究其既往。網開一面，予以自新之路。後來周佛海死罪之被特赦，即可見之。當時果實現了這一假定——如周佛海所說「重演寧漢合作」故事的話，那今日大陸，可能又是另一局面。因之，有人更認：抗戰勝利，乃新中國建設，千載難逢的機會。正待團結全國力量，眾志成城之時，也絕不會有如無知婦人慈禧之「寧給外人，不給家奴」的卑劣意識。此路眞的走不通的話，他又很可能走第三假定。

第三、江南是全國最繁榮的區域，也是南京汪僞政府的近畿。京、滬、杭江南三角洲的駐軍，全是僞陸軍第一方面軍任援道所轄的十幾個師。加上蘇北部隊，不下二十萬人。如再號召集合各地其他僞軍部隊，與所謂義軍和土匪，數量仍是可驚的。汪設未死，又能指揮控制的話，縱不敢說可以左右全局，卻確有舉足輕重之勢。對中央爲利不足，爲害則大有餘。日本投降，汪如在此時此地，獨樹一幟，待機而動，也不與中共結合。國軍如強迫東進，江南靡爛與有利於中共，固屬必然。而對日接收，亦絕不會如後來之順利、圓滿。汪精衞這時，縱不能霸佔大江南北，即率所部遠竄，割據一地以自雄，也並非絕無可能。如當國軍接收武漢之前，湖北僞省主席兼僞綏靖公署主任葉蓬，曾專赴南京，與僞國府主席陳公博會商，即有勾結全國僞軍，另建局面的企圖。他若陳耀祖、李濟琛、陳春圃都曾向陳公博作過類似的建議。無奈陳公博書生之見，而無撥亂反正之志。如易以汪精衞，相信決策必又不同。那時，與中央及中共形成三角鼎峙的局面，角逐中原，自然也是抗戰勝利的悲劇。汪如走上第四假定，那就更不易收拾了。

第四、抗戰勝利之際，中共仍勢孤力薄，又冒險展開全面叛亂的行動。需要外援，急如星火。因而乘機多方刧掠，侵佔地盤、偷襲國軍、收編土匪與義軍、搜刮物資，以充實其叛亂資本。抗戰時，中共能與日軍勾結，襲擊國軍。勝利後，與汪偽勾結合作，在他們的戰略戰術上，也是毫不足怪的。汪氏雖佔有全國最繁榮富足的江南地盤，復擁有二十餘萬軍隊的雄厚資本；如眞要獨樹一幟，以抗強力的中央，力量自然是不够。需要外援，與中共正同。在汪、毛互需聲援之時，狼狽爲奸之勢，自可一拍卽合。故汪誠無路可走，中共又能給以平等的合理的（自然是暫時性戰略性的）條件。犄角爲奸，互相聲援，互圖發展，夾擊以抗中央。那中國大陸之全陷魔掌，或亦早於民國三十八年了。

總之，汪精衞之死，當年誠是大快人心！亦若日本之吃到原子彈，同樣是令人鼓掌叫好的事。但汪氏死事的離奇，又是傳說不一。孰虛孰實？殊難究詰；但都不過如星相家之言，殊難置信。尤其沒有什麼星相家，會替死人看相算命的。一些爲汪氏「未死」所作的種種假定，人云亦云，毫無事象可尋，更不異是替死人看相算命。信不信由你。

江湖奇人杜月笙

交遍海內譽滿海內

向有二十世紀現代朱家、郭解之譽，三十六年前在香港逝世的上海聞人杜月笙，在國內國外，都是人們所最熟知的。

上海江浙一帶，不用說「杜月笙」三個字，更是家喻戶曉。他交遊遍海內，聲譽滿海內，無論識與不識，對他都欽崇備至。上海十里洋場、租界上，雖是洋人的勢力範圍，但社會上事無鉅細，當沒有辦法解決之際，洋人也得登門請教，祇須杜月笙「閒話一句」（上海人一般口語，信守不渝的意思）便萬事皆了。甚至地方行政當局，每遇棘手難辦的事，請他出面設法主持處理，亦常迎刄而解。故他當時在上海的社會地位，頗有舉足輕重與決定的力量。而其俠義之風，尤普及於江浙社會，蔚成一種風尚。由此亦足見其潛勢力之雄厚。

杜月笙其人，可謂正與太史公司馬遷所言相合：「其言必信，其行必果，已諾必誠，不愛其軀，赴士之阸困，既已存亡生死矣，而不矜其能，羞伐其德。」（豪俠列傳）視爲俠義，實不爲過。宜其物望攸歸，眾心信服。他在上海，爲社會服務了四十年，不曾在政治上做過什麼官。一生所主持負責的，都是一些經濟機構與社會工作。他所經營的事業與領導工作的頭銜，有時竟達四、五十個之多，多得連他自己都弄不太清楚，而必須用幾個秘書協助。幾乎全上海的銀行、銀號、公司、商行、報社等公益、慈善、救濟機構，很多都是由他擔任董事或董事長。五花八門，兼資並蓄。這樣一個社會傳奇性的人物，他的生平事跡，眞是多采多姿。民國三十六年，他六十歲時，曾出版一種「杜月笙大事記」。逝世後，又有「杜月笙先生紀念集」數册。當年的報章雜誌先後也有不少報導。不過以上有關他的文獻資料，包羅雖廣，記載雖豐，總難免於遺珠。茲就個人過去耳食之言，回憶之所及，又少見於其他記載者，隨筆記之於此，藉存此一江湖奇人動人的遺風雅範。

少年孤苦賦性俠義

杜月笙，名鏞，江蘇上海市浦東高橋鎭人。淸光緒十四年（一八八八）陰曆七月十五，卽舊俗中元節日，生於貧寒之家。三歲喪母，五歲失父。六歲入學，僅讀書四個月，因束脩無所出，遂廢學。年十五，入上海南市十六舖某水果店充店員，賴少數工資以維生活。爲人最講義氣，好主持公道。每遇街頭羣兒因故爭吵或打鬥時，他偶見之，便不因關係生疏，挺身而出。像成年人一樣，爲之排難解紛。常以「君子動口不動手」、「有理好講，勿傷和氣」勸慰羣兒。鬧事的小孩，得其勸慰，多爲心服。以後凡遇有爭執不能調和之事，輒呼：「去請月笙哥來評評理，看誰不對？」及杜月笙至，問明情由，三言兩語，卽可使雙方嫌怨化解，言歸於好。杜月笙雖年輕識淺，言行卻能服眾。如此俠義，似爲其天性使然。以後他在上海社會一切行俠仗義的活動，也就是這樣展開來的。

不過，亦不必爲賢者諱。他到了二十歲以後，由於社會不良環境的引誘，也開始不務正業，染上壞習腐行，狂嫖濫賭，吸食鴉片，甚至販賣煙土，護娼包賭等等。所幸他由於經驗的教訓，尚能自我覺悟，自我收斂，漸漸改邪歸正。俗云：「浪子回頭金不換」，杜氏的新生活，亦就從此開始發皇了。所以我們對於一個不太平凡的人，似乎不必用庸俗的眼光去衡量，或者用衞道的假面具來排斥他。他之轉變，卽始於入了黃金榮之門。時黃爲上海聞人，任上海法租界捕房總探。杜月笙初爲黃効力奔馳，黃夫人以杜穩重可靠，視爲心腹，提升爲黃公館司理帳務。後來黃以惺惺相惜，除與杜月笙結爲義兄弟外，且合作經營許多工商事業。杜月笙漸多積資。以曾拜青幫首領陳世昌（通字輩）爲師，列悟字輩。民國初年，他也開設香堂，收弟子，展開其幫會活動，藉以展佈其俠義行爲。

韓非子云：「儒以文亂法，俠以武犯禁。」杜月笙任俠，但極小心謹慎，明辨是非、順逆，不僅不許濫以武犯禁，相反的，且常以俠爲維護地方秩序的安定力。蓋上海租界地區，受帝國主義國家所統治，華洋雜處，藏垢納污，良莠不齊，三教九流，作奸犯科之輩，無所不有。國際間雖有東方巴黎之稱，而國人則向視爲萬惡的淵藪。租界行政當局與租界居民，向有一種河水不犯井水的默契。祇要在租界法律之內，各安所業，不作過份越軌之舉，多年來雙方大體尚能和平相處，安靖無事。到了民國十六年，法國租界新任駐滬總領事某，下車伊始，尚未瞭解環境，即厲行嚴禁鴉片、賭博、娼妓。乃不知此三者，實租界內很多男女賴以維生的資源，若輩以生路截斷，一些九流三教之徒，乃羣起反對，到處起而殺人越貨，放火刼奪。不但黑夜爲非作歹，尋且白晝不避，把原來安定的法租界社會，頓時造成了恐怖世界。租界當局已經束手無策。眾意：惟有請杜月笙出面，設法挽救，或可轉危爲安。杜以維護地方治安責任所在，義不可辭，乃挺身而出，登高一呼，各方響應！這眞不啻一針嗎啡、補劑，使法界治安，次日便復舊觀，平靖如常！亦正如小學生，喧鬧一堂，祇要老師輕輕的叫一聲，全堂便鴉雀無聲的肅靜下來一樣的靈效。從此杜月笙的聲譽，便大振於黃浦江頭。法界當局，以杜月笙聲望既隆，肯負責，有擔當，便堅決邀之參加法界巡捕房的工作，俾時有所借重。法界居民，則尤視爲中流砥柱，深慶地方領導有人。

待人以誠自律適度

杜月笙雖好行俠義之事，但其體型，則非一般所想像的魁梧健壯，身懷絕技，如虬髯客或大刀王五一流的偉丈夫。他僅具瘦長身材，貌不驚人，「郭解短小，杜鏞清癯」，恂恂如書生，頗有弱不禁風之概。濃眉直鼻，雙目炯炯有光，聲音嘹亮，能言善辯。治事明敏，勇於負責。生平不穿西裝，更不愛異服奇裝，經常著中式短打衣裳，必參加正式集會場合，才著長衫，盛會則另加馬褂。以表現樸素爲尙，毫不講究華貴。中少年時代，雖氣概不凡，亦縱情於酒肉與聲色犬馬之好；但晚年生活，則一變故態，平淡中帶有一點別緻。隨遇而安，飲饌無擇。惟愛飲濃的紅茶，不愛用茶杯，常用一把精緻的小茶壺，作爲飲具。曾以體弱多病，在精神不繼時，則間藉阿芙蓉以提神。猶常恨自己身體不爭氣，致不能與鴉片絕緣。

抗戰勝利後，民國三十六年，適逢杜月笙六十生辰。上海各界人士舉行公祝於上海愛文義路麗都花園。其祝壽徵文序言中，有云：「先生未嘗咀嚼經史，而立身處世，於大道之行，儼合符節。亦未居吐握之位，而待人接物，四海之內，洽若兄弟。」言約而簡，恰如其人。所以，杜月笙不僅自視很平凡，尤富而好禮。日常既少疾言厲色，亦絕無憤世嫉俗之心。待人接物，一秉至誠。常語其家人及弟子云：「待人必須以誠。人卽欺我於一時，吾能以誠感之，使他心悅誠服。處世之道，盡在一誠，爾等舉一而反三，便可盡交天下士。」故杜月笙生前能友天下士，而天下之士，亦樂與之友。如抗戰勝利後，有成都記者團來滬觀光，擬晉訪杜月笙，託人先容。杜連聲說：「看我，不敢當。我當盡地主之誼，招待遠客。」隨命家人籌備，定期迎賓，設宴於浦東同鄉會。這不但能見其謙恭下士與富而好禮之風，所謂「盡地主之誼」者，他家中更是座上客常滿，養士盈門庭，賓至如歸，有居數年或半載者，尤司空見慣之事。

杜月笙在其臨終遺囑中，第一句話，卽坦承「余樸質無文」。這是由於他幼年失學之故。但其求知的意志卻很強。自入社會服務以後，雖百務紛忙，猶不忘努力向學，未嘗或輟。如他原不會寫字，慢慢練習，不久便能自己簽名，以代其原始的手印或蓋章。每天的報紙，他原不會看，便要秘書讀給他聽，大小新聞連廣告等，都不讓遺漏。他一面用心聽，一面注目看，積時旣久，聽多了，看多了，自己也能誦讀，更能看一些俠義小說。故其中年以後，很多文事，已能無師自通。秘書們所擬文稿，居然也能握管修改，而且所修改者，亦常恰到好處。後來他出門或有遠行，亦不必隨帶秘書。

居室較廣樸實無華

以杜月笙的財勢潛力而言，他的生活享受，已可隨心所欲，無求不遂；但他始終不忘其本——出身寒微，保持儉樸素風。偶有享受亦自律適度，絕不過分。至其居室，祇以眷屬口眾，經常門客又多，因之，私宅雖相當廣濶，但仍樸實無華。「春申門下三千客，小杜城南五尺天」，便是他安身立命之所。

抗戰勝利後，他在上海的居處，卽華格臬路季梅路口的舊第（民國十四年建成），原和張嘯林比鄰而居，共一大鐵門出入，頗似一宅兩戶。他所懸用的門聯，經常是「友天下士，讀古人書」。前者故能交遊與聲譽遍海內；後者正是彌補幼年失學之方；彷彿舊家故宅的門聯，頗有古老傳統不忘本的遺風。但每屆新年，他亦未能免俗，必令家人用新桃換舊符。對一年三節禮俗，亦極注意。室內佈置，有西式的、中式的。滿懸當代顯要具有上下款的照片。陳設物品，新舊並具，雖不顯豪華氣派，但別有一種格調，令人見之，頗有瀟灑別緻如其人之感！這與一般豪紳鉅賈，層樓高閣，宅第連雲，花園、流水、假山、石窟，應有盡有者，比較起來，卻與「家無餘財，衣不完采，食不重味，乘不過軥牛」（遊俠列傳語），有相形見絀，顯得寒傖之感！

杜月笙在中日戰前，原在上海杜美路修建了一所住宅，落成之初正待喬遷，相傳杜月笙頗相信風水之說，當找了一位風水家「劉神仙」者，前來堪輿一番。劉神仙看了以後，直告以「新厦不吉，且將有多人喪命。」杜月笙聞之，頗耿耿於懷，終未遷居。及抗日戰起，初被德國人徵用，旋由日本憲兵隊佔據。後來我愛國志士，在此被集體或個別屠殺而犧牲者，更不知有多少，似劉神仙之言，固不幸而中矣。戰後，杜月笙懍於此種情況，更不敢自居。曾借給戴笠將軍，作了軍統局駐滬的辦公機關。

中共侵據中國大陸之前夕，杜月笙已預作了逃難之計。杜美路的住宅，便以四十萬美元的代價，讓給美國駐滬領事館。這些都不過是閒餘之話；但杜月笙取得這筆房款後，便以十萬美金，託宋子良（時中國國貨銀行行長）匯美儲存，以備不時之需。不料以後竟成爲杜月笙身後最大的一筆遺產。

在野之身革命抗戰

杜月笙一生，既以服務社會爲目的，對於國民革命與抗戰建國大業，自然也不會落後於人。他不但以在野之身，自發自動，竭全力以赴。雖不是持槍桿上戰場，直接殺敵致果；最重要的，多在間接的協辦軍需，籌措軍餉與宣傳工作。其次，便是做些他人所無能爲力，而他又能優而爲之的事，這就是剷除革命與抗戰途程中的障礙。因爲在革命與抗戰的巨潮中，有些反革命份子與附敵之大奸巨寇，常藉上海外人租界作護符，做些秘密活動，破壞革命與出賣國家民族的勾當。上海租界，本爲政府勢力鞭長莫及之處，而杜月笙私人之力，卻能善以處之。杜月笙居常，固不同意以武犯禁；但爲國家民族的利益，必要時，有非「不擇手段」不可者，也祇好捨小節而全大義。也是「隨分報國」之一途而已。

關於前者，自然很多，而尠爲一般人所悉者，如「九一八」東北事變，馬占山抗戰嫩江橋，杜月笙率先捐輸銀洋十萬元，作爲倡導。「航空救國運動」展開，杜月笙亦首捐私資四萬元，購飛機兩架，一贈飛將軍孫桐崗（杜月笙門徒），一贈上海飛行社。民國二十一年「一二八」淞滬抗戰，杜月笙成立上海市各界抗敵後援會，先倡捐獻勞軍、置酒犒師，以振奮士氣民心。「八一三」全面抗戰發動，杜月笙負責上海地方協會與中國紅十字會，出錢出力，皆全力以赴。日偽簽訂密約，二十九年一月，杜月笙協助陶希聖、高宗武揭佈日偽陰謀。並助陶希聖等三十六人，於民國三十一年春，由香港經東南亞投奔重慶。一面又掩護蔣伯誠、吳開先等在上海進行地下工作。上海淪陷，日偽積極謀收杜月笙以為己用。杜月笙明大義、識大體、辨是非、知順逆，絕不受敵偽之威脅利誘，毅然於二十六年秋，南下香港，寄居九龍柯士甸道時，猶每日下午必渡海至香港，主持策反工作，並協助抗日志士，轉移及加入抗戰陣營。直到日本陷港九，他離開港九時始止。

民國三十四年秋，盟軍計畫在江浙沿海一帶登陸。杜月笙雖「不在其位，不謀其政」，但仍不辭艱苦，抱病與戴笠將軍（後墜機失事殉國，杜月笙痛哭失聲），共效馳驅，東下吳越，策劃在敵後響應盟軍反攻，指揮忠義救國軍作戰，阻止日軍敗退擾滬。及聞日本投降始兼程回滬，為安撫上海地方而籌劃、而效力。

關於安撫上海地方，就作者所悉，如洪憲皇帝袁世凱在滬的爪牙：上海鎮守使鄭汝成之被狙殺於上海外白渡橋，民國六年護法之役，肇和兵艦起義於黃埔，幾全為滬方所策動與資助。十六年，革命軍北伐，上海不戰而下，李寶章（孫傳芳部師長，一只腳跛子）、畢庶澄（張宗昌的部將），不能立足而逃遁；使上海人民生命財產保全至巨。抗日時代的上海聞人張嘯林（曾與杜月笙結爲兄弟，且曾比鄰而居）於民國二十九年八月被刺於其汽車司機。僞上海市長傅筱庵，被其私宅花匠以斧狙擊於臥室。唐紹儀（少川，廣東人，民元北京臨時政府內閣總理）多年與袁世凱深交，歷任政府要職。後與袁世凱交惡，投入革命陣營，仍居要津。民國二十七年，上海淪陷，日人陰謀利用之組僞政府。唐紹儀意動，即欲粉墨登場，終被擊殺於其家之客廳。

以上張、唐二人，皆被日僞收買利用的大漢奸，上海志士，能除惡於未發，弭禍於無形，杜月笙潛著之功績，更是無法估量的。

憂人之憂急人之急

前中國勞動協會理事長朱學範，原是杜月笙最器重的弟子之一。抗戰勝利以後，不滿於中央的各黨各派，勾結中共，與中央對抗，朱學範受人煽惑，亦參加了反政府活動。因不能在滬立足而逃港。民國三十六年一月，杜月笙且曾親赴香港，向朱忠告，勸之早自覺悟。而朱平日對杜月笙素爲尊崇備至，常謂：杜月笙平日對人，不但在精神上，能推心置腹；事實上，尤能憂人之憂，急人之急，始終不改其仁人君子的風範。朱在重慶無事閒聊時，亦愛談杜月笙的故事，有幾件關於助人濟急者，也頗具趣味性。

時間是在民國十五年，楊杰（字耿光，雲南大理人，曾任副參謀總長、駐蘇大使，民國三十八年被刺於香港）爲中國自蔣百里後之又一位軍事學家，時任陸軍大學校長，不知係何種理由與採什麼手法，在上海娶得一妾。因欠付身價，被索債者逼償，困於上海西藏路一品香飯店（旅社），限其自由行動。楊不得已，亟電告杜月笙請援。杜月笙至，明事之本末後，立付三千元，討債者始散去。吳鼎昌（達銓，曾任貴州省主席）在南京任實業部長時，其子就讀於上海，不專於學，而沈迷於舞廳。吳屢施管教，皆未見效，乃電請杜月笙代爲約束，並迫令回京。杜月笙當命江北一小開胡某，許以大新舞廳，歸其獨自經營，但須派人將吳子送京交到。事雖不著痕跡而解決了，但杜月笙暗中損失，亦屬不貲。

北洋政府時代的國會議員湯漪（字斐予，江西泰和人，梁啟超的弟子），抗戰時於民國三十一年四月，病逝於重慶。身後蕭條，無以爲殮。時許世英（靜仁，安徽人，民國二十五年任駐日大使，來臺後，任總統府資政）先生，任賑濟委員會委員長（時湯漪任委員），擬撥公款，爲之治喪。杜月笙聞而止之曰：「政府如有明令，爲湯先生治喪，花費公款，自然應該。今徒以私人交誼而動用公款，事理殊欠妥當。杜某今願以一己之力，爲湯先生了其後事。」此非僅輕財仗義，公私分明，交情益顯。

杭州裏西湖西冷橋隅，有一名勝地，原爲「武松衣冠塚」。凡讀過施耐庵所作水滸傳的人，都會佩服景陽岡打虎武松的神威，和醉打蔣門神，殺死潘金蓮、西門慶的英勇行爲。他的墳墓，正史不傳。據說武松曾來過杭州，因爲民除害，打死一個貪官污吏，被捕下獄，瘐死牢中。杭人德之，特爲立塚，以資紀念。現在此塚久已蔓草荒煙，失其勝跡之名。民國十九年，「西湖博覽會」在杭州舉行，杜月笙應邀蒞西湖遊覽，因景仰武松的爲人，且具惺惺相惜之懷。時有倡議重修武松墓者，當經眾議定費用爲三百元。杜月笙適在座中，隨曰：「不建墓則已，要建就要造得像樣一點。」聲言：「願獨捐資千元，不須別煩諸位。」迨墓完工，題碑，議不能定。杜月笙亦立命題爲「宋義士武松墓」，眾皆服其明捷之才。

閩人陳羣（老八），民國十六年，革命軍北伐時，任東路軍總指揮部政治部主任。卸職後，落魄上海，幾瀕絕境。往見杜月笙，思有所歸。時杜月笙正在法租界，創設一所「正始中學」。杜月笙未加深考，當委之任校長。固在利用其才，多少亦寓有救濟之意存乎其中。當杜月笙與黃金榮、張嘯林、王柏齡、楊虎等結義時，也把陳羣拉入在內成爲金蘭五兄弟，亦足見杜月笙對陳之重視。及汪精衞組僞政府於南京時，陳羣不但背棄了杜月笙，且變節做了僞江蘇省政府主席。杜月笙以其深負所期，復附逆爲奸，乃與之割席絕交。及日本投降後，陳亦自知罪該萬死，爲逃避國法之制裁，於清理財產，遣散若干小老婆，邀請親朋宴別之後，乃服毒自殺，倒也死得乾脆俐落。

善散其財禮賢下士

杜月笙原是一個純粹布衣平民，雖然輕財，但其金錢亦非儻來之物。遊俠傳有云：「近世延陵孟嘗、春申、平原、信陵之徒，皆因王者親屬，藉於有士卿相之富厚，招天下賢者，顯名諸侯。……閭巷之俠，修行砥名，聲施於天下，莫不稱賢是爲難耳。」像杜月笙這人，既無父祖豐富的遺產（薄產也無），亦乏達官貴人的祿入，只因善於聚財，亦善於散財。會散才會聚，故其生平，爲人排難解紛，幼已成性。凡事之可以財物和解者，輒私納之金使寢，而當事者亦常不知情。本其愛衆濟世之懷，凡救災卹貧，解囊毫無吝色。社會福利公益之事，策劃創建，更不遺餘力以赴之。

抗戰之前，上海華商電車公司，因勞資糾紛而罷工。杜月笙積極支持，並獨捐助勞方銀元三千。上海郵務工會罷工，中國紡織工會鬧風潮，杜都表同情，各捐助十萬銀元，乃使風波消弭於無形。三十六年夏，蘇北黃泛，洪水成災。江蘇省主席王懋功，特兼程來滬，集江蘇同鄉暨旅滬聞人，爲災民呼援請命，杜不僅親來參加，且邀約霍寶樹（上海救總分署署長）、束雲章（中紡公司總經理）等富紳巨賈偕往，共襄斯舉，始能達其理想的救濟結果。

杜月笙亦深明財聚則才散，財散則才聚的道理。上述能急人之急，固其一端。同時，他樂於養士，亦善於用士。故其「恆社」數千弟子，亦尠有不用命者。尤其他的本身，因少時缺乏文學修養，對於文學人士，更特予垂青禮遇。如楊度（晳子，湖南湘潭人，有才子之譽，洪憲六君子之一），自捧袁世凱行帝制，組織籌安會失敗以後，受到全國各方的攻擊，幾無地以自容，潦倒於上海。「國人皆曰殺，杜鏞獨憐才」，門客其家有年，禮遇不稍懈。毛澤東的掛名老師，孤桐章士釗（行嚴，湖南長沙人），自北洋政府時代的教育總長下臺以後，無所依附，飄零黃浦灘上，亦門客於杜家，且屢受經濟上的援助。章原爲中國有名的法學家（抗戰前在上海任律師），及毛澤東僞人民政府成立，章任中共中央文化研究館館長，便由杜家門客，轉作了毛家的門客。

民國三十一年，杜月笙旅寓雲南昆明，遇一文化難民某，登門求謁。云由江漢逃滇，形容憔悴。時杜正擬出門，上冠生園飲茶。知其來意，竟毫無考慮，傾其袋中千餘元，悉以濟此流落異鄉的文化人。及離冠生園掏錢付帳時，始悟其囊已空如洗。後來還是陪從的客人，墊付茶資。抗戰勝利後，杜任上海申報董事長，但申報盈餘不及上海新聞報。某年，新聞報年終紅利，每員工加發四個月薪水，而申報僅能發兩個月。申報員工，便要求與新聞報看齊。杜於董事會議時，慨然承諾，其不敷之數，全由其個人彌補。當令會計部門，向中國通商銀行（杜月笙私有）交涉轉帳。且謂：報社皆大小文士聚集之所，他們辛苦終年，也是值得慰勞的。

故杜之於錢財，向無計較的習慣，支出超過預算，乃是常有的現象，只是傷了帳房先生的腦筋；在他卻「千金散盡還復來」，實不遜於「陶朱公之三致千金」。

不念舊惡不忘舊恩

遊俠列傳有云：「家無餘財，衣不完采，食不重味，乘不過軥牛。」杜月笙的生活，雖未臻此，其儉樸之德、克己之懷，亦彷彿近之。這是因爲他雖具有遊俠的心腸與作風，實又陶朱公之流亞，亦俠亦商，卻不盡同於朱家、郭解之流。杜所營工商事業，門道繁多，也並非一帆風順，偶不順利，卽常不免捉襟見肘。加以平日手頭開支，又向不量入計出，一時將伯之呼，通融之託（卽今日之調頭寸），自然有所不免。抗戰前之某年，適屆舊曆年關，杜以債臺高築，年關難過，乃往商之於中國銀行總經理張嘉璈（公權，江蘇人，歷任國府部長或金融財政首腦），願將其個人的不動產，向中國銀行押借銀洋三十萬元，當被張婉言拒絕。事聞於交通銀行總經理錢新之（永銘，浙江人，金融界首長、國大代表），乃親造訪杜，自請願以信用借款貸予全數。張嘉璈聞之，頗有慚感，復請參加與交行合貸。杜亦以一客不煩二主，婉言謝之。從此杜月笙以錢新之知己最深，肝膽相照，能濟人燃眉之急，因之交誼日深，終其生未改，亦特禮重之，經常稱錢新之爲「先生」，以示不忘。

民國二十五年，張嘉璈出任國府鐵道部長。蒞任之初，一日忽登杜月笙之門。杜對於往事，毫無芥蒂，卽起出迎。張猶提及上次貸款之事，極表歉忱，繼請對鐵路交通予以協助，求無事故發生。說者有謂：張亦未免自暴其短，以小人之心，度君子之腹。這固是第三者所不便置詞評議的，不過，杜當時旣未記念往事，對張嘉璈所請協助之事，反予滿口應允。一諾千金，終上海淪陷於日本之前，京滬、滬杭甬兩條鐵路，迄未聞有不幸的事故發生。而杜之不念舊惡，亦實非常人所能企及。

杜月笙與宋子文（曾任財政部長）兄弟，素爲金融界道義之交。民國二十六年正中日關係緊張之時，日人願斥資日幣三千萬元，與杜合組「中日建設銀公司」，以與宋子文的「中國建設銀公司」抗爭。日人陰謀，不外藉此分化中國財金領袖，破壞中國經濟建設。杜月笙洞燭其奸，卽嚴拒之，杜豈見利忘義、不念舊恩之人?!日人雖心計詭詐多端，其實並未瞭解到杜爲何許人！

二十年「九一八」東北事變後，國人痛惜國土淪喪，對張學良便有很多指責。張亦似惡夢初醒，在北平停留一時期之後，便偕其妻于鳳至與趙四小姐來到上海。杜爲盡地主之誼，竭誠歡迎，並特安排住在上海福煦路一八一號。張原有一種不良嗜好，經杜婉言勸勵，張亦決心戒煙，且表現於行動。在此期中，亦卽張新生活的開始。而杜待友直諒之功，實未可沒。張戒絕嗜好之後，二十二年四月遊歐，二十三年一月返國，重擔黨國大任。後來不幸而發生西安事變，這不但出乎杜意料之外，亦誰也沒有想到的事。

民國十三、四年時，四川軍人范紹增（海庭，曾任軍師長）挾其多金，流連於上海十里洋場，經常出入歡場，逐美徵歌，揮金如土。范原作客於杜家，杜以其豪爽率直，亦多予優待。范將返川，以久擾杜之故，臨行敬以四萬元紅包，以餽杜月笙的子女，另厚賞其僕役，杜不拒亦不謝。及餞別宴中歡談時，杜詢以「此行其樂如何」？范直以「恨未能一親黃白英之香澤」對，杜月笙當亦微笑置之。黃白英者，係上海當年的紅舞星，與范感情尙洽。及范返四川防次，未久，杜隨以巨資取得黃白英，派人護送至川。范既感杜送美之義，亦杜不輕受施，有情之必報。古人云：「施人愼勿念，受施愼勿忘」，與不念舊惡，不忘舊恩，杜月笙都可說是「於身無虧」。

地下市長江湖領袖

杜月笙以布衣起家，發跡於平淡中，表現特殊，不待爵而尊，不因祿而顯，不以學而名。不沽名釣譽，而名譽自至；不求聞達而自聞達。他在上海，有「地下市長」之稱，出上海有「江湖領袖」之譽。故他所至之地，大眾無不聞名而來，以能瞻仰顏色爲快。不過，杜月笙世居於浦東高橋，及長，都以上海爲其發展的根據地，很少出門，尤其離開上海遠至內地或海外。

民國三十年十二月八日，太平洋事變前夕，他曾應政府當局之邀，與虞洽卿、錢新之諸人，由港飛渝。雖屬因公，亦不願接受公家的招待。寄寓於重慶市繁華地區大樑子打銅街交通銀行的三樓，據說是盛老四（名恩頤，清名臣盛宣懷第四子）作了東主。一切起居生活，相當能够適應。惟因其早患有哮喘痼疾，先不慣於香港的潮濕，此時也不慣於重慶的濃霧，時有遷地爲良的打算。嗣經多數友朋的建議，終以考察實業名義，作了一次遠遊西北之行。

杜月笙於三十一年十月遠遊西北，歷時數月。西北父老兄弟，無論識與不識，莫不引頸佇望，爭以地主之誼欣接嘉賓。四川省主席張羣（岳軍），邀宴於成都（省會所在）。川、陝、鄂三省邊區總司令祝紹周（苐南，浙江人，民國六十五年病逝於臺灣）迎賓於漢中。西北公路局長何競武，招待於四皓莊。人稱西北王的胡宗南，則掃榻於西京。以一布衣，其行止動公卿、驚地方，這自是很少見的現象。

當其在成都時，各界盛開歡迎大會。京劇界人士爲投杜之所好，則舉行公演。時有二位老伶人，年近古稀，早已退休劇壇，亦自動要求義務參加合演。主其事者，爲新鮮、爲熱鬧，當允所請。蓋此二伶以前曾是上海劇臺演唱的角色，以時運不濟，命途多舛，異鄉潦倒，欲歸不得。幸得杜月笙的援助，始得返回故鄉，今特藉此機會前來串演，不外不忘舊恩，略表敬意而已。

杜月笙行旌，某日擬夜宿川北桐梓，邑人聞訊，便夾道郊迎。並於道旁設置紅緞椅披座位，民眾供設香案以待。杜至促坐，羅拜不已。杜頓感驚訝，莫名其故。嗣經一位老者說明，杜始明其原委。蓋當十餘年之前，四川曾發生一次大旱，赤地千里，哀鴻遍野。杜月笙曾積極設法轉運糧食，賑以大量米票，活人無算。故邑人咸視杜爲萬家生佛，至今未忘，實大有「郭解入關，關中豪傑，知與不知，聞其聲，爭交驩解」的盛況。

杜月笙此次西北之行，除在重慶開設「中國通商銀行」分行外，在蘭州也籌設了該行分行。同時，利用西北毛產，與毛虞岑合資在蘭州創辦「中華毛織廠」。對於西北實業的推動，甚有影響。尤其使他不能忘懷的，就是西北人士對他熱愛之情。故杜返重慶以後，猶感慨的說：「我一生只知替大眾服務，盡人的本分而已。今不圖承大家這樣愛護，實慰平生！」這輕描淡寫的幾句樸質的話，平淡無奇，實出於五衷，發乎至情。較一般才俊之士萬言文章，或達官貴人高談濶論、長篇演說，或自己不能以身作則，開口對人便大施教訓者，感人更深。尤其「盡人的本分」，我輩豈能毫無媿色？

不涉政治不干祿位

杜月笙生性不慕虛榮，不求聞達，名利之途尤恐避之不及。這些特點在他表現於實際行動者，既不揷足政治，亦不干祿求官。據說：他一生僅做過兩次中央民意代表，一爲對日抗戰時的國民參政員，一爲三十五年的制憲國大代表。兩次掛名無印的官，一爲民國十六年，蔣總司令介公聘爲總司令部少將參議，一爲十八年，蔣介公聘爲海陸空軍總司令部中將參議。都是因爲工作方便的需要，勞心費力，貼老本的事。爲國家，爲社會，他尤樂而爲之。

抗戰勝利前後，重慶各黨各派人士組黨結派之風，盛極一時。杜月笙門客章士釗慫恿他追逐時潮，以「恆社」（爲杜團結弟子之組織，類似幫會，成立於二十二年。戰前有弟子近千，戰後逾二千人）社員爲骨幹，自組「民主黨」，願推爲領袖。杜謙讓再三，終拒所請。但爲敷衍章士釗的情面，只答允使恆社的弟子們，共舉章爲黨魁。但章以腐朽書生，空談文事，或擅其長；以言實際組織行事，則難當其任。所幸未久日本投降，組黨之議始寢，杜也才脫離了章士釗糾纏。

抗戰勝利之後，杜月笙回到上海，仍如戰前一樣，以在野之身，服務於地方社會。責任不辭，功成不居。民國三十五年，上海市民原以極大多數的選票，選舉杜爲上海市議會議長。他再三謙辭，終讓賢給了潘公展（六十四年病逝於紐約）。其他如全國銀行公會，選他爲理事長，便推給了李馥蓀。全國工業總會理事長，在選舉之前，便已堅決謙辭。全國紡織業聯合會理事長，屢辭不獲，不得已聲明僅負名義，而以實權委之束雲章。所以杜月笙卽使服務地方，亦同樣淡薄名利。尤以自己身體羸弱，深恐不能盡其責任，反而誤了國家社會。這並不是他故作矯情謙讓，所以大家也很能體諒他。

最大嗜好就是皮簧

杜月笙自脫離靑少年時代的荒唐生活以後，可說沒有什麼不良嗜好。如要說他有嗜好的話，那就是特愛皮簧。但他僅會六齣戲，加以喉嗓土音很重，雖練習有素，咬字吐音仍未全脫浦東鄉音。他也自是其是，不管其他。

杜月笙愛皮簧，一生別無所獲，卻獲得了早享盛譽的兩位名藝人的垂靑，先後都成了月笙哥的夫人。四夫人姚玉蘭，原是上海共舞臺的紅女伶，與杜於十八年結婚。另一人就是私戀多年，三十九年來香港後，才與杜補行婚禮的五夫人孟小冬。孟係余叔岩的再傳弟子，早膺有「冬皇」

的榮封，名揚京滬。他有五位夫人，唯有這兩位卻是以嗜好相同，惺惺相惜而結合的。

杜對於皮簧，不但愛聽愛看，興之所至，有機會亦常粉墨登場，客串一番。戰前某年，上海聞人虞治卿的壽辰，寧波旅滬同鄉會爲設祝壽堂會，杜月笙與姚玉蘭兩人，即客串「四郎探母」一齣，姚飾鐵扇公主，唱做俱佳，四郎杜月笙，亦大有風頭。民國十九年，浙江省政府主席張靜江（人傑，浙江吳興人，曾在海外經營古董生意，獲利頗豐，悉以濟助革命）在浙江杭州西湖舉行萬國博覽會，杜與張嘯林、楊嘯天（虎）等上海聞人，都應邀前往參觀。時楊嘯天在西冷附近山上，建築一座美侖美奐的崇樓高閣，藉機舉行落成宴客。杜與張嘯林合串了「打嚴嵩」與「連環套」兩齣平劇，座客皆覺大飽三福——口福、耳福、眼福。

至於杜月笙與孟小冬這段由戲劇同好而結合的姻緣，亦相當曲折有趣。杜原早傾心於冬皇，當「八一三」抗戰發生，杜與孟不約，皆由滬至港。因各較閒散，見面機會既多，過從亦日益親密。及三十年「一二八」太平洋美日戰爭爆發前夕，杜以公赴渝，久滯未歸，孟小冬最初猶留港以待，不久，亦北上至平，似已成了分飛勞燕。孟在北平，以生活關係，重理舊業，登臺演唱。杜在渝，則舊情難忘，每至夜深，必以短波無線電收聽孟小冬在平登臺演唱的轉播。杜用情之深，似以一聆珠喉亦可稍獲慰藉！

以後直到三十九年，大陸赤燄遍地，杜與孟小冬皆避難香港，始得重續舊盟，補行婚禮，冬皇才正式成爲杜氏家族的一員，杜亦更有快慰平生之感。杜月笙逝世後，冬皇夫人以知音難再，亦謝絕紅氍毹上再現身手。雖間逢嘉慶盛典,偶或一露色相,卻又不是一般顧曲周郎可以欣賞得到的。

誓不帝秦避港養痾

中共竊據中國大陸以後,乃中國歷史空前未有的奇變。天下洶洶,進退失據。將校武夫、文人學士,屈節投降,賣身投靠者,實繁有徒。最大多數的人,思想上既充滿了矛盾,行動上則徘徊觀望。終於闖進鐵幕,不由選擇,唯有歸順。杜月笙則預見機先,曾告誡家人、親友、弟子,遷地爲良,趨吉避凶,皆應早爲之備。杜本人經考慮決定後,即於三十八年四月,毅然挈眷南赴香港,賃居堅尼地道。時中共以杜尚有剩餘價值,可以利用,便一再派員赴港遊說,以名利作誘餌,打起僞主席毛澤東的招牌,恭迎駕返上海,爲所謂人民政府效力。時王曉籟(上海聞人,曾爲上海商會會長)、劉鴻生(浙江人,經營實業致富,有實業大王之稱,四十五年死於上海)、吳蘊初(葆元,江蘇人,以天厨味精致富,曾當選爲國大代表,四十二年死於上海)等,受了中共的哄騙,皆已動心,於三十八年先後北返大陸投靠。唯有杜月笙早已誓不帝秦,毫不爲所惑。或謂:這與其健康亦有關係。其實杜早嫌香港潮濕太重,如僅爲養病設想,上海又略優於香港。故杜不返滬,非爲病體,實大義所使而然。

杜月笙時年已逾六十,因生長於江南,不服香江水土,心臟亦覺衰弱。在港養痾期間,既少外出應酬，亦尠公私勞累；但經年餘休養，仍無起色。原患哮喘痼症，反益加劇，幾整日不能離開氧氣。尋且半身不遂，不能離開床褥。

加以國事日非，時傳惡訊；而私人在經濟上之有出無入，物質上既日趨艱困，精神上尤感苦悶。自覺心餘力絀，又計無所出，悶悶不樂，終日不解愁顏，常慨乎其言曰：「國家民族，到了這步田地，我亦走投無路，無從效力了。悶到死，我也將去矣。」當其病重時，蔣前總統介公曾派洪蘭友（國民大會秘書長），由臺專程飛港，問疾於病榻。杜月笙深表感謝，得悉臺灣都在進步之中，猶含笑斷斷續續而言曰：「好！大家都好！有希望！」其弟子陸京士（立法委員，七十二年病逝臺北）由臺赴港探疾，杜自知已少生望，並擬將所準備的一筆巨款，交囑陸京士，照顧「恆社」社員。陸以杜正需錢治病，除婉卻之外，並告以臺、港所有「恆社」社員，各營生業，咸能力爭上游，且都惓惓未忘師恩，更無勞恩師罣慮。杜色稍霽。

一代奇人八子三女

杜月笙病纏床褥，突發高熱，已達一百零九度。雖經中西名醫細心診治，因以精、氣、神三者均虛，反魂乏術，終於民國四十年八月十六日，在他六十四歲生辰的前一日，溘然長逝。按照陰曆計算：他生於中元節日，歿於中元節前日。或謂：亦太巧合，必有其異乎凡人的身世，異乎凡人的經歷。其然乎，其不然乎！杜逝世後，其家人宣佈他所預立的遺囑：

「余樸質無文，生平未嘗參加實際政治，然區區愛國之懷，不敢後人。遠如辛亥革命及討袁之役，余因追隨邦人君子之後，盡其棉力，効奔走之勞。近如北伐統一及對日抗戰，更懍於國家民族之大義，益勵素志，兼因一己事業上之負荷較重，故對國事之貢獻機會，亦隨之較多。他如生產建設或社會事業，凡可福國家而利民生者，無不唯力是視。誠以余出身寒微，所受國家社會之恩賜殊多，義之所在，不敢不盡力以赴之也。比年以來，夙疾頻發，以國難未已，憂心如搗，體力日益不支，愧不能再有所報奮。玆當永訣，深以未能目睹中華民國之復興為憾；但望余之子弟及多年從遊之士，能繼余志，各竭忠誠，隨份報國，是所大願。」

遺囑簽字，註明為「四十年八月七日」。其中除勉其家人子弟與門徒繼承遺志外，就是以未能看到光復大陸為念。其愛護國家民族之心，更躍然紙上。實大有陸放翁「王師北定中原日，家祭毋忘告乃翁」，雖死不忘之慨。

杜月笙的喪訊傳出，臺港社會人士多表傷感太息。隨停靈於香港萬國殯儀館治喪。蔣前總統介公賻贈「義節聿昭」四字，以旌表之。各方所贈祭幛輓聯，懸遍祭壇內外，自有不少佳章傑作，這在「杜月笙先生紀念集」中，已多收刊。出殯之日，素車白馬，弔者塞途。時天空陰霾四佈，細雨霏霏，亦似為斯人之痛而掉淚者然！越二年——四十二年六月，始運靈安葬於臺灣臺北汐止。杜月笙有五位太太，元配沈月英、繼配陳夫人、三夫人孫佩豪，及前述姚、孟兩夫人。子孫滿堂——八子三女。

智者好人所以為奇

杜月笙歸眞反璞，生世算是完了。古文學人士替他人作傳記或寫墓誌，最後照例來一套什麼「贊曰」、「銘曰」，吹捧歌頌的駢體四六文章。現在雖用不著如此虛僞舖張，也不妨說幾句老實話。綜杜月笙一生，其初之不務正業，亦類今之太保流氓。及其憬悟，又能從善如流，不私其財，不自求享受，不爲兒孫稻粱謀，專注社會大衆，關心民生福利，素行急公仗義，濟困扶危，皆視爲「盡人之本分」。以一布衣而名動公卿，往來顯貴，亦無逢迎驕矜的俗態與矯情奪理的言行。所創「恆社」，以「互助互信」相勗勉，立爲共同守則。雖負俠義之譽，絕不以武犯禁。蓋以爲人和藹謙恭，與世無爭，與人無怨，而又功在國家社會，此其所以難能可貴耳。

上海乃至江浙一帶，大佬、好老、濶老、強老多矣，而「名不虛立，士不虛附」（史記語），試問尚有誰能出杜之右！故以智愚論人，不如以世俗之見論杜月笙，杜月笙直是一個愚到極點的智者。以好壞論人，不如以一般觀點看杜月笙，杜月笙乃是一個壞到頂點的好人，此其所以爲奇也。余無適當之詞來紀述他，只好譽之爲江湖奇人。

北大第一位女教授陳衡哲

晤面偶然相知頗深

我寫了「儒雅風流的馬君武」一文後，觸發我想起了與馬先生同時代，國立北京大學蔡元培先生所聘的第一位女教授，且是當時名史學家兼文學家的陳衡哲女士。

她雖沒有得過任何博士學位；但其眞才實學，卻爲胡適、馬君武及其同時學者所深推崇讚揚的！我雖早聞其名，對日抗戰之前，我並不認識她。直到抗戰期中，在重慶一次偶然的機會中，始得初識其人。余原以爲她是江浙人，這才知道她原籍是湖南衡陽，對我攀起鄉親來，還以老大姐自居。她的伯父陳梅生(眉生)先生，並是湖南省有名的大儒。民國初年，曾繼王湘綺(壬秋)之後，擔任過衡陽東洲船山書院山長(後改稱院長)。我們初次見面，談得相當投緣。記得有一次，我們同從教育部走出來，我要回相國寺任家花園。她要回李子壩，我被邀順便先到她家作了一次客。談到將近黃昏的時候，才握手道別。

從此以後，還見過兩次。我對她的印象，似已有相當的認識。後來她的朋友或學生，也爲我介述過她的種種，算是相知已深了。在我的腦海中，也就常有著她的影子存在，但自重慶分手後，我一直得不到她的消息。來臺灣以後，民國五十年，我在中央研究院會見過胡適之先生，便探到任叔永與陳衡哲夫婦的消息。胡說：「任先生已於今年在上海去世。莎菲（胡氏對陳常稱其別號）目病加劇，幾近盲視的程度。所幸他夫婦倆，都能識得重與輕，這是最能使老朋友安慰的地方；但此生或已相見無期了。」言下頗有無限今昔之感！更不料胡氏一語竟成讖，僅逾數月，五十一年二月，他自己歸了道山。

名門之後教學一生

陳衡哲，原名燕，字乙睇，號莎菲，名號皆具有文學意味。原籍湖南衡陽，卻生長於江蘇常州（今武進）。生於清光緒十六年（一八九〇）。雖係名門之後，但雙親皆早故。幼依舅父莊蘊寬（思緘，清末大儒）而居。莊爲國學大師，且爲她延師授讀。陳氏在舅父與名師雙重薰陶之下，故於國學與詩文，皆具相當基礎。光緒末季，始隨舅母由廣州至上海，肄業於教會女校。民國三年，考取了清華大學留美，爲該校第一屆十名女生中之一。後人多以清華老大姐稱呼她，即源於此。她留美，初入紐約瓦沙女子大學，專修西洋歷史與西洋文學。繼入芝加哥大學，仍治歷史與文學。時與胡適之、任鴻雋等，皆留美的風頭人物。

民國九年，獲芝大英文文學碩士後，正擬進修博士學位，適上海商務印書館，商請其回國擔任編纂工作。時蔡元培（孑民，浙江紹興，光緒壬辰科進士）先生二度出長北京大學，開風氣之先，打破國立大學傳統的限制，聘請陳氏爲北大第一位女教授。教西洋史兼英文系課程。姚從吾、勞榦諸名教授，皆出其門。陳氏時年近三十，由胡適之作合，於是年秋，與比她長四歲的任鴻雋（叔永，四川巴縣人，原籍浙江吳興，秀才出身，留美，曾任廣州大元帥府秘書）博士結婚後，夫妻唱隨，遂以教育工作爲職志。她在北京女子師範大學、南京東南大學、成都四川大學等校，都以講西洋史爲主，文學爲副。聲譽之隆，與並時之趙元任、胡適之、徐志摩、朱經農、馬君武、梁啓超、聞一多、郁達夫諸鴻儒學者，既蜚聲於講壇，亦稱霸於文壇。「九一八」事變之後，北平中國科學社諸教授（任叔永爲負責人之一）感於平津風雲日緊，發起遷社至川，故陳氏亦得隨夫入蜀。兩氏同任職於川大。直到二十五年，由於四川軍人的攻擊（見後），乃與任叔永先後由川大辭職回平。時陳氏年已四十五，燕居，即以寫作與培育子女（女以都、以書，子以安，後皆有成）爲務。及對日抗戰軍興，乃自平經漢口、九江移寓廬山。從此頻頻播遷，二十八年，始經廣州赴香港，轉昆明。三十年夏，又移香港。香港淪陷，復回昆明，任教西南聯大。終定居於重慶。抗戰八年歲月，她眞可謂勞人草草，馬未停蹄。

抗戰勝利後，夫婦兩再度赴美。陳氏任美國會圖書館指導研究員。期滿返國。五十年任叔永病逝於上海。陳氏則目病加劇（似為今稱之白內障），教學一生，由於環境與健康關係，至此便難以為繼了。六十五年，病逝於「上海醫院」，享年八十有七，葬於蘇州。

文學史學撰著皆豐

陳衡哲以中西文學，皆具深厚基礎。因之，有關文學與史學之寫作著述，亦極豐富。茲擇其尤者，略而言之。民初，她不過二十左右時，所作題為「一日」的短篇小說，卽有為我國新文學史上冠軍之譽。所賦「月」「風」二詩，胡適則評為「兩首妙絕」。胡適固深佩陳氏的才華，陳氏亦久仰胡適的博學，深引為文字知己；惺惺相惜，自成了學術上的好友。陳比胡小兩歲，胡寫信或見面時，皆直以「莎菲」稱陳氏，也就無怪其然。「莎菲」乃陳氏的別號，她發表文學作品，筆名偶亦署上「莎菲」。她的文學作品，以在新青年、獨立評論、北京晨報發表者為最多。其他報紙、雜誌，亦偶可散見。中英文著作，亦復不少。其最膾炙人口者，為民初所著「西洋史」二冊，及英文的「論中國文化」，傳之中外。抗戰時期，昆明西南聯大師範學院，有一次集全國民初以來所出版的西洋史、歐洲史、外國史教科書，聚十數專家公開來研究。所得結論，咸推陳衡哲民初出版的「西洋史」二冊，列為三十餘種之冠。這是出自眾目昭彰，眾心所許的眞才實學功夫，誰都不得而私的。

「獨立評論」是我國當時極負權威的雜誌。宋哲元以該刊所載：「冀察不應以特殊自居」一文爲不當，要封獨立評論的門。事雖經胡適之先生在無傷尊嚴之下，作了解決；但獨立評論之有膽說話，從此也贏得了南京中央政府及京滬學術界的重視。本雜誌的創始人，皆全國當時知名的學術精英，有胡適、傅斯年、翁文灝、陶孟和、陳衡哲、丁文江、蔣廷黻、任鴻雋等約十人，皆爲基本社員。胡適擔任主編。胡氏如離平不在社時，常由陳衡哲代主編務。其時陳之邁，年僅二十餘歲，二十四年，尙任清華講師，也是撰文投稿人之一。後來陳之邁作了一篇文章，發表於臺灣某刊上，不明何因，竟將任鴻雋與陳衡哲之名，從獨立評論的「創始人」中刪除了。這樣不顧歷史事實，明知固昧，道義上固然說不過去；如果對歷史消眞滅實，也就失了一個學者的研究態度。其中果另有其他隱情，那便不是局外人所能想得到的。我們愛護學人，尤其愛護歷史，都覺困惑不已，也覺不吐不快。

賦性特殊亦剛亦柔

陳衡哲生平待人接物溫和、誠懇、親切、精明、能幹，皆兼而有之。同時也有倔強的脾氣，嫉惡如仇的熱腸。不畏強梁威脅；亦不趨炎附勢。很少疾言厲色的火爆；也無虛僞欺飾的矯情。既有湖南人的豪情與堅毅；亦不乏江浙人的細緻與文雅。從表面看來，她很像一個不容易接近的人。一言一行，什麼都講究規矩，錯了規矩，常不假人以詞色。她這種脾氣，學術教育界的朋友，都是知道的。她常對學生晚輩們說：你不要怕人「恨你」，恨是不要緊的。人家了解之後，就不會恨了。但你絕不可讓人「看不起」，那可能會糟透了。「恨」與「看不起」，是截然不同的兩種心理因素。

陳氏的夫君任叔永，素有清明廉潔之譽。在北平時，自始就擔任了「中華教育文化基金會」的幹事長。這是一個管理美國退還中國庚子賠款的機構。多年來，任氏對於這筆基金的保管，支配、運用，都盡了當盡的職責。當汪精衞在南京任行政院長時，多次想移用這基金會存在紐約保存及投資的基金。任氏初雖據法力爭，且說董事會通不過；但仍怯於汪精衞的權勢，心中又不免有點游移難安。陳氏則極力支持任氏不要怕，斷然揚言以告任氏曰：「我非牝鷄司晨，也不怕人恨。應本責任與道義立場來說話。紐約所存庚款，誰也不許移拿借用。我們寧可讓人恨，而不能讓社會人看不起。」汪精衞素知陳氏個性倔強，從此亦不再提及此事。紐約這筆存款，才得保全。陳氏這種亦剛亦柔的特殊個性，由此便更出了名。

規矩習慣華洋雜揉

我比陳衡哲大約小了十歲。我們在重慶初會時，她大概五十不到，還有中年婦人的活力，生氣勃勃。她中等身材，方形臉，顴略高，也顯出了她剛強的個性。生而近視，經常戴一副金絲邊眼鏡，並不失其「神氣十足」的姿態。有人說她的腳是屬於改組派的，這也毫不足怪。因為纏足原是中國婦女的陋俗，直至清末時代，除旗人與農家工作婦女之外，凡大家貴族或有閒的女子，多數是纏足的。得風氣之先者，便率先解放了。即令解放了，仍多少有點變型，而非天然形態了，故稱「改組派」。陳氏之足，即此一類型，但不經道破或不十分注意時，是絕對看不出來的。陳氏口才很好，能說好幾種地方方言：常州話、上海話、北平話和少許廣州話。因其生長於江蘇常州，對原籍的純長沙話、衡山話，反一句都不能出口。英語說得最純正流利，如僅聞其聲，而不見其人，反以為她是美國人。她亦富有如英、美太太們的親切態度。所以當羅素來華到北大講學、泰戈爾來華遊歷，陳氏也是被「中華敎育文化基金會」推選出來，負接待責任的人之一。她英語雖然說得好；但與國人談話時，卻有夾雜英語的習慣，又常為不懂英語者所難耐。因為她有濃厚的中國世家風範與規矩，又有英美式的禮貌與習慣；所以也才使她成了一個華洋雜揉、中西合璧生活的人物。這也就是她常說的：「不依規矩，不能成方圓，沒有習慣，便會朝三暮四」的註腳。

黌門教學陋室傳經

北平原是中國民前的政治中心、文化古都，也是中國住家最理想的地方。陳氏居留北平，時間亦最長。朋友告訴我：任家當年住在北平西單牌樓察院胡同二十九號，是一所極爲寬敞北京式的古老房屋。前面園子，花木扶疏，有柏樹、翠竹、花果等。宅後有土地、荷池、樹木、石山洞。具有都市中的鄉村風味。宅內大小客廳、大小書房、臥室、浴厠、厨房，無不寬濶修整。且有當時亦鮮見的暖氣水汀裝設。陳設中西參半，中西書籍，裝櫃分列。窗明几淨，雅潔異常。走廊寬長，尤其下雨時是兒童們最好的玩樂地方。抗戰前夕，任氏夫婦因離平南下，該宅曾借給陳之邁居住過。嗣陳之邁應召參加廬山會議離平。不久，日人佔領北平，陳之邁亦未再返。本宅以後如何？便不得而知。不過陳衡哲後來在昆明所住青雲街、黑龍潭；上海所住楓林橋中央研究院；重慶所住李子壩；各處的房子，都比不上北平的住宅，相差遠甚。

陳氏之家，不論在北平、上海、昆明，我都沒有去過。其爲純中國傳統兼有美國化的一些形像，但無濃厚的宗教色彩，乃是可以想像得到的。我僅到過她住在重慶市郊李子壩的家。那時由於戰時環境與客地寄居，一切多因陋就簡，自然都講究不起來。不過我很欣賞掛在她家客堂壁間，陳氏自撰自書的五言對聯。字不太好，聯語倒很貼切。聯云：「黌門培博士；陋室好傳經。」上聯，不脫敎育家的風範，似寓有補闕勵學兩義在內。下聯，似懷念北平故居，又能安於現狀。兩句平淡話，含蓄得體，非知其情者，不能悟解。

最愛朋友樂於助人

陳衡哲因具有嫉惡的性格，自有一種俠義心腸。對日抗戰時期，她以孔（祥熙）、宋（子文）兩人，一個掌經濟的權衡，一個執金融的牛耳，弄得社會的經濟生活不能平衡，很不滿意。這當然是受了左派人士思想的影響。因而偶有遷怨於政府的想法。其時，中央想借重她，發表她做監察委員；國民參政會成立，又選她當參政員；皆辭不就。謝冰心後來之能入國民參政會爲參政員，據說卽爲陳氏辭讓後所推薦的。謝冰心卽謝婉瑩（來臺後，曾在臺大任過教授），爲五四時代興起的新文學家。曾在燕京大學任教，其夫吳文藻先生，任燕大社會系主任。謝氏亦留美學生，在北平時，與陳氏原爲通家之好。陳氏之所以推薦謝氏者，並非是「已所不欲，而施於人」的心理。實由於後來自己把政府國策的道理想通了，對孔、宋亦釋了疑怨；本國家興亡有責與愛護和期待朋友有所建樹，才想出來的兩全辦法。

在昆明時，西南聯大有程某者，與陳氏毫無親故關係，意欲提前赴美深造，當時還沒有留學考試制度，便商之於陳氏。陳氏於分析當時國內外戰況之後，隨告程某曰：「記住！天下不久將有大變，還要我們大家來艱苦撐持一個短時期！赴美今尚非其時，將來我當爲君圖之。」抗戰勝利後未久，經由陳氏的推薦，程某果得償其夙願。陳氏之樂於助人，由此亦可見之。

生活儉樸中西合璧

陳氏一己和其家庭的生活，一向儉樸自持，不失淸白家風。我前文已經說過：她有西方式的禮貌和習俗；也有中國式的傳統和規矩。平時雖極溫和親切，有人一旦失檢，有乖法度，常會不客氣的大開敎訓。家中事無巨細，多必躬親。爲人精明能幹、不易受騙上當。北平家裏所僱的厨子，在當時的北平，是相當有名的。僱用的女傭，也是標準能幹的北平老媽子。她離開北平以後的家，便常爲著厨子和女傭傷腦筋，這也就是因爲自巳太精明能幹的緣故。她的飲食，中西無嫌，力主豐儉適度，重視營養，不許浪費。她亦無偏食習慣，祇以新鮮精細爲主。養成了飲西式下午茶的習慣。多利用這時間，會客談話，或啟導家人晚輩。平時亦不愛吃零食，唯於湖南的五香蘿蔔干、酥糖，洞庭湖的蓮子例外，家中也經常備著。

因其爲人隨和，對於賓客的交接，常一見如故。她愛客好客，原是有名的。因之，座上客常滿，茶杯不够時，臨時輒要乞之於鄰。與初會的客人常愛說：「隨便常來我家玩，不要客氣，要自由、隨便。」對子女晚輩介紹客人時，先必確定對客人的稱謂：如伯、叔、姑、姨、兄、弟、姐、妹等，並要切記，再見便熟。與長輩對話時，須用「稱謂」，不能用「你」或「你們」。晚輩坐著，看見長輩走來，必須卽時起立。這就是中國傳統的禮貌規矩。湖南、北平、上海、常州、四川的世家，現在仍多保存未變。如稱太太們，她不主張中國人用「安娣」這類稱呼。因此大家都稱她爲「任太太」，也不用「教授」這類的稱呼。

任氏夫婦，皆留美出身，卻未過度洋化，數典忘祖。不但有傳統的儉樸修養，也最富有愛國愛家的思想。由其言行中，皆可看出來。雖說生活是中西合璧，美國氣氛並不濃厚。家庭用品，既少西洋貨色；她的寫作，也尠見「上帝」這類字句。他的三個子女，也早養成了文具用國貨的習慣。例如鉛筆（當時尚無原子筆），全家沒有一枝外國貨，都用當年唯一的「中華鉛筆」。其他用品，亦大體不離這一原則。

反對納妾惹出風波

陳氏尊重女權，反對男人納妾，本其一生的素志。過去在報刊上所發表的文章中，已多論及這類問題，不過沒有提出具體的對象與事實而已。民國二十四年，其夫任叔永在成都任四川大學校長，陳氏亦在川大任教。不料陳氏在四川環境之下，作了幾篇反對納妾的文章發表後，竟遭到川軍某些將領的反擊，指責陳氏「侮辱了川省婦女界」。在這頂大帽子壓榨之下，便惹來了很大的是非風波，逼得任氏夫婦，先後離開了川大。

這風波發生的遠因，固出於陳氏一貫尊重女權，反對納妾的思想。「納妾」在中國社會上，已是司空見慣的事；而反對納妾，也不是近世的新問題。中國近世有一個怪學者辜鴻銘，字湯生，是一個中西哲學和文學皆有成就的人。他與一個美國太太辯論「納妾問題」時，曾有：「祇有一隻茶壺用四隻茶杯；未見一隻茶杯用四隻茶壺」的妙論。過去四川有些軍人就是講究「一壺四杯」多妾主義的。而陳氏一生，正是以反「一壺四杯」作婦運號召的。近因，則起於陳氏被邀參加某將軍的一次家宴。他家羣妾侍側，宛如封建皇家三宮六院的嬪妃一樣。陳氏已經感到頭昏腦脹。宴後，某將軍請她登榻燒兩口玩玩。這本是鴉片家庭平常一句客套的應酬話，不料陳氏卻誤會了，以爲這是姬妾輩的事。當卽婉拒了；但她愈想愈不對，認爲這是對她的一種侮辱，私心很不自安！乃興辭而歸，便提起筆來，在胡適等出刊的「獨立評論」上連續發表了幾篇文章，於是惹下了大禍。

陳氏的文章，因爲有看不起川軍將領某某等人姬妾成羣的生活，不免有所諷刺。且明白指出：「中國男人，尤其是由軍閥統制，副官姨太太作主的邊疆割據省份，其對於女人的侮辱和謾罵，原是全世界任何民族不能比擬的，下流到不能再下流。……將軍們的姬妾之多，有的數十房，少亦十房左右。有的且派十八、九歲的姨太太，到上海去留學。每位一棟租界上的房子，奴僕如雲，用錢如水。而川康之山民，有十八、九歲的大姑娘，尚無遮羞之一片布者。……。」

陳氏文章發表過後，便惹火了某將軍的「姨太太們」，發表「反對川大校長任鴻雋的宣言」。宣言中提到「某將軍」時，還妙筆生花，稱爲「我們的丈夫」。妙極了，眞可謂爲「自甘下賤，不知羞恥」已甚。幸好沒有在「丈夫」之下，加上一個「們」字。此宣言，自然不是姨太太們的傑作，而是有人代庖的。同時，爲了對抗辱駡陳氏，還在成都辦了一家小報，專門負責針對陳氏信口雌黃，隨便侮辱。妙語如珠，風傳一時，我在此停筆，不想多所引述了。當時汪精衛有一次在講演中說：「我國以孝治天下，而駡人動輒傷人的母親，辱人的姊妹。」明白的人士，自然心中有數，聞絃歌而知雅意。任氏夫婦，眼見下流的辱駡展開，將來更會什麼話、什麼事，都會駡得出口、做得出來。文鬪不成，或會加上武鬪，秀才碰了兵和遇了自甘下賤之輩，就會吃大虧了。祇好自認晦氣倒楣，避退三舍。陳氏當即辭去教職返平。任叔永亦於二十六年採取同一步驟，暫回北平老家休息。一場無妄之災的風波，才算平息了下來。

命名中山妻的由來

與上述「納妾」頗有關聯的一個命名——「中山妻」，似乎也是陳衡哲所創造出來的。在她以前，的確沒聽別人說過。這典故與其眞實意義何所出？陳氏亦未說明過。據她的解釋說：「清末民初時代，雖已跨進二十世紀，但中國的婚姻習慣，仍多沿襲封建的傳統觀念，咸以通婚大家世族，爲晉身顯貴的終南捷徑。士大夫階級，仕途苟不得爲清望官；婚姻苟不結上高門第；則其政治地位與社會階級，都會因之降低或淪落。這種情形，很可能延續到後輩若干代。爲了避免或挽救這種現象，有些人便從各種管道發展，男的便非高門世族的女子不娶。其已結髮有妻者，有的便把『家鄉太太』，對外隱秘，對內儲存起來，另娶一位世家的或摩登的太太。」這位新太太，陳氏無以命名，便名之爲「中山妻」。她並謂：「不必妄取證例，我的好朋友傅孟眞先生，他的學識才能，固是值得讚揚的；但他一生的成功，就有賴於他娶得浙江俞門俞大綵小姐爲『中山妻』。在學術、地位、事業各方面，都得到她的幫助不少。類此情形者，還有很多，就都不必說了。」

據一般人看來，所謂「中山妻」，旣不出於中國經典，也不見於西洋彙書；該算一個摩登名詞。旣說不是「續絃」或「兼祧」；說是「情人」或「同居人」也不合；在中國婚姻習俗上，確有點不倫不類。龔德柏（老報人，國大代表），曾放大炮式的說過：「中山妻這名詞，在中國傳統習語上，沒有她的名份，實際上就不殊於姨太太，在家族之間，沒有她的地位、社會地位，旣不能彰彰公然提出；法律地位，也是途途不通；如被當事者向法院告訴起來，還難免有『重婚』之罪。如是姨太太，便不會有這些麻煩。但姨太太與交際花草，實際又祇是批發與零售的不同。那中山妻與姨太太就更難分軒輊了。自然也有特殊的情形，中山妻亦有爲髮妻、元配，或家鄉太太所望塵莫及者，那又另當別論了。」」龔氏這段妙論，是繼陳衡哲閒話之後，在朋友閒話中所說的。閒話就閒話，習慣成自然，亦不必去計較。

善玩政客手法的王揖唐

抗戰前後華北兩奸

中國對日七七抗戰前後，華北出現了兩個同姓不親的老牌漢奸：一爲王揖唐，一爲王克敏。前者，以玩政客手段，搞黨派活動起家；後者，以得華洋買辦之助，搞金融財政起家。二王做漢奸的知名度，與南方巨奸汪精衞、陳公博、周佛海輩，皆在伯仲之間，但做漢奸的資格，卻比汪、陳、周都老。何以說是「老牌」？因二王同是留日的，自留日至其末路，一生未脫離過崇日、依日、親日的意識與活動，日人早目之爲「親日派」，且深得日人的信賴，卽所具做漢奸之基礎與條件，至少已有三十年的歷史，能說不老嗎！二王同由清季科舉出身，王揖唐爲進士，王克敏爲舉人，都差可稱爲飽學之士。他們在北洋政府時代，皆紅極一時，以貪污搜刮來的錢財，除花天酒地之外，便在政治上，狼狽爲奸，爲非作惡。而且這兩宗兄弟，爲政治上的互相聲援，成爲通家之好，進而結成畸形變態的岳壻關係。兩奸皆翰苑出身，讀聖賢書，不知所學何事？竟爾良知盡泯，廉恥蕩然至此。兩奸相同之處太多：抗戰發生前後，皆大出風頭，徹頭徹尾，相率為奸，先後都做過北平偽「中華民國臨時政府」的委員長。沐猴而冠，醜態百出。抗戰勝利，日寇慘敗，兩奸亦終難逃國法的制裁，同歸於盡。不過王揖唐服刑於河北監獄，而王克敏亦同獄瘐斃於牢房而已。兩奸穢史，本不足書，然口誅筆伐，亦春秋之義所難辭。且先談王揖唐其人與事。

雙料進士亦日本通

王揖唐的名字和別號很多，後以揖唐行，知道的人，亦較普遍。安徽合肥人，與段祺瑞同鄉。一生事業，得助於段祺瑞者亦最多。生於清光緒三年（一八七七）。幼時家貧，發奮讀書，由秀才中舉人後，益自奮勵。光緒三十年甲辰中進士，與譚延闓（前國府主席及行政院長）、蒲殿俊（四川諮議局局長）、湯化龍（濟武、湖北、北洋政府教育、內務總長）同榜。此科人才鼎盛，惟狀元劉春霖，同年多目之為庸材。王揖唐年最輕，當以主事派用。少年科甲出身，倘按步求進，自不難官運亨通，名成利達。乃王揖唐並不以此為滿足，或是見異思遷，尚覺徒具文才不够，必須進習武學，具文武兼資，才能用世裕如。夤緣結果，乃得清廷保送日本士官學校，投下筆桿，肩起槍桿。自滿清開科舉取士以來，翰苑出身之輩，以進士出洋留學，且習軍事者，僅有二人，都是光緒甲辰科的。一為陸光熙（且係翰林），一即王揖唐；時人多為刮目相看。王於光緒三十年九月出國。按例應先在日本東京振武學校，接受入伍訓練。王揖唐剛進校門不久，以不能耐每日操課勞役之苦，突然變志，改習法政。光緒三十三年，學成歸國。在京參加清廷留學生考驗，再獲賜予進士，便成了「雙料進士」。同年多目爲異數。

王揖唐回國，初在東三省總督徐世昌麾下任參議，頗爲投緣，深得徐世昌器重。王揖唐初期仕途的順利，即多出於徐世昌的提攜。宣統元年，隨戴鴻慈（少懷，廣東人，清法部、禮部尚書）特使赴俄，參加俄皇尼古拉二世的加冕典禮，便赴歐美各國，考察軍、政建設。歷時二年。歸國後，得任吉林省兵備處總辦。方冀從此可以一帆風順，不料辛亥革命發生，清舍既屋，王揖唐的總辦，也垮下來了。民國成立以後，袁世凱門下北洋三傑——龍王士珍、虎段祺瑞、狗馮國璋——中的段祺瑞，權勢盛極一時，王揖唐尚未得其門而入。初步還是由徐世昌的推介，投入袁世凱門下，任總統府參議、秘書、顧問等職。雖都是一些文職，袁氏卻仍授以陸軍官銜，以遂其文武兼資之願。但王揖唐總覺案牘勞形，侷促難展，亟思另闢途徑，早圖騰達，卻又不知何去何從？以後才認從事黨派活動，爲最易晉升之階。

總之，王揖唐初期在官場中的活動，所幹的大都是事務官。直到以同鄉關係，攀上了段祺瑞。藉黨派的力量，直到民國五年，段祺瑞組織內閣時，他才做過高級官員——內務總長。十三年，段祺瑞臨時執政時，做過不滿一年的安徽省長，兼督辦軍務善後事宜，這應算是他在北洋時代，最得意的時候。十七年，革命軍北伐成功，政府以王揖唐等多人「劣跡昭彰」罪名，下令通緝。以後數年，王揖唐便潛伏於日本或天津，不敢在政壇露面。至二十年，中央為應付與日本交涉方便，乃取銷其通緝，並派為東北政務委員會委員。直到二十四年，日本侵華日急，華北局勢惡化，復派為冀察政務委員會委員。於是王揖唐便以「日本通」（自詡的）的資格，活躍於華北政壇。及二十六年「七七事變」發生，日本決行「以華制華」策略。王揖唐與王克敏等，受命在北平組織傀儡政權——中華民國臨時政府——以後，王揖唐的「雙料進士」，已一文不值，「日本通」則大派上用場。

組黨結派與風作浪

王揖唐自認才識超羣，在政壇上，屈居小官末吏，心殊不甘。企圖另覓騰達捷徑，正不知何去何從之際，頓悟搞政治黨派活動，才是最好的晉身之階。因為中國政黨的發展，民國以來，有兩個極盛時期：一為民國初年，國會初開時期；一為抗戰建國至實施憲政開始時期。當民國成立，國會新開，政治上的問題益多。政見不同的各派人士，即羣起組織政黨。南京臨時政府北遷以後，政見之爭，日益繁劇，主要目的，期在爭取民國政權。當時根據各種勢力與特殊關係，起而組織政治團體者，總數大小不下二百。或二三人一派，或十數人一黨，或一人而跨數黨；或曇花一現，或朝起夕散；多因勢孤力薄，作用無多。除具有悠久歷史與遠大理想之革命政黨——國民黨之外，青年黨、民社黨既未成立；共產黨則尚無半點消息。其他類多官僚政客的結合，用作投身政治的工具。政見雷同，組織若有若無，且無固定的宗旨與主張。這就是民國初年，一般政治黨派的普遍現象。

王揖唐此時，見獵心喜。初投身於以黎元洪爲中心的「民社」（湖北孫武、張振武、蔣翊武所組成，於民元年一月成立）；再加入梁啟超、湯化龍的「共和促進會」（民初創立，後併入民主黨）；更投入章太炎的「統一黨」（民元年三月成立，頗贊同袁世凱的主張）。王揖唐初試啼聲，自覺尚能驚人！乃賈勇前進，在統一黨中，頗具權力，包領黨費，收買黨員，排斥異己。頗有左右逢源之勢。其時卽有「雙手抓住袁世凱，一腳踢開梁士詒」之謠。（梁士詒，字燕生，廣東人，時任袁世凱總統府秘書長。王揖唐則有取而代之之意。）王揖唐一足跨三黨。三黨復於元年五月合併成立「共和黨」，成爲袁世凱御用的黨。推黎元洪爲理事長。王揖唐爲幹事之一，負了共和黨的實際責任。民國二年四月，第一屆國會成立，王揖唐被選爲參議員。五月，「民主」、「統一」、「共和」三黨合併，改爲「進步黨」，政治完全依附於袁世凱，王揖唐爲理事之一。三年一月，袁世凱解散國會，另立「約法會議」，王揖唐被選爲議員。五月繼任「參政院」參政。五年四月，袁世凱帝制伊始，王揖唐則專辦「國華報」，鼓吹帝制，爲袁世凱捧場。隨任段祺瑞內閣內務總長。王揖唐總想攀交同鄉段祺瑞，這次也就是他加入「皖系」的開端。不過在任僅一月，辭職去遊德、法諸國，名爲研究陸軍組織。至六年四月始返國，重入政壇。

民國五年六月，袁世凱帝制失敗，憂憤而死。黎元洪以副總統繼位在任一年。民國六年，張勳復辟，黎元洪被迫解散國會，自己亦隨之去位。八月，馮國璋以副總統代黎，段祺瑞組閣任總理。十一月，北京臨時參議院成立，選王揖唐任議長。七年三月，王揖唐集其議員黨羽，正式組織「安福俱樂部」，亦由其操縱運用。自民國以來，政黨林立，王揖唐從袁世凱而黎元洪而段祺瑞當國，都是依恃黨派生涯的。組織安福俱樂部的主要目的，是在國會發生作用，收買議員，時而與風作浪，時而折衝調和。雖已大顯身手，卻終不脫其政客姿態。至此，段祺瑞與馮國璋，在意見上，已顯裂痕。段祺瑞辭職，由王士珍組閣。段祺瑞下野後，經其智囊徐樹錚的策劃，與奉系張作霖聯絡，威脅新閣。民國八年三月，王士珍下臺，段祺瑞再任國務總理。這一龍（王）虎（段）鬭的結果，段祺瑞因深得安福俱樂部的支持，氣勢比前便大不同了。

安福之盛其功甚偉

民國七年，段祺瑞以陸軍總長移植內閣。王揖唐與段祺瑞大將外號小扇子的徐樹錚密商，擬聯絡福建政客曾雲霈（毓雋）、梁眾異（卽梁鴻志，抗戰時在南京組織僞「維新政府」），團結「安福系」，以對抗當時北洋三系中的另外兩系：政學系（黃郛、楊永泰爲代表），交通系（梁士詒、李思浩爲代表）。當以民國六年段祺瑞的「中和俱樂部」爲基礎，於七年三月，在北京宣武門內安福胡同，正式成立「安福俱樂部」。有謂：這是因胡同之名而命名的；有謂：是以安徽、福建兩省的人佔多數而得名的。王揖唐以奔走效勞最多，得選任爲總裁。從此他也成了段祺瑞門下一大紅人，與徐樹錚齊頭並馳。倘徐非早死，兩雄或許不免於「勢不兩立」之爭。安福俱樂部組織的目的，旨在操縱國會選舉。當時公議以「買魚」（曹錕是「買豬仔」）爲隱語，招兵買馬、營私弄政。因之，王揖唐「魚行老闆」的外號，便是由此而來。

八月，北京臨時參議院閉幕。新國會（史稱安福國會）開幕，王揖唐被選爲眾議院議長。他的政治主張，也正如日中天。議員選舉結果，安福系三百三十餘席，佔絕對多數，成國會中第一大黨。交通系佔一百二十席。研究系（梁啟超、林長民爲代表）居末佔二十席。王揖唐復施拉攏妙計，在俱樂部中，組織「政務調查會」（類似今日之特務工作）。八年四月，又組織「兩院議員聯合會」（由「新國會籌備會事務所」改變而來），企圖使安福俱樂部，更團結、更擴大、更能控制，據有國會的全部。這時應是安福系的極盛時代。王揖唐老闆，自是厥功甚偉！

安福系既大勝於國會選舉，於是右手握住國會；左手掌有「參戰費」（即參加第一次大戰的借款，日金二千萬）的財勢；更擁有徐樹錚的新武力（徐練新軍三師）；對於新大總統的選舉，段祺瑞便已具有百分之百的把握。王揖唐、徐樹錚等的計畫：段祺瑞當選大總統後，則以副總統酬謝張作霖；徐樹錚組閣任總理；眾參兩院議長，分屬王揖唐與梁士詒。如此安排認爲得計！不料前副總統馮國璋不肯與段祺瑞合作，大鬧意見。馮國璋固有自知之明：任期屆滿，也無選任大總統的希望。其提出反對者，因由於一時氣憤難忍，亦實甚想蟬聯其副席。虎、狗之爭，照說狗是必敗的；但結果，虎沒有勝，卻便宜了東海（亦徐之自號）漁翁徐世昌（其中內幕，非常複襍）。七年九月，徐世昌雖輕而易舉，當選了大總統，也花了不少的錢——二百多萬；可是總比後來曹錕的當選，花了一千多萬，要便宜得多了。王揖唐這次捧段祺瑞登大寶，雖未成功，然失之東隅，卻收之桑榆。因爲徐世昌，素來也是垂愛提携他的，今日既登大寶，自會倍加照顧。何況在選舉中，個人還獨得了八十萬，爲數也不算少。倘段祺瑞眞當成了大總統，恐不可能有此奢望！

顧媽一躍飛上枝頭

王揖唐私囊，突然飽裝了八十萬，實已超其生平的幻想。正逢喜事精神爽之際，又認識勾搭上了「顧太太」。所謂顧太太，人有很多的說法：有謂：顧太太本姓顧，爲上海長三堂子（高級妓戶）的小娘姨。有謂：清初，南京秦淮河上四大名妓之一的顧眉生，嫁了落水名士龔之麓以後的稱呼（不叫龔太太，而叫顧太太），今亦仿而用之。有謂：顧太太原是人家的童養媳，未曾圓房，丈夫因病而死。被婆婆賣入娼寮，她心有未甘，乃潛逃赴滬，以傭工爲生。嗣被其婆婆查訪找到，引致糾紛。經其傭主某，出面調解，由顧太太獻出其私蓄一部份作贖金，才得還其自由之身。這時的顧太太，年不過二十左右，雖擺脫了羈絆，四顧茫茫，仍落入了青樓爲「跟媽」（卽小老媽子）。偶與王揖唐相識，驚其花容姿態，皆屬上乘，竟屈居「跟媽」，未免美玉落泥沙。便爲籌謀，脫離妓寮，收爲副室。或謂顧媽此時，已擁多資，原有擇人而事之意。適逢王揖唐以政治關係，來到上海。一見之下，兩情相投，遂告同居。

從此，顧太太便飛上枝頭作鳳凰了。常與王揖唐參加交際應酬，周旋於眾貴婦名媛之間，固可分庭抗禮；而其本身言談進退，亦非常雍容得體。外人多以「王太太」尊之，自己亦常以「王太太」自居；但仍有人稱「顧太太」者。而王揖唐的子女和近親，則多呼之爲「顧媽」。「顧媽」之稱，亦有兩種意義：一是尊稱，有長輩之意；一爲通常傭人之輩；全由各人心理而確定。身份則始終未明。而王揖唐與她的關係，倒很像湖南大名士王湘綺（壬秋）與周媽一樣，似妻非妻，似傭非傭。實「夫人」、「太太」、「姨太太」、「老媽子」兼而具之。

王揖唐的髮妻某氏，據說相當賢淑，于歸王家，尙屬貧賤夫妻。王揖唐之發達，得力於其內助者亦多。王揖唐得意政壇後，其妻竟一病不起，富貴未能共享。及顧太太入門，王揖唐便有將她「扶正」的打算。因聞子女心有不平，有提反對的風聲。乃託詞「扶正」之議，係合肥總理作主。欲以段祺瑞的牌頭，壓服子女。此乃家庭私事與倫常問題，段祺瑞縱想管些閒事，亦決不會及此。而其子女，亦始終不肯承認有此繼母。及十三年，王揖唐擢任安徽省長，攜顧媽赴任。當時報上發表消息，竟稱「王夫人」或「王太太」不絕。時王揖唐有二子在滬，見報大爲不滿，乃刊登啟事聲明：「先母棄養多年，家父並未繼娶，現在僅有一老娘姨顧媽，隨侍其側，不得僭稱夫人。」啟事發佈後，當卽遍傳爲笑柄。使王省長很難爲情，顧太太更覺慙愧難安，悔不該隨夫之皖！跡其子女之意，原在哀念其母，辛勤一生，死後，正室之名，又被一不清不白的女子竊去。不但有辱先人，名不正、言不順，亦有損家族的聲譽。以致才有此一聲明。

旁觀者清，不管其爲「王夫人」、「王太太」、「顧太太」或「顧媽」，都全不與外人相干。不過顧媽，其非大家閨秀、名門淑女，已很顯明。她以出身於下層社會的妓寮，平日耳濡目染，習於巧言令色，擅於靈活應付，自然瞭解一切應人處事的乖巧手腕。王揖唐活躍於政治舞臺，自然很需要這樣一個伶俐妖艷出色的助手，才能保證勝算。故當日一般官僚政官，多能對王揖唐俯首稱臣者，顧媽之功，實不可否認。尤其她能說服小阿鳳（養女或親生、不明）下嫁給王克敏做姨太太，結成狗屁倒竈的岳壻關係，狼狽爲奸。使王揖唐在政治戰場上，更是如虎添翼。

一無可取無恥之尤

王揖唐的生相，頗與常人略異。身材高大、耳大、腳大，很像關外人。晚年留上滿臉的兜腮鬍子，政壇中人，多以「大鬍子」稱之而不名。相者謂不但主大富大貴，且具長壽之徵，可致期頤。雖由科甲進士出身，卻一無可取，正如其同科的狀元劉春霖一樣，不被其同年所重視。他略有可觀的，除「大鬍子」之外，一切皆空泛不足道。但會「鑽」、會「拍」，還會死吃白賴的「忍」。還有就是軼聞趣事頗多，要言不煩，舉數點略言之：一、「九一八」事變後，華北風雲緊急，段祺瑞爲避日本特務的緊迫追跟，毅然由天津南下，接受蔣委員長的招待，才擺脫了日人的糾纏。其中穿針引線的人，王揖唐卽爲其一。二、大鬍子在民國二十年左右，拉吳鼎昌（達詮，四川、天津大公報創辦人之一，後任貴州省主席）一道南下謀官。後來吳氏果然做了大官（二十五年任實業部長），大鬍子由於狼藉聲名的影響，卻久未得法。三、蔣委員長在廬山，大鬍子亦趕去上山。知蔣公每晨必出外散步，王揖唐卽常偕顧嫣，一定按時在中途拱候。見了面，鞠躬如也，一言不談。四、王揖唐引段祺瑞南下後，大鬍子在天津日租界蓬萊街的住宅，已被日本憲兵搜查過兩次。大鬍子向憲兵說：「我還要替天皇做事，你們留點情吧！」幸日本人還要利用他，否則，他必早作階下囚了。五、王揖唐初列名華北政委，是在王克敏（委員長）之下做官，頗覺委屈。他倆雖有裙帶關係，王克敏卻很看他不起。徐世昌雖說過：大鬍子「官歷中外、才兼文武」，王克敏總不相信他。六、大鬍子常對王克敏說：「三爺，你知道你的太太，眞是我太太親生的嗎？」王克敏頗覺難堪。王克敏後以告人說：「大鬍子眞太過分，想由『邱垤』升『泰山』，做老丈人，眞是笑話。」王揖唐這類軼聞趣事頗多，最可發噱者，還是以下的故事。

抗戰前夕，蔣委員長介公，在廬山分別召集軍政顯要，學術名流，社會賢達舉行談話會，王揖唐亦奉召參加。委員長嘗詢其對外交上的意見，大鬍子不敢直陳，僅陳述了一番牛頭不對馬嘴的話。委員長僅一笑置之。蓋王揖唐此時，與日方已陰有翩翩起舞的勾結，深恐多言有失，祇好敷衍了事。或謂大鬍子擅於裝腔作態，自欺欺人。如抗戰勝利後，被捕在河北監獄，裝病、裝瘋、裝癡、絕食，以求脫罪離監，都是他慣技的重演。

民國二十九年三月，汪精衞在南京組織僞「中華民國國民政府」。事先已與日人召集北平僞「臨時政府」與南京僞「維新政府」的頭子們，在青島會議協調後，以僞臨時政府的王揖唐，爲南京僞政府考試院院長；以僞維新政府的梁鴻志，爲僞監察院院長。僞維新政府解散，僞臨時政府則改名爲「華北政務委員會」，以王揖唐爲委員長。他死皮活賴，還兼考試院院長，戀棧不肯放手。大鬍子還有一套歪論說：從前北京城，東富西貴。南方來的老爺們，都住南城，上朝就得三更起身。到北城走一趟，往返就得一天。現在南北二京，飛機不過三小時，縮地有方，兼個把差，有何不可？陳公博以立法院院長兼上海市市長，更是我王大鬍子的榜樣。大鬍子不肯辭職，汪精衞又託人再三授意。大鬍子始勉強舉副院長江亢虎（名紹銓，江西人，民初組中國社會黨，大出風頭）代理。汪精衞批示「無恥」。其實王揖唐本是「無恥也是手段」的主張者。汪精衞說他無恥，那就是無恥之尤者。

安福分裂魚行倒閉

七年九月，安福系王揖唐等，捧徐世昌任大總統，十月十日就職之後，段祺瑞推薦靳雲鵬（翼青，山東）組閣，以總理兼陸軍總長。靳氏亦段氏門下健將，安福系中的重要份子。但他與徐樹錚，素不相洽。徐在安福系中，爲激烈派的首腦；靳則爲溫和派的頭子。徐原爲秘書長。段氏薦靳爲內閣總理時，徐則受任西北邊防軍總司令，訓練新軍三師。靳任總理後，更不滿徐氏氣燄太甚，風頭太健，常大鬧意見。由於同門鬩牆，致時有府院失和，府會不協之事發生，有使安福系趨於分裂之勢。王揖唐以魚行老闆關係，處於兩雄之間，爲魚行前途計，雖積極圖謀和緩情勢，仍苦無從下手。安福系之發展，至此亦告停頓，似無法繼續前進！加以「五四運動」適時發生，全國責難安福系的章宗祥（仲和，浙江，時任駐日公使）、陸宗輿（子欣，江蘇，時任外交總長）、曹汝霖（潤田，江蘇，時任外交次長）等賣國。反日風潮，則由罷課而罷工、罷市，來勢已洶。張作霖、曹錕亦通電反段。徐世昌深恐事態擴大，難於收拾，乃下令解散安福俱樂部。這給安福系的打擊，實在太大。安福由內爭而離心離德；由外灼而東破西殘；雖欲苟延殘喘，更似乎難以爲力了。

不過，安福俱樂部在王揖唐領導之下，過去有消沈，也有發展。近年來，算是幾經風浪，滄桑屢更了。先是段祺瑞主張「武力統一中國」，與大總統徐世昌的意見相反。段氏便掛冠而去。接著發生民國九年的直皖戰爭。形同兒戲的僅僅三天，便把皖系打得落花流水。段祺瑞不但弄得上頭灰臉，且助長了直系的威風凜凜。自後，王揖唐開始有點覺悟：黨派是隨政權而起落的，政權才是推動黨派發展的實力。段祺瑞幾番棄權之後，他對於安福俱樂部，也灰心起來，轉有企圖掌握「政治的實際權勢」。不料又正逢著徐世昌，藉故解散了安福俱樂部，使魚行老闆，有名無實，且更遐棄了道義，忘掉了捧他上臺的安福諸子，明令通緝安福的幾大禍首。王揖唐、徐樹錚、梁鴻志，都飛鴻冥冥，分途赴日本、青島、天津等地。王揖唐到了日本，一面構思復起之方；一面從事著述生涯。一直隱伏到民國十三年，段祺瑞臨時執政時，才漸漸露臉於北京政壇。而安福俱樂部，此時則已名實俱無了。當安福俱樂部成立之初，其反對派之好事者，曾在小報上，刊載一聯曰：「安者危之基；福兮禍所倚」。今則不幸而言中了。

企圖再起欲振乏力

民國十一年，第一次直奉戰爭發生。吳佩孚擊退了張作霖，直系幾乎獨霸了天下。曹錕當年，原想求任副總統而不可得，此時對一登「大寶」，便躍躍欲試了。終於花了一千餘萬，收買猪仔議員，而登上了大總統的寶座。事後有「惜財如命」的某顯要說：殊不值得。時曹錕有個寵兔兒李彥青，字漢卿，長有總統府兩大處，在曹錕左右，比慈禧太后的李蓮英，更寵、更壞事。清末民初時代，此二李者，實近代有名之人妖也。李彥青當時說：「曹大總統的家財很多，現在僅存在我手裏的，就有八千萬。花千把多萬，買一個大總統玩玩，算不了什麼。」其狂妄無恥可知。原來民國七年，王揖唐以安福系的力量，捧徐世昌坐上大總統的寶座。隨之，副總統的選舉，王揖唐等本已屬意於曹錕。無奈各派議員倡言：選大總統，議員們都盡了義務（明知王揖唐多飽入私囊），副總統的選舉，便不能再便宜了，紛紛提出反對。王揖唐當時折衝於反對者之間，雖已費了九牛二虎之力，終未達成。而曹錕所許王揖唐事成後的活動費用，也全空勞畫餅一場。事雖未成；但曹錕對王揖唐，仍是感激不已！兩人的交情，從此亦愈深厚。當年曹錕希望副總統而不可得，五年後（民國十二年），竟當上了大總統，自然志得意滿極了。十三年春，王揖唐偕顧嫣，自日本秘密返國至津。曹錕特邀其夫婦來京作客，爲設盛宴招待，並思有所借重。王揖唐一以未得段祺瑞同意；二以無適當可插足之處；便謙辭了。蓋王揖唐此次來京，名爲應曹大總統的邀宴，實則是爲參與段祺瑞之復起而來，與宴則成了他陰謀的雲霧。

十三年，直奉第二次戰爭發生。馮玉祥與張作霖勾結，扯了吳佩孚的後腿，入京舉反。直系慘敗，吳佩孚從此一蹶不振。馮玉祥收獲也不豐盈。因奉軍入關，盛氣凌人。曹錕被迫下臺，馮玉祥也自行引退。成立攝政內閣，由張作霖、段祺瑞、王揖唐、吳光新等，開會協商，分配政治地盤。十一月，段祺瑞就任臨時執政，初欲以王揖唐爲秘書長。而王揖唐此時，已別有懷抱：「重視實際政治的權勢」，乃舉梁鴻志以自代。自己則另奉命出京，就任安徽省長，兼督辦軍事善後事宜。王揖唐如願以償，掌握了安徽全省軍政實際大權，意氣又洋洋起來，自覺頗爲有聲有色！至十四年二月，不幸因故免職。十四年冬，徐樹錚被馮玉祥謀害。段、馮互相利用之局，從此乃告拆夥。段氏之勢漸衰。及十五年馮軍西撤，奉軍橫行關內，段祺瑞的政治生命遂寢。安福系雖頻臨絕境，但王揖唐的政治生命，並未完結，自然還想東山再起。他在愁眉苦臉之餘，故仍惓惓不忘於自固藩籬。乃巧藉美人連環妙計，將其乾女兒小阿鳳下嫁於王克敏。安福系得王財神的財政支持，始勉強維持於未墜；但企圖東山再起，則仍欲振乏力。不幸的，繼徐樹錚被害事件之後，李純被殺；吳光新下臺；凶訊連連逼來，安福系老根摧毀，更是危在旦夕了！十七年五月，革命軍北伐成功，七月入京。以「劣跡昭彰」之罪，下令通緝安福系王揖唐等多人。王揖唐匿居天津。二十四年，段祺瑞逝世於上海。安福系的重心亦偶像既失，羣眾全作鳥獸散，「安福系」亦成爲北洋歷史上的名詞了。

改絃更張賣身投靠

王揖唐等的通緝令，未久，亦被取銷。二十年，華北風雲緊急，政府爲與日本交涉便利計，曾起用王揖唐爲「東北政務委員會」委員。二十四年，日本積極進侵，華北局勢惡化，希望宋哲元左右，有「日本通」爲之助力，又任之爲「冀察政務委員會」委員。這時一般親日份子，優孟衣冠，便大肆活躍起來。而王揖唐的「雙料進士」，已一文不值；他的「日本通」，反大派上了用場。二十六年「七七事變」發生，日本實施「以華制華」的策略。八月，平津相繼陷落。十二月，王揖唐與王克敏等，便徹底改絃更張，賣身投靠，接受日敵的策略，在北平組織僞「中華民國臨時政府」。如是一般寡廉鮮恥的舊官僚政客與軍閥，相率以二王爲中心，彈冠相慶！日人初以王克敏爲委員長，嗣改王揖唐任之，於是傀儡劇場，草創開幕了。

華北傀儡劇，正演得起勁的時候，二十九年三月，汪精衞成立僞「國民政府」於南京，號稱中央。組織都是仿照重慶「國民政府」的模式。在日人擺佈之下，經過靑島會議的協調：原南京僞「維新政府」取消，梁鴻志改任僞「監察院」院長。華北僞「臨時政府」，則改名僞「華北政務委員會」，先以王克敏爲委員長，王揖唐爲內務總長。嗣因汪精衞以日人過於信賴王克敏，忌之。乃改以王揖唐爲委員長。從此兩王意見不和，互相攻擊。王揖唐猶企圖集結安福餘孽，形成「皖系」，以抗「日系」（王克敏直通東京，在中國則以華北軍總司令多田爲背景）和滿系（日本關東軍爲背景）。於是華北又有滿、日、皖三系，角逐不已。在這種情勢之下，皖系力量最弱，王揖唐自然不能螳背擋車。王克敏再任委員長，便棄王揖唐如敝屣。兩王乖離，愈走愈遠。變態的岳壻之情，自然也絕了。迨原屬直系的齊燮元加入，王揖唐的聲勢愈挫，祇有坐觀王克敏、齊燮元（撫萬，江蘇）、殷同（桐聲，江蘇，日僞政權成立時，任督辦）三雄鬪爭，直到日寇投降。

中國經過八年的浴血抗戰，終於民國三十四年八月，日本投降而獲得最後勝利。所有漢奸，均難逃國法之制裁。王揖唐被逮，囚於河北監獄。

臨刑猶求總統開恩

王揖唐在平被逮，繫於河北城南二十里外的河北第一監獄。最初尚相當安分守法，除兩次提審之外，整日都在牢房，默坐或睡覺。即是監獄放風，讓罪犯至庭院活動一下，而王揖唐也從不出牢門一步。他在牢房壁上，懸掛觀音大士畫像一幅，終日唸經不息，偶或吟幾句詩。他有一特長，能躺在牀上寫字，且作蠅頭小楷。覊拘日久或因苦悶難當，或思展其自欺欺人的慣技。身體相當強壯，卻時裝病呻吟，又不肯就醫。且曾一度裝瘋，一度裝聾、扮啞、或裝傻作呆，醜態百出，鬧出很多笑話。曾又數度絕食求死，企圖免罪或減輕其刑責。監獄負責人，恐其有礙牢房的安寧，祇好將他改住病房第四室。直到送他服刑前，未作移動。

爲虎作倀的賣國漢奸，總是難逃法網的。王揖唐自更罪不可赦。經河北高等法院三審，於三十五年九月八日，判處死刑。決定十日執行槍決。至期上午九時，他仍裝重病，用擔架將他擡至女監西側，即日本著名香艷間諜，亦王揖唐早所素識的川島芳子（原名金璧耀，係清室後裔，寄養於日人川島浪速家，冒姓川島）就刑之處，準備行刑。檢察官照例詢問一番後，王揖唐始知大事完了，唯請「再發回上訴」！「請大總統開恩」！槍斃時，開了五槍（三槍未響），王大鬍子才氣絕身亡，時年七十歲。

王揖唐伏法之日，正是監獄規定犯人家屬探監之期。大鬍子的遠房侄子王德鏞，亦隨帶一籃水果食品等，前來探視。抵監獄鐵門前，即被阻於門外不得入。尚不明何故？及入始悉大鬍子服刑的凶訊。結果水果食品，祇好當作祭儀了，下午卻領得王之屍體而還。備棺裝殮，寄存於法源寺，待擇期運鄉歸葬。王揖唐的文學，頗有根柢，又係著名的日本通。生前曾有中、日文及譯述著作頗多。今日卻難得一見，是否「以人廢言」的關係？那就不得而知了。

奇人異事葉德輝

緬懷先儒摭拾成文

我在「怪誕不稽的辜鴻銘」一文中，引述了三個怪學者。其中之一，卽爲三湘國學宿儒葉德輝氏。早年在大陸退休的老教授楊儒盦兄，八十高齡，耳聰、目明、且健。一日由臺南北來過訪，談到本文。曾說：「我與葉氏爲小同鄉，關於葉氏的宿學與爲人，夙聽鄉中前輩說過不少。故對大作所述有關葉氏的故事，便特別感到興趣！祇惜語焉未詳，頗有吊我味口之感！」並謂：「我已略知葉氏放蕩不稽之爲人。這或許是他『士先器識，而後文藝』之修養的功夫不够，致遭鄉黨不少詬病。如我者不學少術，又覺葉氏『不安於位，心多旁務』，未敢妄置批評，惟望你能客觀的爲葉德輝氏寫一篇專文。以供衆讀，我尤拭目以待！」

作者原來本有將辜文中所引述的三位怪學者——林琴南、王國維、葉德輝——三人的學行分別各撰一文的計畫，祇以資料取給不易，尤其是關於葉德輝的。「葉氏叢書」找遍了臺灣各大圖書館，更不可得。茲僅就很少的文字資料；及已作古之張齡（劍鋒，湖南湘潭人，曾任前蔣介石總統侍從室秘書，來臺後去世）兄之所常談；益以楊儒盦兄所賜教者；摭拾以成本文。文固不足道，而緬懷先儒則一。藉以乞教於讀者！

出身翰苑生性怪僻

葉德輝，字煥彬，別號郇園（有謂爲「郋園」者，「郋」字似不見於辭書字典），晚年有時自稱怡園先生。先世不傳，以農商起家，稱鄉中富有。生於清同治三年（民前四十八年、一八六四），民國十六年（一九二七），被長沙農民會殺害死，享年六十四歲。幼卽天資顥悟，向學頗勤。二十二歲舉於鄉。二十九歲（光緒十八年）成進士，任吏部文選司主事。以不樂仕進、取功名，未久，乞歸養親。他本湘潭人，就長沙卜宅而居，奉母讀書，矢志於學術研究。

葉氏貌清癯，未留鬚，面麻齒露，眼近視，其貌殊不揚。湘人多以「葉麻子」呼之，葉聞之，亦漫應之而不慍。生性相當怪僻，倔強、頑固、保守俱備。意氣甚豪，談鋒極健。復玩世不恭，不拘細節，也不亞於辜湯生。平時詼諧百出，愛譏嘲罵人。對於清末民初維新、革命兩派的主張和人物，均反對甚力。於軍閥與共產兩種份子，尤深惡痛絕。亦因之而屢屢賈禍。

家中藏書甚豐，珍本尤深藏不露，且絕不借人。爲防杜親友開口借書，常於書齋標貼一字條：「老婆不借、書不借」。視書與老婆同等珍貴。或謂其標貼爲「妻可借、書不可借」者，卽貴書而賤妻。敢信葉氏雖怪，縱是開玩笑，亦決不會乖常理若是。當屬訛傳無疑。葉氏除「書與妻不借」之標籤外，又常表示「三不吃」曰：「鴉片不吃、虧不吃」。且刻一圖章自罵爲：「四不朽人」（朽人，爲湘中土話，罵人語），見者無不捧腹。不過葉氏尙豪俠，不畏強梁，好打抱不平，嫉惡如仇。同時，也最樂意獎掖後進。凡投其門牆者，例不受贄。卽席命題作文一篇，以代贄敬。縱所作不佳，亦必爲之游揚曰：「某聰明，某穎悟」。葉氏原精占卜星命之學，並視各生之文，許其將來的榮枯顯澀，常多應驗。職是之故，當時藝窗士子，覺其平易近人，亦多樂願列入門牆之下，且引以爲榮！

玩世不恭趣聞逸事

葉氏素行既玩世不恭，不拘細節，因之，其趣聞逸事流傳亦多。除散述於本文各節者外，特提二、三事言之：湖南水上警察廳廳長某，原業划船夫。辛亥革命後，譚延闓（組菴）氏爲湖南都督。民國二年，袁世凱以湯薌銘督湘。北軍攻入湘境，入長沙城。譚氏於倉卒間，得某船夫載渡湘江，向嶽麓山走避，幸免於難。民國五年，北軍敗退，譚氏重督湘政。委某船夫以水警隊職。不數載，竟連陞官至全省水上警察廳長。既儼然顯要，遂斥聚斂所得，營造巨厦。落成有日，託同寅轉懇葉氏爲題門額。葉諾，次日書「文廬」二字以貽之。某廳長獲之，視如至寶。以己本不能文，竟獲葉氏之獎譽，衷心自極快慰！急鳩工勒石，裝置門楣。聞者猶疑葉氏已改常態，亦事阿諛。葉氏笑曰：君曾閱「解人頤」一書否？書中有業皮匠者，勤儉起家，求士人書堂匾。士題「甲乙堂」以贈之。匠私念甲乙爲天干之首，定屬頌揚之詞。乃不知「甲」形似鑽子，「乙」形似皮刀；皆皮匠工作之具。正是譏其出身低微操賤業。今某廳長划船起家，「文」字則正似「戴竹笠、操雙槳」者然，豈不恰合其身份！越數年，值廳長花甲之辰，其僚屬欲得葉氏一壽文，以投廳長之所好。葉亦慨然許之。文中有云：「其於乘風破浪之中，歷驚駭而不懼者，唯先生乎」之句。驟視之，似讚某廳長於多事之湘垣，每能沈着應變，智勇兼具。實亦譏其「江上操槳」之生涯耳。人多喩其意，獨某廳長始終未覺。

按春宮畫能避火，我國各地民間，多有此傳說。葉氏藏書中，亦常夾置春畫。有人向葉氏詢其故？葉謂：「火神原是貴家小姐，其侍婢多達三十餘人。後因罪被玉皇大帝降爲竈下婢。其神力不下於竈神。平時好着黃色衣服，怒時則穿紅裳。但因其出身貴家閨閣，縱在盛怒之際，一見猥褻圖畫，亦不能不遠走避之。」葉氏以神話說明其事，彷彿若有所本。本何所出？沒有證據，自然也是他僞造的。

葉雖宿儒，但與一般人無異，脫不了凡胎凡骨凡心，風流浪漫，喜漁女色，有逾常夫。晚年，常藉故遠遊十里洋場的上海。每至必偕其門弟子曹某，冶遊宿娼，無有虛夕。曹某以無資奉陪藉口避去，葉亦不強。無事閒遊時，必至四馬路採購春畫。遇昏暗處所，則邀賣者携貨至其旅舍，供其選擇，藉此飽覽一番。據曹某云：葉氏長沙住宅的臥室中，常懸不太大膽暴露的仇十洲畫多幅，尚幽默含蓄。羅帳低垂，塌前置男女鞋各一雙，褻衣則抛塌旁帳外。一小貓躑躅帳外，睜目凝視，舉爪攫帳。使人心領神會，常會悠然神往不已。

學有專攻書多珍本

科舉時代，凡出身翰苑的人士，經過幾番考試磨練之後，一登大榜，大多名不虛傳。葉氏又仕途引退甚早，專攻其學。乃得邃於經學，尤精小學。爲學一宗許、鄭，旁及碑版、摹印、占卜、星命之學。其於文學，擅長詩詞，涉獵廣泛，文采斐然。於目錄校勘學、音韻訓詁學，造詣特深。所著以「書林清話」、「書林餘話」、「同聲假借字考」、「說文籀文考證」等三十餘種，統名之曰「葉氏叢書」。葉氏死後，其子啟倬，集刻其所有遺著，都爲一百二十餘種，凡三百數十卷，名曰「郋園叢書」。著述之豐，殆亦近世士林中所罕見。

葉氏生平最愛搜羅宋、明羣籍，對晚清名家著作，蒐集尤爲完備。古籍多珍本，另闢樓閣一室寶藏之。

藏書之中，有「雙梅景闇叢書」，則係集古素女經、玉房秘訣等，所謂「房中術」多種書籍凡二十餘卷，合編而成。葉氏雖自認為其得意之作，實則最遭衞道人士的訾議，目為劣紳、怪人之由來。葉氏由於藏書閱歷經驗的積累，對於版本學，自多精到之處。每年曬書，亦算是葉氏生活中的一件大事。他訂每年六月六日為「翻書節」（因氣候關係，曬書不一定是這天）。但事必躬親，翻動整理，從不假手他人。珍本書中，並夾置春宮畫片，謂防火災，「吾家別無長物，書即吾之財產，不得不慎重處之。」

批評時政臧否人物

葉氏意氣甚豪，談鋒亦健。好批評時政，臧否人物，干預政事。清末，長沙饑民毆巡警道，焚撫署一案，涉縱唆嫌。葉德輝與王益吾（先謙，湘之大儒）祭酒，同被遞職，交地官看管，即其一事。從此稍歛鋒芒，縱情詩酒。但未久，故態復萌，大言不慚，目空一切。如攻擊維新改革，輕視革命人物，指斥軍閥和共產黨，常徒逞一時口誅筆伐之快，乃不知已隱伏禍根而不覺（見後四節）。其他近乎驕矜狂妄者，亦復不尠。如其常說：「清末有四人，同講公羊。王壬老（湘綺）講公羊；廖季平（平，四川人，學多獨到）講公羊；康有為（祖詒，南海）講公羊；我也講公羊。但我們各有各的公羊，內容絕不一樣。」即矜伐自己對公羊之研究，有其獨到之處與眾不同。

葉氏又云：「戊戌後，我在湖北任存古學堂教習。一日張香濤（之洞，兩湖總督）在『抱冰堂』宴客，我亦在座。香帥於康、梁維新，初不甚拒，且於康所發起之強學會，略有資助。維新失敗後，張又多方洗刷，力證其與康、梁無關。時梁啟超亡命日本，於『清議報』發表與張的萬言書。於唐才常一案，對張攻擊，無所不至。我一切裝作不知，乃故意向張大開玩笑：香帥，你這個『抱冰堂』與『飲冰室』（梁啟超書齋名），有多少關係吧？張乃連聲答曰：『我的在前，我的在前。』」

葉氏這段說詞，初指香帥對康、梁維新運動的態度，反復無常；繼對梁啟超之攻擊香帥，裝模作樣；終以「抱冰、飲冰」不相涉的兩個名詞，幽默出之；其譏嘲之甚，幾使香帥下不了臺！湘人多謂葉氏利嘴刻薄，對當時人物之批評、攻訐，常不假以詞色，出乎情理之外。葉氏亦有自知之明，其六十自壽文有云：「天子不得而臣，國人皆曰可殺，今已六十矣。」此固實情實報。以故也少得人和，難孚眾望；但葉氏之大名，卻婦孺皆知。

反對維新政變脫險

滿清中葉以後，內憂外患，交相煎逼。有識之士，咸認中國非「變」不可。於是由國防建設的自強運動，一轉而有政治改革的維新運動。光緒二十三年（一八九七），康有為、梁啟超所倡導之維新運動，譚嗣同（復生，戊戌政變烈士之一）、黃宗憲、熊希齡、江標等，皆贊助之。在湖南設「強學會」，並開辦「時務學堂」於長沙，聘梁啟超主講席。時康、梁正提倡「民權論」、「君主立憲」，批評清政腐敗，力主變法維新。全國信之者雖眾，在湖南卻有新舊兩派之爭。葉氏飽受舊學薰陶，思想頑固保守，便作了舊派的領袖。攻擊康、梁，不遺餘力。將康氏著書與梁氏批評學生之劄記、時務報、湘報、湘學報諸論文，悉予駁斥。在戊戌政變之前，葉氏與劉先端、黃郁文之書，其中有一段則說：

「……超回邁賜之名，遍於吳楚；公羊孟子之教，橫於湖湘。蒙馬以虎皮，沐猴而帶冠。中無所有，徒竊其聲音笑貌，以鼓煽三尺之童子，而乃誇大其辭曰：異日出任時艱，皆學堂十六齡之童子。顏之厚矣，得非喪心之尤乎？且夫西人之勝我者，輪船也、槍炮也、製造也。非回也、賜也、公羊也、孟子也。所學無所用，夫子自道也。……」

另一給戴校官書，比前函更潑辣。其中有一段說：

「……康有時何足言學，一二徒黨攀援朝貴，簧鼓無學之人。其門徒之寓上海者，恒稱其師為孔墨合為一人。有人言孔者，孔方兄；墨者，墨西哥；聞者莫不笑之。迹其生平，無一日一時不奔走呼號於天下。既不容於鄉里，又不齒於京師。其流毒獨吾湘受之。此則鄙人所必爭，而不僅在於學術矣。」

葉氏此兩函找「郋園書札」可見，都可明其言論之激烈也。

至其反維新之行動方面：則廣集王先謙（益吾，三湘大儒）諸名流學者，聯名上書湖南巡撫陳寶箴，請辭退梁啟超。次年戊戌初，梁即離湘赴京，急圖改革活動。及新黨見重於光緒，便以阻撓新政之罪，矯旨令湖南撫臣，逮問葉、王。幸帝京政變失敗，康、梁逃亡，葉、王兩氏，始脫險免難。

反對革命險罹不測

葉氏從未接受過革命思想的洗禮，於清末的革命運動，向抱觀望與否定的態度。辛亥革命、武昌起義，湖南首先響應宣佈獨立，組織湖南都督府。時革命先烈瀏陽唐才常（佛塵，戊戌政變後，與康有爲合謀，在漢口組自立軍起義，事先敗，殉難）之子唐蟒（圭良）任都督府軍政部長，以葉氏平日反對革命，且以其父唐才常先烈之被害殉國，實與葉氏有關。唐蟒以有權在握，爲剪除革命阻力，藉爲唐先烈報仇計，首即逮捕葉氏下獄，擬置之死地。時章太炎（炳麟，國學大師）正在南京，聞訊，去電力保。唐氏不便違命，葉氏乃得恢復自由。這就是葉氏再度的險罹不測。葉氏素性驕狂，目空一切，原不重視章氏，生平亦未曾一面。此次事故，獲得死裏逃生，對章氏的態度亦大變。民國三年，章氏被袁世凱軟禁於北京。葉懷舊恩，特由湘前往慰問。談話中，極讚章氏所著之「國故論衡」。章氏則早目葉氏爲讀書種子，亦深譽「葉氏叢書」，今世所稀。兩人惺惺相惜之情，亦卽肇端於辛亥救命之一電也。

辛亥革命後，民國成立。黃克強（興）先烈，厥功甚偉。元年，黃先烈回湘。湘人爲紀念黃先烈的豐功偉績，擬將長沙市最繁榮地帶的新坡子街，易名爲「黃興街」。當時各國已多此先例。葉氏由於素有輕視革命運動的心理，因事及人，則獨持異議，反對甚力。且謂長沙街名，一向祇有「鷄公坡」、「鴨婆橋」（長沙確有此街名）一類的名稱，曾未聞有以人名而名街道者。這不但是反對改街名，且實隱有「擬人爲禽」，不正確的觀念在內。其頑固保守不化之思想，似已難於救藥。不過「黃興街」，後來還是改成了。

反對軍閥逃過屠刀

辛亥湖南獨立，譚延闓繼焦（達峯）陳（作新）而任湖南都督。民二，癸丑革命失敗，譚氏離湘。袁世凱以湯薌銘（住心，湖北人）爲湖南督軍兼查辦使。湯爲湯化龍之四弟，早年留法，加入同盟會。後乘　國父孫中山先生出外，竊取同盟會會員名册和密件，向駐法公使孫寶琦告密邀功之人。湯初蒞湘，便採取軍閥作風；實行血腥統治，壓迫革命，大殺黨人，得屠夫名。縱兵殃民，鷄犬不寧，湘民流離，怨聲載道。湯氏猶思以附庸風雅的手段，牢籠地方名流學者。擬聘請長沙宿儒巨紳，爲督府顧問或官書局編纂。二者，葉氏皆在被邀羅之列。葉氏不但置之不理，且謂湯薌銘，乳臭未乾，粗夫俗子，妄想效法吾湘先賢曾（國藩）左（宗棠），實不堪與謀。湯聞之，極爲不悅。稍後，湯督欲向袁世凱要求兼任湖南省民政長（即省長主文，督軍主武），總攬軍政大權。袁氏似有允意。葉氏極力反對，乃急電楊哲子（度，洪憲籌安會主角）謂：「湯督懲辦黨人太操切，宜阻任民政長。請另覓賢者，以挽湘厄！」哲子以白袁氏。袁世凱乃改命王瑚（鐵珊，清進士，後爲馮玉祥的老師）爲湖南省民政長。

後湯薌銘探明袁氏改命的因由，出於葉氏謀爲的經過，益銜恨之。經時月餘，便藉口加葉氏以「造謠惑眾」之罪，懸賞三千金追捕。葉以情勢緊迫，長沙不能立足，乃改裝潛逃赴漢。結果，仍被邏者偵悉，捕解回湘。湯急電袁氏，請就地正法。電至京時，適袁氏與王湘綺（壬秋）共進午餐。袁以電示湘綺，湘綺冷然曰：「殺一個名士，算不了什麼。」袁氏悟湘綺之意，即命電湯制止，葉因得釋。葉氏已是第三次死裏逃生了。

袁世凱賣了湘綺又一次面子，因爲袁氏收攬湖南民心，與討好湘綺的手段。其赦葉氏一死者，實亦辛亥革命後，從天牢中釋放汪精衞故技之重演。汪精衞乃有民元勸 國父孫先生「讓賢舉袁」，以報袁氏的事。而葉德輝也才會有聯名請願拜摺，「洪憲勸進」之舉。

反對共產喪生魔掌

國民革命軍北伐至武漢。武漢政府國共合作分了家。中共領導發動湘、贛、粵各地暴動。十六年，長沙在馬日（五月二十一日）反共事變之前，三湘的農民運動，有省農民協會，勞工運動，有總工會；皆在中共領導策動之下，猖狂愈熾，鬧得烏煙瘴氣。殺人放火，無所不爲，厥狀之慘，慘絕人寰。其時，他們在長沙教育會前廣場，動輒舉行農民大會。蚩蚩者氓，盲從附和，一唱百和，地暗天昏。一般善良的老百姓，不但噤若寒蟬，敢怒而不敢言；有時還要卑躬下氣，昧著良心說好話。時葉氏於鑽研學術之餘，學而優則商，且有相當規模的商店。並已擔任長沙總商會會長有年。他對於農民協會的胡作妄爲，雖極感痛心，亦莫之奈何！爲一洩心中的積憤，便出之於文字。因題一聯，大罵農協份子，聯曰：「農運宏開，稻、梁、菽、麥、黍、稷，盡皆雜種。會場廣濶，馬、牛、羊、鷄、犬、豕，都是畜生。」上下聯首，嵌「農會」兩字，「雜種」、「畜生」，都是長沙通常罵人的話。聯頭橫額四字，則爲「斌、卡、尖、傀」，蓋指他們不文不武、不上不下、不大不小、不人不鬼。的是名家手筆，亦可謂謔之甚矣。

葉氏平日批評時政，臧否人物，原已司空見慣。受其指責玩弄者，誰都不敢攖其鋒，祇得忍氣吞聲。而葉氏雖也經過幾次風險，都幸平安渡過。這次故態復萌，卻碰到了「防民之口，甚於防川」的共產黨。猶視同慣常，洋洋得意，坐在家裏，奇聯自賞！不意其時湖南總農會主席易禮容，總工會主席郭亮，得悉葉聯，恨之入骨。遂加以「土豪劣紳」之罪名，率暴徒數百，包圍葉宅。捕葉氏擁至教育會前廣場，召開鬬爭大會。葉氏臨死不屈，猶戟指怒罵：

「國民黨有復興中國的三民主義，惜其失策於聯俄容共。共產黨是什麼東西？祇足以亡國滅種。你們這些狐羣狗黨殺人放火無所不爲的流氓。老子（湘人自尊之稱的土語）今日不死，尚待何時！」

理直氣壯，罵得共產黨徒，無地自容。不待其詞畢，即舉手喊殺！臺下盲從民眾，莫名其妙亦舉手喊殺。遂將葉氏綁縛遊街，簇擁至司門口（街名，最熱鬧地區），舉槍斃之。一代宿儒，竟如此下場！過而見之者，眼淚還得往肚內吞！

秘籍房中多出僞造

葉氏藏書之富，爲海內負盛名之一家。但其「雙梅景闇叢書」，葉氏雖自認爲最得意之作，其實則最爲世人詬病之源。因爲這套叢書，都是集古代有關男女交合之書，合編而成。這些書，過去統稱之爲「房中術」，今世則通指之爲「性書」，我在辜鴻銘一文中，已經道其梗概。此處便不重述。

按「房中術」這個名字，由來已久，乃統括凡講求男女陰陽交合技術及採補種子方法的名字。中國古代可稱爲房中術的，如漢書藝文誌方技略，其中所列房中術，就有八家之多——容成公陰道、務成子陰道、堯舜陰道、湯盤庚陰道、天老雜子陰道、天一陰道、黃帝三王養陽方、三家內房有子方。這些書顧名思義都是數千年前，仙道老祖的作品。如信無而爲有，自是訛造假托無疑；如以虛而爲實，亦必早已失傳。此外「抱朴子」內篇亦載：

「房中之法十餘家，或以補救傷損，或以攻治衆病，或以採陰益陽，或以增年延壽，其大要在於還精補腦之事耳。此法乃眞人口口相傳，本不書也。」據傳上述「容成公」，還是黃帝的近臣，亦黃帝的老師，周時還在人間。他在道家「神仙傳」上，還是一個主要角色。至於「抱朴子」，乃道家書名。傳係晉葛洪假托所撰。所言皆神仙吐納之術。且已言明：「乃眞人口口相傳，本不書也。」人間又那有文字流傳？傳說：葉德輝晚年，已傾向道家思想，而其樂此不疲，也就不能謂爲毫無原因。其他如假托黃帝與一位素女問答而成之「素女經」，以及所謂「玉房秘訣」、「玉房錄訣」等等，便無一不是後人的僞造。而葉德輝便是一個僞造的能手。葉氏好友吳瞿安詩，故謂：「奇文蒐紫簡，餘技事丹鑪」，即是影射其事。

故葉氏「雙梅景闇叢書」（據說現在臺北市出現一種「中國古代性理研究叢刊」秘售，不知是否與此有關？）所有房中術這類的書，不問其內容如何？書的本身都是假托僞造的。而且文字古老，類似佛經，且無句逗標點，殊非一般人所易閱讀領悟的。而其所言之神功妙用，無不是故弄虛玄，荒唐不經之談。所以東漢著「論衡」的王充，晚年著「性書十六篇」，即已力斥其非。指出：「黃帝對素女陳五女之法，非徒傷父母之身，又乃賊男女之性。」乃千古不移之論。而葉氏所輯「房中術」諸書，名多不見經傳。據其自道：有輯自日本者，這可能是唐時由中國流傳去的，有的則出自敦煌石窟。皆事無實據，信口開河，其爲虛構作僞之跡，更爲顯然。相信多數可能卽出於葉氏自己的手筆。何以說可能出自葉氏的手筆？從下述「佛說如是」觀之，便爲一有力的證明。

假托經文佛說如是

與葉德輝氏會榜同年，有長沙黃子廎（昌年）翰林。滿淸慈禧當政時，任御史，曾參劾袁世凱十大罪狀，有金剛御史之譽。著有「洞津劄記」行世，其中有一則記述，謂：葉大麻子，晚更離經叛道，所作「佛說如是」一則，飾以佛說，僞作淫詞，嘩眾取寵，實名教中之罪人，且妄指經出敦煌古寫經本。其說如是：

唐義淨譯根本說一切有部苾芻尼毗卷十七，有段原文，恭錄於此：

「時吐羅難陀苾芻尼，因行乞食，住長者家。告其妻曰：賢者，夫既不在，云何存濟？彼便羞恥，默而不答。尼乃低頭而出。至王宮內，告勝鬘妃曰：無疾長壽！復相慰問。竊語妃曰：王出遠行，如何適意？妃言：聖者既是出家，何論俗法。尼曰：貴勝自在，少年無偶，實難度日，我甚爲憂！妃曰：聖者，若王不在。我取樹膠，令彼巧人而作生支，用以暢意。尼聞是語，便往巧妻所，報言，爲我當以樹膠作生支，如與勝鬘夫人造者相似。其巧妻報言，聖者出家之人，何用斯物？尼曰：我有所需。妻曰：若問，我當造作。卽便告夫，可作一生支。夫曰：豈我不足，更復求斯。妻曰：我有知識，故來相憑，非我自需。匠作與妻。妻便付尼。時吐羅難陀尼，飲食旣了，便入內房，卽以樹膠生支繫脚跟上，內入身中，而受欲樂，因此睡眠。時尼寺中忽然火起，有大喧聲，尼便驚起。忘解生支，從房而出。衆人見時，生大譏笑。諸小兒見，唱言聖者脚上何物？尼聞斯言，極生羞恥。尼白苾陀、苾陀白佛，佛問阿賽廣說，乃至制其學處，應如是說。」

葉氏以「佛說如是」，掩飾作僞，正所以暴其短。一經「洞津劄記」揭發，那末，其他所謂房中術的僞作，葉氏卽有難逃執筆之嫌。因其文字筆法，正多類似「佛說如是」的格調模樣。

死過三次末刼難逃

葉氏一生，頑固保守，乃其天性。尤其驕狂倔強，不畏強梁，才敢於反維新、反革命、反軍閥、反共產而不顧。惟於帝制，頗爲懷念！民國五年，袁世凱洪憲稱帝，楊度等組籌安會助陣。幾乎全國反對，湘省獨葉氏與楊度等呼應，組織籌安會湖南分會。時葉氏正任湖南教育會會長，以地方紳者資格，領銜請願勸進。帝制陰魂不喪，葉氏之奔走呼號或謂爲圖報逃脫湯薌銘屠刀之恩。果爾，祇是私爾忘公之事，無關國計。總之，他在這一連串「不安於位」的過程中，幾經風險，屢遭不測，生死關頭，曾已經歷四次：初不死於阻撓新政之罪；再不死於革命軍人唐蟒之手；三不死於湯屠夫的屠刀。不料十三年之後，第四次終以文字賈禍，末劫難逃，死於共產黨槍彈之下。當其被農會押赴鬪爭大會時，猶威武不屈，破口大罵，從容赴義。在其未死之前數日，還自題近照一詩，中有「亂世英雄刀俎肉」之句。不但早已置生死於度外，且更有將死之預感似的。葉氏之死，爲民國十六年四月一日，共黨殘酷，猶取其首級，懸以示衆。時年六十四歲。親族不敢收屍成殮。還是挽托長沙同善堂收殮，安葬於長沙南鄉爛泥坑金庭公山。今則存毀莫卜矣。

葉德輝氏，一代宿儒，望重三湘。生不安於位，旁務多端，加以思想行徑怪僻，自不免於毀譽半參。但其飾終之典，扼於時代環境，亦未能舉哀盡禮。故有關葉氏身後之文字記載，亦不可多得。惟葉氏生前好友吳瞿安（梅，江蘇吳縣人），在其所著「霜崖詩錄」中，有哀葉氏五律兩首，已算是鳳毛麟角了。詩云：

目空天下士，爲我獨垂青。豈意一朝別，南天見落星；詼諧得奇禍，刑辟失常經；安得中郎筆，重書有道銘。

大名垂四海，小隱寄三吳。曾造通儒第，如披博古圖；奇文蒐紫簡，餘技事丹鑪；竟殺讀書種，天高何處呼。

我或見聞未廣，此則爲余所僅見者。不妄阿諛，自屬佳作，不但哀矜而勿喜，頗能狀盡葉氏之生平。因錄存之，俾供讀者猶能想像葉氏其人。

周作人不識重與輕

周氏兄弟衹說豈明

曾以左派作家著名的魯迅（一八八一——一九三六年），有兄弟三人。以周氏兄弟皆學有根基度之，當係書香世家。但其家業，至其祖父時代，已因賄賂案所累而中落。父鳳儀（伯宜）早卒。母魯氏名瑞。「魯迅」之命名，據其自道，卽源於母姓（魯、周古爲同姓之國），籍隸浙江紹興。魯迅兄弟三個，魯迅居長，原名周樹人，「魯迅」乃其發表作品時的筆名。不過他的筆名很多，不下百數十個。以「魯迅」二字，用得最多，亦以「魯迅」之名著稱於民初以後的文壇。「周樹人」三字，反而知者極少。他曾留學日本，回國後，歷任北京大學、師範大學、女師大、厦門大學、中山大學等校教授。主辦過「語絲」、「萌芽」等雜誌。一生譯作很多，被目爲左派文壇的領袖。魯迅的三弟周建人，原在紹興任小學及中級學校教員。九年入學北大，繼留學日本，回國後，曾在上海商務印書館編譯所，擔任自然科學的編輯，兼任雜誌編輯工作。與瞿秋白交好，得任大學教授，從此常與中共人物聯絡。中共佔據大陸後，投靠紅朝，現已成了文化界的要人。

本文的主角周老二作人，字啟明，又署豈明，號知堂，晚號苦茶庵老人。時人之尊崇者，常以「豈明夫子」稱之；因其行二，又以「周二老」稱之。這是因爲他生性相當固執，人有與他打交道商事者，常多搖頭太息曰：「難、難、難？二老者，天下之大老也。」意卽指其事多堅持己見，說一不二，不受商量；但又不能不尊重他。雖胡適之、馬玉藻有時也得讓他三分。「二老」之名，卽由此傳播開來。他和魯迅一樣，所用筆名很多。文名亦與魯迅相伯仲，不過思想與出處，則稍殊其途耳。

故周氏三兄弟，老三周建人的文字和知名度，初固遠遜於周老大、老二；但在不講究質的紅朝，他頗佔有相當斤兩。就魯迅與周作人的文名比較來說，激進者向以魯迅爲尊；溫和者則以豈明爲魁；軒輊難分，全由於說者之觀點不同而異。實則魯迅左傾，失之中道；豈明附逆，爲德不卒；半斤八兩，又皆爲智者所不取。本文所要說的，只限於豈明周作人，而不及樹人、建人。而周作人本一孔門中庸有道的學者，其文雖可佩，晚節卻可議，一生美譽，則全自毀於「不識重與輕」（胡適之原希望他「識得重與輕」，見後）之一念中。

教書寫作終其一生

周作人生於清光緒九年（一八八四）十二月，小於魯迅三歲。六歲入學。十二歲喪父。二十二歲（一九〇六）時，正日本戰勝俄國之後，考取了公費留日。時魯迅已先四年赴日，適回國省親，母命與之偕往。初習法政，嗣因眼近視之故，改習土木工程；但非其興趣所近。二十五歲，與一日本女子羽太信子結婚。辛亥革命時，偕妻回國。他留日共約五年。回國後，從事教育工作，任教北京大學，亦非用其所學。

民國八、九年時代，中國新文化運動初起，常於新青年、新潮等刊物發表作品。十年一月，與沈雁冰、鄭振鐸、葉紹鈞等，組織「文學研究會」。這是民國以來，最大的一個新文學團體，以提倡自然主義、標榜人生的藝術爲主旨。與「創造社」（民國十一年在東京正式成立）諸成員，時開筆戰，攻擊郭沫若、張資平、郁達夫、成仿吾等爲頹廢派、肉慾主義者。十四年，也與「現代評論」，大打筆墨官司。在「語絲」上發表論文，激烈的向舊勢力舊思想，進行打鬪，角逐文壇。這與講孔子中庸之道的文學作家，實大異其旨。從此他的作品，四方放射，除新青年、新潮之外，凡太平洋雜誌、人間世雜誌、宇宙風、獨立評論、生活周刊、論語半月刊、西風、大風、逸經，乃至報紙副刊，或爲發行、或爲主編、或爲投稿作者，諸多報刊，無不佔有一席。直到對日抗戰時，他在文壇，便已隱爲北方的盟主、南進的英雄。

周作人在教書方面，自民初至抗戰勝利，一直以任北大教授爲軸心，團團轉的兼任了師大、北大女子文理學院、燕京大學等校教授，前後幾歷二十年。僅張作霖在京任大元帥時代，離開過一短時期。周作人名氣之大，文教界幾無人不知。上課來不及時，則輪流請假。北洋時代的政府，既無教授兼課的限制，欠薪又經常積壓至一、二年之久。故教授請假缺課，多視爲家常便飯。只是他執鞭說教，要比寫文章略遜一籌，有一肚皮的思想學問，口才不及其筆才與天才，所以他未能成爲一個文教界的全才。

對日抗戰發生，二十六年秋，北大南遷。周作人未動，仍由北大任爲留校教授。二十七年並兼任了燕大的客座教授。二十八年元月，在其住宅遇狙受傷。究爲愛國志士之懲奸，抑係敵方特務的威脅？眞相，他當能自知。及是年秋已敷衍不下了，終於變節，落水作了漢奸。時年已五十六歲，接任僞北大文學院院長。次年，繼湯爾和任華北僞政務委員會教育總署督辦（相當於北洋時代教育總長）。直到三十四年，抗戰勝利，被捕下獄。至三十七年，才脫離牢獄之災，返北平，繼續其寫作譯述工作。

一身負擔三家生活

周作人兄弟，從原籍浙江紹興遷到北京，初寄居紹興會館。大約是在民國八年前後，才賣了紹興故宅，買下北京八道灣十一號住宅。三兄弟與母魯太夫人同住。初兄弟相當友愛合作，共炊共爨。十二年左右，魯迅與周作人反目。魯迅偕其原配朱安，初遷居磚塔胡同，再遷阜城門內西三條胡同二十一號自購住宅。母親魯太夫人、周作人夫婦偕子女、周建人（時在上海工作）的元配（係豈明夫人羽太信子的親妹妹）和其子女，仍同住在八道灣共同生活。魯迅與周作人，在京同住近十年，相當友善，爲何忽然失和？有謂：妯娌小孩共室，失和常所不免的。有謂：魯迅對作人日本妻子羽太信子的某種行爲不滿。有謂：周作人愛聽婦人之言，積久由疑生怨，時生口角。局外人自難明其眞相。周家兄弟，亦始終緘口未言。稍後，魯迅以工作關係，由粵赴滬。十六年又與許廣平同居，別營香巢。許廣平一名景宋，祖籍福建，在廣東生長。才情卓越，國文基礎好。在北平女師大讀書，因鬧學潮，被學校開除。時北洋政府，章士釗任教育總長，下令解散女師大。以後魯迅等復校，令許廣平亦復學。此爲許、魯結緣之始。十五年，許畢業後，赴廣州任女師訓導主任。魯迅任廣州中山大學教務主任兼文學系主任時，許任助教。相處日久，情感益深。會國民黨清黨，與當局意見不合，乃相率離粵至上海。十六年，遂告同居。這對師生戀愛，據說能相當合作。大陸陷共後，許亦成了紅朝顯要人物。毛澤東特許之入黨。及五十七年，因被江青等四人幫迫害，憂憤去世，時年已七十一歲。有一子名海嬰。魯迅在民國二十五年，已去世於上海，一切後事，也是由許廣平辦了的。動亂中，她以保全魯迅遺作自負，守死勿去。魯迅與許廣平同居，非妻非妾。且不管其名義爲何；但魯迅在北京的家眷髮妻朱安和母親，便不交而交的給豈明照顧了。周建人因赴上海商務印書館工作，與小老婆同居。其留在北京的家眷，亦不託而託了豈明，他也責無旁貸的養活起來。周作人原是一個極重倫理觀念、孝友之情最篤的人，這或許正是他後來忠孝交戰之後，而落水爲奸的主要原因。抗戰先一年，魯迅死滬。而周作人住在北京，實際上則負了老母和三房家室的生活責任。正如他「五十自壽詩」中所描述情景：這個老僧（是其自稱，實不老）在北平，不但在吃「苦茶」，還在吃「苦飯」咧！

周作人以「好些老小」人口鼎盛的關係，於民國八年後，以本宅太小，乃遷家於北京西城八道灣百花深處（魯迅與周建人已居上海）。有一個詩與童話都寫得極優美的、盲目的流浪詩人愛羅先珂（時在北大講學），這時亦長客居於其家。百花深處十一號的住宅，不但地名富有詩意的雅緻，且是一棟北京傳統式的巨厦，非常寬敞堂皇。前後庭院深深，花樹滿園。客廳、書齋、長廊，皆極古雅。所有房舍夾在前後院花樹之間，也透著一股陳年木料的芬芳。客廳、書齋四壁，都是玻璃門的書櫥，所收藏中西書籍之豐，簡直成了一座書庫。較之北京一般世家富室毫無遜色。身入其境者，更有置身深山古寺之感！景物清幽，深院寂寂，自然也是一最好的寫作環境。豈明未離平南下，戀戀這宅第環境，當係原因之一。豈明好客愛交朋友，座上客常滿，也不乏日本人士。門雖設而常開，來去自由，了無拘束。來則「寒齋吃苦茶」，能清談竟日；去則主人必親送出門，始終不改古道作風。

生活規矩文人典型

周作人「五十生日詩」中，有「請到寒齋吃苦茶」之句，「苦茶庵」，便是他居室的齋名。不僅傳遍中國文壇，也遠播到日、英、美諸邦的文化界。其實所謂「吃苦茶」，並無什麼特別排場考究。茶具與臺灣和日本家用茶具一樣，一壺數杯。茶葉亦不講究，不過普通的龍井香片而已。客人來時，僕人便將開水沖好，送置茶几之上。主人禮貌的斟上第一杯，以後則主客隨便，自斟自飲。可以細品，亦可牛飲。茶壺空了，僕人另加開水，而不添茶葉。他既不愛用上蓋下托三截式的茶碗（北平很時興的蓋碗兒茶）；也不喜用潮州和日式的小壺小杯，或嫌其麻煩而又喝得不痛快的緣故。如在冬天，客廳中則燃燒著一座洋鐵爐，藉以取暖。其實北京大家巨室之內，並不太冷，升上火爐，好似主客坐談，有一個中心一樣。如在夏天，茶几則代替了火爐。几上置一竹製簸箕，箕內放置很多各式各樣的扇子。主客各取用一把，信手揮動，悠悠自得！信口開河，幾乎無所不談。這情景，都是在臺灣不易見到想到的。

周作人身材中等，面貌爲圓長型，儀容端正，舉止則循規蹈矩，沒有一點輕浮放蕩之態。或爲生性使然或爲家教所致，乃一典型的文人。通常文人，多有不修邊幅的毛病，而豈明夫子，對於生活習性，多能自理自治。衣著隨便，而不忽視整潔。夏季在家，經常是紡綢衫褲、平底布鞋。出門則加一襲綢長褂，顯得非常輕鬆瀟灑。冬季則著綢面絲棉長袍。因浙江多產絲綢，亦多用以製衣服，他不改家鄉生活的老習慣。他自小卽有近視，經常戴一副無邊金腳的眼鏡。一生寫作生涯，特重窗明几淨的環境，卻從不考究所用的文房四寶。墨、硯既極普通；紙則爲有紅格的毛邊紙。筆除毛筆之外，從沒有拿過鉛筆、鋼筆，自然更沒有用過自來水筆和原子筆（出獄回平以後，則不得而知）。現代有些作家，動輒說平均每天寫幾千上萬的字，這自然算是特殊天才。若豈明夫子，雖沒有表明過；但他每日不論寫多少，都是一手親筆，從來沒有用過書記，也沒有假手任何人，幫他來抄寫。一天能寫幾千上萬字的作家，不知是否如此？我則自愧不能。

思想中庸生性固執

周作人既是一個習於中庸思想的文學家，自然不是一個保守的頑固份子，也決不是一個積極的思想家。所以與其長兄魯迅有別，亦與其三弟建人爲殊。但因其生性固執，間常有些不近人情之處，反而是一個極有毅力、性格堅定的人。因之，對於日常事情的應付，說一是一，說二是二；不能偷閒時，絕不偷閒；不能退讓時，絕不退讓。譬如一件極小的事：他在北大任教時，課程時間或人事上的安排，他說定了，就不能變更。雖院長如胡適之、系主任如馬玉藻，也有無可奈何之嘆！這種情形，上面我已經提到過。在「文學研究會」與「語絲」時代，動輒大開筆戰；在任教授的時候，總愛干預系、院、校政，亦無一不是出於他的固執之見。結果，大家都只好「二老」、「大老」的敷衍了事。

不過他的心眼，總不算壞，一人負擔老母和三家人的生活，毫無怨言。而其待人接物，更是非常和藹誠敬。即一日數見之客，態度一貫親切。客有問，主無不答，答無不盡。對於學生晚輩，解說尤不厭其詳，必使之心意完全滿足而止。魯迅原被左派文壇譽爲「我們的太陽」（後來郭沫若讚史達林，亦有此說），他死後，初葬於上海萬國公墓，民國四十五年，爲其逝世二十周年紀念，改葬於上海虹口公園。紅朝毛主席（澤東）還親題了「魯迅先生之墓」的石碑。戰前某文學巨頭，對周作人的評價，則高於魯迅。認爲豈明夫子，爲浙東的近代大思想家。在五四時代，論積極和革命，實不算是過譽之詞。因爲魯迅詩擅「打油」，文則長於「罵人」，別無特色。曾有某君（忘其名），由港飛臺，往晤張漢卿先生，閒談甚久。某問張：近來看什麼書？張答：明史外，還看「魯迅全集」。某問：爲何看此書？張答：「魯迅罵人，罵得尖刻、深入骨髓。」（四十四年十月，香港某報消息）張氏算已領略到魯迅罵人的技術了。說魯迅「打油又罵人」，更舉一例以證之：大約在民國二十一年左右，郁達夫有一次請客吃飯。魯迅在座，即席寫了一首題名「自嘲」七律，送柳亞子云：「運交華蓋復何求，未敢翻身已碰頭。舊帽遮顏過鬧市，破船載酒泛中流；橫眉冷對千夫指，俯首甘爲孺子牛，躲進小樓成一統，管他多夏與春秋。」此詩原稿後，還有幾句說明：「達夫賞飯，閒人打油，偷得半聯，湊成一律。」自認「打油」，算他尚有自知之明。「偷得半聯」，正是他從清代詩人洪亮吉詩中偷來的。詩中寓意，當然別有所指。這些且都不說他。但其罵人刻薄入骨，則已躍然紙上。魯迅罵人出了名，此詩五六兩句，當時並成爲傳誦一時的名句，魯迅且常書作對聯以送人。我在老舍處，就見過此聯。再說，在五四時代，論積極性和革命性，周作人也超過魯迅。周作人當時積極喧捧命理初、李卓吾，遠如王充的思想；反對吃人的禮教，反對道學，都比魯迅高明而努力；但對他的中庸思想，並未超出。鄰邦日本文壇，對於周作人的評說，有謂：他對中國儒家的中道、日本的古典文學、中國魏晉六朝的平民文學、希臘的神話和戲劇、歐洲尤其英國的文學，都有高深的修養。可是毫無宗教思想。日本學者，亦有擬豈明爲「六朝不食煙火的大思想家」。也有人將他與圍棋大家吳清源並稱爲「支那二寶」。日本至今仍無法產生如周作人這樣的角色。在日本人如此積極推崇、引誘、包圍之下，周作人究非眞能體認到「餓死事小，失節事大」的節義之士，又焉得而不頭腦昏沈，重輕莫辨，誤入歧途！

散文作品膾炙人口

中國「五四」前後的新文化運動，最初的發動，實以北京大學爲大本營。其時北大校長蔡元培先生，是一個主張百家爭鳴（目的異於中共的鳴放）的思想家和實踐家，是文教界最尊崇的領袖。其他如胡適之、陳獨秀、錢玄同等，皆屬這運動的領導人物。這運動的主旨，在「倡導科學與民主」，亦爲新文學革命時期。新的戲劇，剛剛萌芽，趕不上小說和詩歌。散文也和戲劇一樣，只有一些雜文。比較優秀的，也只有魯迅、周作人等幾個人，在「新青年」上，所發表的很多雜文。這卽是說，在民國十年以前，所謂文學革命的主題，是偏重於鼓吹白話文學，和一般性質的散文與白話詩。這時白話文，已成爲國語。白話詩，也有不少佳作出現，如胡適之、陳獨秀、劉半農、周作人等，都是風頭很健的。

周作人初期所作的白話詩「小河」，雖不太協韻，卻很有自然的音調和優美的意境。如「……小河的水，是我的好朋友，他曾經隱隱的流過我的面前，我對他點頭，他對我微笑，我願他能够放出了石堰，仍然隱隱的流著，向我微笑。」白話詩，直到民國十一、二年，才比較進步。這從周作人的「詩集」中，亦略可窺見一斑。周作人的作品，過去集而出版者，除詩集、論文集、書信集、譯集、小說集之外，尚有散文集。他的散文作品，是最膾炙人口的。

大體說來，他早年的文章，不僅已具清淡的味道，而且清淡中蘊有濃厚的感情。民國十一、二年，他還不過三十歲；但他所作「懷愛羅先珂」（從小雙目失明的「盲詩人」）一文，曾與陳衡哲的「小雨點」，許地山的「落花生」，齊稱於時。都是散文中的精華，抒情文中的上品。而周作人的散文，又是從「五四」以來，大家所公認寫得最成功的。風格純樸，沒有第二人能及。胡適之對他的學生曾說過：「周先生的散文，你們是學不會的，也不一定要學他的。你們白話文的老師，是施耐庵、曹雪芹、吳敬梓、劉鐵雲他們。」眞的，豈明夫子的學生中之富有學問者，有的學豈明的散文，很像；可惜學識，都不及其師的博達。

希夷之詩今古皆有

就白話詩而言，周作人五十生日時，曾作「五十自壽」七律一首，發表於「人間世」雜誌，詩云：「常說出家今在家，且將袍子當袈裟。街頭竟日聽談鬼，窗下終年學畫蛇；老去無端玩古董，拖鞋赤足掃芝蔴；人家若問其中意，請到寒齋吃苦茶。」是述當時的客觀境環，且能含蓄不露，當算是白話詩中的上品。當時發表於某雜誌，和者頗多，如錢玄同、劉半農、林語堂等，皆有佳章。現在且不必記述。

及民國二十八年秋，周作人落水當漢奸以後，有陳子展者，仍步周作人「五十自壽詩」原韻，發表一詩於民意週刊曰：「老夫詩本不名家，劇韻姑成一字裟。救世莫爲千佛手，做人須學兩頭蛇；男兒自詡鬚眉髮，官相難全黑胖痲；生活近來新幾許，咖啡不喝喝紅茶。」說他「終年學畫蛇」，畫來畫去，只畫出一條兩頭蛇。隔了不久，該刊復載傅尙杲一七絕云：「既然前世著袈裟，可惜今生未出家，說虎詠龍還罷了，如何竟畫兩頭蛇？」

由上述兩詩，我也連想到：史傳五代南唐魏明好吟詩，動輒數百言。常袖以謁韓熙載（南唐中書侍郎，善屬文）。熙載佯辭以目暗，且置几上。明曰：然則某自誦之可乎？熙載頻搖其首曰：適耳忽聵。此即明指其詩，不堪入目，也不堪入耳。魏明只得懷慙而去。賈似道初入相，有人作詩贈之曰：「收拾乾坤一擔擔，上肩容易下肩難，勸君高著擎天手，多少傍人冷眼看。」只是通俗而已，尚不卑下。相傳安祿山賜其子櫻桃一筐，並附以詩曰：「櫻桃一籃子，半青與半黃，一半與懷王（祿山反時封贈），一半與周贄。」懷王爲祿山子，周贄則爲其子之友。有見其詩者，告祿山曰，若改「一半與周贄，一半與懷王」，則較爲諧韻。祿山答曰：「豈可使周贄先於吾子」！

前人有集經、子中語，作詠屁詩曰：「視之不見名曰希，聽之不聞名曰夷，不啻若自自口出，人皆掩鼻而過之。」可見希夷之詩，今古皆有，宜乎令人目暗耳聵。周作人原詩，大約是作於民國二十二年，如取下有色眼鏡來看，自稱是寫實抒情之作；但經過輕之者幾番推敲折騰之後，面目全非，不希夷也希夷了。俗說：「時乖命舛金成鐵」，這也就難怪了！

胡適與老僧談重輕

對日抗戰，北方淪陷，北大南遷。時北大校長蔣夢麟曾由南方去電北平，盼北大教授，都到長沙「臨時大學」集合。這是由北大、清華、天津南開三校，臨時組合的大學。南京淪落，再遷到昆明後，改爲「西南聯合大學」——稱西南聯大。在昆明西城牆外，蓋了一些泥牆、草頂、紙窗、泥地的教室和宿舍。如老病、家累，不能離開者，暫留北平，校方承認其爲「留平教授」。

北大所留四人：一爲周作人，他的日文、日語都很好，且是日本人最尊崇的中國文學家、學者。一爲孟森，未久病故於北平。一爲馬玉藻，爲人懦弱怕事。一爲馮祖荀，略有神經質。周作人七七事變時，沒有離平。因他在事變前，已被日本特務牢牢釘住。經常有日本人跑到他家，談天說地，進行煽惑。時胡適之正在倫敦，奉命將出任駐美大使，深恐豈明被日人挾持去當漢奸。曾寄新詩一首，內有「只爲智者識得重與輕」之句，在勸老僧離平赴昆明。胡適此時，已明老僧的處境，或尚不知豈明已被校方用護校名義，任爲「留平教授」之事。其與周作人「談重輕」的白話詩有云：

藏暉居士昨夜作一個夢，
夢見苦雨庵中吃苦茶的老僧，
忽然放下茶盅出門去，
飄然一杖天南行。
天南萬里豈不太辛苦？
只爲智者識得重與輕。
夢醒我自披衣開窗坐，
誰知我此時一點相思情。

詩末註明的時間、地點，是「一九三八、八、四、倫敦」。二十七年九月二十一日，老僧便以「苦住菴吟」回敬了胡適。詩云：

老僧假裝吃苦茶，
實在的情形還是苦雨，
近來屋漏地上又浸水，
結果只好改號苦住。
晚間拼好蒲團想睡覺，
忽然接到一封遠來信，
海天萬里八行書，
多謝藏暉居士的問訊。
我謝謝你很厚的情意！
可惜我行脚卻不能做到；
並不是出了家特別忙，
因爲菴裏住的好些老小。
我還只能關門敲木魚唸經，
出門托鉢募化些米麵，
老僧始終是個老僧，

希望將來見得居士的面。

雖改「苦茶菴」爲「苦住菴」，尙裝著老僧苦守清規的態度；但其意態，似已有些游移，終不敢道出「捨輕就重」的話。不過老僧此詩，還是經過一年多以後，才落到胡適的手中。這遲到的原因，據說爲：胡適與老僧約定暗名「胡安定」，大使館的人，不知爲誰，信便被壓在信箱裏。後來被胡適親自發現，始得讀之。胡氏隨於二十八年多（十二月十三日），回寄老僧七言絕句一首，故有「兩張照片詩三首，今日開緘一惘然！無人識得胡安定，扔在空箱過一年」之言。其實老僧，則早在是年秋季，已落水爲奸了。胡適尙與漢奸通訊，雖不知不罪；但他原來期望老僧「識得重與輕」之意，則已空勞悵望，付之東流了。

文奸末路行屍走肉

原來創造社四大將之一的張資平（另三將爲郭沫若、郁達夫、成仿吾），在上海被日本收買，初還不爲文化界人士相信。認爲他雖具有頽廢派的思想，也不會喪心病狂若是。及其認爲中庸守道之士的周作人附逆，文壇人士，初亦以爲不確，指是敵人造謠。但一傳、再傳、三傳，謠言被證實爲事實之後，始則駭然惋惜！繼則大肆攻擊，謂比官僚政客作漢奸者，更爲無恥！眞是非至歲暮天寒，不能見松柏堅貞節亮之操也。

七七抗戰前，局勢異常緊張。國人和戰主張，自不一其論。文人主張和者則謂：「不可輕易與強過我者作戰，否則可一舉而亡國滅族。」這派可以負文教領導而兼外交家的蔣某爲之代表，在廬山談話會中，卽有此主張。勝利後，審問漢奸時，又都改了口。主戰者則說：「既然逼到這一步，也只好打了。」這派卽是文化教育界負領導責任的胡某等。中國的士大夫，常說重氣節、講道義；但遇到動亂之世，總怕捲入是非漩渦。還不說是時窮節見，乃古今一轍。中國人常說的一句話：「文人無行。」所謂「行」，通常指的是放蕩不羈、風流成性的「行」，實則要包括「氣節道義」之「行」在內。平常能說出「餓死事小，失節事大」的人多，能實際做到的人，則千古幾人？有之，你能說不是迫不得已，絕路造成的嗎？如洪承疇輩，固不算文人。而敵人不來則已，敵若臨門，首先叩頭稱臣，如錢牧齋之流者，則爲道道地地的文人。汪精衛、陳公博、周佛海、王揖唐、王克敏輩，何一不是文人？實都辱沒了文文山的正氣、謝皐羽的西臺！

等而下之，像周作人之徒，對「能愛人、能惡人」的名器，取之不敢，拒之不能，又算得什麼？本古聖先賢之道，固可苛求；但存點忠厚，講點人情物理，過火苛責，亦大可不必。何況周作人在復胡適詩中，亦已自道其苦衷：「因爲菴裏住的好些老小，……屋漏地上又浸水，……出門托缽募化些米麵」，「怕一家老小餓死事大」，卽已隱約見其意旨了。清末民初，江東才子楊雲史詩有云：「喪亂各無恙，鬢眉應改觀，無心說山水，有骨敵饑寒。」無心、有骨一聯，固可給有閒的士大夫和沒有氣節的文奸當頭棒喝，但他究未親臨到「時窮節見」的地步。

對日抗戰勝利後，三十四年十二月，周作人以漢奸罪被捕。經法院判罪十三年（或云十四年），服刑於南京老虎橋監獄，與周佛海、江亢虎等同牢。龔德柏（老報人、國大代表，來臺去世），有一次去探監看周佛海。那天正值周作人庭訊之期，有很多文化界人士，都待在門外，想一睹老僧的顏色。龔與周作人，亦屬舊交，則作了禮貌上的廻避，未與碰面。三十七年秋，因政局轉變，舊曆除夕前，周作人原非罪大惡極，幸得提前開釋，在滬待車北上。戰後，胡適任北大校長，當北平緊急之時，被政府派專機接來上海。周作人聞之，深慚「希望將來見得居士的面」之言，乃託人向胡適致意：一謝其十年前贈詩的「深厚的情意」！一猶「勸胡適留在國內」。胡適原是勸周「識得重與輕」的人，現在又那能自甘墮落！周作人脫離囚籠，到了北平以後，仍理舊業以終其生。譯述著作之多，亦不減於魯迅。死於民國五十五年（有謂爲五十八年）八月，享年八十三歲。雖比魯迅在人世多活了二十多年，亦未如其他文奸，遭到清算鬭爭或下放改造的虐待，其爲行屍走肉則一耳。

王克敏的醜劇

趙恒惕怒毆副監督

王克敏，字叔魯，行三，官場及其家族中人，多以「三爺」稱之。清同治十二年（一八七三）生於廣東。原籍浙江杭州。他在廣東人多的場合中，自稱廣東人；在浙江人多的場合中，則以杭州人自居；便可見其居心之所在。先世多營貿遷之業。父王存善，清末，以候補道分發至廣東候差。時湖南茶陵譚鍾麟（文卿，歷督陝、甘、閩、浙、兩廣。係國民政府前行政院長譚延闓先生之父）任兩廣總督。王存善頗得總督的重視，許爲能員，相當走紅。王克敏幼聰慧，爲學亦勤。十七歲（光緒二十九年）中舉人；因家境不裕，不能繼循科甲路線求進。得其潘姓世伯某，助以巨金，入京捐貲候補道，他便有了踏入仕途做官的終南捷徑。

王克敏少承能吏名父的庭訓，深習爲官、理財之道。加以廣州爲開中外貿易先風之地。王克敏經常活動於華洋買辦之間，耳濡目染，對於金融、理財之術，領悟甚多。這也就是他後來在金融財政界，營運得法的張本。清末，他以候補道的資格，在京奔緣奔走於同鄉前輩之門。鑽求結果，奉派赴日本，任留日浙江學生監督。繼改任爲駐日公使館參贊。光緒三十二年，清廷在日設留日學生監督處，王克敏調任副監督，辦理留日學生事務。他此時，年不過二十許，由於精明幹練，得志太快，也開始不務正業，漸趨腐化，染上貪枉污法的惡習。當年留日的公費學生，例由政府按月發給定額公費，以彌補其生活費用。王克敏管理發放此項公費時，不但不遵規矩，且異常刻薄。並常藉口拖壓以自肥。留日學生，咸恨之入骨；但又無可奈何！

時湘人趙恒惕氏（字炎午、衡山人，北伐前後任湖南省長及省參議會議長），亦以公費留學日本士官學校。某次士官學生前往領取公費，趙氏亦在列。王克敏仍施其故技，幾經學生情商，始允發給半數。時趙氏年輕氣盛，又孔武有力，氣憤之餘，當排衆向前，飽王以老拳。隨一手牽其髮辮，拖出辦公室，一手痛摑之，直至王克敏乞憐討饒，允發全數公費，始予釋手。事後所有留日學生聞之，無不稱快！咸目趙氏爲「猛將軍」。復有人將此項消息傳至清政府。光緒三十三年多，王克敏奉調回國，或與此事不無關係。王克敏初入仕途，即受此一風波的磨折，或爲其命運不佳，亦實由其自不安分所造成。

一年財長十大禍首

王克敏由日回國以後，其同鄉前輩，有未明其內幕情形者，仍以國家需才孔急，以王克敏嫻習洋務，又極力爲之各處揄揚！先後被介赴度支部與外務部服務。繼入直隸總督楊士驤幕，襄辦外交。陳夔龍任直隸總督時，派任直隸交涉使。自斯而後，卽本其擅洋務，長理財，會做官的技能，活躍於政治舞臺，漸漸顯露頭角。

民國成立，在北洋政府時代，雖已改朝換代；但清末官場中的腐習，依然如故。加以滿清專制覆亡後，一切都較自由。王克敏便積極向各國在華銀行、洋行的洋老闆與華洋買辦階級，聯絡勾結，藉作向金融、財政、交通界進身之階。民二，遊歐返國，洋氣、洋派，更加十足，專爲軍政領袖及財政、交通各部介紹辦理借款、買賣——尤其是軍火——事宜。回扣盈利收穫之豐，使其社會地位，頓歸於資產階級之列。從而挾其多財善賈之勢，闖進財政金融界之門。翻雲覆雨，顯盡身手。民國六年十二月，代總統馮國璋與國務總理段祺瑞鬧「府院之爭」時，段氏掛冠而去。王士珍（聘卿，河北人，袁世凱門下三大將之首）代國務總理時。內閣改組，王士珍以王克敏有財神之名與富足之實；既長於理財，又係好友；便急物色之擔任財政總長。隨之，先後兼任鹽務督辦、中國銀行總裁，眞無異一步登天。其發跡之快，方之時要，實無與倫比。

不過他任財政總長，僅僅一年。民九年，直皖戰爭後，王克敏爲十大禍首之一。徐世昌下令通緝。以後數年，他雖沒有在政壇做官，卻因中法實業銀行、天津保商銀行、中國銀行，都仍掌握在他的手中。專營金融投機操縱之事，「財神」的雅號益彰。自十二年到十三年，北方政局，一直動盪不安。內閣疊更，歷屆總理，都想利用「王財神」，爲其政府的金融財政撐腰。所以他才得蟬聯財政總長，達五屆之久。「九一八」以後，日人多田之所以要利用王克敏而不肯放手者，「日本通」固爲其一因，實則靠「王財神」來支持，乃其主要目的。王克敏穩坐財政總長寶座，及十三年十月，直奉戰爭發生，馮玉祥反吳佩孚，發動所謂首都革命。曹錕下野，又驅逐清遜帝溥儀出宮。王克敏則幾被馮玉祥逮捕槍斃了。幸而逃脫赴津，才放棄了財政總長之職。隨之政府以王克敏有親日關係，獻媚日本，以圖自固，曾下令予以通緝。他便挾其優厚的財勢，遠走天津、大連、靑島、上海各地，不興風於政治舞臺，乃作浪於金融市場。及十七年，革命軍北伐成功，國府以北洋顯要多人「劣跡昭彰」，下令通緝。王克敏亦在其列。從此他便隱匿於日本，歛跡了兩年多。

吃喝嫖賭生活糜爛

北洋政府時代，政壇人物，多認王克敏爲一極精明幹練之人：見識手段，多有異人之處；處理政務，練達老辣；能顧其大，亦不遺其小。頗具才情，偶能詩文。且富有冒險的勇氣，凡所計畫好的公私事務，便敢作敢爲。唯一缺點，就是不太講究原則。雖極得日本人的信賴，卻爲僞主席汪精衞所忌嫉。身體狀貌，並不俗氣。惟兩目深凹，日夜不論何時，都戴著一副黑眼鏡。與馮玉祥部下，一個江湖老頭子張樹聲相仿，比內閣總理靳瞎子（雲鵬）眇一目，更遜一籌。而其心性，亦與一般人特異，經常神經兮兮的，時刻害怕生病，尤恐懼終身變爲殘廢。見人則頻頻訴苦，除此以外，亦不愛多言。他這種心理狀態，據瞭解其人者說：此固由其神經系統，有點衰弱；亦由其一生，時不甘於寂寞之所致。既好貪杯，又愛女色，終日雪茄不離手，麻將不離桌。每逢賭局，興趣特濃，又不免患得患失。或謂卽其恐懼病的根源。每求醫治，醫則常以「四少」勸之：「少飲、少嫖、少抽、少打」，自然就會健康起來！王克敏又笑而答之曰：「不飲和節慾可以，雪茄、麻將則頭可斷、不可缺也。」其實他說的：「不飲、節慾」，亦一時自欺欺人的謊言。北京與其同流合污之人，均謂：「王克敏之所以必戴黑色眼睛，實因其斲伐過甚，腎虧精損。目深凹，御黑眼鏡，好上韓家潭和八大胡同耳。（皆北京妓女聚集之所）」

王克敏一生，有兩最大嗜好，多半是從其少年時代「不務正業」養成的：一爲賭博；一爲好嫖；在北京官僚政客中，是出了名的。北洋時代，政客官場中，有兩個著名的賭徒：一爲曾任鹽務署署長和幾屆財政總長的張弧，號岱杉，浙江蕭山人。與王克敏爲同鄉好友，同搞金融財政的伙伴。王克敏任「華北政務委員會」委員長，就是接替張弧而來的（二十六年八月，日人組設「華北政務委員會」，委員長職一職，日人內定張弧。張因病、推王克敏任之。是年十二月，日人組「臨時政府」時，張於先二日病故）。另一個就是王克敏。兩人都被稱爲賭場中的大好佬。兩人臭味相投，友誼時間亦最長，無論好事、壞事，都能共守秘密。賭起錢來，常一擲數萬或數十萬，面不改色，態度自若。關於這一點，比較言之，王克敏的氣魄，又略勝張岱杉一籌。

以嫖而言：王克敏貪賭、濫賭，常晝夜相接不息。繼之，牛飲、狂嫖無虛夕。狂嫖、濫賭的結果，由於身體精力斲喪過度，便累及於目力大損，變爲深凹的畸形。較之靳雲鵬斜一目更難看，所以必常戴墨晶眼鏡，以掩其醜陋面貌。外號「王瞎子」，卽由此而來。北洋政府時代，天津和上海一樣，是中國南北兩大華洋雜處，藏垢納污的地方。天津藉租界爲護符，早爲北京官僚政客遊樂尋歡和遇事避難之所。每週末日，卽相率赴津，嫖賭玩樂，無所不爲。若輩多不作客親友之家，或回自己的津寓公館。總是駐足於飯店、旅社。利其隨心所欲，取給方便。王克敏周末赴津，居住的老地方，便是「利順德飯店」。飯店的茶房，深悉王總長的習慣與嗜好，招待得無微不至。輒預爲羅致約定一些交際花草，以備其選擇。因爲王克敏，常不樂妓女慣常習氣，而愛嚐民間樸質異味。所以每屆週末下午，鶯鶯燕燕之查詢王總長電話者，不絕如縷，亦成了利順德飯店特色之一。

以生活糜爛若是的王克敏，每日大部分的時間，似都消磨於烟、酒、嫖、賭之中。晚年更貪上了阿芙蓉。除作日人之利用工具外，便無多少可取了。他雖作了日本在華北的頭號漢奸，其名掌握了北方的最高僞政權，實則做事不但沒有主宰，且沒有原則。俄頃之間，決心可以數變。祇注視當前最新的問題，毫不計及未來的現象和後果，乃其最大的毛病。故華北政壇之知彼者，都不輕易和他作任何決定或許諾。惟日人則獨樂與他交接，因其奴性特重，能牽著鼻子走，是最好擺佈，作漢奸的最好材料。

曹三變童李六路線

直皖戰爭後，王克敏被總統徐世昌下令通緝。不久，通緝令取銷，王克敏仍繼任了幾屆財政總長。及十二年，曹錕賄選當上大總統。十三年一月，孫寶琦（慕韓，浙江人）組閣爲總理。孫與王克敏爲杭州同鄉，亦多年世交。孫爲利用財神，仍任之爲財政總長。嗣因金佛郎案發生。兩人持見紛歧，雖經浙江同鄉極力調解，雙方皆不肯讓步，終於鬧得各向曹大總統提出辭呈。歷屆最無能的大總統，就是曹錕。他對孫、王兩方，都是好友，覺得都有利用的價值；雖認必留一去一，問題才能解決。但留誰去誰？又覺左右爲難了。王克敏表面雖提辭呈，實猶戀棧不已。以患得患失心重，乃致終日惶惶，苦悶已極！商之於侍妾小阿鳳（卽王揖唐繼室顧媽之寄女，後來扶正，人多以三太太稱之）。三太太獻計：惟有走李彥青的路線，才能起死回生。

李彥青，字漢卿，行六，人稱李六，尊之則稱「六爺」。傳係保定浴堂的擦背捏腳的小伙計（有說：是戲院裏唱花旦的）。曹錕素有分桃斷袖之癖。當其任團長駐防保定時，見李六容貌姣好，細皮白肉，柳腰豐臀，狀若婦人女子，乃收之爲面首，成了曹錕的「男妾」，專寵擅權。由馬弁而副官，漸升至曹錕任大總統時，已是公府的收支處長，軍需廳長。及其已貴，仍須侍曹大總統於延慶樓，洗澡、擦背、捏腳。李六恃勢，平時作威作福，爲非作歹之事亦多，尤其是剋扣軍餉、軍械。馮玉祥因恨之入骨，久欲食其肉而寢其皮。十三年，馮玉祥入北京，發動政變，當時下了兩道命令給北京警備總司令鹿鍾麟；一令是逮捕李彥青，予以槍斃。以後我還看過「槍斃李彥青」的話劇，腦中還約略有點印象。另一令則爲扣押王克敏（亦爲剋扣軍餉之事）。王克敏事先得了消息，迅逃赴天津東交民巷，始免於難。

王克敏與小阿鳳商通，決走李彥青路線之後。計將安出？便邀宴李六來家。小阿鳳以李六原爲不學無術，粗野、鄙驁、貪吝之輩，既要說之以利，也要動之以情。才能如願以償。便與李六先說明金案互爭與雙方辭職的經過。次入正題，說明：「金案如依財部意見解決，對國家與大總統，都有百利而無一害。再則如說服大總統接受財部意見解決了，六爺的漁利，都包在我三爺的身上。」後兩點，是李六所最重視的。隨說：「如何才能實現財部的主張？」王克敏說：「自然要我當任有權才行。」李六便拍胸的說：「好！我負責。」約以次日再作決定。是晚，王克敏亦避赴天津。任小阿鳳如計泡製。越兩日，王克敏由天津返，李六來報：孫慕韓（寶琦字）辭呈，大總統已經批「照准」，由外交總長顧維鈞兼代總理。三爺的辭呈，未批，原件退還，表示沒有遞過辭呈。一場轟動政壇的風波，便被李彥青輕輕巧巧的平息了。小阿鳳之功，自不可沒。這次總理與總長爲金案意見之爭，王克敏表面雖獲得勝利，實際則毫無所得。這是因爲新總理顧維鈞，對金案的解決，由於外交上牽扯的問題太多、沒有積極去進行。而王克敏經過一番風險與勞神之後，所得者僅暫顧全了面子，與李彥青結成通家之好，寄下未來無限的希望而已！

移花接木色授魂與

孫慕韓下臺以後，原來孫王互爭之事，一切算是過去了。但未久，北京官場中，風風雨雨的又傳播一些捕風捉影的話。謂：「王克敏結交了曹大總統的嬖人李彥青，常於私邸後花園、中夜設宴，命其姬人小阿鳳侍酒。王克敏則藉故廻避。」李彥青雖得寵於曹大總統；但為一心無點墨，出身微末的小人，如有所需，大總統無不答應。他替王克敏說話撐腰，凡天津人，無不知之，多謂為無恥。好事者，且以兩語贈之曰：「博士分桃，紅杏出牆。」這些謠言，可能係仇家或孫派人士所捏造出來的。但事實上，雖未全中，亦相差無幾矣。須知無風不起浪，既已起浪，必然有風。這風時人卽有如以下之傳述：

李彥青以小阿鳳伶俐活潑，早有垂涎之意。及孫寶琦與王克敏互爭不讓之事發生，以為有機可乘。適王家那天邀他飲宴，他亦藉機逞能。表示負責，以博王夫婦之歡！小阿鳳為牢籠計，亦假獻慇懃！李六妄念既萌，乃約以俟探消息，再作決定。由於互有要求，雙方自然心領神會。王克敏眼瞎而心未瞎，當與小阿鳳設下一套「移花接木」之計後，卽赴天津。小阿鳳當許以重金，商得某胡同手帕交怡琴老六之同意，將其隨身的小娘姨阿寶，借來作為自己從小帶大的侍婢。次日，李六如約至王家。阿寶奉茶，李六驚爲天仙，愛不忍捨，且稱「強將之下無弱兵」。小阿鳳微笑不答，知事已諧。李六詢明阿寶身世經歷之後，再三要求小阿鳳割愛，任何條件，都願接受！小阿鳳說：「六爺，阿寶是我最喜愛的人，昨日才由上海接來。待三爺的事，費神辦好了，我當以阿寶當女兒，遣嫁給六爺，也是她的福份。」李六高興極了，當說：「三嫂，上海人閒話一句，明日報命！」如是王克敏仍留任了財政總長。李六亦將阿寶藏嬌金屋。小阿鳳雖花了一筆錢，自己差幸金蟬脫殼，未墮名節。王克敏冒險過激灘，也幸未弄巧成拙。所謂「博士分桃，紅杏出牆」，大家仍祇好存疑。

民國十三年，直奉戰爭發生，直系慘敗。馮玉祥倒戈，進行所謂首都革命，曹錕被迫下臺；溥儀被趕出宮。政治地盤另作分配。幾番協調周折之後，由段祺瑞出任臨時執政。段氏執政之初，安福系又略具復興氣象。及徐樹錚在廊房被馮玉祥殺害後，馮、段相互利用之局，遂告破裂。段氏原無什麼實力，至此便趨於衰微。王揖唐爲挽救安福系的頹勢，便巧施美人連環妙計，將其侍妾卽顧太太的養女小阿鳳（正由漢口來京，紅極一時），下嫁給王克敏爲妾（後已扶正）。最初小阿鳳執意不肯，以王克敏兩眼深凹、其貌不揚。經顧太太再三取譬開導，始勉強成事。這在私的方面說：王克敏與王揖唐便結了畸形變態的岳婿關係。在政治舞臺上，互爲勾結聲援，助長了王揖唐的聲勢。就公的方面言；此時安福系得到王財神（克敏）物質和精神上的支援，也復活躍起來。但都未加深王克敏的安福系色彩。

王克敏在北洋官僚政客中，原無什麼黨派色彩。他素以實際利益，重於一切虛空的政治派系。所以他在政治上，時向甲、時走乙，都未眞屬於某黨某派；但政客手段，卻要得十足。誰給他財政總長，他就支持誰，並不管他什麼派系。相反的，做他上司的內閣總理，也不問他有無什麼派系？祇要他能在財政上支持這內閣，就給他當財政總長。他過去在王士珍內閣時，能一步登天，也就是靠的「財神」實力。換句話說：能在實際政治上，得到互相利用的效果，即爲得之，派系對他，並無關重要。這也就是民初政治，不能上軌道的主要原因。此亦王克敏之所以爲王克敏，與王揖唐愛搞黨派異其趣的地方。所以王克敏在北洋內閣多次改組中，都能蟬聯財政總長，並不是依仗了什麼派系。後來雖有所謂華北「滿」、「日」（王克敏）、「皖」三系的鬪爭，都不過是好事者所揑造出來的「說詞」而已。因爲沒有形式，也沒實質組織。

多田支持芳子引線

「九一八」事變後，王克敏在華北之得意，與後來所謂「日系」，能直接溝通東京的關係，完全是由於日人多田的支持。多田之所以要積極支持利用王克敏，固以其爲「日本通」，而借重「財神」，更爲其主要目的。其間之穿針引線者，便離不開川島芳子。

川島芳子，有日本名字，並不是日本人，而是滿清肅清王的小女兒，原名金碧輝。肅清王在旅順時，曾將她寄養在日人川島浪速家中，取了這個日人名字。她幼年聰明、伶俐、活潑。及長，日語說得極爲流利。以清室貴冑之女，周旋於日本人之中，自然突出於眾。滿洲事變後，她更展現異彩！日本少壯派的軍人，多色鬼而兼好奇，與之交接親近者，實多其人。這並非她有什麼政治或特殊的本領。時多田任滿洲軍事最高顧問。川島芳子以川島浪速的淵源關係，拜了多田作乾爹（義女），就在多田的宿舍住下。乾爹、乾女打得火熱。乾女兒侍奉乾爹，亦無微不至。熱河之戰以後，她曾介紹張宗昌舊部的程國瑞、方永昌爲日本皇軍效力。程、方兩人，當然是受川島芳子的支配指揮，至是她乃有「金司令」之稱。「金司令」與「浪漫女」齊飛，狼藉聲名，傳播遐邇。溥儀（滿洲國皇帝）聞之，殊不能耐，乃授意其兄金碧東，叫她速回日本。她不得已，乃離滿洲至天津。

七七抗戰之前，多田曾任天津日軍司令。王克敏與多田之發生聯繫，就在此時，也是由於川島芳子的拉攏介紹。中國對日抗戰期中，日本有所謂：「多田聲明」，曾鬧得中外大譁。多田即是日本在中國班子裏，所謂五虎將——板垣、土肥原、岡村、磯谷、多田——中之一，卻是五虎將中，最軟弱的一個。但他佔有另一種優勢，卽他曾在中國入學讀書。中國語文，比其他四虎將，都要好。後來居然做了參謀次長，又轉任爲華北最高司令官。川島芳子這次由滿洲來到天津，故態未改，鬧過很多花邊新聞。多田又勸她回到日本。七七事變後，她再由日本來北平住家。及多田轉任華北北平最高司令官後，她又從中加深與王克敏間的勾結。多田以王克敏爲「日本通」，這種人才既難得；而「王財神」的聲名，最易引起號召；亦極力予以支持。川島芳子，此時除與多田往來外，並介紹一些乾女兒，平劇坤角如吳素秋、李玉茹等人，包圍在乾爹左右。多田的風流艷事，從此亦與川島芳子並醜共臭了。多田因常微服夜出，深宵始返，所有這些行爲，盡被王克敏偵悉。頗不以爲然，於是逢人便說。多田知之，也不稍露聲色。某日多田與王克敏因公相晤，多田微笑告王曰：「三爺，貴國有幾句成語：逢場作戲；河水不犯井水；請高擡貴手；怎樣講？」隨顧左右而言他，一笑而去。責人不留半點痕跡，日人牢籠漢奸的手段，也算高明。二十九年僞「華北政務委員會」組成，王克敏未能久於委員長之位，固爲汪精衞在倒他，或許也是多田給他的小小警告。

東山再起割治華北

國民政府十七年北伐成功後，對王克敏等下令通緝。爲時未久，又予赦免。二十年，政府設立北平財政整理委員會，張學良任委員長，實未到任。王克敏以副職掌握處理的全權。二十一年，工克敏任東北政務委員會委員。二十二年，政府設行政院駐平政務整理委員會，王克敏以委員兼財務處主任，管轄河北、山東、山西、察哈爾、綏遠五省及平、津兩市。所有政治、經濟等大權，則全操在王克敏的掌握。這是王克敏東山再起後的巔峯時期，也是他脚踏兩條船的開始。

二十四年夏，華北政局，日趨惡化。汪精衞出長行政院，任命王克敏爲天津市長。他藉故未去就職。六月，日人以黃郛不願接受指揮，深爲不滿！由於日本特務頭子與多田的支持，政府乃派王克敏繼黃郛，代理北平政務整理委員會委員長。十二月，政府設冀察政務委員會，宋哲元任委員長，王克敏爲委員之一。二十五年七月，王克敏繼蕭振瀛長冀察政務委員會之經濟委員會。隨藉口不得日方的諒解，便辭職杜門謝客。實則他在此時，與日方，正在陰謀設計，別有所圖。故未逾一年，震驚世界的華北事變突發。

二十六年，七七事變，中國抗日戰爭爆發。平、津相繼陷落。宋哲元、張自忠等，不得已，乃先後撤退。日方乃決定實行早已籌劃的「以華制華」策略，利用一羣失意的官僚政客，成立一個華北傀儡組織。十二月，王克敏、王揖唐、湯爾和、齊燮元輩，接受了日方的決策，奉命組織了僞「中華民國臨時政府」（簡稱臨時政府）。王克敏被任爲委員長，做了華北羣奸的首領。同時，他又擔任了新組成的所謂「新民會」會長。以後，日本鐵騎所至之地，總要組織一個類似新民會的民眾團體，作其政治外圍。除華北的「新民會」外，滿洲國有「協和會」；華中有「大民會」。日本人注重實際政治，也重視政治外圍的輔翼；而王克敏原是最重實際政治，而輕視黨派活動的人。故他對於新民會的活動，既不起勁，也不看重所謂「政」「會」一體。此固繫於日本人的派系之爭，亦王克敏後來時仆時起原因之一。王克敏雖不樂於此，二十七年，在北平成立一所所謂「國立新民學院」，卻由王克敏兼任了院長。王克敏這個傀儡，形式上已割治了華北政治與文化思想兩大權。

以華制華羣魔亂舞

日本在中國北方，既有僞「臨時政府」。及南京中國首都陷日後，二十七年三月，又組織一個僞「維新政府」，由梁鴻志、陳羣、溫宗堯等傀儡登臺演唱。前者已明揭舉「中華民國」；後者雖未舉國號，則類似中央；顯然的，又是南北政治的一大割。日本侵略軍，攻陷我首都南京以後，便有設立僞「中央政府」的計畫。苦未找到適當的漢奸出來負責。因爲這是實施「以華制華」政策所必需的最重要的傀儡。汪精衞沒有與日方勾搭穩妥之前，日方原有「南唐、北吳」的設計構想。及唐紹儀在上海被殺；吳佩孚義不就範；又有移王克敏南來之意。終以王對全中國之物望不够，作了罷。日人極盡威脅利誘之能事，終把汪精衞捕獲上來了。二十九年三月，汪精衞在南京組織成立僭稱中央的僞「國民政府」。一切形式組織，均仿已遷都重慶的「國民政府」。事先在日人指導監督之下，召集南北「維新」、「臨時」兩僞政府的首領，在青島舉行協調會議。會議結果；將南京僞「維新」政府解散，任梁鴻志爲僞國民政府監察院院長；溫宗堯爲僞司法院長。北平僞「臨時政府」，僅名義取消，改爲僞「華北政務委員會」，初以王克敏爲委員長（王揖唐則改任南京僞府考試院長）。名雖隸屬於南京僞中央，實際仍然獨立。南北雖未明白劃界分疆，如上海僞「中央儲備銀行」，卽南京僞政府的中央銀行。其活動範圍，僅限於上海、南京、武漢、廣州等地區，不能到北方。其割治形象，已很顯然。此實日本慣技：「分而治之」，絕不「予以統一」的陰謀策略，並毫不足怪。故王克敏掌握著華北地方大權，依然如故，直到三十年五月，始由王揖唐接任。

王克敏爲何下臺？蓋自日本製造「九一八」事變以後，華北所有一切地方性的政治組織，都有王克敏參加。故華北亦以王克敏爲最有聲有色。及汪精衞南京的僞中央政權成立，汪精衞深覺王克敏的見識手段，與對政務之練達老辣，尤其日本人對他的信賴，都在自己之上。頗爲忌嫉，時有「倒他」之念，便常乘間向日本人進讒。王揖唐因而垂手得到華北政務委員會委員長，王克敏則被棄如敝屣。兩王原是貌合神離，從此亦交惡暗鬬。王揖唐的資格，原較王克敏略高一籌。二十九年三月，王克敏任華北政務委員會委員長時，王揖唐耻以委員在其屬下供職，聽他管轄指揮，心殊不平，芥蒂愈深。他們雖有裙帶關係；但到了利害關頭，也是不認得親戚的。何況王克敏素來是看王揖唐不起的。徐世昌過去雖評王揖唐「官歷中外、才兼文武」，也沒有改變王克敏對他的輕鄙心理。尤其王克敏娶了小阿鳳以後，王揖唐眞欲以「泰山大人」自尊，騎在王克敏的肩上尤是王克敏所不能忍受的。平心論事：王克敏在科甲出身上，雖遜王揖唐一級；在才智、氣魄、能力上，王揖唐卻輸了王克敏一籌。總之，華北的僞政權，翻來覆去，都是由姓王的掌權的，從王克敏而王揖唐，而王蔭泰（浙江紹興人，字孟羣，北洋外交總長）。朱深（淵博，曾任北洋司法及內務總長）幹了半年，死去。仍由王克敏繼續幹了一年，霹靂一聲，便送華北偽政權壽終於原子彈之下。王揖唐在偽政權的末期，則聲勢大挫，徒坐視王克敏、齊燮元、殷同三雄新興的角逐，直到偽政權的落幕。

覆巢之下漢奸喪命

歷史上，古代的侵略者，多以勝利者的姿態，屠人之城、滅人之國。近代的侵略者，則恒假手於敵國的傀儡，以統治其國家人民。中國在華北的地方政權，自日本侵華、「九一八」事變之後，形式和實質，迭經變更，直迄偽「華北政務委員會」成立，性質則全變了，乃一純粹日本的傀儡，為虎作倀的政權。但這個傀儡政權，卻具有奇怪的統治指揮系統：最高至上，有日本天皇和其內閣；次有日本駐華政出多門的軍政頭子；再次有南京汪偽政府的中央。婆婆多著，層層節制，既常弄得莫知所從，而王克敏又常不按規矩系統，直通東京，卑視日本駐華的軍政頭子。而這些日本軍政頭子，又常巫師鬬法，各顯神通。王克敏既不受命於汪偽中央，又常挾汪偽以自重，或假造偽中央的情報，以惑日本朝野。這樣一個不倫不類、一國多公的偽政權，在全世界裏，實難找出類似的先例。其為脆弱無能悲慘的命運則早已經註定。縱沒有原子彈的轟擊，燕巢幕上，苟存旦夕而已。覆巢之下，王克敏又何能幸免於難！我國經過八年的浴血抗戰，終於民國三十四年八月，獲得最後勝利！王克敏自然難逃國法的制裁。終以漢奸罪名，在北平被捕，拘囚於河北高等法院第一監獄。未久，因病與烟癮發作難治，於民國三十四年十二月，喪命獄中。時年七十有三。雖逃過了極刑之誅，而千古臭名，總是洗不掉的。

介紹西方文學的林琴南

文化交流三大功臣

中國與西洋文化交流的關係，自十六世紀以後，斷斷續續，以迄民國初年，有四五百年的歷史。當十八世紀後半期，由於西洋功利主義思想的興起，與滿清皇朝之不爭氣，弄得國際地位日益下降，遂使中國文化，突趨衰微。一部中國近代史的序幕，則正始於中西文化新的交流，並展開了中國數千年來前所未有的變局。

中英鴉片戰爭以後，十九世紀中葉，即自滿清咸豐、同治年間（一八五一——一八七八），中國所提倡的所謂洋務運動開始，以至二十世紀初，中西文化交流的活動，又漸漸展開起來，也比較正常而合理。在這段多災多難、艱苦磨練的過程中，中國曾產生了三位頂頂有名的文化交流使者，亦是中國近代文化推進的三大功臣：一爲辜鴻銘（湯生）；一爲嚴幾道（復）；一爲林琴南（紓）。辜鴻銘將中國學術文化的精華，輸送到西洋。嚴幾道則將西方的哲學、政治、經濟思想，推薦到中國。林琴南則專將西方文學作品與文學思潮輸介到中華。三人在中國文化上影響力之大，與其知名度之高，至今仍然灼灼有光。以上中國這三大學者，也相當巧合；同是八閩文壇巨匠，同生於清末民初一個時代。關於辜鴻銘氏的身世經歷，比較特殊。作者已有專文介紹於前，不擬贅及。本文所要說的，雖祇是林琴南。而嚴幾道與林琴南所生的時代環境略同，而其後天個人的生活環境、地位與造就則異，影響到他們的晚景歸宿，便迥然有別。故嚴氏的生平，亦先有略爲介述一番之必要，俾有一個比較的觀察。同時，我因對他了解不多，也不想另寫專文。

嚴林並稱閩侯雙傑

嚴復，初名宗光，字又陵，又字幾道，與林紓同爲福建閩侯人。生於一八五三年，小林紓一歲，又先林紓三年而死。二氏在清末民初，在學術上，同有非凡的成就。雖於學術文化上之致力方向不同，卻都以譯書成名。國人則常將他與林紓譽爲「閩侯雙傑」。對他們兩人的論述文章，亦輯印有「林琴南嚴幾道文合鈔」出版。嚴氏對於國學，早具相當基礎。十四歲，學習船政（福建船政學堂畢業）繼赴英國學海軍（英國皇家海軍大學畢業）。回國後，滿清皇帝賜給他文科進士。他也做過天津水師學堂總教習、會辦、總辦、安慶高等學堂監督。又遊歷過南洋和日本。其社會地位、國際知識、器識見解，自然都比沒有出過國門的林琴南，高超宏遠得多。雖習西洋科學，卻沒有能夠在船政和海軍方面，大顯其身手。在政治方面，做過宣統資政院的議員（地位很高）。民國後，曾任北京大學校長、約法議員、籌安會六君子之一；不但沒有在政治上，顯貴通達起來，且留下了些微污點。不過在其所學所用之外，尚能得到學術文化上的非凡成就。雖說是異數，亦是學有專攻的代價。

嚴復生平，於學無所不窺。常舉中西政理治術原理，旁及文哲經濟之學，靡不究其原委，抉其得失，證明而會通之。雖希大有爲於世，終以學不能見用，長才莫展，乃轉過方向，殫心於譯著。所著有詩文集多種；不過最重要的，還是他所譯的西洋名著八種：天演論、原富、社會通詮、羣己權界論、孟德斯鳩的法意、羣學肄言、名學淺說、穆勒名學，無一不爲世所重。近世之闡其學術者，更不乏人。這卽是說，他介紹了國人哲學、政治、經濟、社會各種思想。對開拓國人的心胸，對改變國人的保守觀念，對中國近代文化運動所產生的影響效果，實在無法可以衡量。這與不諳西文而譯西書的林琴南，對我國學術文化上的建功立業，雖可等量齊觀，但林琴南則偏於文學方面的貢獻獨多。現在且看林氏。

古文家以譯書為業

林琴南，名紓，一字畏廬，別署冷紅生，福建閩侯人。先嚴復一年（咸豐二年、一八五二年）

生，後嚴復三年（民國十三年）死，享年七十三歲。嚴復祇六十九歲。生死契濶，其間差距，不過四年。

林氏幼極穎慧，爲學勤奮。先世不詳，家資亦非富厚。弱冠負文名。光緒八年，三十一歲，舉於鄉。翌年，參加禮部會試，落榜。便捨棄制舉之業，絕意仕進，遠離政治。所以他完全是一個土生、土產、土造的文士。不懂外文，沒出過洋、留過學，更沒有像嚴復一樣，得過滿清文學進士之賜。專心致力於古文，精研國學與朱、程之學，尤嗜太史公的文章。爲文則寢饋韓（昌黎）柳（宗元），追踪桐城諸老。提倡白話文，反古文的胡適，亦常譽林琴南爲「古文的應用，自司馬遷以來，從沒有這樣大的成就。」可謂尊崇已極。又工詩善畫，詩多清新湛秀；畫亦深得古風神韻，但不常作，應算是儒林通才。國人原將他與嚴復並稱爲「閩侯雙傑」；也有人稱他爲「文壇怪傑」。其實他並不足「怪」，祇是個性固執保守，木訥易怒，不太得人緣。爲學治事一經踏進，便鍥而不捨。如此而謂之爲怪，並不切合其人。但與一般文士比較來說，確也有點怪。不過這怪，正是他成功的條件。

爲學之外，卽從事敎書生涯。光緒二十二年，四十五歲，於福州與孫寶琊等，參加類似書院的「蒼霞精社」，講求學問之道。力學之餘，則潛心翻譯西書。他以譯書爲職業，卽開始於四十六歲。光緒二十五年，開始爲人師表，初在福建閩學堂敎書，後任杭州東城講舍講席，並與當地詩友結詩社於西湖孤山。宋人林和靖結廬西湖之孤山，恬淡好古，不趨榮利，二十年足不及城市。工書畫，善爲詩。林琴南亦頗類其人。他論詩，則力排宗派門戶之見，極主適情見性。嗣轉赴北京，應京師大學之聘，任敎職，有時亦兼任報社總編或翻譯工作，凡十有餘年。五四新文化運動前後，與蔡元培、胡適之、陳獨秀、錢玄同等，在文學方面對壘最力者，也就是他——林琴南。其個性之強項，操守之耿介，亦爲當時文人所難及。他在文學方面，晚年深得姚永樸（字仲賢，安徽桐城人，桐城派大將之一，曾任中正、中央大學等校敎授）等之推許，以桐城派自居，自詡與古文家吳敏樹（號南屏，清古文家）、梅曾亮（字伯言，清道光進士，古文家）相伯仲。已早不甘居蔡（元培）胡（適之）諸人之下，且不畏眾矢之的。他一生不爭權利，祇爭學術，故卽有非與對抗不可之勢。此心此志，至其晚年，雖在精力難繼，形勢上已經敗北情形之下，仍有困獸猶鬪的勇氣。至民國十二年，雖尚守勵志書院及北京孔敎大學的講席，但未久，卽十三年九月，病逝於北京寓所。詩聖杜甫說的「人生七十古來稀」，他在那時，也算是稀有的上壽了。他一生著作很多，有畏廬文集、詩集、論文、論畫等；最可貴的譯作二千萬言，尤爲世所稱道。

譯書全賴舌耕先生

林琴南不諳洋文，竟以翻譯西文而名利雙收。雖屬一種奇事，卻正顯示了他天才絕高、強記過人，和國文根基的深厚。其譯作之富，實居當代儒林人士之冠，嚴幾道也沒有及他遠甚。說到翻譯西文書籍，林琴南最大的缺憾，就是自己不懂原文。不懂原文怎麼譯？這就全賴他人看書口授，自己將之筆記下來，加以潤色卽成。漸漸熟能生巧，往往口述者尚未說完，而他的譯文，便已脫稿。有時祇須人將原文滔滔口述一遍之後，他卽闔戶直書，也不失其原意。因之，林琴南的譯作，全係意譯，而無照書直譯者。如「茶花女遺事」等譯作，皆能情文並茂，而無一般翻譯家常有的毛病：苦澀訥口之弊。此非天資特高、記憶力特強者，又實莫能臻此。當其任教北京大學時，常常手則編撰講義，口則與口述者縱談原書內容的要點。思想二用，而不僨事，實不媿爲一代天才的文學家。

當時爲林琴南譯書，專作口授的人，亦名爲「舌耕先生」，多數爲半文半達之士。如「茶花女遺事」，卽爲王壽昌（字子仁，留法學生）所口授。其他如魏易（冲叔）、屠俊傑等，都是不見文壇經傳的人。故當時通曉西文，有意於舌耕營生者，卽多趨林氏之門，一爲求取舌耕的機會；一爲介紹西方文學的著作。如此一來，資料來源，雖不缺乏。如譯品選擇不嚴，或述者不能盡職盡意，則浮濫、枯澀、偏差、歪曲，常所不免，弊也隨之而來。不過林氏的文筆，活潑流暢、態度忠實，嚼英咀華，而不粗製濫造，自是未可否認的，也常能補舌耕人的弊失。正因爲能如此，所以林氏在翻譯界的聲譽地位，能始終立於不敗之地。

書室宛如造幣工廠

林琴南在福州「蒼霞精舍」爲學之時，即已開始學習翻譯。他賦悼亡的時候(約四十多歲)，傷感之餘，偶然間，翻譯了一部法國小仲馬的「茶花女遺事」，藉以遣懷，於光緒二十七年（？）出版。一舉震驚了文壇，佳評喧騰，洛陽紙貴，因之，更提高了他譯書的興趣。自此而後，由於各方的鼓勵與要求，譯書便有欲罷不能之勢。順理成章，譯書似乎也成了他的專門職業。林琴南半世紀之後，與林氏同宗同鄉，世稱幽默大師的林語堂先生，學貫中西，望重儒林，似亦以譯書與敎書爲業，直與林氏後先輝映！八閩文風最盛，學者輩出，誠非虛傳。林琴南所譯英、美、法、俄、挪威、日本各國的名小說，世已彙爲二集，約一百五十餘種，計二千萬言。不過尚有極少部分，雖未成書出版，也早散刊於各報副刊、雜誌。其他著作亦復不少，有小說六種、筆記三種、傳奇三種、詩文六集。凡所著作，或譯述，世人無不視同奇貨；但他對文學上貢獻之大，又不僅在其著作，而在其譯述，尤其是世所稱的「林譯小說」。其中以小仲馬的「茶花女遺事」、狄更司的「塊肉餘生錄」、查里斯蘭姆的「吟邊燕語」、史托活夫人的「黑奴籲天錄」、史各托的「劍底鴛鴦」等，尤膾炙人口。其他如莎士比亞的「凱撒的故事」、史蒂文森的「天方夜譚」、大仲馬的「玉樓花刧」、伊索的「寓言」、易卜生的「梅孽」、狄孚的「魯濱遜漂流記」等，流傳最普遍，多成為家喻戶曉，學校或民間的讀物。

「林琴南家藏中國古籍很多，倘有遠行，而其行篋所常携帶的書籍卻很少。僅詩、禮二部、春秋左氏傳、史記、漢書、韓、柳文集及黃雅疏證。如僅就此點觀之，人必謂其淺薄；又當其與新文學派蔡（元培）、胡（適）諸氏對抗爭論時，在形勢上，林氏復明明敗北。但在當時一般書賈的眼光中，林琴南的學術地位，實遠高於蔡、胡諸氏若干倍。此無他，商人重利，利之所在，錢更是能令人盲心瞎眼的東西。

林氏在上海時，也是他最爲忙碌的時候，經常要接觸舌耕先生和書商老闆。每日接受各方譯述小說、繪畫山水之委託，山陰道上，頗有應接不暇之概。林氏上海居宅，原不甚寬敞。他的書室，尤相當狹窄，看書、休息、工作皆在其中。書室僅備小桌三張，高者作繪畫之用，中者爲撰文之所，矮者則爲堆集書報紙張之處。他這間書室，與夏壽田在京、滬書室之濶綽排場、姬妾執役者，已相差得太遠。卽與鄭孝胥簡陋之書室比較起來，也是望塵莫及的。林氏除接待賓客另有客堂之外，朝夕則皆踽聚於書室之中，手忙脚亂，惟趕作品是務。雖勞碌逾常，總是有代價的。故其收入亦大有可觀，遠勝於夏壽田與鄭孝胥。因之，當時上海一般文化人士，卽常稱林氏的書室爲「造幣廠」。

人物平凡貢獻偉大

中國滿清政府，向以天朝王國自尊自大，文物衣冠，無一不居天下之最。中英鴉片戰爭，雖打破中國閉關自守的局面；但固陋積習與觀念，始終未改。稍後所提倡的所謂洋務運動，也祇知西洋的船堅砲利，科學昌明。我國也唯有學習仿造堅船利砲，才能抵抗西洋列強。這思想，算是前進了半步；對西洋文學，仍然全不放在眼裏，認中國固有的文化，已爲世界之冠。這樣於己則敝帚自珍，於人則百無一是；對於中國文學之改頭換面，又不知耽擱了多少年？自有一個平凡的人物—林琴南，翻譯介紹西方文學作品來華以後，國人才漸漸知道西洋的文學作品，也有了不起，爲中國文學所不及的地方；西洋的文學作家，也有如中國李白、杜甫、曹雪芹、施耐庵一樣的偉大文學家；才漸漸知道有小仲馬、莎士比亞、易卜生、托爾斯泰等西洋大文豪；咸以爭先得讀：茶花女、塊肉餘生錄、魯濱遜漂流記、天方夜譚諸名著爲快。故林氏對西方文學的翻譯介紹，不但作了輸入西方文學的極先鋒，也使國人破除了固陋積習與觀念，接受了西洋文學作品。而且由輕視而重視，更到了相當信服的程度。林氏對這方面的貢獻，自然難於否認。

我國儒林中人，在林氏以前，對於所謂小說作品向不重視。認爲不能經世安邦，不能登大雅之堂，徒能使人玩物喪志而已。簡直視爲雕蟲小技，不把它列入文學之林。這種思想，再經過五四新文化運動之後，亦已大爲改觀。

而林琴南則正是推動改觀強有力的份子。他以一個中國古文學家，屈作西洋文化之奴，以翻譯外國小說爲職業，國人不但不以他爲離經叛道，如胡適之之流，且以之與漢太史公司馬遷相提並論。由林氏開了風氣之先，近幾十年來，國內外的翻譯家，亦多受了他的影響，有些人更有「寫小說不如譯小說」的說法。一以寫書誠屬不易，次認借鏡他人之長，正是自我展開的終南捷徑。有個著名的文學作家周豈明（作人），一生譯作也很多。他在其翻譯集「點滴」序言中就說過：「我從前翻譯小說，很受林琴南先生的影響。」即是一個證明。

再則中國舊小說的體裁、格式、章法，乃至內容，幾乎是千篇一律。直到五四之前，很少改變。在讀者的心理上，總難引人入勝，沒有更上層樓的感覺。而林氏所譯作的外國小說，依照原文模式、格調與推陳出新的花樣，便完全打破了我國小說的舊體裁，推出一種新章法。流傳至今，我國小說作家和翻譯家，猶多踵而宗之。所以林氏這個平凡人物，在文學上，不但提高了小說的地位和價值，也創出了小說的創作或譯述的新風格。

思想由前進而保守

林琴南雖以中國古文學家，翻譯西書而著名於世；如就其個人思想而言，早年實比晚年開通得多。早年他有很多作品，和其很多對時事的見解，指陳當時社會的病態，應與應革所在之處。比較康（有爲）梁（啟超）的前進，實有過之而無不及。如革除文人腐舊頭腦、傳統社會積習、打破禮教、開放學術、興女學、解放婦女、男女平等。有許多主張，都是在康有爲公車上書之前提出來的，後來多被維新派人士所採納。辛亥革命以後，正是復興中華，建設政治、經濟、文化、社會，從頭伊始，百廢待興，齊心努力的大好機會！很不幸的，林琴南前進的思想，不但在中途停滯了，且反有開倒車的態度與作法。直到五四新文化運動的前後，他對這運動的若干作法，極表不滿。這時他正在北京各校任教，與報社任總編。除極力爲舊禮教作辯護外，並在「新申報」副刊，發表小說作品，譏刺提倡白話文的陳獨秀、胡適之、錢玄同諸人。更在北京「公言報」，發表致北京大學校長蔡元培先生公開的信，指責北大「措施不當」，有不應「覆孔孟，剷倫理」、「盡廢古書，行用土語爲文字」等的主張。蔡氏雖婉轉復之，並多方爲之解說寄以極大希望，但實際上並沒有能使林氏改變其固執之見。

當新文化運動浪潮奔放之際，林氏猶始終我行我素。一般新文學人士與青年學生，雖多目林氏爲頑固老朽，抱殘守缺，時代的落伍者；但這對他在文學上的地位，絲毫沒有受到貶損。他每一新譯文學作品出版，不但青年人仍然趨之若鶩；即成了名的，不論舊的新的文學作家，也照樣以得先讀爲快，此無他，還是他的先聲奪人。覺得這位古文家，確有值得懷念與欣賞的地方。絕不會僅因其思想保守，而全盤予以否定的。何況還有很多舊文人，始終是忠實擁護他的！

嚴氏品題身價益高

「文人相輕，自古而然」，似已成了文人的通病，也代不乏人，尤其是近代文人。卽謹言愼筆者，亦不免有毀譽半參。而毫無閒言者，並不多見。依個人所見，國人對於林琴南的觀感，則似譽之者多，毀之者寡。貶損他的，則爲五四時代，他與新文化人士對抗時，他幾成了眾矢之的。讚譽之者，則多爲折服其古文譯筆流利，與其對中國文學上的貢獻。這些似都不必廣徵博引的來說。且看林氏好友嚴幾道，對林琴南「茶花女遺事」，有一種寓貶於褒的評說，輕重所關，影響較著，亦頗饒有趣味。

文壇人士都知道：林琴南之譯「茶花女遺事」，正是他賦悼亡的時候。鳳靡鸞吪，愴懷難已，亦人情之常。他本其桐城之筆，發其綺情哀豔之思，移注於茶花女譯作之中，自然聲色俱勝，文情並茂。宜其譯作出版之後，應膾炙人口，風行一時。嚴幾道自亦謂已讀過八次，似猶不忍釋手。祇是他於讀林氏「茶花女遺事」一書之後，卻又致其譏詞。謂其「綺業深重，此書銷盡支那蕩子之魂。余酷愛此書，已八番披讀未厭。祇覺閱後令人心志澄然，有導人性情入正之功。瑪格麗特，溷身勾欄，而心靈絕未霉腐。亞猛愛念初發之際，純眞一本赤子之心，故能湛然深感，之死靡移。一經老人棒喝，善念油然而生，莫克自遏。萬苦千辛，甘之如飴，入後備受亞猛凌挫，泰然見宥。離騷有『既修能尊內美』之句，惟茶花女足以當之。一切眾生，皆具佛性。一念迴向，即同本有。斯愈横徧十方，豎裹三界，不垢不淨，絕待晶瑩。」

嚴氏這種似褒似貶，提綱挈領的簡略書評，已將全書內容與譯作，統括其中。既有導人性情入正之功，文學至上，即爲得之。不過也有人謂：嚴氏之評，殊非平心之論。也可說是嚴氏心自污染，志氣沈淪，才有此戲言出口。實不足爲茶花女之病，轉足見嚴氏之器量太小。但不論孰是孰非，而茶花女一書的身價，反經嚴氏品題而益高，自然也是事實。

對嚴林譯作的月旦

上節我已指出，文人筆下，對於任何文學作品，總不免有月旦之詞，沒有盡善盡美的。儘管嚴幾道與林琴南，同爲近代文壇之傑，作品亦難免世人的吹毛求疵，盡善非善，盡美不美。我在「忘機隨筆」中，記載着有某學者（當時未曾提名，忘了）曾說過：「嚴幾道與林畏廬（即林琴南），均爲文壇泰斗。嚴譯多爲社會科學，如天演論、原富、法意，及名學等書，極盡雅達之能事。其中原書取譬，均易以中國典故。非學貫中西，融會貫通者，不克臻此。故讀其書者，幾疑爲嚴之創作，不似譯自西籍也。林譯多爲小說，以茶花女、吟邊燕語等書，爲最膾炙人口。雖筆法力追史漢，然多矯揉造作之處，氣勢究不自然。至其創作金陵秋等書，則較譯文，更爲遜色。

然嚴文深奧簡古，非國學素有根底，而又細心讀之，不易解，非如林文之可以普遍流行也。故林名在一般人中，轉出嚴上。聞耶穌教初請嚴譯新舊約，以索價奢而未成。使是書出嚴手，吾知今日讀聖經者，必不限於教會中人也，惜哉！惜哉！」

我重看了某學者這段批評記載，非如嚴氏對林氏之「寓貶於褒」，而是明顯的「尊嚴而抑林」。其指林譯「多矯揉造作」，創作「更爲遜色」；與嚴氏本人對林作的感覺：「心志澄然」「有導人性情入正之功」者，則未免大相徑庭。好在他又指出林文「可以普遍流行」。能流行，卽能收「導化之功」，盡了文學的道義責任。故林譯仍不失其在文學上的價值。

世俗所謂文人無行，包括的範圍很廣，主要的，則是指文人藉才智之名，而放蕩風流，流連花叢，逾牆鑽穴，偸香竊玉這類事來說的。林琴南生理正常，既非書呆子，也未經遇如司馬遷之辱。食色性也，自然無異於常人。尤其能够寫出如「茶花女遺事」綺麗之文，就不可能與柳下惠同看。但閩人相傳：林琴南與孫寶瑚諸子，曾在福州「蒼霞精舍」（類似書院，不過具體而微）讀書。時福州地方多妓寮，有私娼莊氏者，或爲現代交際花草之流，略識之無，行動浪漫自由，姿色亦相當可人。久慕林氏之名，深懷單相思之苦，而不得一親林氏。偶夤緣求晤，林氏則走避之他處。後莊氏窺林出，常自作珍饈以貽其居。林氏同學諸子，見美食當前，絕不放過，輒飽餐盡淨。林氏返，悉其情，並不計較，亦一笑置之而已。莊氏見久無反響，也懷疑不已！一日，偶然機會，二人相値於途。莊氏笑問貽饌之事。林氏未便明言，則報之一笑。莊氏或意林氏已動了心，更進甜言蜜語以挑之。林氏不耐，又逡巡遁去。後莊氏以林詭僻難近，由慕生怨，由怨生恨，亦不再作凰求鳳之夢了。

蒼霞學子，深知林氏與莊氏事之始末，多笑林氏名士迂濶，不解風流，辜負了美人恩。林氏乃抽出一紙，以示同學，乃七絕一首，詩云：「不留夙孽累兒孫，不問情田種愛根，綺語早除名士習，畫樓寧負美人恩。」故林氏一生，守身方正，綺念不生。不但有坐懷不亂之遺風，且可與其文字知己，亦其在新文化運動中的對抗者胡適之「從一（妻）而終，絕不後悔」的好丈夫，相互比美。

譽之為傑實不過分

林琴南完全是一個土生、土長、土造的儒林一傑，與西洋沒有過任何淵源關係。既以翻譯西書為業，情已不能自己。到了晚年，其日常生活，除譯書賣書之外，便是作畫賣畫。縱已年高七十，健康亦不太佳，仍每日工作，至少六七小時，有時且晝夜相繼。此固為其興趣使然或藉作消閒方法。同時，他在科場中舉以後，對於功名利祿，從不追求，亦不企圖倖進，甚且雖徵不入，祇靠自食其力以維生。朋友與其學生之中，雖多達官顯貴，也從不去依附攀援。這固是他性情木訥易怒，古板固執，人多不敢與之接近之故，亦實為其清介廉潔的操守，所使而然。可是他又為人忠厚慷慨，尤富同情心，遇人有急難或窮愁無告的孤寡，解囊相助，毫無吝色。這是他最可佩之處，亦正是林氏能得人敬仰愛護的地方！

與林氏為文壇好友的嚴幾道，其出處則不同途。兩人晚年，雖同以譯西書而負盛名，林甚或超過了嚴氏。而他們的生活條件與環境以及政治地位，嚴則較林優越許多。嚴氏在英國皇家海軍大學畢業，取得了第一名。據說為外國人在本大學，空前未有的事。聲譽之隆實震動了大英帝國聯邦諸國。嚴氏返國時，復與日本伊藤博文同船。伊藤亦卒業於本校，但名次則落後嚴氏很多。學識器度，亦遠遜於嚴。他們同船，長日無聊，便不拘形跡的閒談起來。伊藤侈言歸國後之抱負，以及維新設計；嚴氏亦自道其富強中華的志向；兩人皆有互許的期望！但後來的發展，卻截然不同，伊藤遇了聖主，得助明治天皇，完成了日本維新偉業。嚴氏回國，則正遇上弄權的雌主，又受阻於權臣李鴻章；故不見重於頑固保守的滿清政府，而莫展其能，僅以洋翰林之虛銜終其生。辛亥革命以後，國家重見曙光！而嚴氏亦祇在學術上有過表現，做過北京大學一任校長而已。當其侘傺鬱悒之餘，更染上了阿芙蓉之癖。氣沈志短，人就等於就木了。

嚴氏晚年，雖欲振發，有所作為；但夕陽雖好，祇是近黃昏。所幸他尚有翻譯的八部名著，與其頗多的著作，才作了他盛名歷久未衰的支柱。若林琴南學歷、經歷，皆不如嚴氏的響亮，又出處殊途。他潔己為人，誠實自持，平平淡淡過了一生。其在學術上的地位，雖與嚴氏平分了秋色，而有「閩侯雙傑」之譽；但林氏堅定志氣，敬業敏事的精神，鍥而不捨，辛勤苦幹的責任感與偉大貢獻，似又前不見古人，後不見來者。這並非固爲捧喝，卽是說：在林氏之前，沒有見過不諳西文，而譯西書成名的文學家；林氏以後，迄今已有半個多世紀，也沒有發現有像他同樣的文學作者，譽之爲「傑」實不過分。

中國文壇奇葩沈從文

鳳凰總理的小同鄉

清末民初，湖南湘西一個山城小縣——鳳凰。我們不要輕視了這湘、川、黔邊疆苗區的落後山城，竟破了幾千年來的歷史風水，地靈人傑，出了兩個有名的人物。一是清朝的苗子翰林，在北洋政府袁世凱時代，做過內閣總理的熊希齡（秉三），人稱鳳凰總理。一是民國三十年代頂有斤兩的新文學健將沈從文。

我在兩年之前，寫過「鳳凰總理熊希齡」一文之後，當時很想把熊總理這位小同鄉——沈從文——也來介紹一番，可是沒下決心。只因正如本文的標題，他是一株奇葩，我對他又知道不太多。擬題很久，不敢涉筆。何以說沈從文是中國文壇一株奇葩？一、他是苗疆風氣閉塞、文化落後地區出產的文學家；二、他是一個很古怪、刻苦自學自修、無師自通的文學家；三、他是文壇很多前輩所讚許為出類拔萃的文學家；四、他是最溫和敦厚、心志皎潔、樂於助人的平民文學家。如是又久久以來，耿耿於懷，使我總覺事有未了。直到今年五月，忽傳溘然長逝於美，他雖已近九之年，文星凋落，總難免無感於衷！因就記憶與訪查所及者，勉爲其難，淸話一番，想亦爲讀者所樂聞也。

刻苦自學無師自通

沈從文，初名從龍，字岳煥。離開出生鄉土之後，自覺其名庸俗，頗有封建意味，便改以「從文」行。但爲紀念其先人的期望，這命名的「龍」字，對他和其後人，仍有非常親密的關係。初生兒子，卽名大龍。次子名小虎。二子都長得眉淸目秀，卻頑皮得很。於今當已知命之年了。從文生於民前十年（一九〇二），行二，文藝界人士間以「沈二哥」稱之。其先世如何？我不太明其底細。只知其祖若父以及兄弟，全列身軍籍，算得上「軍人世家」。兄弟姊妹很多。其他說不定連他自己本人，或亦不免茫然！他在其「從文自傳」中，縱有表白，但眞實性，仍難免於疑！因爲凡文化落後、交通閉塞之區，尤其苗區的人民，是不太注意講究這一套的。如果在青少年時代，卽已離鄉背井，受了外面繁華世界環境的種種影響，更易於數典忘祖。何況多數又老大不回鄉咧！如此東飄西泊、四海爲家的人，這自然不止沈從文一人爲然。

大家都知道，他自己也不隱諱，他沒有正式讀過書。十四歲時，僅受過三年小學教育。在這三年之中，名雖入學，實則終日逛山玩水。在其自傳中，亦謂「天天遊玩」，不樂於學。他後來的學問，幾乎全是從刻苦自學自修中得來的。少年時代（十七歲），卽投身軍旅，曾在田應詔（鳳凰人）及陳渠珍（玉謀，湘西人，前清統領，有湘西王之稱，北伐統一後，曾任新編三十四師師長）的部隊當過兵。後隨軍隊移防，也才由閉塞的湘西跑出來，輾轉到過很多地方駐防，終於離開了營門。又流浪一個時期，民國二十年，來到北京，初往北京西河沿一家小客店，擬另謀生活出路。照常情講，他這時本可以鄉誼關係，去找家鄉前輩熊總理，謀一小官半職的，可是他說：互不相識，還得登門乞憐，不屑爲之。只好自力營生。初得某印刷廠排字兼校對一職，頗爲自得。從此，卽一心致志於文學。多方訪求名師，先後認識了胡適、徐志摩、葉公超諸學者，交往極勤，自謂：「獲益不淺。」因更本其在軍中自學自修的閱讀知識、多年的生活閱歷與觀摩考察，以及學習得來的寫作經驗，發而爲文。初學投稿，卽頗受很多報刊的編者與讀者的歡迎！徐志摩尤賞其作品，初介紹至晨報副刊、新月襍誌撰稿。後又介紹他到青島大學任教。沈從文寫作，由是信心愈增，精益求精。凡不自信於心者，決不妄邀僥倖之寵！作家之名，便是由此漸漸形成起來的。他寫作之多，並不算稀奇。稀奇的是：一、每篇文章或書，都是第一流的作品；二、刻苦自學、無師自通、另成風格的作家。直到現在，大家幾已不知世有鳳凰總理熊希齡，卻還知有鳳凰大兵作家沈從文；這樣明顯的對比，更不免對許多高官顯貴之輩，是一大諷刺。

平陽有蠱與湘西異

沈從文籍隸湘西鳳凰。鳳凰位於川、黔、湘邊接壤，原屬苗族地區。其地理環境與其風物、民情、習俗，我在本書四一七頁熊希齡一文中，已經談過。本文爲避免重複，故略而不言。不過某日，與四十年前的老友浙人胡建平先生，相遇於途。爲言他已讀過拙作熊希齡一文，提及所述「湘西放蠱」之事，並謂浙江平陽，亦有蠱害傳說。茲如所言，轉爲介紹於次：

浙江平陽之地多山，抗戰之前，居民尙多茅塞未開。無知土著，有專以養蠱爲生者，稱曰「蠱人」，且世其業。我雖未親見，地方卻常傳其事。據說：若輩養蠱之法，於每年之重五日（端陽節日），捕毒蟲百類，如蛇、蝎、蜈蚣、蟾蜍等，雌雄各一。幽置一甕之中，僅留一小孔隙，以通空氣。不給食物，使之互相殘殺呑噬。其碩果僅存者，則爲蠱種。爲蛇曰蛇蠱，爲蝎曰蝎蠱，爲其他毒物，亦如其名。然後瘞之室隅，並祝之曰：「日給若干錢。當於某年、月、日，供一人爲壽。」由是每日有錢置於蠱人案頭，適如所求之數。晨夕供以茶飯，誠敬甚於供奉宗祖。供畢，傾於瘞蠱之地上。日久霉腐薰蒸，茁生一菌，焙乾藏之。至祝約日期，有客至其家者，密以菌末，混合於飲食中，給客飲食。客歸必無疾而卒。屍殮入棺中，必被蠱食之盡。至於解蠱之法，亦與湘西苗人不同。平陽居民，因多習聞蠱害之事，常相率戒入蠱人之家，更勿就其煙、酒、飲、食，即可免於禍。故罹其害者，多爲初至其地的異鄉客。養蠱者，自私自利，毒殺他人以供蠱。祝時原已約定了年月日期，至期如果爽約，害必及於己身。因屆時無客至其家，或至而未沾飲食，如此爲求自保，雖妻妾子女，亦不免將之作替死鬼。相傳清乾隆年間，某蠱人之家，有女已適人。其蠱約到期，迄無客至。會其壻來省親，乃毒殺之。其女憤恨已極，遂弒其父，而自首於官。官以其女大義滅親，爲地方除害，不以逆倫論罪，有而赦之，並出示懸爲厲禁！從此蠱人乃稍歛跡，至今已否根除，則不得而知。

湘、川、黔之交，苗人養蠱，知者頗多。平陽有蠱，在余則係初聞。雖與本文無關，亦姑妄記之，以供讀者參考！

溫和敦厚樂於助人

沈從文，雖是湘西鳳凰未開發地區的人，卻天生一副江浙人士的溫和相。不高不矮的中等身裁，不肥不瘦的清秀軀體。經常穿著藍色的長衫袍服。其夫人與小孩，亦常著藍色衣裳。他們一家人，對藍色似乎特別偏好。有人即戲指其家爲「藍衣社」（抗戰前，有一政治性的組織，名藍衣社），他亦一笑置之，因對日抗戰時期，物資缺乏，陰丹士林布（藍色）爲上等衣料，人多取之的緣故。他是一個大近視，經常戴一副眼鏡。舉止瀟灑，態度俊逸，實不像一個邊疆地區的人。其人聰明伶俐，智慧極高。記憶力亦強，閱讀書報，有過目不忘的本領。每習技能，輒一試而就。如他初至北京未久，就能說流利的北京話，只是天生的鄉音難改。文人性格，儒雅有禮，從無疾言厲色，更無驕矜傲慢的態度。待人接物，一秉至誠。常謂：「爲文必敬，自尊自重，也尊重別人。」好獎掖後進，亦最愛幫他人的忙。有人說：中國文壇中人，除了周氏兄弟（指魯迅和周作人），應算沈從文對人最熱忱、最誠敬。歷來中國的文人，多有幾分霸氣、驕氣、狂氣、朽氣、倔強、腐化、乃至文人相輕、文人無行等等。在沈從文的身上，似乎都裝點不上去。正如李少陵（湘人，舊文學家，曾任甘肅省政府秘書長，著有駢廬襍憶一書，來臺後去世）所說：「我所見過有誠心誠意、愛護後進青年的學者或新文藝作家，沈從文卻是最溫和敦厚、最樂於助人的一個。他助了人，還不願意留名。如捐款興學，署名爲『隱名士兵』，即可見之。」

中國舊文壇中人，有兩句慣用的話：「文人無行，才子風流。」有人（似乎是魯迅）反過來說：「無行的，才是文人；有行的，就不算文人。」同樣也有人說：「是眞才子自風流；不風流的就不是眞才子。」沈從文的無行與風流，偶然隨便或有之，因爲他是文人，二三其色，甚而七八其色或有之。除了風月歡場，不會有。但無行到了下流地步，風流到了無恥程度，他是一個正宗京潮派的文人，則決無可能至此。如不信，可從後文中，找到相當答案。

對劉文典犯而不較

沈從文爲人，不但溫和敦厚，尊重他人，甚且犯而不較。去年中央日報副刊（十二月七日）有一段抗戰期間昆明「西南聯大」劉文典羞辱沈從文的記載：「抗戰末期，小說家沈從文，在空襲中躲警報，適劉文典也在其後。劉文典對沈從文說：『你何必躲警報呢？』『劉先生，我爲什麼不躲警報？』『你是不必躲。』『劉先生爲什麼也來躲呢？』劉文典翻著眼說：『我躲警報，不是爲我文典，而是爲中國。』『我不太懂。』沈從文說。『告訴你，如我被炸死，就沒人敎莊子，所以我要躲。』劉文典語帶輕蔑的說：『至於你，敎小說的，隨處都是呀！你何必躲？』沈從文爲人厚道，對劉文典的話，雖明知其無禮，近乎侮辱，仍然笑笑作罷，不曾與劉文典計較。劉文典，安徽人。北伐成功後，曾做過安徽大學校長。與章太炎、吳稚暉諸先生，皆極友善。早年留學日本，係劉師培（字申叔，江蘇人，著述已成集者七十四種）的學生。對中國古文學，多所研究，於莊子之學，爲劉師培之後，稱海內第一人。一生恃學而驕，目空一切，最愛罵人，素有狂妄之名。據說：他是「奉旨」吃鴉片的人，煙癮飽足之後，精神倍增，罵街愈甚。除上述沈從文的故事外，同樣的，還不知出過多少次的醜態。他上講臺時，亦常對學生說：「警報來了，一定要跑。我窮甚，亦必借錢坐車逃出城外。你們知道，我還沒有盡傳所學給你們，如果我被炸死，中國文化卽被炸去一塊了。沒有中國文化，日本人更會猖狂了，所以一定要跑警報！」這與他對沈從文所言者，意正相通。知其爲狂妄者，自不與之計較，或反報以輕輕的一笑，以輕鄙其人。

其尤怪而不近人情者，還莫過於他對國家領袖之大不敬。現亦乘便略言之，以證劉文典的神經太不正常。相傳：北伐後，劉文典任安徽大學校長。安大因大鬧學潮，時蔣總司令介公（卽老總統，當時任國民革命軍總司令）爲查詢學潮實況，特召劉文典晉見。劉見蔣公，卽指面問曰：「你就是蔣介石麼？」蔣公大以爲怪，責其主持校務不當，致令學潮擴大。劉文典不但不以唐突領袖爲失態，爲大不敬！反而大發雷霆、胡說八道。蔣公知其難以理諭，遂令羈押起來。以後還是章太炎，親見蔣公保釋出來的。劉文典既獲釋，不自反省，氣猶憤憤不平。還到處宣揚：「我當面罵過蔣介石。」其實此皆差矣！如此對國家領袖，對同事沈從文，或對任何人，所表現的羞辱言行，並不是施辱於人，正是自取其辱；不是炫耀自己之才能，正是自暴其無知；毀了自己的人格，失了學者的風度。所幸人皆諒其素行狂妄，不予深較了事。不過器識未弘，徒事文藝亦屬枉然！

誠懇坦白有人情味

上面說過：沈從文是一個刻苦自學而成的文學作家。有人問他：「你的成就，在於自學，那你對於近代學校教育的觀感又如何？」他很誠懇的說：「自學自修，不是好辦法，只可在不得已的環境下爲之。曠時費事、傷腦筋、又辛苦。學校教育，可以省下許多不必要的摸黑路，走不通，又得轉過頭來，費了不必要的時間與精力的浪費。我雖自學出身，卻非常重視現代的學校教育。」滿淸末年，廢科舉、興學校，一批頑固保守的官僚士大夫，議論盈庭，極力反對。而一些所謂開朗進步之士，雖主張興學校，但其著眼點，都不外從國際潮流與富國強兵一類政治觀點來立言。卻無人能道出學校教育，對受教者本身利害的道理。沈從文從自己經驗所得的教訓，坦白的宣布出來！雖已晚了幾十年，仍不啻是暮鼓晨鐘，足以導人學入正途！

他是一個純粹的土包子，未曾出過洋留過學，自然不懂得外文，也沒機會去學。但他絕不以不懂外文爲恥，外文亦無礙其爲學與做人。反而對他的寫作，大有好處。他能被稱爲大作家，他的作品之能被讀者叫好，就是沒有某些中西合璧的名作家，那種二三流譯文不通的歐美文章句法，使人讀來，沒有澀口結舌的地方。讀者一書在手，欲罷不能，更有如喝下葡萄美酒一樣的快味！他常自謙的老實說過：「我不是什麼名牌大學畢業，也沒有喝過洋水，祇是一個東闖西蕩，到處『打爛仗』的角色。作家祇是大家喊出來的，擡出來的，實際上，我自己覺得是當之有愧的。」即十足的表現了他謙冲坦白的態度。

文學本是人情的產品。前人詩、詞、歌、賦、文章之能傳誦不衰者，無不是其深情至性的感召！後世祇重現實、利害，學文學或自稱文學作家的人，凡事皆講利害重現實者，必不能治文學，治亦不會好。卽因其沒有眞理想、眞情感蘊蓄充沛於其間。故眞文學家，無一不有理想與濃厚的人情味。而近世最有人情味的文學作家，老一輩的不必說，在對日抗戰這段期間中，我的印象較深者，沈從文就是其中之一。沈從文是個新文學家，而且是五四以來，到中國大陸陷共時，第一個不頹廢、不海派，作品中有純良、樸實、堅毅、熱情、正直的眞、善、美的素質，是一個有中國傳統道德的不合時宜的倫理觀念的作家。中國文壇，要把他的作品歸宗入派，稱之爲正宗京潮派，這是沒話說的。

文人相憐留念最深

在新文學作家之中，沈從文的散文和小說，我認爲是寫得最漂亮、有內容、有分量的一人。但他卻不是教書的材料。古之學者，重在腹笥；今之學者，重在口舌。如今已退休的某教授，在歐洲混了幾年，學無專攻，腹笥空虛；但登臺演講，上天下地，口若懸河，非常叫座，深受學生的歡迎！沈從文教書，卻恰恰相反。他一肚皮的思想學問，木訥的口才，卻不及其文才與天才。說話聲音低，又沒有系統。雖有一口北平話，但鄉音極重，一聽卽知其爲南方人。加以講課內容，因太深邃充實，有很多是難聽得懂的。我不諱言不論是在西南聯大或北大當教授，口不會吹，是不太吃香的！抗戰初起時，北大有意聘老舍（舒舍予）教授新文學。甫有人建議，卻因戰事發生而止。拖了很多年，一直無問津者。及抗日戰爭結束，北大始正式聘請沈從文在中國文學系開課，講「小說寫作」，也衹每週二小時的演講，這或許僅在借重他的名氣；但學生每週必習作短篇小說一篇，這也許是在補足課程的時間而已。

說到編撰方面，正是他的當行好戲。抗戰初期，他在昆明，滇、渝兩地報紙的文藝副刊，幾乎都是他在遙領主編。重慶大公報的文藝副刊，直到日本投降，抗戰勝利後的數年，還是他在主編。戰後他受聘到北大教書，正紅極一時。北平、天津、上海三地大報的文學副刊，多數也是由他一人包攬主編。他在昆明的時候，昆明因非政治文化的中心，約稿不易，目標祇好集中於西南聯大的教授們。到北平以後，他住在沙灘北大附近的中老胡同。北大師友，受他約稿者，亦達數十人之多。他說：這並非是人情面子問題，實由於出自老教授們手筆的文稿，不但識得重與輕，且標準超凡，不必多費腦筋去看去修改。相信得過的，簡直不必看，就馬上寄發出去，省事極了。否則，個人精力那能夠用！

同時，被他約稿的教授、作家，都必報以最高的稿酬。這也是他擔任主編，先講好的條件，亦被約者極感高興的事！因爲抗戰時期和勝利之初，大家的生活，都極艱苦，尤其是教授和作家們。沈從文在他炙手可熱的時候，不但痌瘝在抱，沒有文人相輕的陋習，反而大發其「文人相重」的懷抱！打破當時一般作家「文章不值錢」的慨歎！將文章稿費，特別提高。有些教授作者，每月所得，幾乎超過了教授每月津貼的一倍，甚或雙倍。縱未做到「大庇寒士盡歡顏」的地步，至少於生活亦不無小補！上述「沈從文樂於助人」，此亦事實之一。這在當時，固已膾炙人口，到了臺灣，曾受其惠者，卻猶有人念念不已！

連理好合從一而終

沈從文結婚成家，比較稍晚。這段良緣，是始於民國十七年。時沈從文執教於上海新中國公學，對該校校花張兆和，極爲垂靑，由暗戀而寄纏綿愛慕、情文並茂的情書。初彼美不但不爲所動，反將其情書，向學校當局公開。弄得沈從文難以爲情，心灰意冷！後經友人「再接再厲」之勸，繼起直追。她終感於從沈文之眞情摯意，由相戀，而結成連理。雖是好合之緣，但也拖了相當長的時日。據說：這一良緣，還是沈從文寫了一百封情書給張兆和，才把她追求上的。這一風流韻事，後來傳播開來以後，大家好奇，對這位沈太太張兆和，無不刮目相看起來。眞的，初見其人，還沒有驚艷之感，可是越看越好看。有些女眷們更說：與她愈接近、愈覺得她親和可人。於是大家就給她一個綽號——黑鳳。

黑鳳，算是一株空谷幽蘭，確有超羣出眾的美。風度端莊、嫻雅，益顯出其大家閨秀的氣概。容貌則杏臉桃腮，明眸皓齒。惟膚色欠白而稍黑。本來我國人的審美觀念，向以「雪膚花貌」、「細皮白肉」爲美的條件。乍見黑膚，自難驚其鮮艷。不過她膚色雖微黑，但極細膩飽綻，正極合標準的健康膚色。賜以綽號「黑鳳」，當是由此而來。她住在昆明桃源鎮之時，雖快接近徐娘年華，但風韻猶存，仍看不出是兩個孩子的媽媽。抗戰復員後，住在北平，日常仍是一襲陰丹士林旗袍，不假脂粉，終不減其明麗光輝。

黑鳳，不但有其自然的外在美，且是更具內在美的一個賢妻良母型的主婦。平日深居簡出，操持家務，鉅細躬親。閒時，則喜看看文藝小說等類書籍。因之，她對陸小曼與徐志摩、郁達夫與王映霞的桃色事件極爲淸楚，常當故事般的講給學校同事好友們聽。偶然和丈夫帶著孩子，出門散步，卻從不去左右鄰舍，串門子、嚼舌頭。她是一個文學家的妻子，她知道文人多數是無行的，風流瀟灑的。也知道文人的太太，見多識廣，風習相染，亦常不免於生活浪漫。她將這類故事，也常當作自己閨中私語的資料。雖在引以自警自檢；也未嘗沒有諷示提醒沈從文，不要亂抛愛情的意思在內。她認爲最使人生苦惱喪志的事，實莫過於有夫之婦或有婦之夫的烏七八糟亂來。所以他們夫婦，始終都沒有閒話留給人講，各「從一而終，絕不後悔」，如胡適之先生一樣。

治家勤儉好客不吝

民國三十年前後，沈從文在西南聯大（北大、淸大、南開三校聯合的大學）執教。他的家，在抗戰初起時，卽已遷居昆明城內青雲街，與任鴻雋（叔永）陳衡哲夫婦爲鄰。以後沈太太在建國中學教書，建中校址（昆明與呈貢縣之間）正在昆明名勝之地的桃源鎭。美名爲桃源鎭，但非武陵人捕魚的仙境桃花源，也沒有如李白「十里桃花，萬家酒店」受了騙還高興的風雅故事。卻有實至名歸的「桃林」，綿亙百里，盛產桃子，並一小市鎭在焉。地帶寧靜，風景優美。沈從文遷移的家，卽面對桃林。夏日晚霞絢麗，景色最艷。桃林，便作了他家人散步遊玩的好地方。

這是戰時新繁榮起來的地方。昆明在抗戰期間，屢遭敵機轟炸。桃源鎭一帶得天獨厚，幸未蒙其難。因其地理的優勢，雲南省政當局，便在這裏建了幾批克難房屋，以供城內疏散家庭遷居。沈家便是租賃戶之一。所謂克難房子，顧名思義，自然構築簡陋到了極點。同時，住戶旣都是作臨時打算，加以戰時物資困難，室內佈置一切，便多因陋就簡了。沈家主婦張兆和，秀外慧中，在如此情形之下，對於家庭的佈置，常能特出心裁。不論竹、籐、粗木傢俱，粗笨瓷土器物，或廢物利用的陳設，一經其手，輒有化腐朽爲神奇之妙。客廳、臥室、書房、庭院，無不井井有條。雖簡且陋，卻雅而不俗。沈從文藏書頗多，視同生命，則成了一小型圖書館。沈從文也最愛收藏古瓷器，尤其是西南各省的古舊產品，琳瑯滿目、陳列半屋。每有客至，不問客的興趣如何，必向之獻寶一番，引導參觀，解說其來歷價值。客若有贊，他更高興不已！

桃源鎭，鄉下地方，平日本來人客很少。後來住戶雖漸多，除鄰戶外，遠客來往，仍然不多。時沈太太係建國中學的老師，建中的老師們，多係西南聯大教授兼任（因不易請教師），自多爲沈從文的朋友。凡由昆明來桃源鎭的教授，多先日下午來到，到則多流連住宿於沈家。往來無白丁，每週末總是客人滿座。加以他們夫婦又最好客、愛學生，還經常邀約朋友或學生到家來吃飯、飲茶，或招待水果，吃桃子、梨子，甚至臨時做些豌豆餅、鷄蛋糕之類以享客。寶珠梨，爲雲南的特產，外省人初來，或未盡知，她必特加推薦。寶珠梨與桃子一樣，多產於昆明湖邊的呈貢一帶。寶珠梨，顏色翠碧，皮薄、肉嫩、汁厚、味甜、既香且脆，可謂集水果之全長。較之天津雅梨、嵩山梨，實過之而無不及，尤其是價廉，與四川的川柑相彷。抗戰初期，一元大頭，可以買上數十或百枚。

中國抗戰到勝利初期，每個家庭，多是弄到流離破碎與疲憊不堪！沈從文的家庭，應算是相當安定與圓滿的。以一個作家，自然有很多書籍。他對古瓷的嗜好，雖有所偏，亦未至玩物喪志的地步。編撰之餘，猶未忘記教育小孩與幫助太太家務的處理。而張兆和，不但與之趣味相投，其於家庭的佈置、安排，即到了北平，住家中老胡同以後，仍然一樣，有條有理。兩人雖仍以勤儉自持，但於好客與助人，則始終不慳不吝！

事實月旦相當客觀

沈從文在三十年代的新文學作家中，是出道比較遲的一個，也可說是許多作家中例外的一個；知名度雖不太高，但已傳於中外。我何以說他是中國文壇的一株奇葩？這絕不是信口開河，固予揄揚，更不是我一家之言。戰時，他居滇、渝任幾家大報文學副刊的主編；勝利後，平、津、上海三地大報文學副刊，也多是他一人包攬主編。其他許多久享盛名的作家，不知是不屑於爲之，還是都被各報遺忘了？事實俱在，我亦不欲多言。

這一事實，或許有其他的因素在。現在且看其他吧？中國某老牌文豪，曾把自五四以來的新文學家，僅以小說來較量高低，拿三位著名的作家——茅盾、巴金、沈從文——來作比較後，私以告人說：「茅不如巴，巴不如沈。」這是民國二十五年，因魯迅（周樹人）死後，茅盾繼爲左派盟主。論者紛紛，多認爲不當。這位老文豪，才作了此說。沈從文的作品，曾經周作人（豈明）、胡適之、任鴻雋、陳衡哲、徐志摩、陳源等，公開的贊賞過，這且不說。某年林語堂所創辦的「人間世」，於當年年終，請海內名家，推薦當年三部最佳著作。周作人第一部便推介了「沈從文自傳」，認爲是寫得最好的。程潛（頌雲，醴陵人，曾任河南與湖南省主席，後投共）最愛看別人「自傳」這類的書，卻認爲「沈從文自傳」，淳樸厚道，也是最少向自己臉上貼金的一本自傳。胡適之、丁文江、陳衡哲等，在創辦「獨立評論」之初，於許多新文學名作家之中，特約撰稿的作者，沒有約聘周氏兄弟（魯迅、周作人）和老舍；也沒有約海派浪漫派的作家；只約了沈從文一人寫稿。不論有無其他特殊緣故，或許就是因爲沈從文的白話文，實在寫得好。

沈從文是有名的當過兵的作家。他之成爲名作家，完全是刻苦自學得來的。樸實無華，沒有沈淪於古人窠臼，也沒受海派的沾染。故文學界人士曾公認：「新文學家中的小說家，他是屬於正宗京潮派的，與茅盾、巴金等海派作家不同。」什麼是京潮派與海派？是指爲人、作事、說話、行文，兩派各有獨特不同的思想與格調；見仁見智，亦各有不同的說法。有時且祇可以意會而不可以言傳。見多識廣，有學問的人，自可領悟得到。如必欲作一區別，略而言之；不妨以是否經由「禮門義路」或「古典」與「時髦」別之。沈從文當時聽說他與茅盾、巴金不同，便很謙虛的說：「他們有的寫得多，寫得快；有的畫眉深淺很入時，擁有很多讀者；我不可及，我還得要學！」不過海派作品，他們在小說上思想上的成熟，無論如何是難被正宗京潮派所接受的。

中國文學作品，從來沒有得過國際諾貝爾文學獎。某年，在香港文壇，沈從文的作品，有過一些呼聲，曾被提名參加。後來據說：要獲得諾貝爾獎殊榮的條件之一，必須提供近年（？）的創作。沈從文過去成功的創作，固然很多，但都已逾時。他自淪陷大陸，一九四九年以後，即已停止創作，今亦三十年了。他被提名，首先就被這形式條件阻住了。這雖僅是曇花一現的傳說，而沒有兌現。一個純粹的土包子，也總算在國際文壇亮過相。更足見大家對沈從文信仰與期望的心情，時猶非常殷切！

理想破滅解脫未能

人是靠理想而生活，年輕有為之士，誰都有一種理想：「十有五而志於學」，乃孔子的理想；「乘風破浪」，宗慤的理想；「投筆從戎」，班超的理想。無論智、愚、賢、不肖，乃至婦孺小子，無不各有其理想。姑勿論其為幻想、妄想、實想與已否度德量力？理想總是有的。沈從文更可說是一個理想主義者。在他的作品中，不論散文、小說，都可以體驗得出來。祇因他對現實所抱的理想太高太大，對於現實，凡政治、經濟、文化、社會各方面，便不免有牢騷、有批評，更或言之過激，刻薄太甚，為親痛、仇快！被一般左傾之徒，乘間起而煽動、挑撥、離間，加以欺騙、引誘、利用，他便不知不覺，落入左派陷阱之中，終於不能自拔。他在大陸陷共之前，沒有遠離大陸，乃其原因之一。或以為天塌下來，自有人管；或以為無路可走，亦無路出走的緣故，這當然都是一種自欺欺人的想法。

他所以要自欺者，根本還是由於其一時不正確的理想所誤：一、天眞的理想：以為自己是超黨派的民主人士，正是當時左派積極爭取的對象。鬪爭縱然厲害，超然的民主人士，自可免於害。二、歷史的理想：歷代歷朝的更替，治亂的藍本，都是「馬上得天下，不可以馬上治天下」。政權大定之後，社會自然又趨於常態。三、陳腐的理想：「鑿井而飲，耕田而食，帝力於我何有哉！」自以為是一品老百姓，我不管你，你也不要管我，就可安然無事。其實這都是幻想的不正確的理想。其所以致此者，根本是由於有兩個未瞭解：未瞭解這歷史空前劇變的特質；未瞭解共產黨的思想行為的本質，等到他所謂的「理想破滅」，回頭已是百年身了。

自斯而後，亟思幡然改轍，避免文字賈禍，以苟全性命？乃捨文學操作，從事考古（他本有古物嗜好），研究中國的服飾。在研究上，雖已大見成效（有著作出版）；在改轍上，究竟還是遲了一步，共黨並沒有放過他。沈從文妄想改頭換面，在赤色統治之下討生活，最初是否亦如其他投機靠攏的文化人士一樣，也經過清算、鬪爭、下放、改造等磨折過程？未曾聽到詳細正確的消息。祇傳聞：民國四十年，郭沫若指名批判，說他是「故作清流」的反動派，國民黨的走狗，反共的老手。喝過煤油，掃洗厠所。被抄家多次，受盡了磨折。他在苦難之中，仍然倔強、固執、沈默、抗議。直臨懸崖絕壁、無路可走之後，又有過以死來求解脫的割喉與兩次割腕自殺的消息。自殺未成，仍堅持消極抵制、停止寫作。縱被迫而偶有寫作，卻成了下意識的迎合不通政治的公式作品，聊以敷衍塞責。能說「失節事大，餓死事小」的人，實際眞能做到的，千古以來，究有幾人？沈從文祇是作家中的一個凡夫，自然也沒有做到。但要與喊「我們的太陽，我們的鋼」的那類大文學家的言行比較起來，我們對於沈從文，還是敬仰的！對那類大文學家，是絕對鄙視的。沈從文無論如何還像一個君子；那類大文學家，不論在政治上如何投機取巧，文學上如何有成有就，終歸是不折不扣的小人。如再要與某些卑鄙政客，充當國共和談代表，由南京飛到北平後，便放腔高詠「北國正花開，已是江南花落」的政治垃圾比較起來，那沈從文更當算是君子中的君子了。

關於沈從文的消息，六十九年，香港報紙曾傳播一點點，就在這年，他才獲得中共批准，單獨偕夫人張兆和赴美國探親。以後，消息便杳如黃鶴了。當年港報，還刊載了他們夫婦的照片。張夫人，滿面縐紋，已不復黑鳳風韻了。沈從文更是老態龍鍾，這株中國文壇奇葩，恐怕凋零了！事誠不幸，一個闖過橫流激湍，而不死於非命的人，竟享壽八十有七，也眞算難得！

滄海叢刊已刊行書目(八)

書名	作者	類別
文學欣賞的靈魂	劉述先	西洋文學
西洋兒童文學史	葉詠琍	西洋文學
現代藝術哲學	孫旗譯	藝術
音樂人生	黃友棣	音樂
音樂與我	趙琴	音樂
音樂伴我遊	趙琴	音樂
爐邊閒話	李抱忱	音樂
琴臺碎語	黃友棣	音樂
音樂隨筆	趙琴	音樂
樂林蓽露	黃友棣	音樂
樂谷鳴泉	黃友棣	音樂
樂韻飄香	黃友棣	音樂
樂圃長春	黃友棣	音樂
色彩基礎	何耀宗	美術
水彩技巧與創作	劉其偉	美術
繪畫隨筆	陳景容	美術
素描的技法	陳景容	美術
人體工學與安全	劉其偉	美術
立體造形基本設計	張長傑	美術
工藝材料	李鈞棫	美術
石膏工藝	李鈞棫	美術
裝飾工藝	張長傑	美術
都市計劃概論	王紀鯤	建築
建築設計方法	陳政雄	建築
建築基本畫	陳榮美 楊麗黛	建築
建築鋼屋架結構設計	王萬雄	建築
中國的建築藝術	張紹載	建築
室內環境設計	李琬琬	建築
現代工藝概論	張長傑	雕刻
藤竹工	張長傑	雕刻
戲劇藝術之發展及其原理	趙如琳譯	戲劇
戲劇編寫法	方寸	戲劇
時代的經驗	汪琪 彭家發	新聞
大衆傳播的挑戰	石永貴	新聞
書法與心理	高尚仁	心理

滄海叢刊已刊行書目(七)

書名	作者	類別
印度文學歷代名著選(上)(下)	糜文開編譯	文學
寒山子研究	陳慧劍	文學
魯迅這個人	劉心皇	文學
孟學的現代意義	王支洪	文學
比較詩學	葉維廉	比較文學
結構主義與中國文學	周英雄	比較文學
主題學研究論文集	陳鵬翔主編	比較文學
中國小說比較研究	侯健	比較文學
現象學與文學批評	鄭樹森編	比較文學
記號詩學	古添洪	比較文學
中美文學因緣	鄭樹森編	比較文學
文學因緣	鄭樹森	比較文學
比較文學理論與實踐	張漢良	比較文學
韓非子析論	謝雲飛	中國文學
陶淵明評論	李辰冬	中國文學
中國文學論叢	錢穆	中國文學
文學新論	李辰冬	中國文學
離騷九歌九章淺釋	繆天華	中國文學
苕華詞與人間詞話述評	王宗樂	中國文學
杜甫作品繫年	李辰冬	中國文學
元曲六大家	應裕康 王忠林	中國文學
詩經研讀指導	裴普賢	中國文學
迦陵談詩二集	葉嘉瑩	中國文學
莊子及其文學	黃錦鋐	中國文學
歐陽修詩本義研究	裴普賢	中國文學
清真詞研究	王支洪	中國文學
宋儒風範	董金裕	中國文學
紅樓夢的文學價值	羅盤	中國文學
四說論叢	羅盤	中國文學
中國文學鑑賞舉隅	黃慶萱 許家鸞	中國文學
牛李黨爭與唐代文學	傅錫壬	中國文學
增訂江皋集	吳俊升	中國文學
浮士德研究	李辰冬譯	西洋文學
蘇忍尼辛選集	劉安雲譯	西洋文學

滄海叢刊已刊行書目(六)

書名	作者	類別
卡薩爾斯之琴	葉石濤	文學
青囊夜燈	許振江	文學
我永遠年輕	唐文標	文學
分析文學	陳啓佑	文學
思想起	陌上塵	文學
心酸記	李喬	文學
離訣	林蒼鬱	文學
孤獨園	林蒼鬱	文學
托塔少年	林文欽編	文學
北美情逅	卜貴美	文學
女兵自傳	謝冰瑩	文學
抗戰日記	謝冰瑩	文學
我在日本	謝冰瑩	文學
給青年朋友的信(上)(下)	謝冰瑩	文學
冰瑩書柬	謝冰瑩	文學
孤寂中的廻響	洛夫	文學
火天使	趙衛民	文學
無塵的鏡子	張默	文學
大漢心聲	張起鈞	文學
回首叫雲飛起	羊令野	文學
康莊有待	向陽	文學
情愛與文學	周伯乃	文學
湍流偶拾	繆天華	文學
文學之旅	蕭傳文	文學
鼓瑟集	幼柏	文學
種子落地	葉海煙	文學
文學邊緣	周玉山	文學
大陸文藝新探	周玉山	文學
累盧聲氣集	姜超嶽	文學
實用文纂	姜超嶽	文學
林下生涯	姜超嶽	文學
材與不材之間	王邦雄	文學
人生小語(一)(二)	何秀煌	文學
兒童文學	葉詠琍	文學

滄海叢刊已刊行書目(五)

書名	作者	類別
中西文學關係研究	王潤華	文學
文開隨筆	糜文開	文學
知識之劍	陳鼎環	文學
野草詞	韋瀚章	文學
李韶歌詞集	李韶	文學
石頭的研究	戴天	文學
留不住的航渡	葉維廉	文學
三十年詩	葉維廉	文學
現代散文欣賞	鄭明娳	文學
現代文學評論	亞菁	文學
三十年代作家論	姜穆	文學
當代臺灣作家論	何欣	文學
藍天白雲集	梁容若	文學
見賢集	鄭彥棻	文學
思齊集	鄭彥棻	文學
寫作是藝術	張秀亞	文學
孟武自選文集	薩孟武	文學
小說創作論	羅盤	文學
細讀現代小說	張素貞	文學
往日旋律	幼柏	文學
城市筆記	巴斯	文學
歐羅巴的蘆笛	葉維廉	文學
一個中國的海	葉維廉	文學
山外有山	李英豪	文學
現實的探索	陳銘磻編	文學
金排附	鍾延豪	文學
放鷹	吳錦發	文學
黃巢殺人八百萬	宋澤萊	文學
燈下燈	蕭蕭	文學
陽關千唱	陳煌	文學
種籽	向陽	文學
泥土的香味	彭瑞金	文學
無緣廟	陳艷秋	文學
鄉事	林清玄	文學
余忠雄的春天	鍾鐵民	文學
吳煦斌小說集	吳煦斌	文學

滄海叢刊已刊行書目(四)

書名	作者	類別
歷史圈外	朱桂	歷史
中國人的故事	夏雨人	歷史
老臺灣	陳冠學	歷史
古史地理論叢	錢穆	歷史
秦漢史	錢穆	歷史
秦漢史論稿	刑義田	歷史
我這半生	毛振翔	歷史
三生有幸	吳相湘	傳記
弘一大師傳	陳慧劍	傳記
蘇曼殊大師新傳	劉心皇	傳記
當代佛門人物	陳慧劍	傳記
孤兒心影錄	張國柱	傳記
精忠岳飛傳	李安	傳記
八十憶雙親 師友雜憶 合刊	錢穆	傳記
困勉強狷八十年	陶百川	傳記
中國歷史精神	錢穆	史學
國史新論	錢穆	史學
與西方史家論中國史學	杜維運	史學
清代史學與史家	杜維運	史學
中國文字學	潘重規	語言
中國聲韻學	潘重規 陳紹棠	語言
文學與音律	謝雲飛	語言
還鄉夢的幻滅	賴景瑚	文學
葫蘆・再見	鄭明娳	文學
大地之歌	大地詩社	文學
青春	葉蟬貞	文學
比較文學的墾拓在臺灣	古添洪 陳慧樺 主編	文學
從比較神話到文學	古添洪 陳慧樺	文學
解構批評論集	廖炳惠	文學
牧場的情思	張媛媛	文學
萍踪憶語	賴景瑚	文學
讀書與生活	琦君	文學

滄海叢刊已刊行書目㈢

書名	作者	類別
不疑不懼	王洪鈞	教育
文化與教育	錢穆	教育
教育叢談	上官業佑	教育
印度文化十八篇	糜文開	社會
中華文化十二講	錢穆	社會
清代科舉	劉兆璸	社會
世界局勢與中國文化	錢穆	社會
國家論	薩孟武譯	社會
紅樓夢與中國舊家庭	薩孟武	社會
社會學與中國研究	蔡文輝	社會
我國社會的變遷與發展	朱岑樓主編	社會
開放的多元社會	楊國樞	社會
社會、文化和知識份子	葉啓政	社會
臺灣與美國社會問題	蔡文輝 蕭新煌 主編	社會
日本社會的結構	福武直 著 王世雄 譯	社會
三十年來我國人文及社會科學之回顧與展望		社會
財經文存	王作榮	經濟
財經時論	楊道淮	經濟
中國歷代政治得失	錢穆	政治
周禮的政治思想	周世輔 周文湘	政治
儒家政論衍義	薩孟武	政治
先秦政治思想史	梁啓超原著 賈馥茗標點	政治
當代中國與民主	周陽山	政治
中國現代軍事史	劉馥著 梅寅生譯	軍事
憲法論集	林紀東	法律
憲法論叢	鄭彥棻	法律
師友風義	鄭彥棻	歷史
黃帝	錢穆	歷史
歷史與人物	吳相湘	歷史
歷史與文化論叢	錢穆	歷史

滄海叢刊已刊行書目(二)

書名	作者	類別
語言哲學	劉福增	哲學
邏輯與設基法	劉福增	哲學
知識・邏輯・科學哲學	林正弘	哲學
中國管理哲學	曾仕強	哲學
老子的哲學	王邦雄	中國哲學
孔學漫談	余家菊	中國哲學
中庸誠的哲學	吳怡	中國哲學
哲學演講錄	吳怡	中國哲學
墨家的哲學方法	鐘友聯	中國哲學
韓非子的哲學	王邦雄	中國哲學
墨家哲學	蔡仁厚	中國哲學
知識、理性與生命	孫寶琛	中國哲學
逍遙的莊子	吳怡	中國哲學
中國哲學的生命和方法	吳怡	中國哲學
儒家與現代中國	韋政通	中國哲學
希臘哲學趣談	鄔昆如	西洋哲學
中世哲學趣談	鄔昆如	西洋哲學
近代哲學趣談	鄔昆如	西洋哲學
現代哲學趣談	鄔昆如	西洋哲學
現代哲學述評(一)	傅佩榮譯	西洋哲學
懷海德哲學	楊士毅	西洋哲學
思想的貧困	韋政通	思想
不以規矩不能成方圓	劉君燦	思想
佛學研究	周中一	佛學
佛學論著	周中一	佛學
現代佛學原理	鄭金德	佛學
禪話	周中一	佛學
天人之際	李杏邨	佛學
公案禪語	吳怡	佛學
佛教思想新論	楊惠南	佛學
禪學講話	芝峯法師譯	佛學
圓滿生命的實現（布施波羅蜜）	陳柏達	佛學
絶對與圓融	霍韜晦	佛學
佛學研究指南	關世謙譯	佛學
當代學人談佛教	楊惠南編	佛學

滄海叢刊已刊行書目(一)

書名	作者	類別
國父道德言論類輯	陳立夫	國父遺教
中國學術思想史論叢(一)(二)(三)(四)(五)(六)(七)(八)	錢穆	國學
現代中國學術論衡	錢穆	國學
兩漢經學今古文平議	錢穆	國學
朱子學提綱	錢穆	國學
先秦諸子繫年	錢穆	國學
先秦諸子論叢	唐端正	國學
先秦諸子論叢(續篇)	唐端正	國學
儒學傳統與文化創新	黃俊傑	國學
宋代理學三書隨劄	錢穆	國學
莊子纂箋	錢穆	國學
湖上閒思錄	錢穆	哲學
人生十論	錢穆	哲學
晚學盲言	錢穆	哲學
中國百位哲學家	黎建球	哲學
西洋百位哲學家	鄔昆如	哲學
現代存在思想家	項退結	哲學
比較哲學與文化(一)(二)	吳森	哲學
文化哲學講錄(一)(二)(三)(四)	鄔昆如	哲學
哲學淺論	張康譯	哲學
哲學十大問題	鄔昆如	哲學
哲學智慧的尋求	何秀煌	哲學
哲學的智慧與歷史的聰明	何秀煌	哲學
內心悅樂之源泉	吳經熊	哲學
從西方哲學到禪佛教—「哲學與宗教」一集—	傅偉勳	哲學
批判的繼承與創造的發展—「哲學與宗教」二集—	傅偉勳	哲學
愛的哲學	蘇昌美	哲學
是與非	張身華譯	哲學